SCHLAFZIMMER

HERLINDE KOELBL

LONDON BERLIN MOSKAU ROM NEW YORK PARIS

KNESEBECK

VORWORT

HERLINDE KOELBL

Schlafzimmer – Dieses Wort setzt eine Flut von Fantasien frei. Wünsche, Erwartungen, Begierden. Die Realität dieses Raumes ist jedoch eine andere.

Es ist der Raum der großen Privatheit, den ein Fremder selten betreten darf. Vielleicht bei einer Party, wenn die Mäntel dort abgelegt werden. Von all den Zimmern einer Wohnung hat es eine ganz besondere Bedeutung. Nur dort können viele Menschen schutzlos sein. Und geborgen. Nur im Schlafzimmer »kann ich ganz ich selbst sein, kann ich alle Masken fallen lassen«. Oder: »Wenn ich in die weichen Kissen falle, fühle ich mich wieder wie im Mutterleib.« Urbedürfnisse werden dort gelebt, Sicherheit und Sexualität. Es ist der Raum, in dem der Mensch die Erde betritt und wieder verlässt.

»In diesem Zimmer sind meine vier Kinder empfangen und geboren worden, meine Frau ist hier gestorben, und ich hoffe, auch hier sterben zu dürfen«, sagte mir ein 98-jähriger Mann. Er hat den traditionellen Kreislauf des Lebens noch gelebt. Beginn und Ende verlagern sich jedoch immer mehr ins Krankenhaus. Dort erblickt das Kind die Welt. Dort wird gestorben, oft allein, in weißen, kahlen Zimmern.

Das Interieur des Wohnzimmers wird für die Öffentlichkeit ausgewählt. Ein bestimmtes Bild soll vermittelt werden. Es ist mehr Schein. Das Sein ist dem Schlafzimmer vorbehalten. Mit allen persönlichen Vorlieben und Kuriositäten ausgestattet. Es ist das Nest. Der Rückzugsort. Fast ein Drittel unseres Lebens verbringen wir dort.

Mancher Raum zeigt deutlich, dass der Besitzer nur ein Bett braucht, um sein Haupt hinzulegen. Schlaf muss eben sein. Das Zimmer ist nicht gemütlich, nicht geheizt und kühl in jeder Weise. Dann traf ich andere Menschen, die kein Nest, keine Heimat suchen, weil sie in ihrem Tun so eingenistet und erfüllt sind, dass sie keine zusätzliche Wärme brauchen. Eine andere Art von Kühle hat sich der englische Architekt John Pawson zum Stilprinzip gemacht, das Minimalistische und die Leere. Bei ihm sind sogar die Steckdosen im Wandschrank versteckt. Sein Ideal ist ein kahler Raum. Selbst die Familienfotos an der Wand verstoßen gegen sein Reinheitsgebot und sind ein Zugeständnis an seine Frau. Doch trotz allen Unabhängigkeitsstrebens ist bei den meisten Menschen der Wunsch nach einem Stück Geborgenheit groß. Sogar die Obdachlosen, die ich traf, versuchten ihre Schlafstätte täglich an dem selben Platz aufzuschlagen. Auf ihre Weise ihr Nest zu bauen. Und verteidigten ihr Revier.

Vom Gemeinschaftsraum für die Großfamilie mit Tieren bis zum heutigen privaten Refugium hat das Schlafzimmer viele Wandlungen durchlaufen. Beim Sonnenkönig Ludwig XIV. war es ein Privileg, bei der Morgentoilette, dem Lever, dabei sein zu dürfen. Das Private wurde zu einer öffentlichen Inszenierung. Eine Variation dieser Öffentlichkeit in der Gegenwart war bei der erfolgreichen Fernsehsendung »Big Brother« geboten, wo es für viele ein voyeuristisches Bedürfnis war, die freiwillig Kasernierten im Bett und beim Sex zu beobachten.

Im Schlafzimmer scheint ein anderes Zeitmaß zu gelten. Die Modulation der Wörter wird sanfter. Die Bewegungen langsamer. Die Körpersprache verändert sich. Schultern senken sich, Arme werden locker, Hände und Finger öffnen sich. Im Gegensatz zur Präsentation im Wohnzimmer. Dort will man gesehen werden, zeigt sich in Positur für das Publikum. Die Menschen, die ich fotografiert habe, waren frei von dieser Attitüde. Es gab bewusst keine Regieanweisungen von mir. Die Bewohner sollten ihren eigenen Ausdruck, ihre eigene Körpersprache finden. Und somit eine größtmögliche Ehrlichkeit und Authentizität ausdrücken. Aufmerksam verfolgte ich auch, wie Paare sich verhalten. Berühren sie sich? Halten sie Distanz? Wie platzieren sie sich? Vieles von der Qualität ihrer Beziehung teilten sie unbewusst mit ihrem Körper mit. Eine enge Partnerschaft entwickeln manche auch mit ihren Tieren. Sie dürfen ins Schlafzimmer und werden sogar Bettbegleiter. Nicht nur bei Alleinstehenden.

Es kam vor, nicht sehr oft, dass Menschen während des Fotografierens einschliefen, z. B. Izhar Patkin, ein Künstler aus New York. Er war zu Beginn freundlich, aber es war diese höfliche Freundlichkeit. Ich dachte mir, es wird schwierig werden. Zudem bestand die Hauptwand des Zimmers komplett aus Glas. Also war es äußerst kompliziert, Licht zu setzen. Etwas formell fing die Sitzung an. Seine Hunde kamen und gingen. Er legte sich hin. Die Situation wurde immer entspannter und ging über in einen ruhigen Gleichklang. An seinem Atem stellte ich nach einiger Zeit fest, dass er eingeschlafen war. Sein Gesicht nahm wunderschöne Züge an, es war völlig gelöst. Nicht so beim ehemaligen russischen Präsidentschaftskandidaten Wladimir Schirinowski. Auch er schlief ein, jedoch behielt sein Gesicht eine gewisse Härte. Was vielleicht verständlich ist. Da er, wie er sagte, viele Feinde hat und sein Leben immer auf Kampf eingestellt ist. Sogar sein Schlaf wird von drei Bodyguards bewacht. Zu Beginn fotografierte ich Schirinowski sitzend auf dem Holzrahmen am Fußende des Bettes. Er gab mir seinen etwas grimmigen offiziellen Blick. Als ich etliche Bilder gemacht hatte – solche Termine können manchmal auch schon nach zehn Minuten zu Ende sein –, bat ich ihn, sich doch einmal direkt auf das Bett zu setzen. Überraschenderweise zeigte er mir seine »Schlafhaltung«. Leise fotografierte ich, er bewegte sich nicht mehr und schlief ein. Ich bemerkte, dass Bodyguards, Dolmetscherin und Büroleiterin, die bei offener Tür im Nebenraum warteten, nur noch flüsterten. Die Stimmung hatte sich übertragen. Als großes Geschenk des Vertrauens habe ich es immer empfunden, wenn Menschen sich in dieser Weise öffnen und ihren Schutzwall aufgeben. Weich werden ...

Das Bett, die Wärme erschließt die Möglichkeit zum Öffnen der Seele – Schutzpanzer bekommen Risse. Manche Männer sehen darin eine Gefahr und versuchen sie zu vermeiden. »Ich lebe allein, neben dem Geschäft kann ich keine Beziehung haben, es verlangt meine ganze Kraft.« Schirinowski meint, er möchte keine Frau im Bett haben, »denn alles, was man genießt, schwächt für den Kampf«. Speziell von Männern, die auf höchster Ebene in der Finanzwelt mitspielen, hörte ich immer wieder einen Satz in allen Variationen: »The business I am in you can't leave behind.« Die Spannung bleibt, die Gedanken arbeiten stetig weiter. Den Satz »Schlaf ist verschwendete Zeit« habe ich ebenfalls nur von Männern gehört.

Nacht. Die Zeit dehnt sich. Im Fluss des Tages verdrängte Gedanken, Ängste, Schrecken, Sehnsüchte tauchen auf. Das Unterbewusste wird stärker. Kreative setzen dies bewusst ein. Sie geben Angedachtes, Probleme dem Schlaf anheim und finden oft eine Lösung oder neue Ideen durch ihre Träume. Margarethe von Trotta sagte mir: »Ich habe das aufregendste Nachtleben.« Die Träume scheinen manchmal sehr eigene Wege zu gehen, getrennt von dem disziplinierten Tagesleben. Der ehemalige französische Kultur- und Bildungsminister Jack Lang kennt dies und sagt, jede Nacht sei wie eine Prüfung für ihn. Er hat oft gewalttätige und schlimme Träume und ist dann froh aufzuwachen, damit der Schrecken ein Ende nimmt. Auch er kennt, wie manch andere Menschen, die Schlaflosigkeit. Das Nicht-enden-Wollen der Nacht. Das Zählen von Viertelstunden. »Ich möchte ein Loblied auf die Schlaflosigkeit anstimmen. Wenn man so drei Stunden wachliegt, denkt man hin ... Und am Morgen, wenn ich beginne, ist es schon geschrieben«, sagte Peter Handke einmal. Als Schriftsteller sieht er es positiv. Doch wie begegnen wir der Welt und den Menschen, wenn wir zerknittert und zerschlagen den Tag beginnen. Und wie schön ist es doch, erfrischt und voller Energie zu erwachen.

Es war eine spannende Reise durch die Metropolen London, Berlin, Moskau, Rom, New York und Paris, in denen, mit wenigen Ausnahmen, alle Fotografien entstanden. Selten sah ich getrennte Schlafzimmer und dann auch nur von Paaren, die ein starkes Eigenleben führen. Überrascht war ich von der Farbigkeit englischer Schlafzimmer. Die Wände strahlten in intensivem Rot, Blau oder Gelb. Manchmal gab es auch zarte Farben, Weiß war dort jedoch selten zu finden, ganz im Gegensatz zu den deutschen Schlafzimmern, die auch die ordentlichsten waren. Immer noch vorhanden ist die Kompletteinrichtung mit großer Schrankwand, bei Jung und Alt bis zur gehobenen Mittelschicht. Yvonne Scholz, Lehrerin in Berlin, bringt das Warum auf den Punkt, »Das Schlafzimmer haben wir gekauft, weil es billig war und weil es so viele Schränke hatte. Unterm Bett ist auch noch Stauraum.« Oft ist zu spüren, dass der Raum nur zum Schlafen benutzt wird. Er ist nicht, wie oft in England, in das Leben integriert. Ich dachte, es sei ein Klischee, wenn ich an Nachthemden tragende Männer denke, an Breakfast im Bett. Aber es ist Realität, zumindest in einer bestimmten Generation. Der Tag beginnt mit einer Tasse Tee oder Kaffee im noch warmen Bett. »Seit ich mich erinnern kann, frühstücke ich im Bett. Schon meine Mutter hatte diese Gewohnheit«, sagt Sarah Letts.

Keine Nachthemden, aber bunte Tapeten und Wände fand ich auch in Paris, Rom oder New York. In Moskau gab es die farbenfrohesten Zimmer. Rot gemusterte Teppiche hingen an den Wänden auf Tapeten mit Rauten und Streifen. Denn das Schlafzimmer ist häufig auch das Wohnzimmer. Möbliert mit einer Couch, groß und wuchtig, die abends in ein Bett verwandelt wird. Kleinste Zimmer boten Platz für eine Festtafel für die Besucher. Es war eng. Die Stimmung heiter, die Gastfreundschaft großzügig verschwenderisch. Man lebte jetzt, jetzt wurde zusammen gegessen, getrunken. Diese Intensität, diese Direktheit, diese Körperlichkeit, von Frauen und Männern, erlebte ich nur in Moskau.

New York und Moskau, diese Städte sind verwandt, ähnlich in den extremen sozialen Unterschieden. Es war wie eine Zeitreise, wie in einer Achterbahn. Vom Termin in New York an der Upper West Side, wo Kinderzimmer wie Prinzessinnenzimmer aussehen, nach Harlem, wo Mutter und Kind in einem Raum leben, dessen ganzer Boden mit Klamotten bedeckt ist. Dann zu den Feuerwehrmännern, kurze Unterbrechung wegen eines Einsatzes, dann gemeinsames, von ihnen gekochtes Abendessen. Schnell vor Mitternacht wieder ins Taxi zur Nightclub Queen

Amanda Lepore im Hotel 17, um sie noch vor ihrem Auftritt zu fotografieren. Dort war das Zimmer so klein, dass ich das Licht in den Türrahmen stellen musste. Manchmal brauchte meine Seele eine Weile, bis sie all diese Zimmer wieder verlassen hatte. Viele Begegnungen werde ich nie vergessen. Auch nicht die mit den Feuerwehrmännern, denn ein paar von ihnen haben am 11. September ihr Leben verloren.

Wie finde ich so viele verschiedene Schlafzimmer? Das war die große Frage, die mich zu Beginn meiner Arbeit auch etwas beunruhigte. Es bedurfte wochenlanger Vorbereitung und in allen Städten einer Kontaktperson, die mir die ersten Termine arrangierte. Das war allerdings nur das Sprungbrett. Nachdem die Skepsis der Fotografierten überwunden und mein Blick nicht indiskret war, wurde ich weiterempfohlen. An Freunde. Dann an Freunde von Freunden. So entstand ein großes Netz. Das half mir, in jeder Stadt einen gesellschaftlichen Querschnitt zu finden. Ich reiste mit zwei Koffern voll Ausrüstung, doch mein Bestreben war, trotz des gesetzten Lichts, alles so natürlich wie möglich zu halten. So entstand eine Atmosphäre des Wohlbefindens und der Offenheit. Für dieses Vertrauen, sich in ihrer Privatheit und Verletzbarkeit zu zeigen, danke ich allen Porträtierten sehr.

LONDON

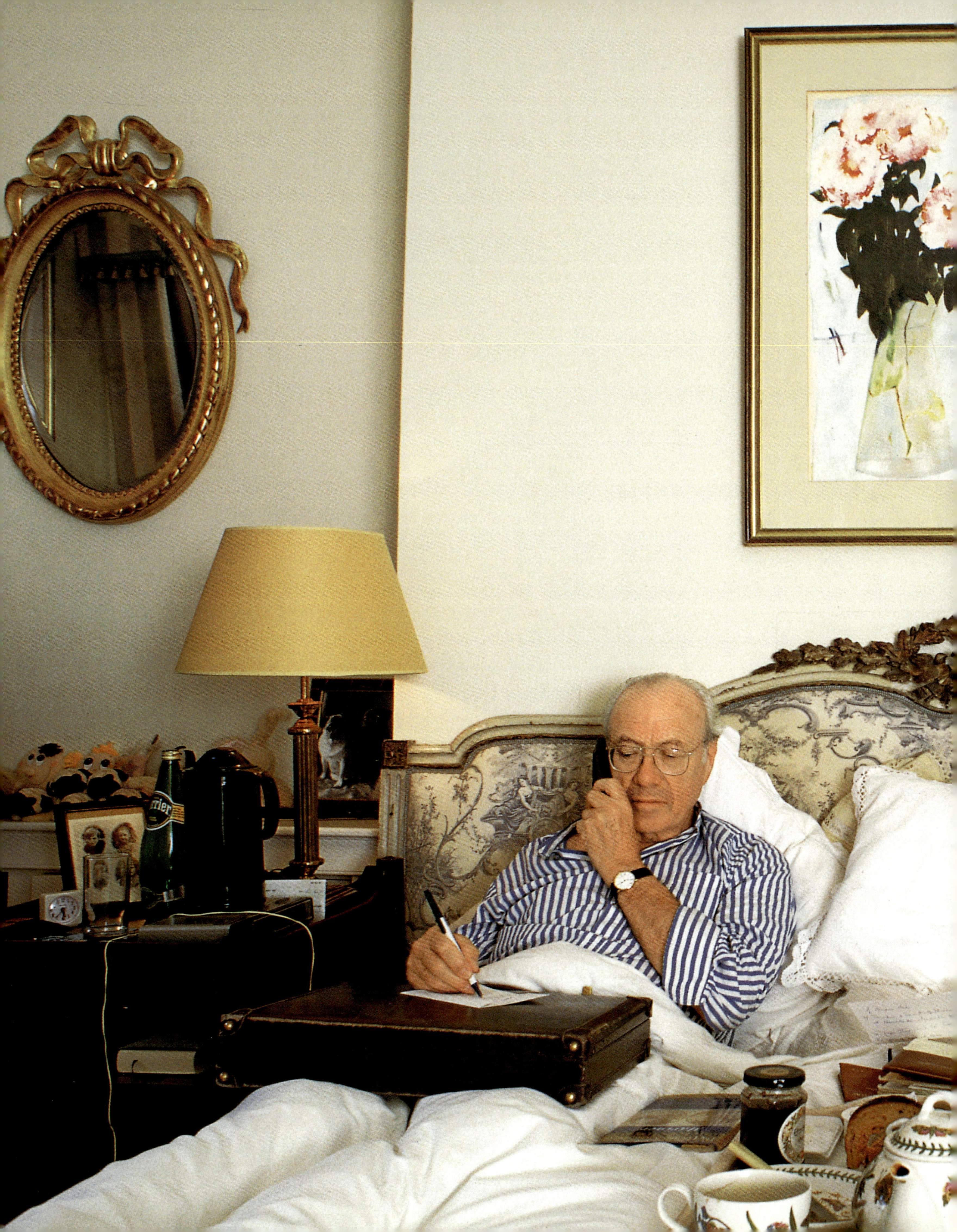

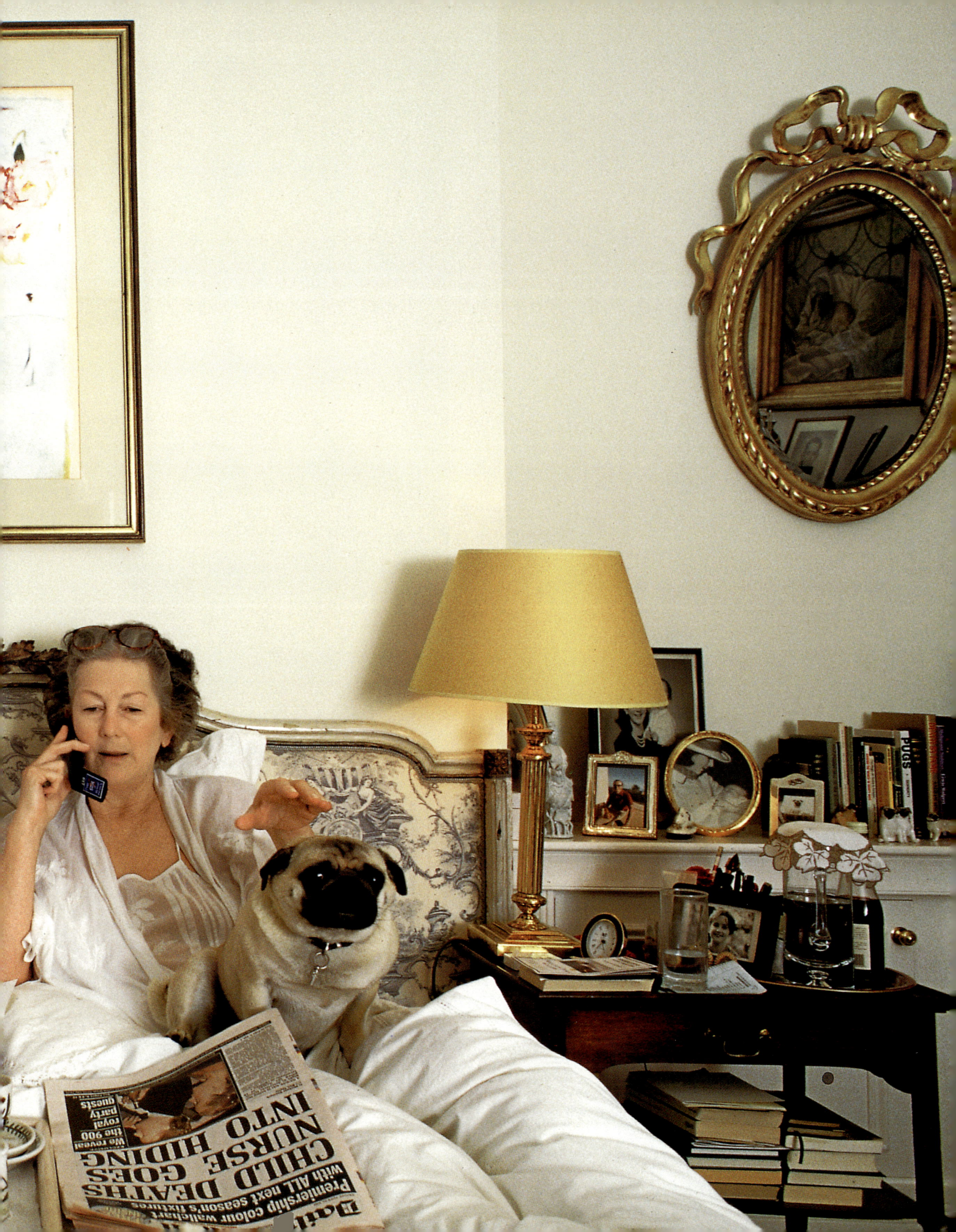
Premiership colour wallchart
with ALL next season's fixtures
CHILD DEATHS NURSE GOES INTO HIDING
We reveal the 900 royal party guests
PUGS

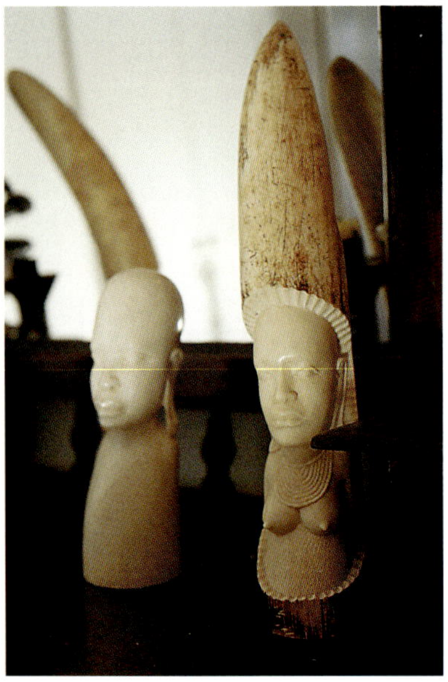

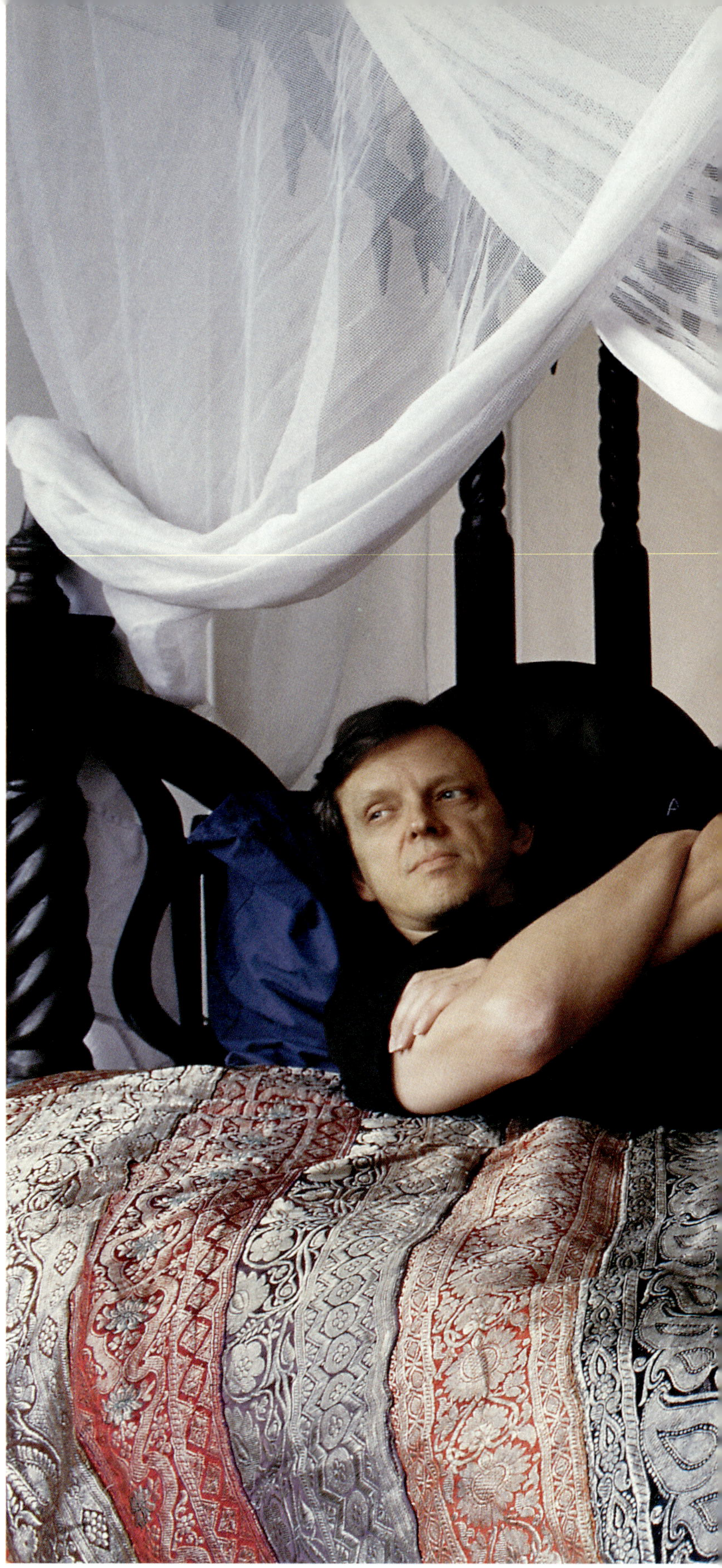

← Es gibt keinen Grund, vor zwölf Uhr aufzustehen. Ich erledige alles Geschäftliche per Telefon und Fax. Mittags gehe ich dann in meinen Club zum Essen. Und nachmittags ruhe ich mich ein Weilchen aus, um für den Abend frisch zu sein. **VINCENT POKLEWSKI, 70, FINANZBERATER**

← Wir sind seit neunzehn Jahren verheiratet. Ich habe mich immer mehr Vincents Lebensweise angepasst. Ich stehe diszipliniert vor ihm auf und gehe in mein Studio, um zu malen. Malen ist für mich Befreiung und Leidenschaft. **VICTORIA POKLEWSKI, 59, MALERIN**

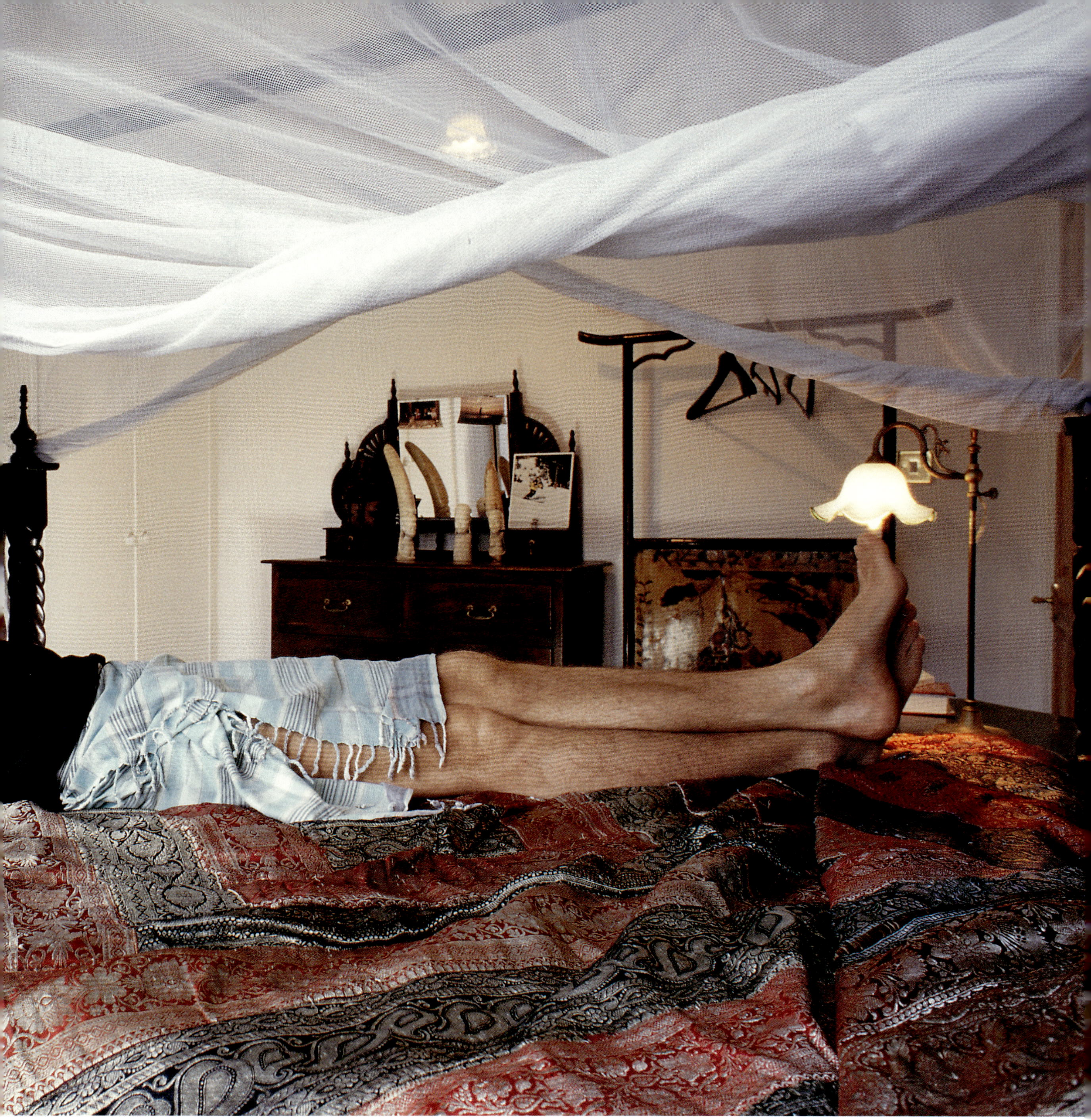

Ich habe viele Jahre in Afrika gelebt und mein afrikanisches Bett nach London mitgenommen. Ich schlafe gerne, besonders am Morgen. Zu den Abenteuern, die ich im Bett erlebe, gehört auch, ein wirklich gutes Buch zu lesen. **STEFAN KLEIN, 50, JOURNALIST**

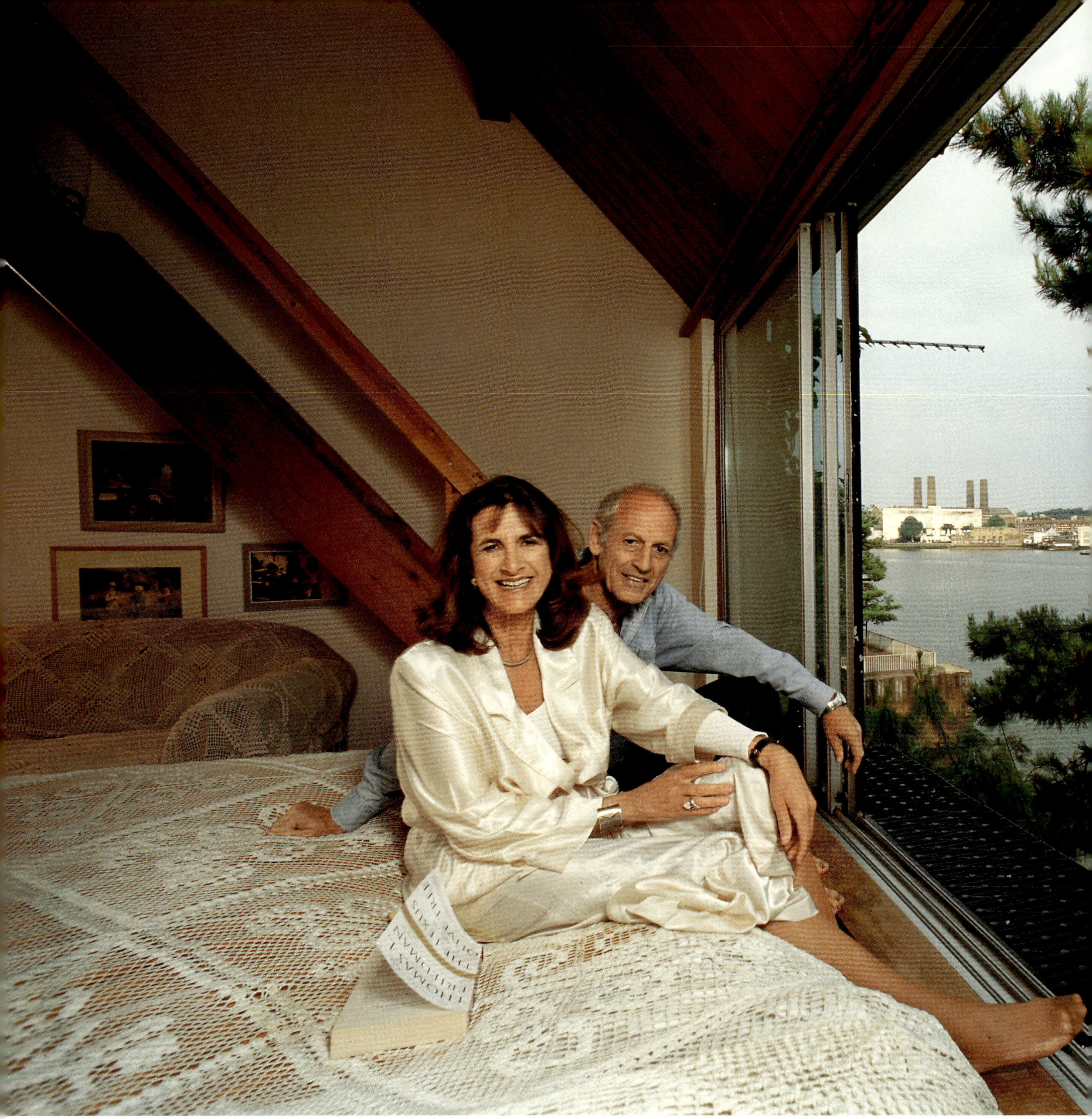

Manchmal liege ich im Bett und bin fast geblendet von den strahlenden Reflexen, die zwischen den Pinien auf dem Wasser glitzern. Nur sonntags kann ich mich ausruhen, im Bett sitzen und die Schönheit des vor mir liegenden Ausblicks genießen. **JENNY BARRACLOUGH, 62, FERNSEH-REGISSEURIN, PRODUZENTIN**

Der Fluss hat für mich eine große Bedeutung. Durch ihn fühle ich mich nie in der Stadt eingesperrt, da er mich mit den Meeren und Ozeanen der Welt verbindet und darüber hinaus mit weit entfernten

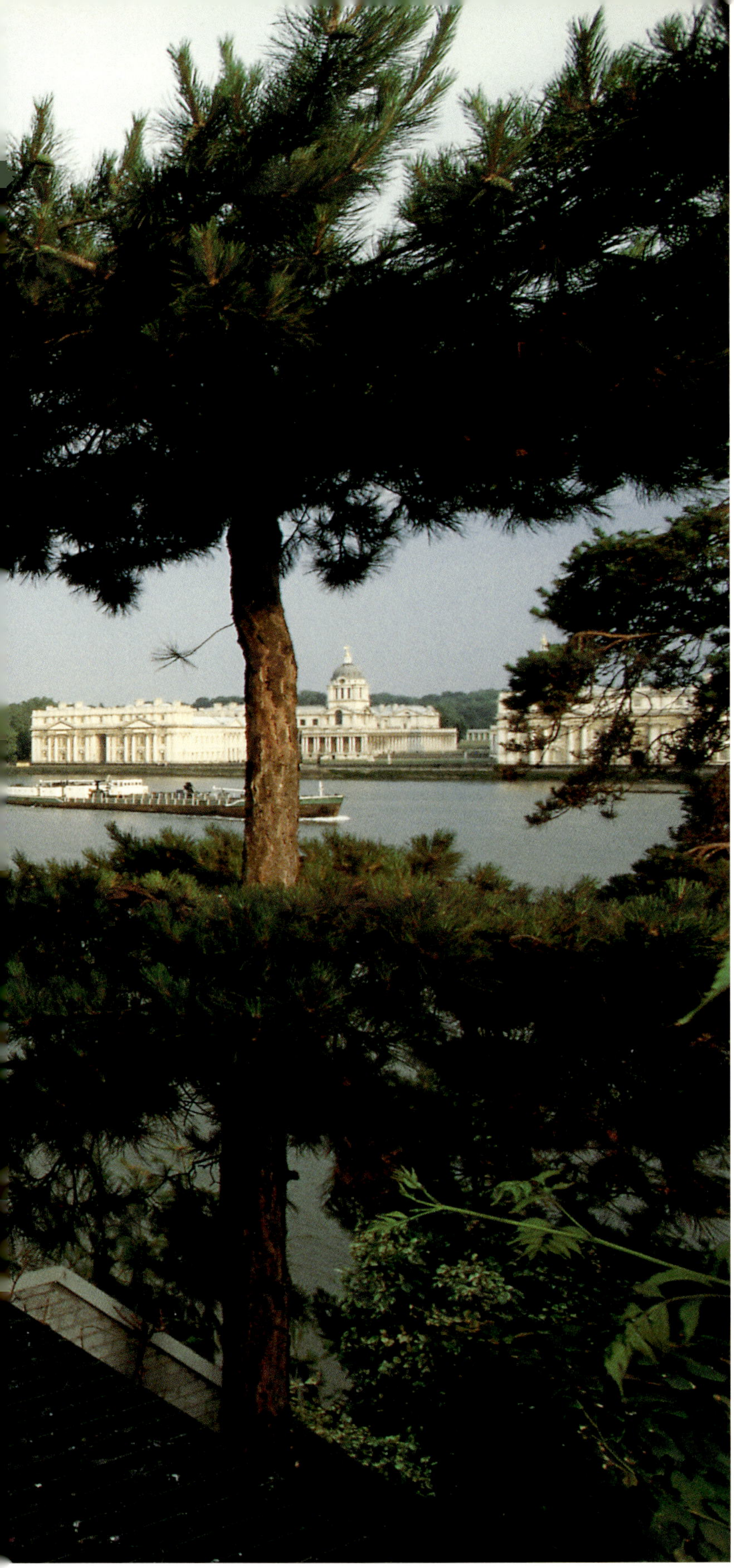

Ländern, wie Indien, wo ich meine Kindheit verbrachte. Im Herzen von London, in dieser von der Zeit beherrschten Stadt, befreit mich der Fluss. **MICHAEL BARRACLOUGH, 67, CONSULTANT IM GESUNDHEITSWESEN**

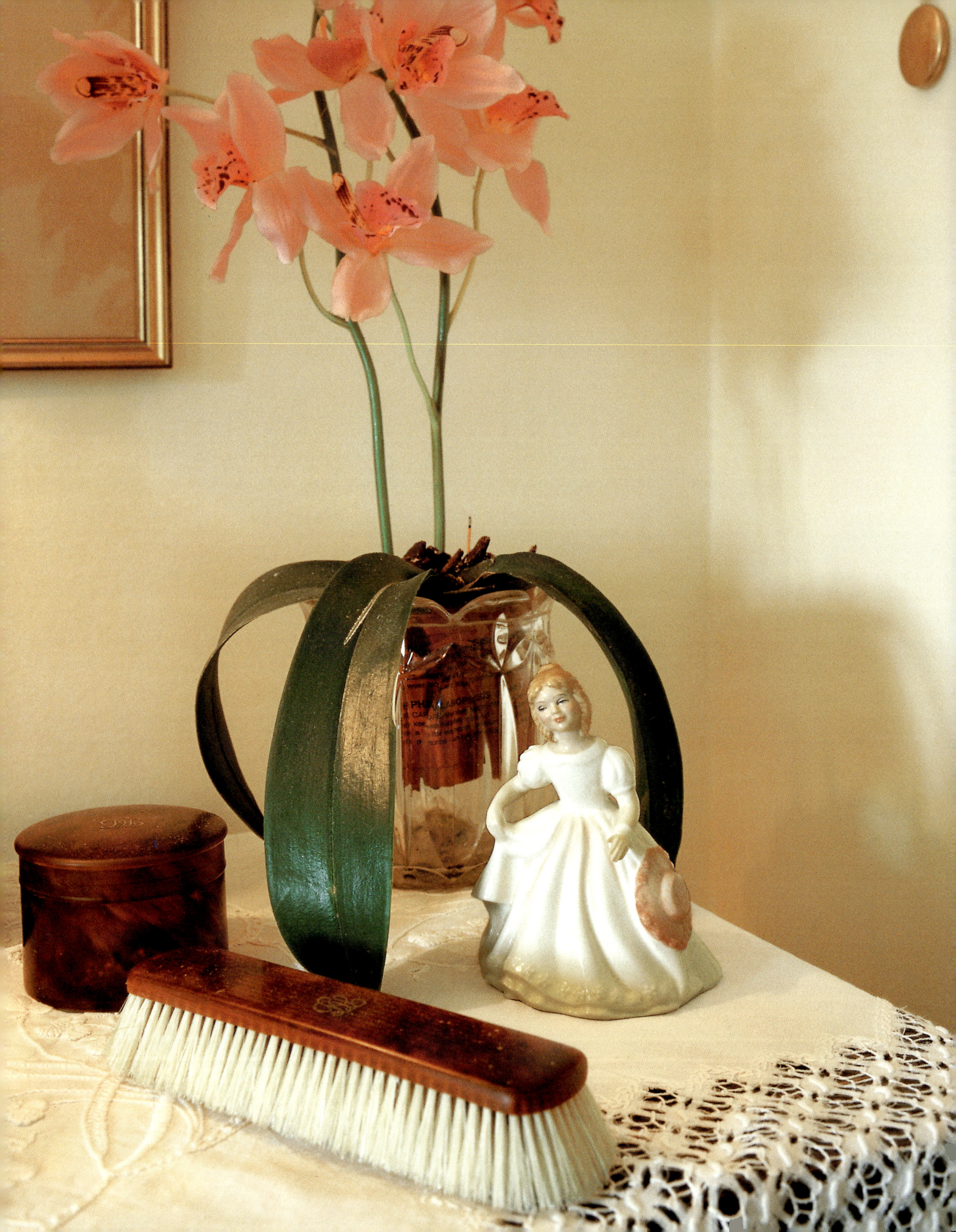

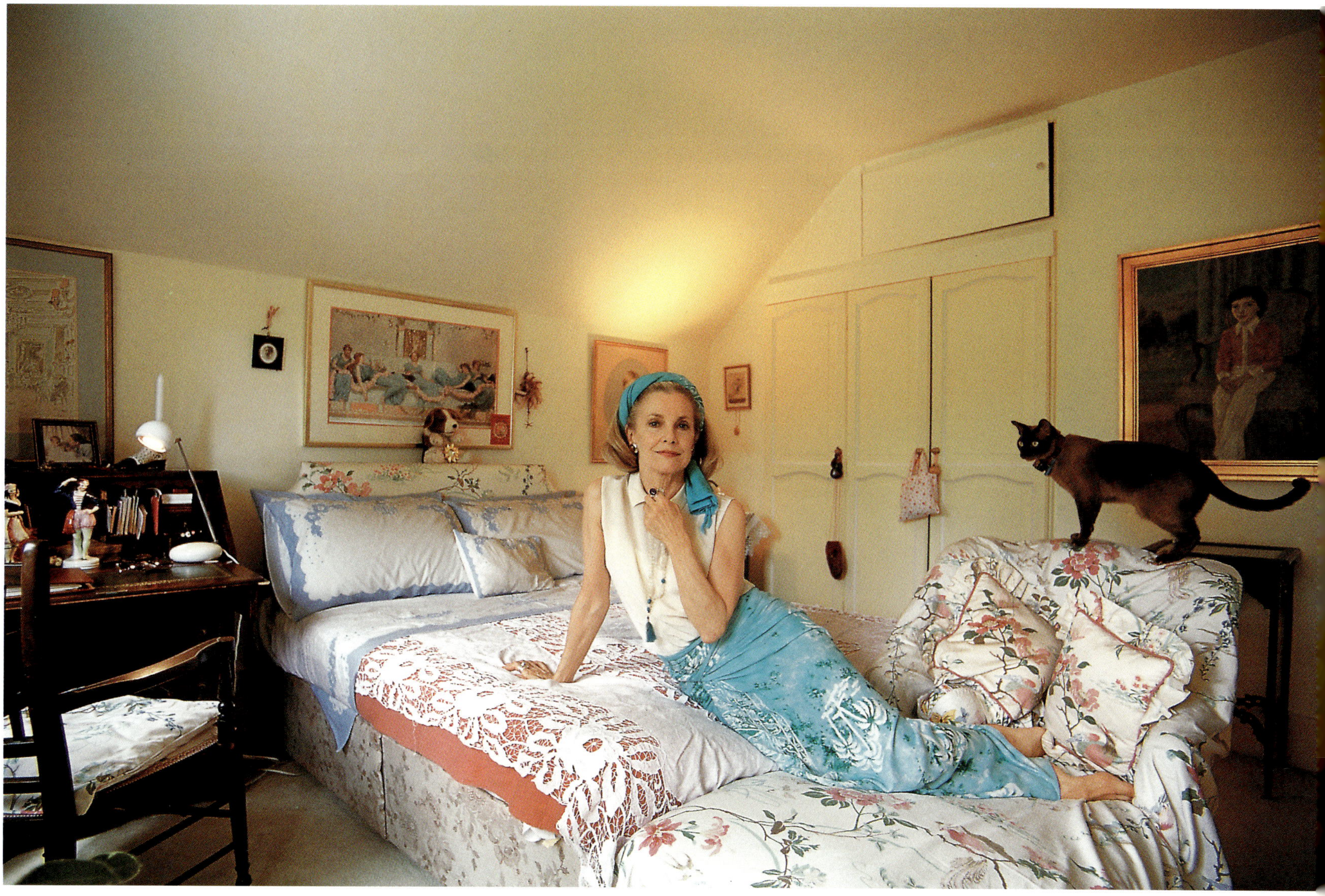

Das Schlafzimmer ist nicht mein Lieblingszimmer. Ich denke da an zu viele Dinge. Ich mag die Dunkelheit nicht. Die Vorhänge lasse ich immer offen, um morgens Licht zu haben und die Bäume zu sehen. Ich beschäftige mich mit tausend Sachen. Fast jeden Tag mache ich Qi Gong oder Tai Chi, um mich zu erden und mein Zentrum zu finden und weil es gesund ist.

DORIN LONDONDERRY, 63, BALLERINA

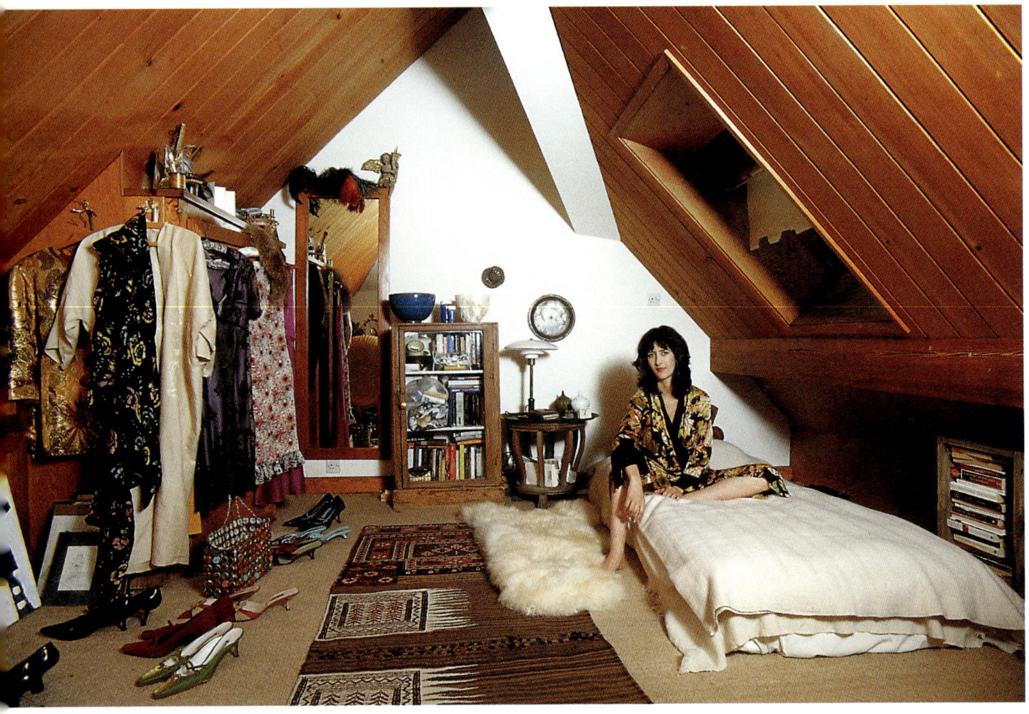

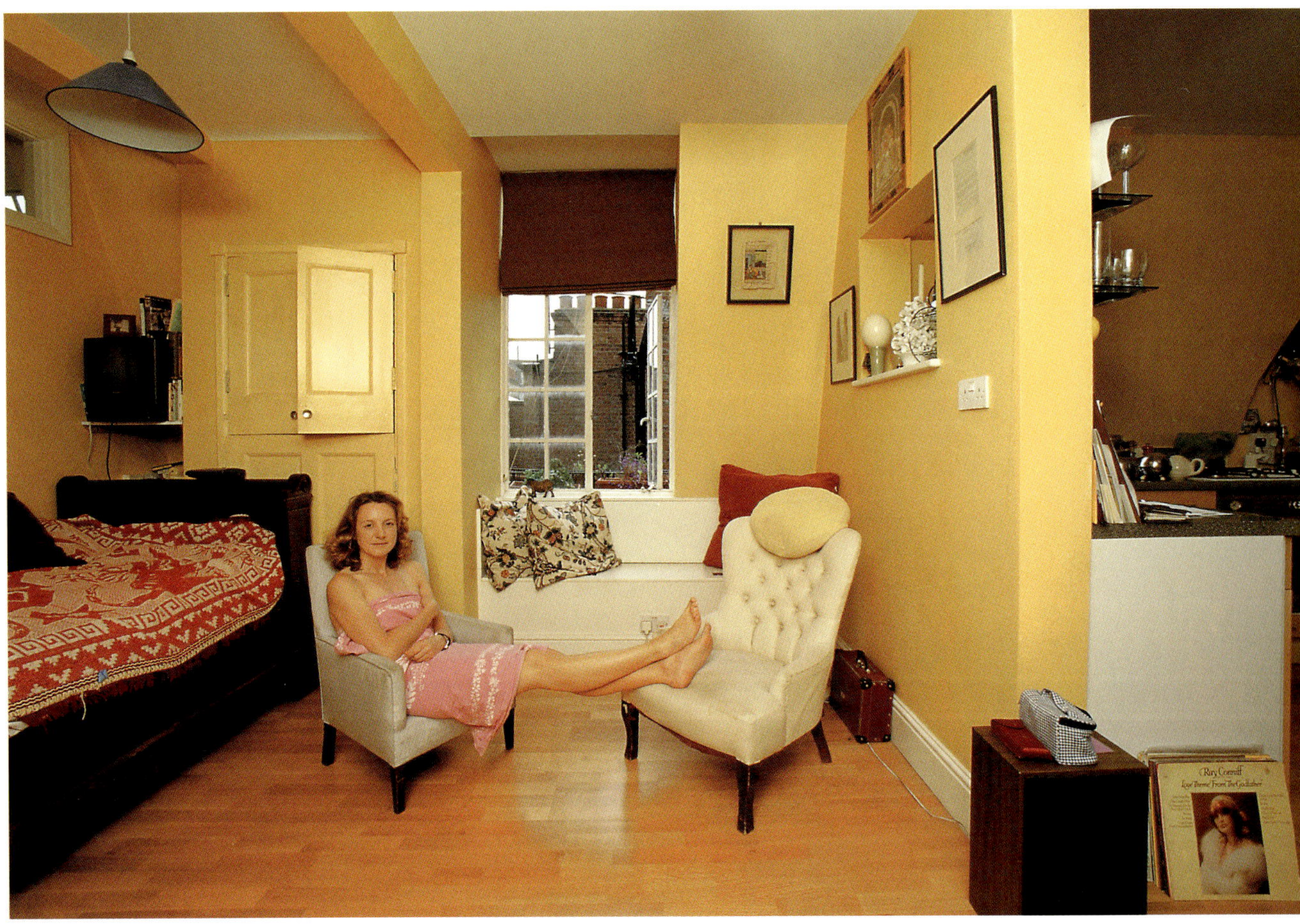

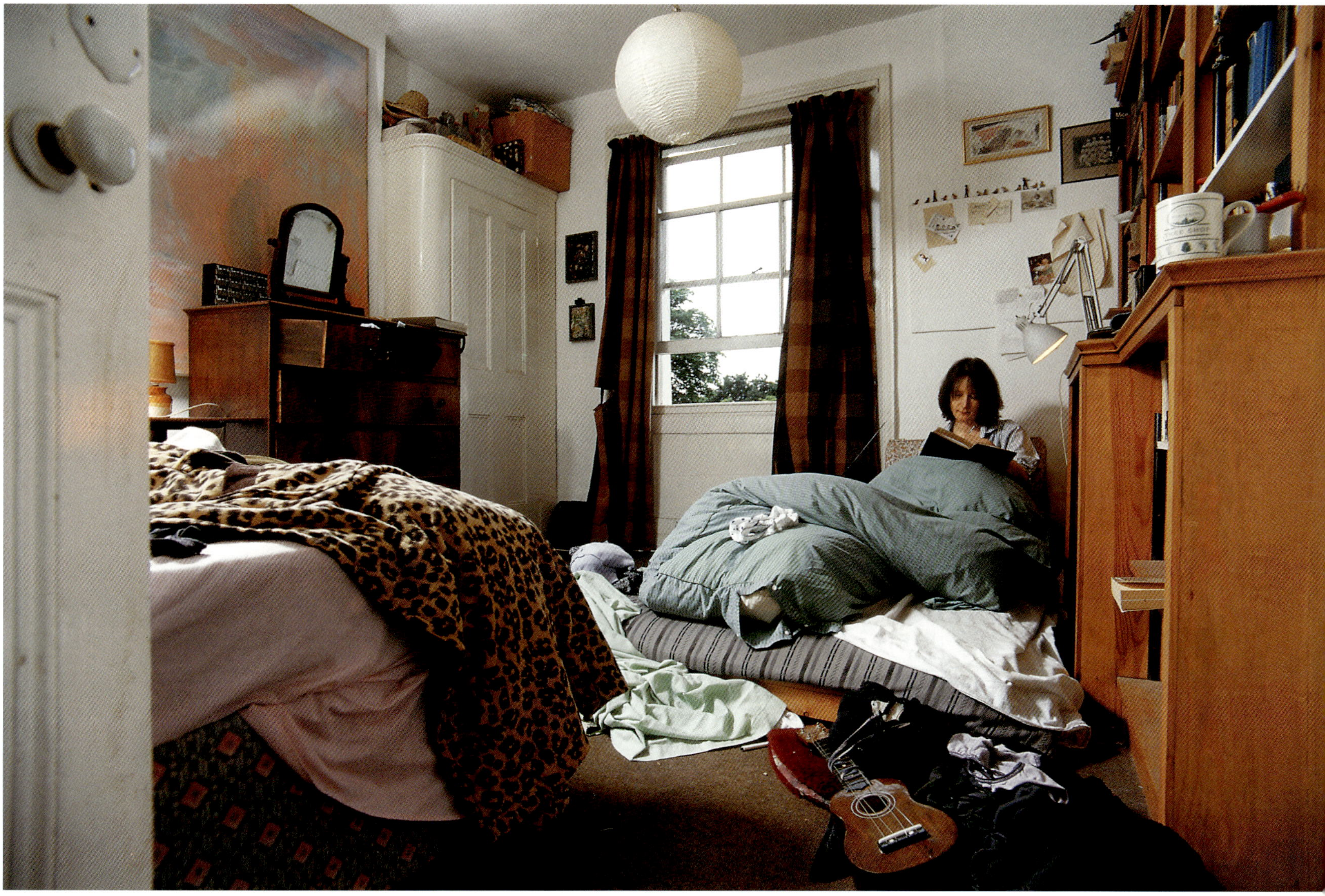

Ich mag Kleider, Unterwäsche und Schuhe, und ich schwelge in schönen Mustern und in weichen Pelzen. Im Schlafzimmer schlafe ich, probiere Kleider an und tanze. **RACHEL BARRACLOUGH, 32, KURATORIN FÜR MODERNES DESIGN UND ANGEWANDTE KUNST**

Mein Problem ist, dass ich zu viele Projekte habe und immer beschäftigt bin. In diesem Raum finde ich geistigen Ausgleich. Es ist ein Ort des Zen, und ich habe hier nur das Nötigste. Finanziell bin ich von nichts und niemandem abhängig. **ELIZA POKLEWSKI, 36, DIREKTORIN EINES MEDIENUNTERNEHMENS**

Am Wochenende teile ich mit meinem Mann ein Schlafzimmer unterm Dach. Während der Woche schlafen wir getrennt, denn morgens lese und schreibe ich gerne im Bett. Es stört mich nicht, dass der Raum nicht schön ist, und das Chaos ist mir auch nicht peinlich. Das Schlafzimmer ist eben ein sehr funktioneller Raum, nur eine Schlafstelle. **VANESSA LETTS, 34, SCHRIFTSTELLERIN**

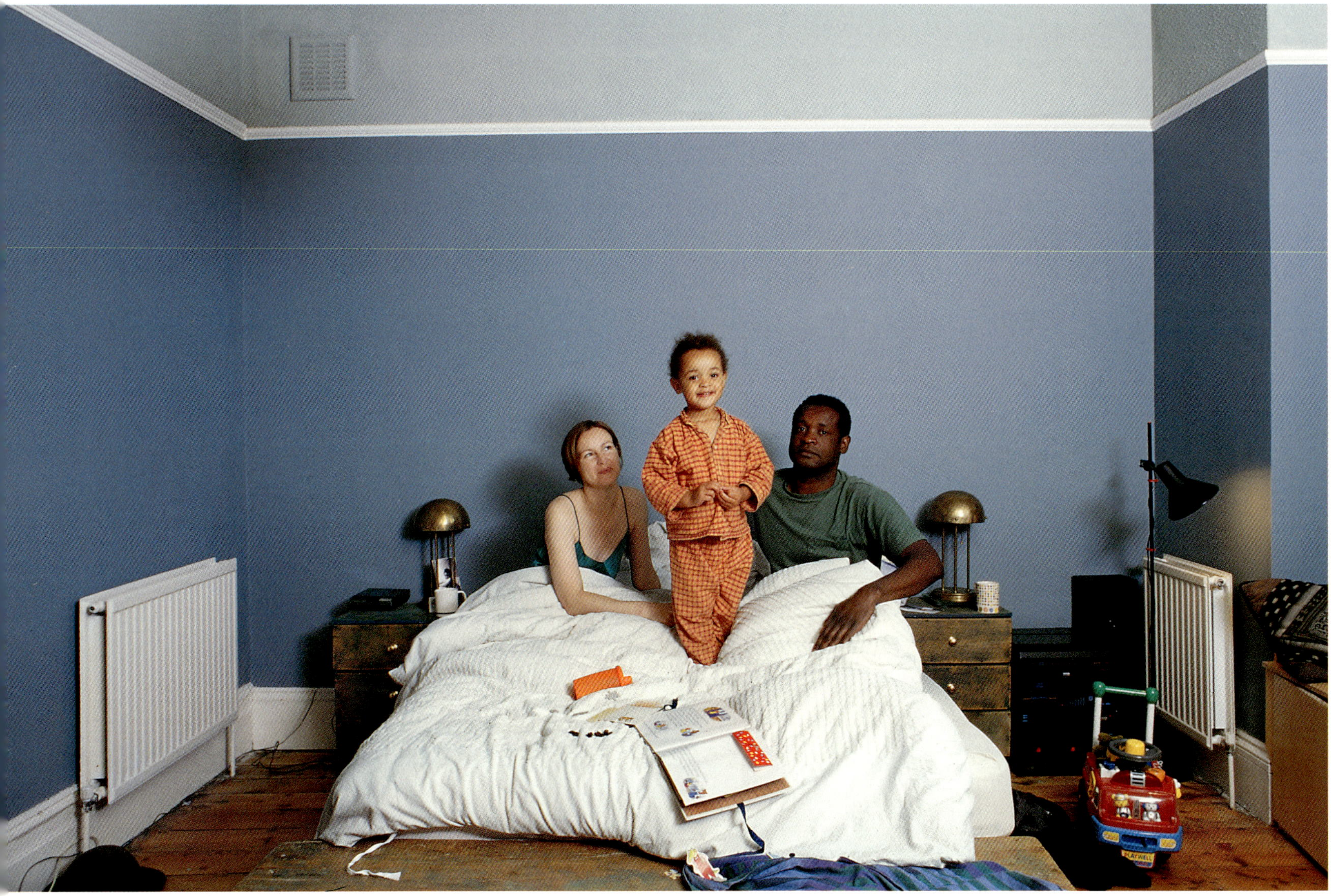

Unser Schlafzimmer liegt an einer Hauptstraße. Deshalb habe ich diese Farben gewählt, um eine behagliche und ruhige Atmosphäre zu schaffen. Sie vermitteln ein Gefühl von Sicherheit. Sich auf eine fremde Kultur einzulassen, ist sowohl bereichernd als auch manchmal beängstigend. **NIKKI WARRINER, 35, MANAGERIN**

Meine Aufgabe ist es, mit Leib und Seele als Künstler zu arbeiten, immer für Ella zu sorgen und Nikki zu lieben. **TONY DALEY, 40, KÜNSTLER, ELLA, 2**

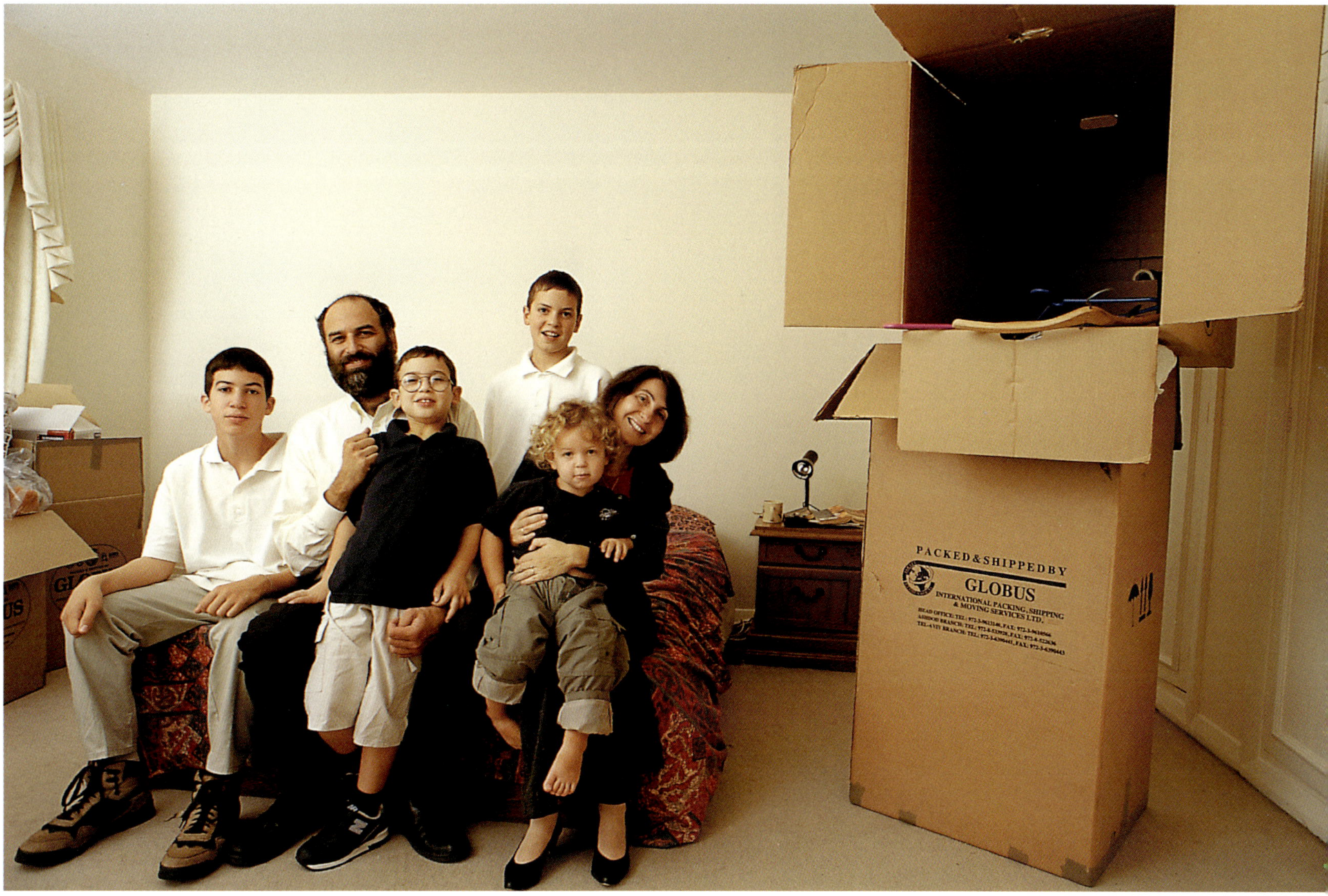

Bei jedem Umzug nehme ich mir vor, das war der letzte, und dann mach ich es doch immer wieder. **CHAIM WEINER, 41, RABBI**

Wenn alles seinen Platz gefunden hat, finde ich auch meinen. So schnell werden wir nicht wieder umziehen, das kann man den Kindern nicht antun. **JUDY WEINER, 39, SONDERPÄDAGOGIN, JOSH, 15, YONI, 12, JOEL, 8, KOBI, 3**

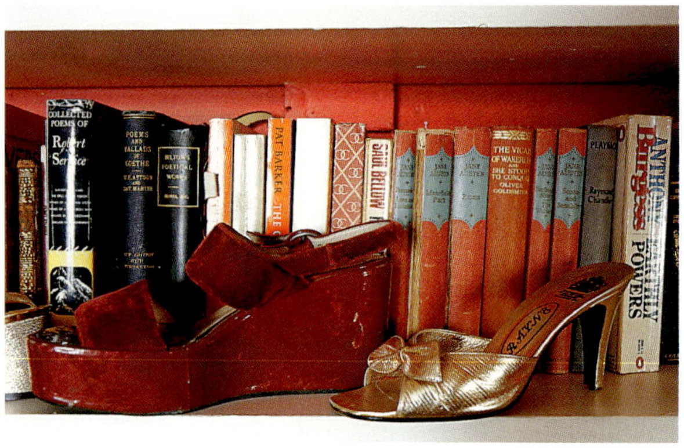
COLLECTED POEMS OF
Robert Service
POEMS AND BALLADS OF GOETHE
PAT BARKER
SAUL BELLOW
JANE AUSTEN
THE VICAR OF WAKEFIELD
OLIVER GOLDSMITH
Raymond Chandler
ANTHONY BURGESS
POWERS
RAYNE

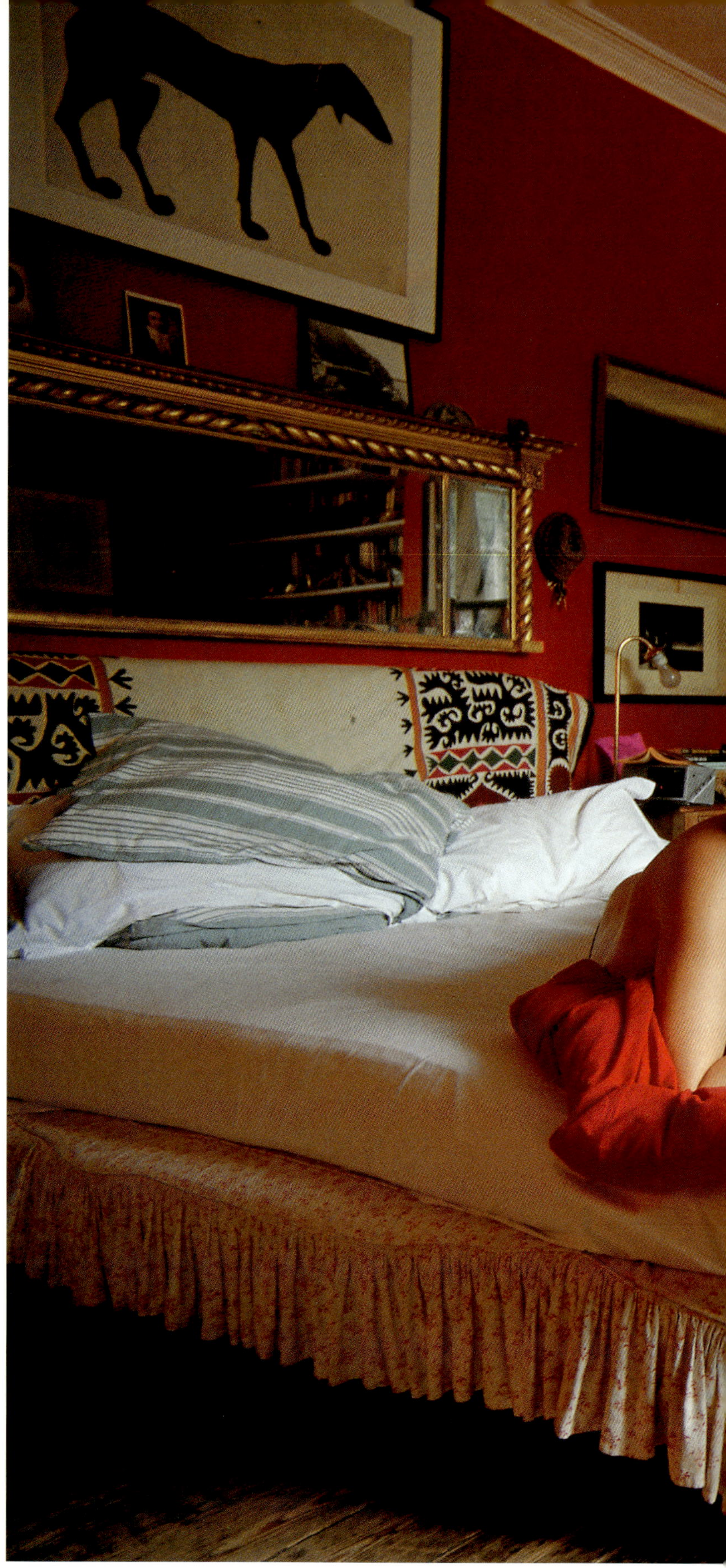

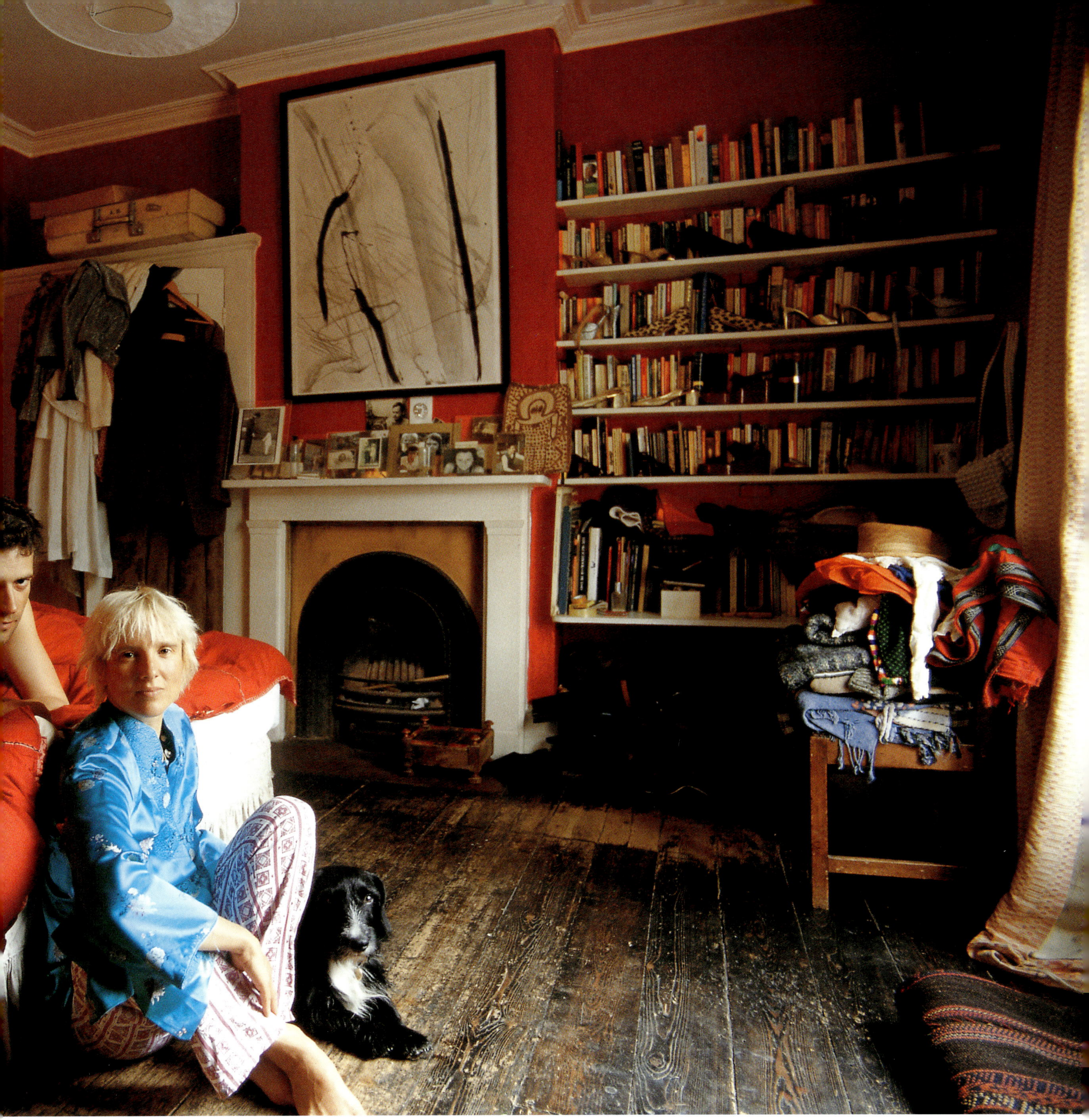

Ich verbrachte viel Zeit im Bett. Es war mein Zufluchtsort, wenn mir die Welt zu viel wurde. Und ich las viel im Bett. **CHARLES BOXER, 39, SCHRIFTSTELLER**

Seit vier Jahren haben wir Zentralheizung. Davor stapelten wir alles, was greifbar war, auf dem Bett. Felle, Teppiche, alte Mäntel. Und wir waren dick angezogen. Beim Aufstehen war es sehr, sehr kalt. Selbst wenn im ganzen Haus eine Eiseskälte herrschte, so war es im Bett noch gemütlich. **KATE BOXER, 39, MALERIN**

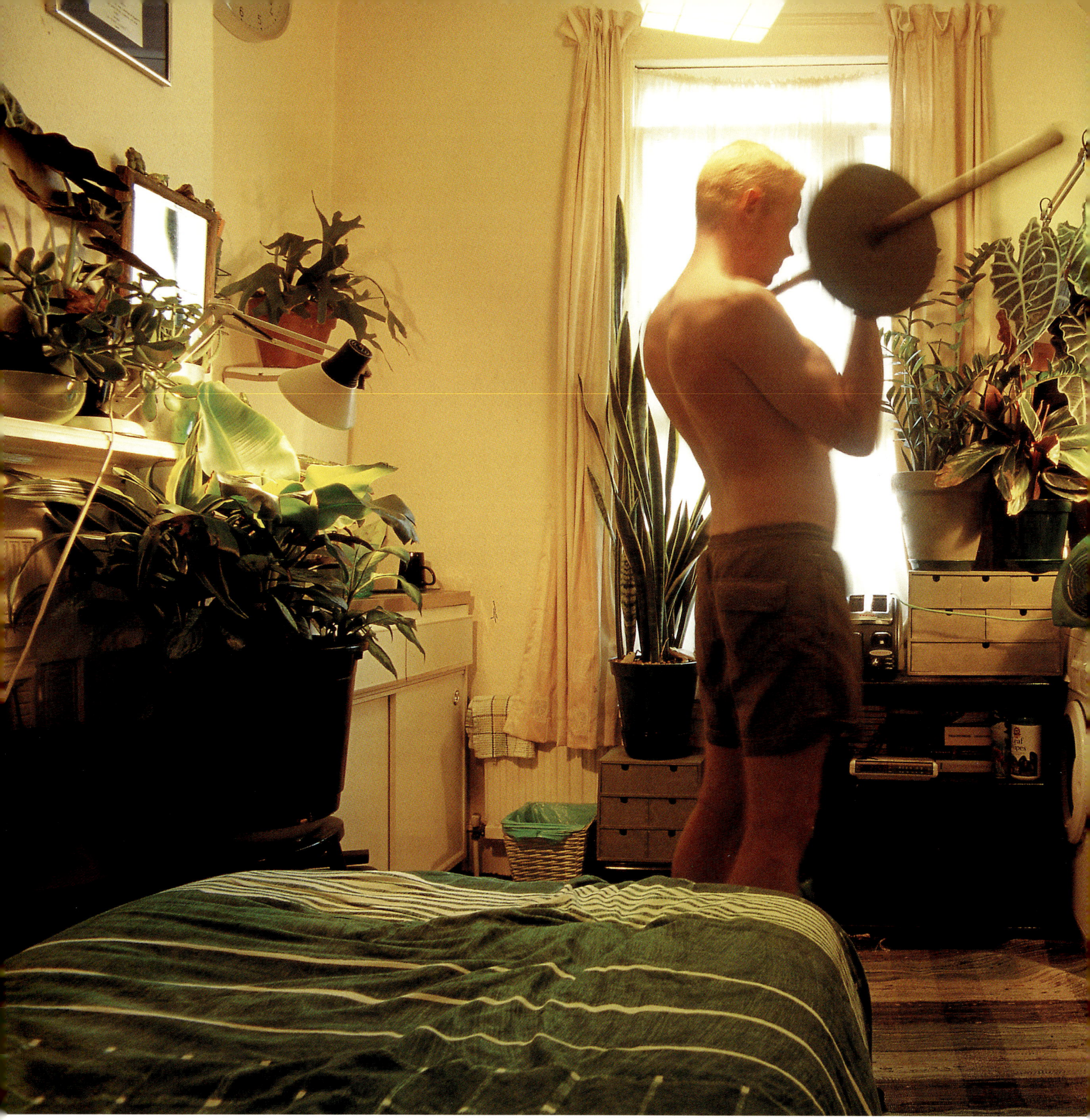

Schon als Kind habe ich in Mamas Garten immer Sonnenblumen gesät. Die Blumen sind Gefährten für mich, sie machen den Raum lebendiger, gemütlicher, heimeliger. Sie nehmen ihm die harten Kanten und die glatten Oberflächen, sie verleihen ihm Tiefe. Ich habe nur ein Zimmer. Manchmal fühle ich mich wie ein Gefangener – fast klaustrophobisch. Das ist der Preis dafür, in der Stadtmitte zu wohnen. **JASON STARKING, 31, KOCH**

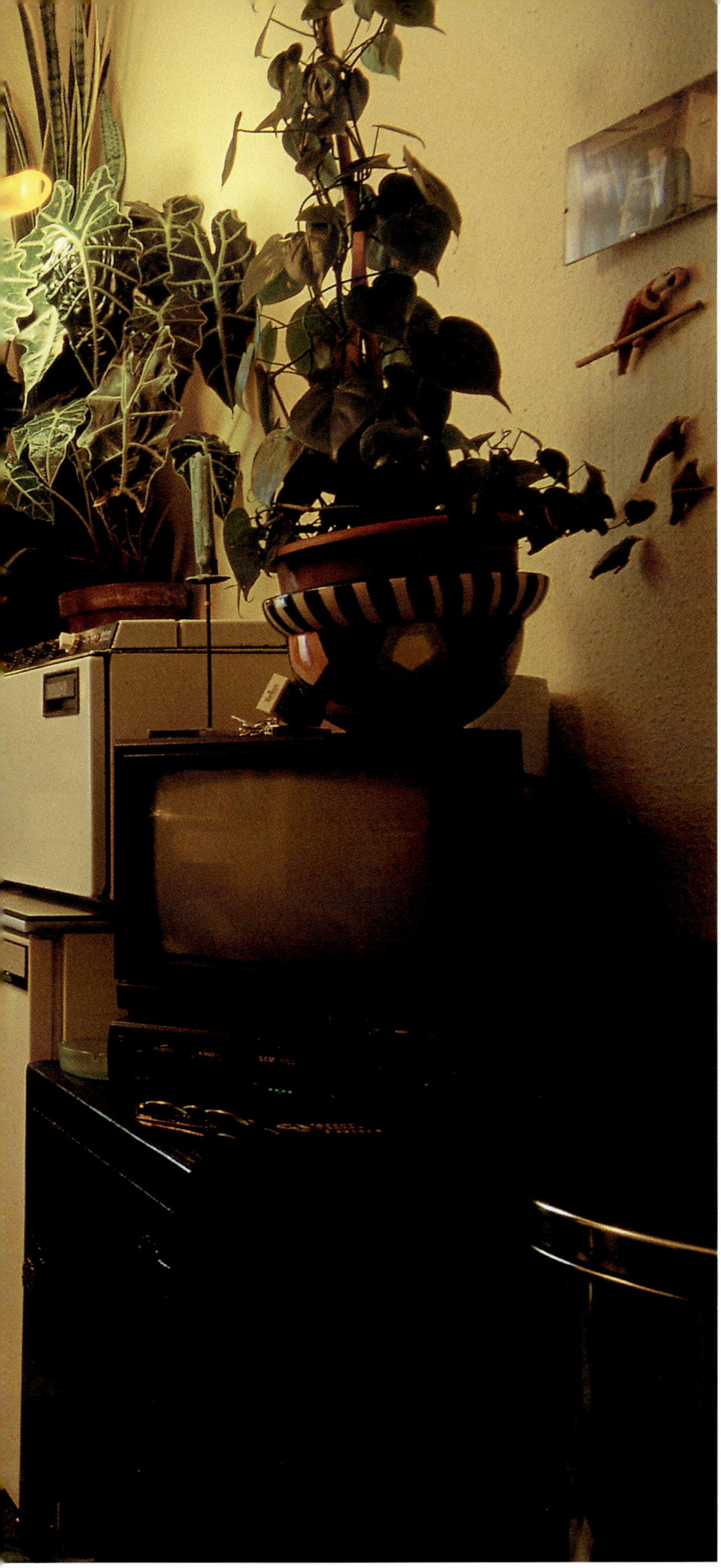

Das Blau öffnet den Raum und gibt mir das Gefühl von Weite. Grün beruhigt meinen Geist und hilft mir, mich zu konzentrieren. Rot gibt mir den Mut zu handeln.

NICKY MAY, 37, MALER

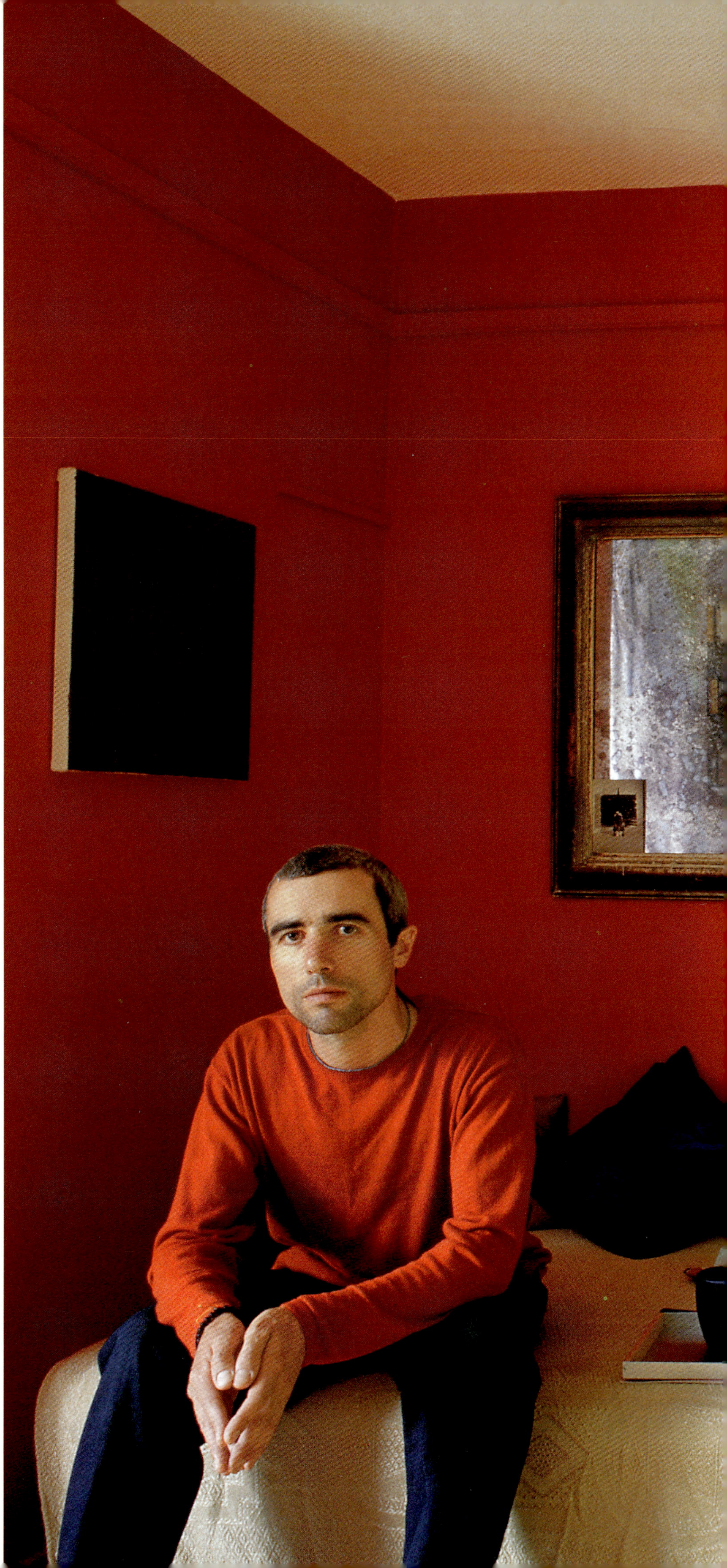

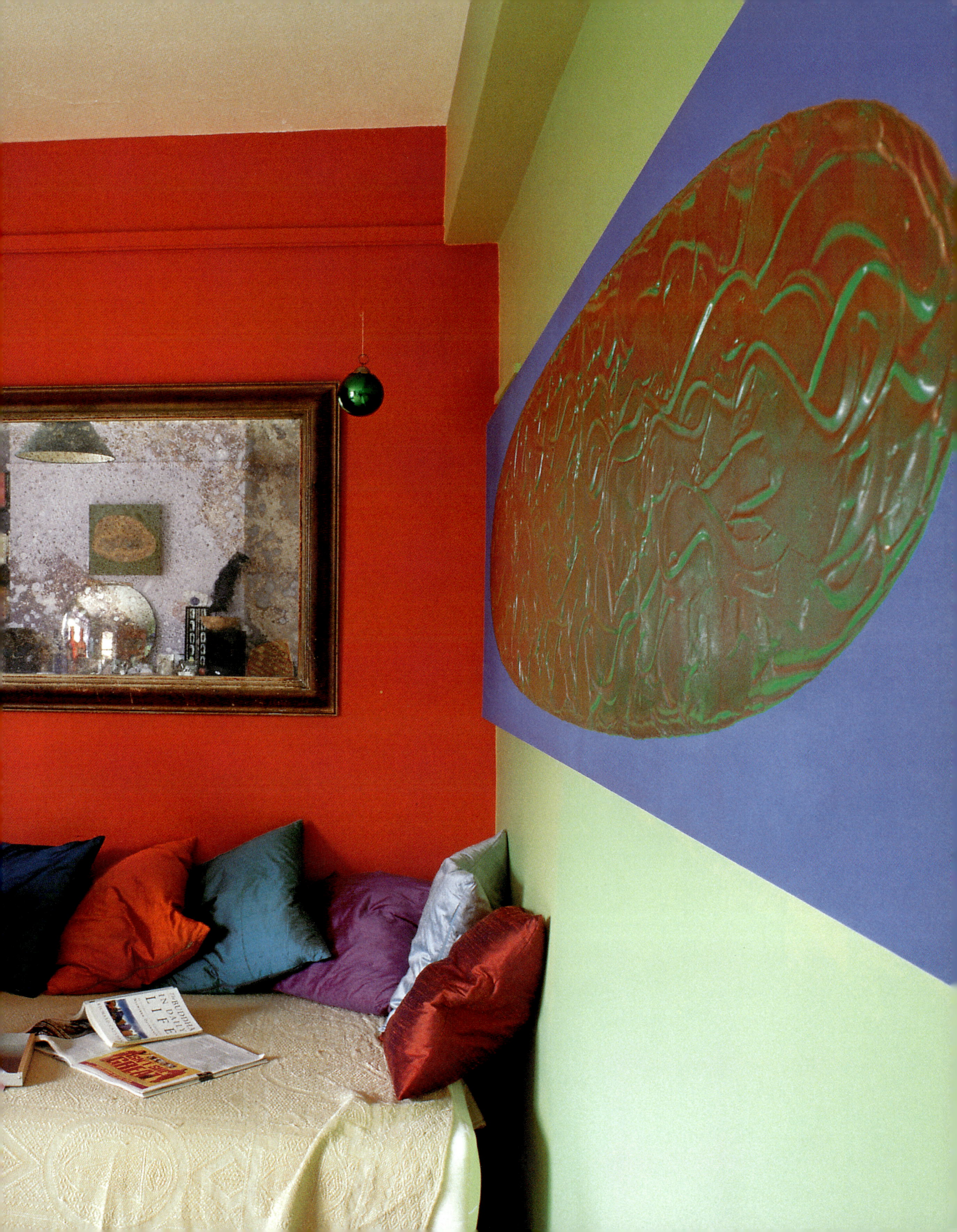
The BUDDHA
IN DAILY
LIFE

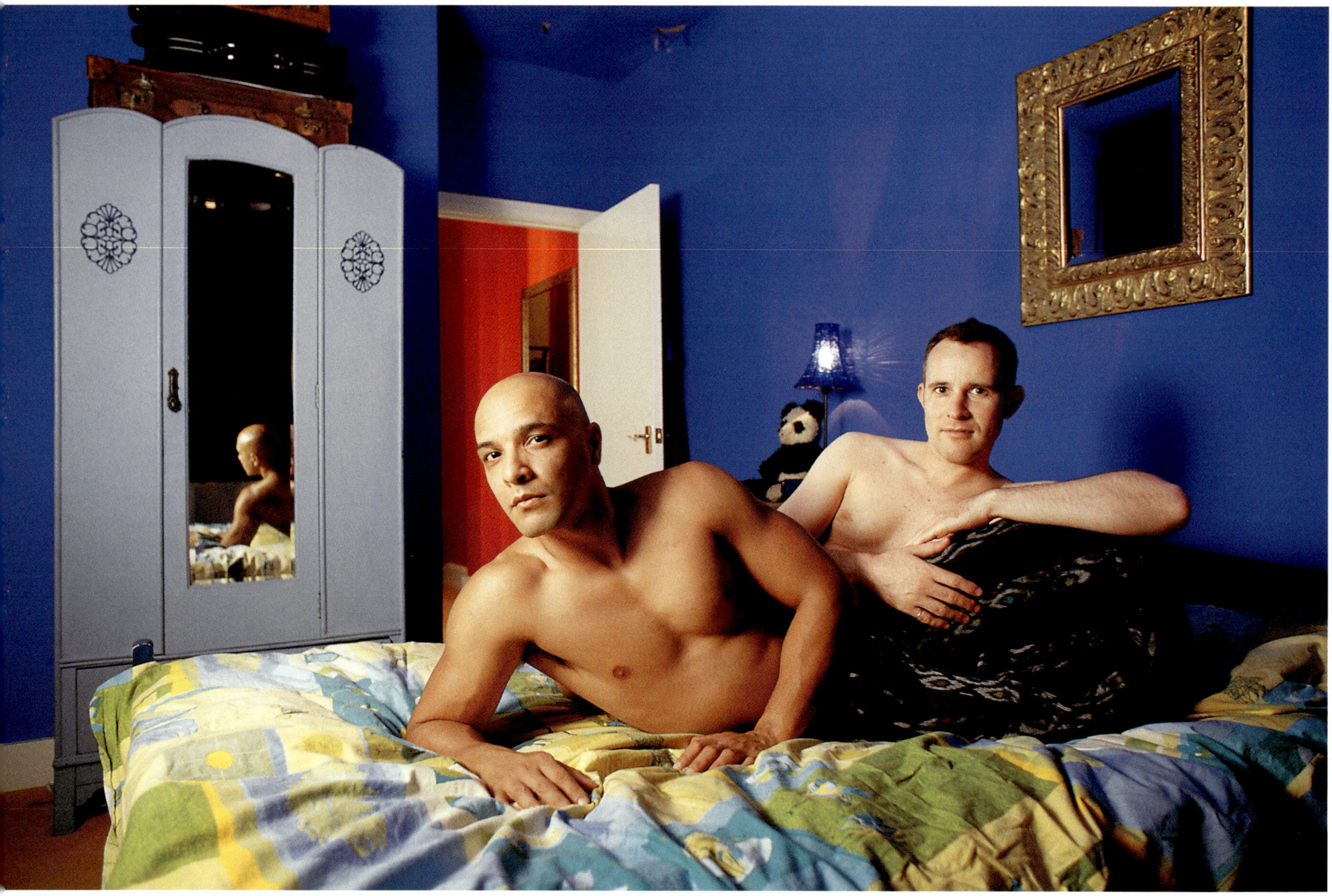

Im Bett spreche ich über die wirklich wichtigen Dinge. Denn hier ist man am unbefangensten. Beispielsweise haben wir hier darüber gesprochen, eine offene Beziehung zu führen. **ROBERT DONKERS, 37, OPERNSÄNGER**

Wir sind seit dreizehn Jahren zusammen. Das ist unser erstes Bett. Es hat schon viele Besucher gesehen. **JUSTIN JOHNSON, 37, TV-PRODUKTIONSLEITER**

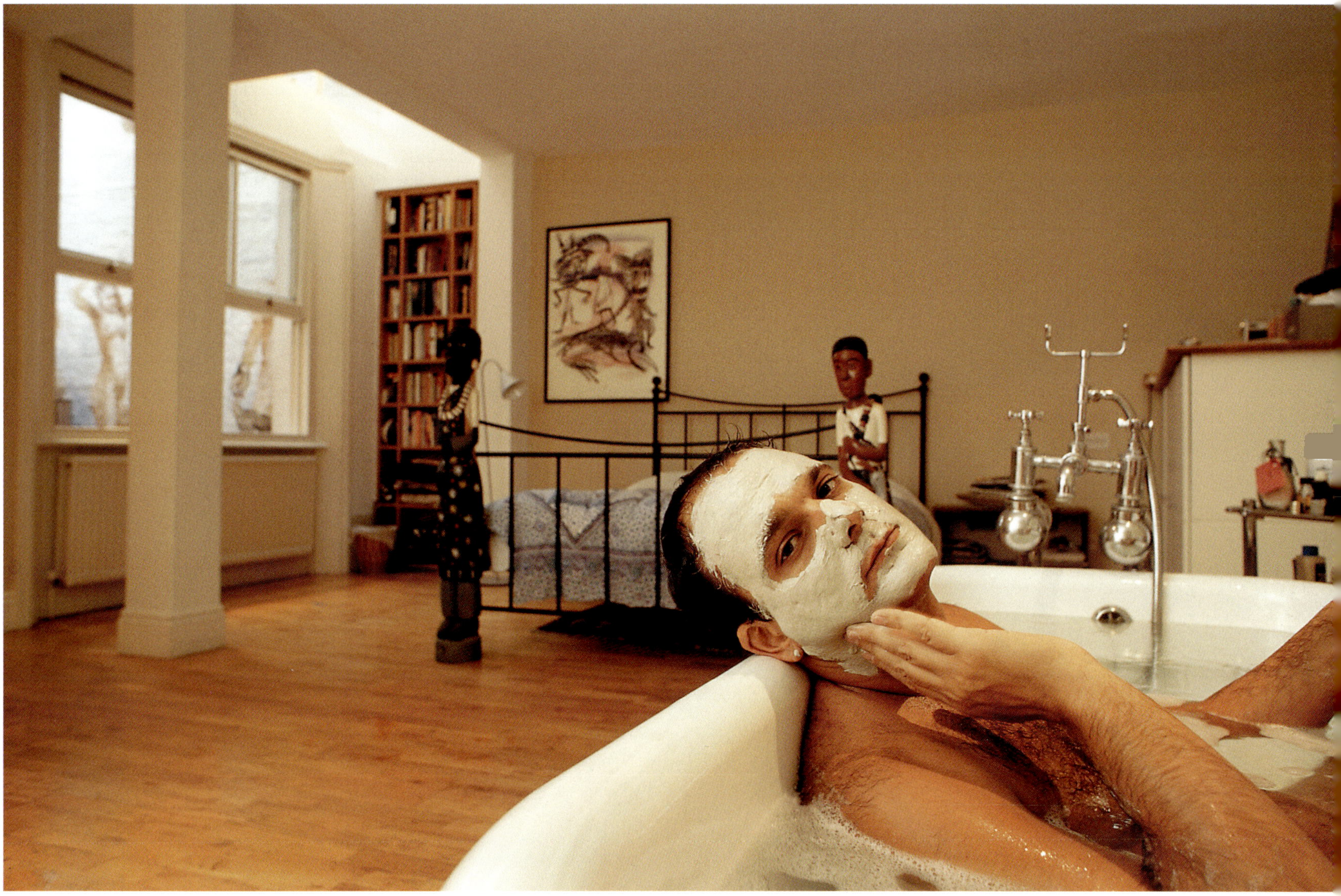

Am liebsten liege ich mit einer Schlamm-packung in der Badewanne, rauche und träume davon, was vielleicht nachher im Bett passiert. **GERRY FOX, 36, FILMEMACHER**

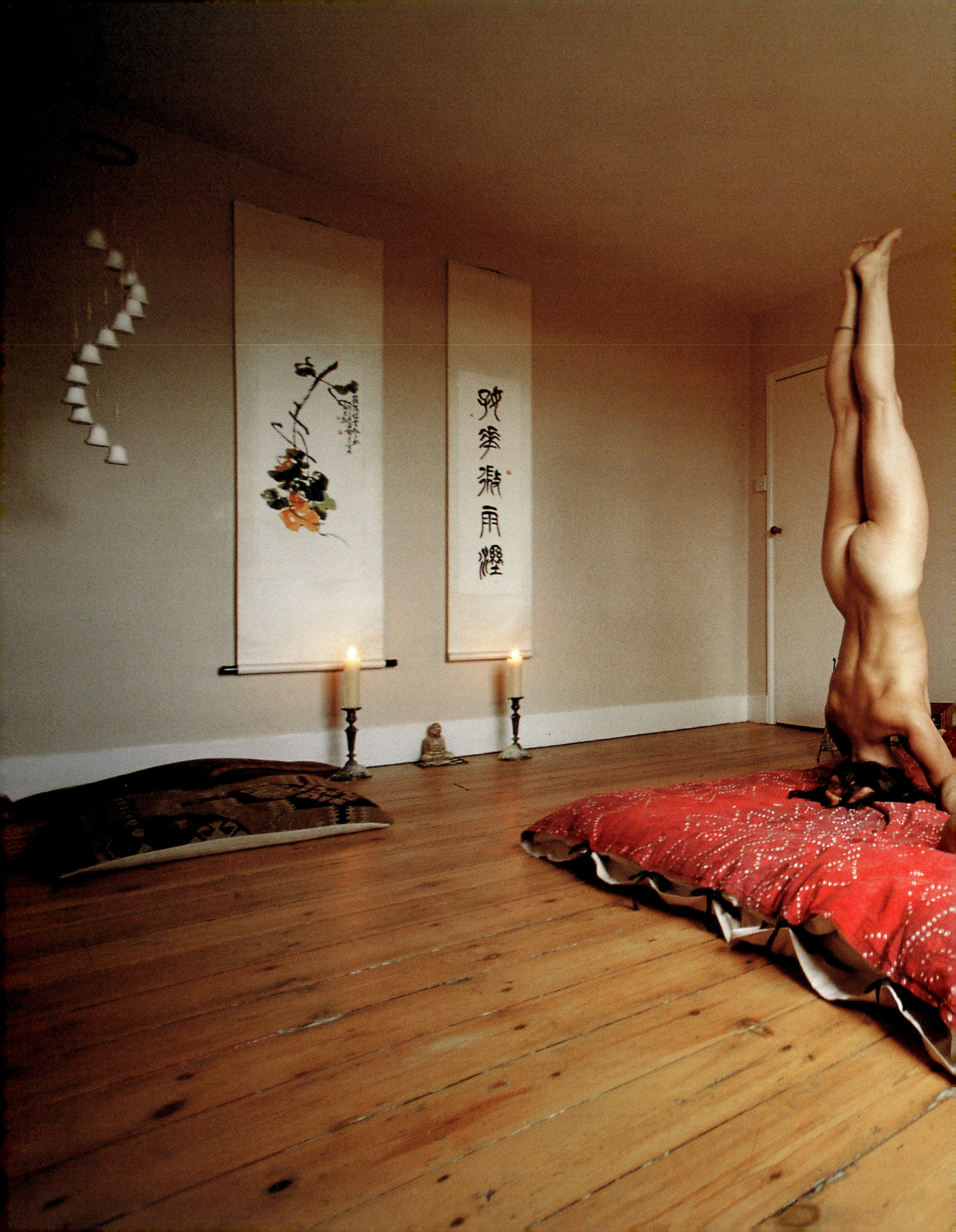

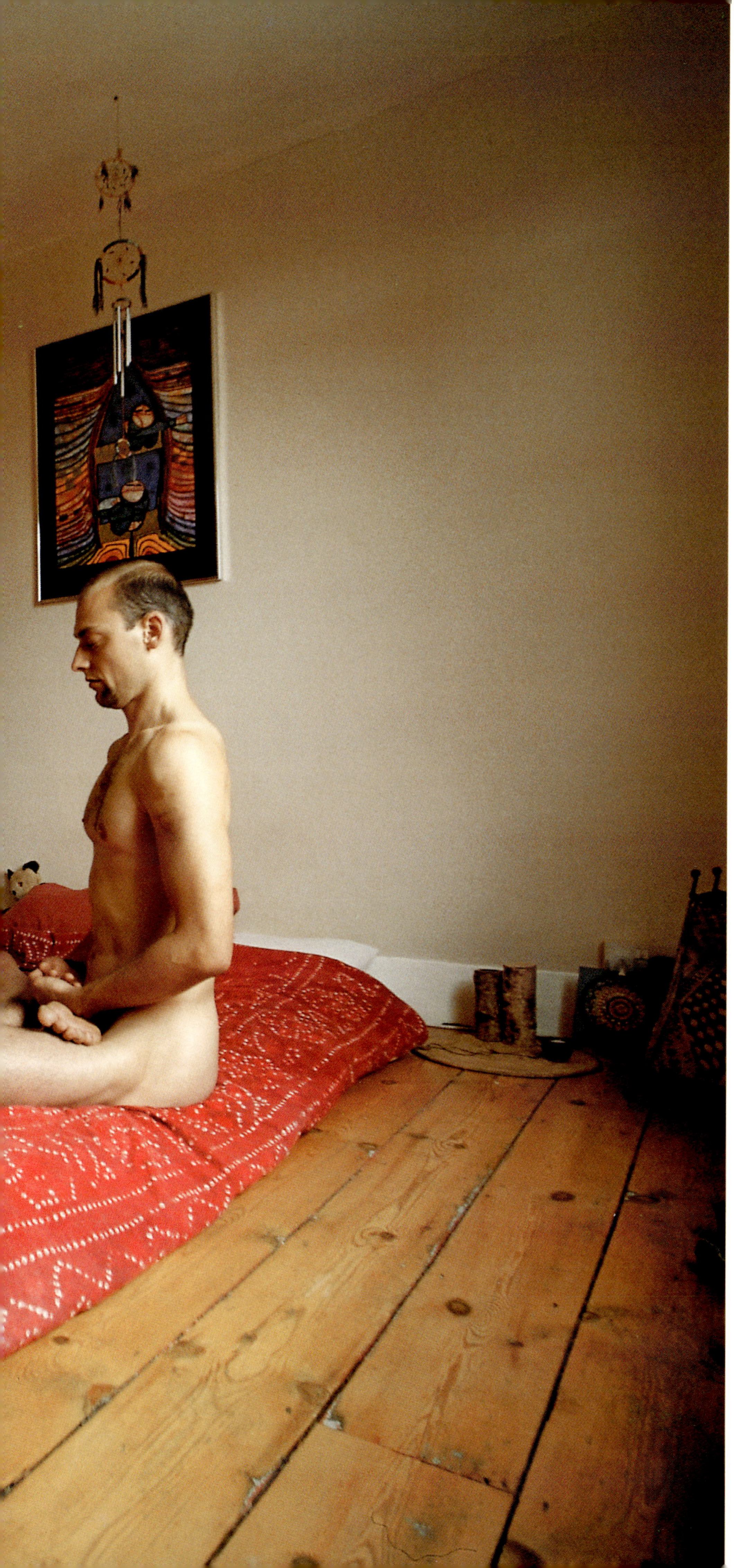

Normalerweise verstreue ich alles um mich herum, aber mein Schlafzimmer muss aufgeräumt sein. Für uns beginnt die Nacht mit Kuscheln, dann drehen wir uns voneinander weg, und beim Aufwachen wenden wir uns wieder einander zu. **SASÀ MARKOVIC, 31, YOGALEHRERIN**

Bevor ich Sasà traf, schlief ich selten nackt, aber jetzt genieße ich es. Sasà hat mir das beigebracht. Ich liebe die Wärme ihrer Haut. Wenn wir uns lieben, fühlt sich alles richtig an, jede Bewegung ergibt sich von selbst. **FRANK PAEPCKE, 31, YOGALEHRER**

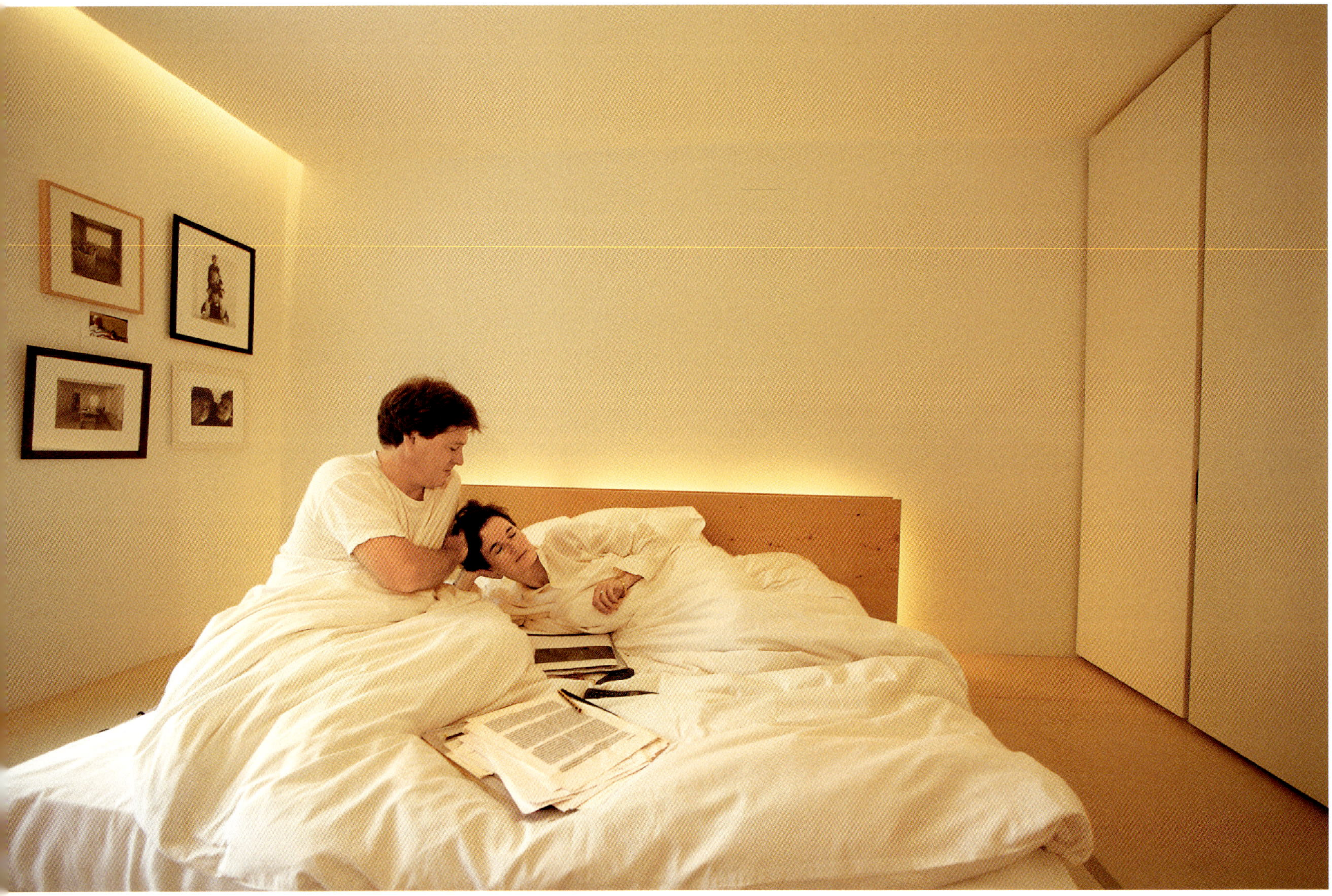

Wenn ich mich mit unausgereiften Ideen schlafen lege, arbeitet in der Nacht mein Unterbewusstsein daran. Nicht immer, aber oft finde ich dann im Lauf des Tages eine Lösung. Das Schlafzimmer ist nur zum Schlafen da, nicht zum Fernsehen, nicht zum Frühstücken. Schlaf ist sehr wichtig. Wir halten ihn für selbstverständlich, doch eigentlich sollten wir ihn mehr schätzen. **JOHN PAWSON, 51, ARCHITEKT**

Das Schlafzimmer ist mein Rückzugsraum von der Familie und der Welt. Ich fühle mich wohl im Bett, lese oder sehe fern. Ginge es nach mir, würde ich auch im Bett essen. Schlaf ist für mein Wohlbefinden äußerst wichtig. Wenn mich keine Ängste plagen, habe ich auch keine Probleme, schnell einzuschlafen. Beim Aufwachen fällt mein Blick auf die Bäume vor dem Fenster, die den Wechsel der Jahreszeiten widerspiegeln. **CATHRINE PAWSON, 43, INNENARCHITEKTIN**

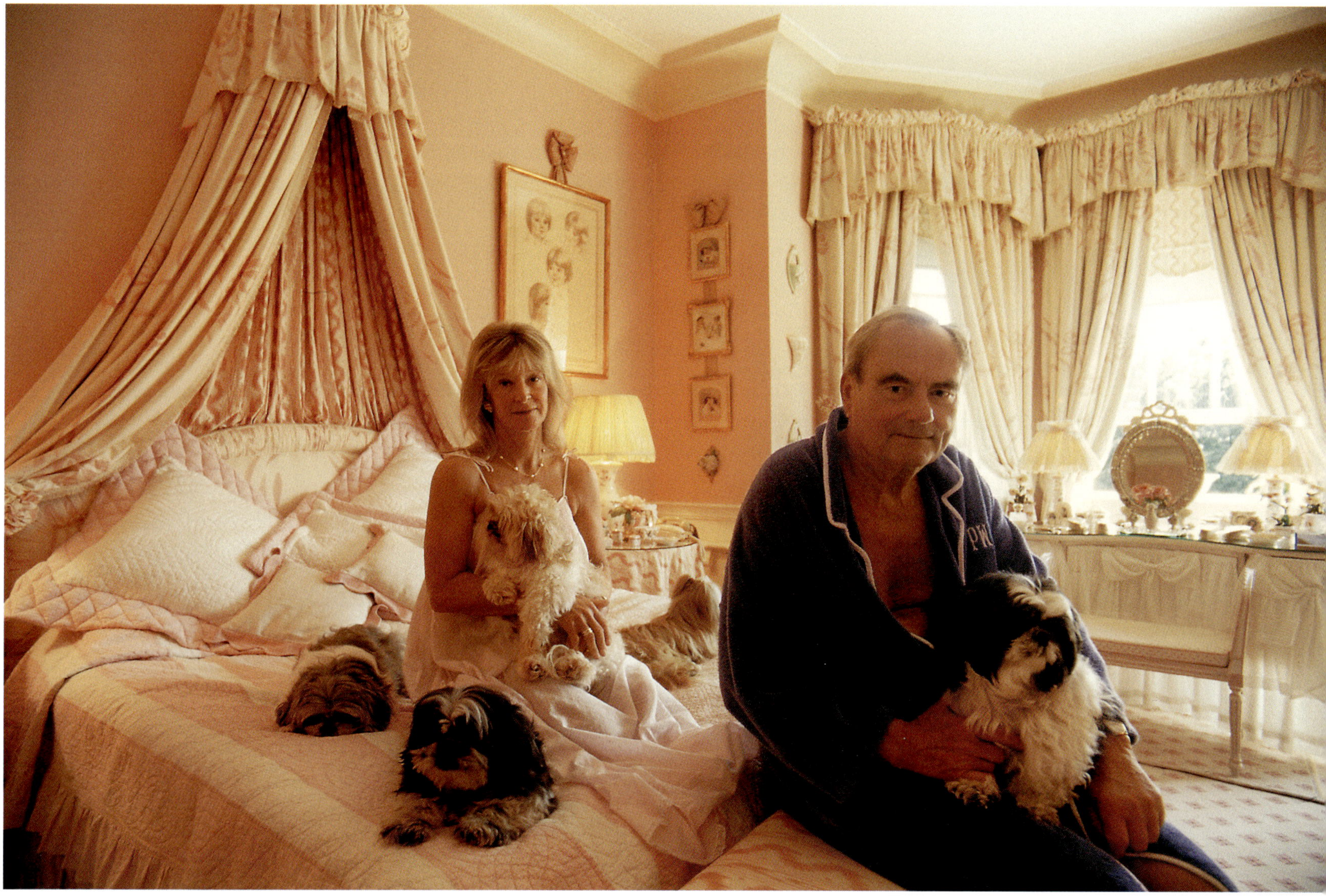

Ich liebe meine Hunde und meine zwei Jungs über alles. Sie sind der Grund, warum ich mich freue heimzukommen. Wir sind jede Nacht zu siebt im Bett. **LIZ WARD, 57, MIT TIFFANY, LYCHEE, TOOTSIE, PANDA UND TOPAZ**

Ich schätze es sehr, wenn die Hunde im Bett sind. Morgens stehe ich beizeiten auf, dann gehe ich in den Ankleideraum, um zu lesen. Wir haben am Wochenende sehr oft Gäste. In diesem Fall nehme ich das Frühstück gemeinsam mit den Herren im Frühstückszimmer ein. Die Damen bekommen ihr Tablett aufs Zimmer. **PETER WARD, 74, VORSITZENDER EINER AKTIENGESELLSCHAFT**

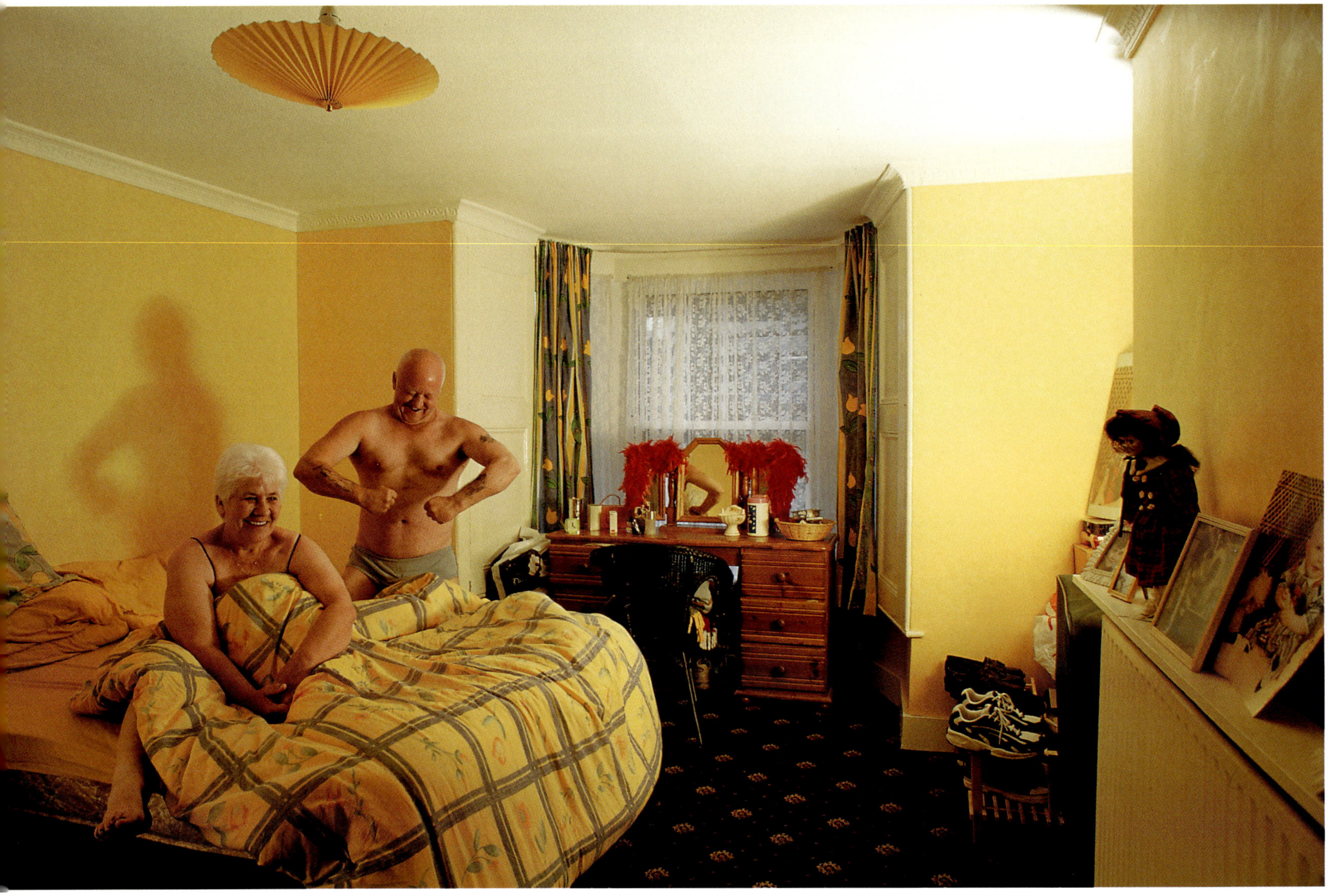

Unsere Tochter wurde nicht im Bett gezeugt. In einem Augenblick der Leidenschaft brachen wir einen Polizeiwagen auf, dort geschah es. **CATHERINE SIMPSON, 54, HAUSFRAU**

Meine Frau hat schrecklich kalte Füße. Wenn sie mich berührt, ist das jedes Mal ein Schock für mich. Ich räche mich, indem ich ihr mitten in der Nacht Witze erzähle. **EDDIE SIMPSON, 57, FENSTERPUTZER**

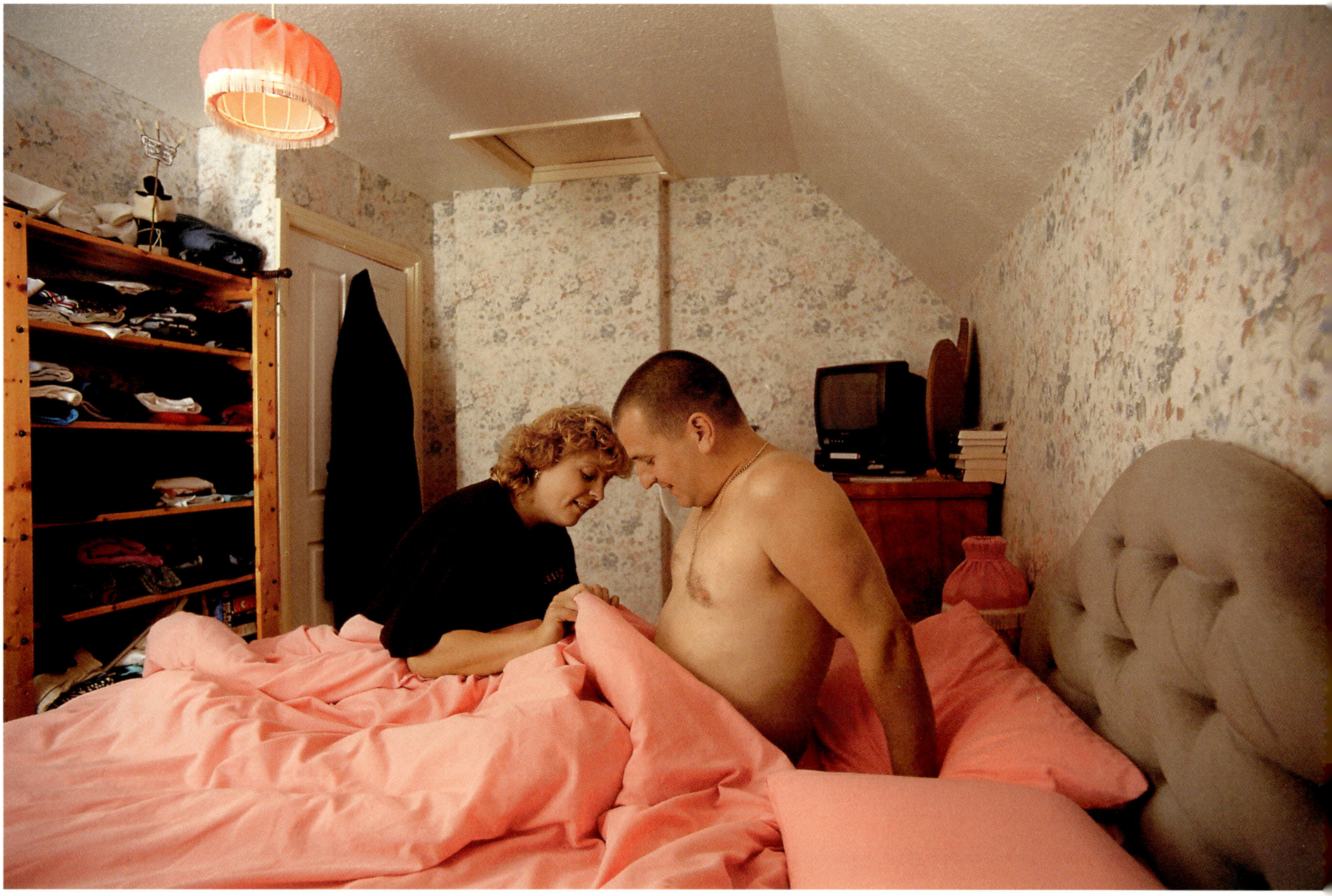

Ich ärgere ihn gern ein wenig, das zahlt er mir dann nachts heim. Wir sind seit achtzehn Jahren zusammen und völlig verschieden. Das hält unsere Beziehung in Schwung. **TINA DOWNES, 35, ANGESTELLTE**

Für Sex haben wir immer Zeit. Bei mir geht's ganz rasch. Es ist nur ein schnelles Schaumbad. **STEPHEN DOWNES, 38, HAUSMEISTER**

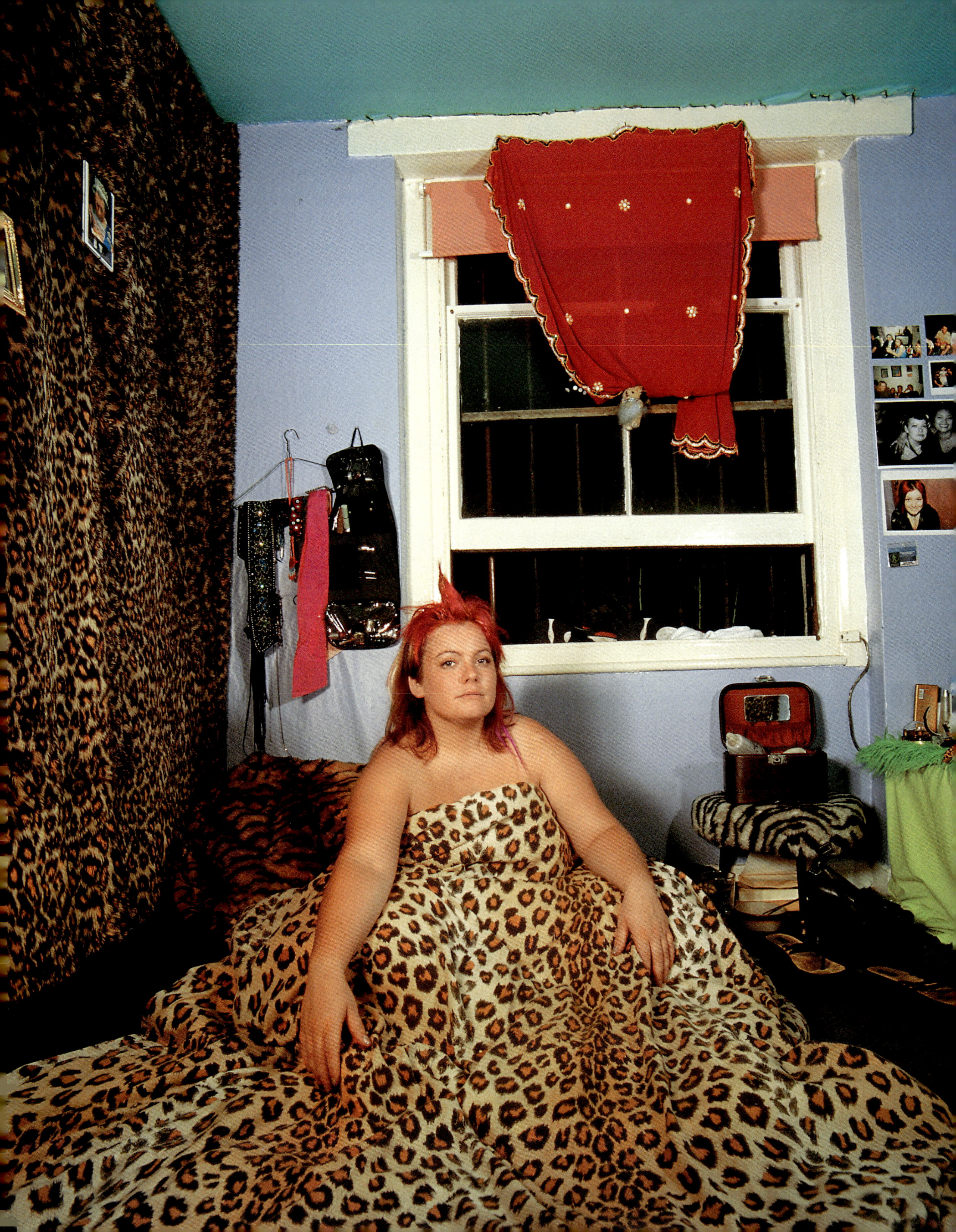

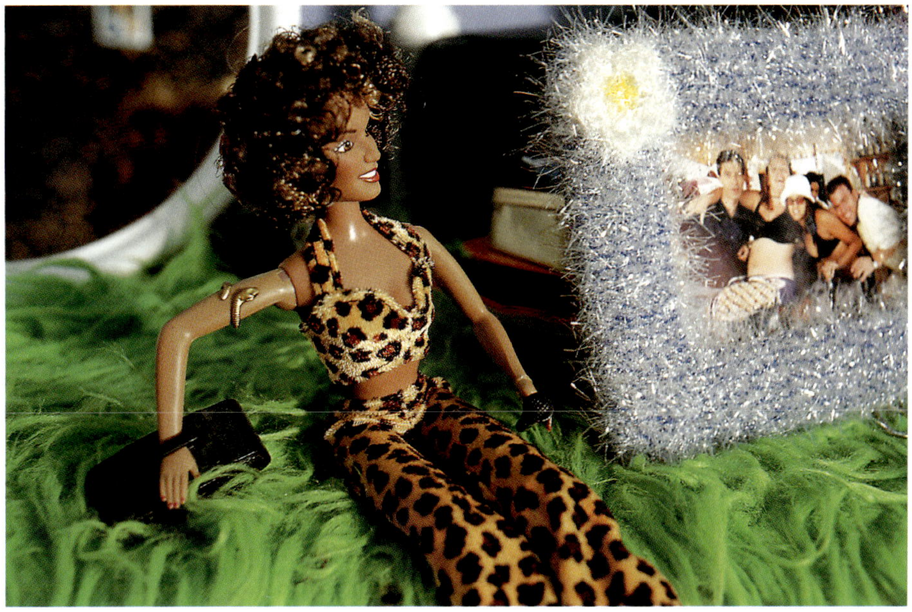

Ich war schon als Kind kaum zu bändigen. Mit sechzehn zog ich von zu Hause aus. Ich habe mein Zimmer mit Leopardenstoffen ausgekleidet, denn für mich sind sie gleichbedeutend mit Wildheit und Unabhängigkeit. **ALISON WHITTINGTON, 25, ALLROUNDTALENT, TATTOO-KÜNSTLERIN**

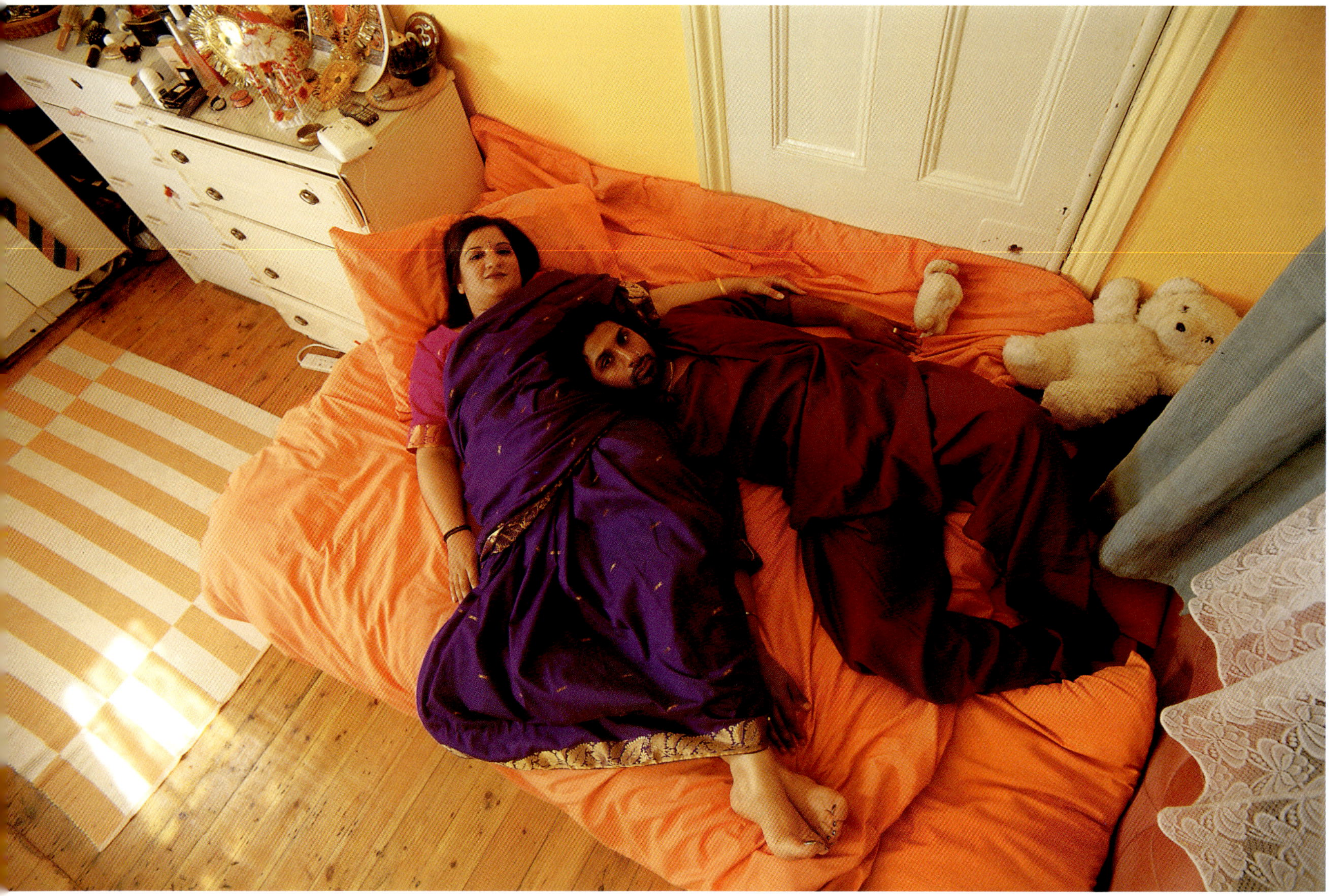

Im warmen Bett fühle ich mich wieder wie im Mutterleib. Es gibt mir Trost, Schutz und Sicherheit. Für mich ist es Luxus, im Bett zu bleiben und ein Buch zu lesen, denn das Leben stellt hohe Anforderungen. **RANJANA MITRA, 32, PR-MANAGERIN**

Ich habe beim Aufwachen immer Ideen. Zur Zeit drehe ich ein Video für einen angesagten Künstler. Es basiert auf einem Alptraum, den ich hatte. Ich habe ungeheuerliche und großartige Alpträume. In meinen Träumen kann ich auch in die Zukunft blicken. **VENOD MITRA, 32, FILM- UND FERNSEHREGISSEUR**

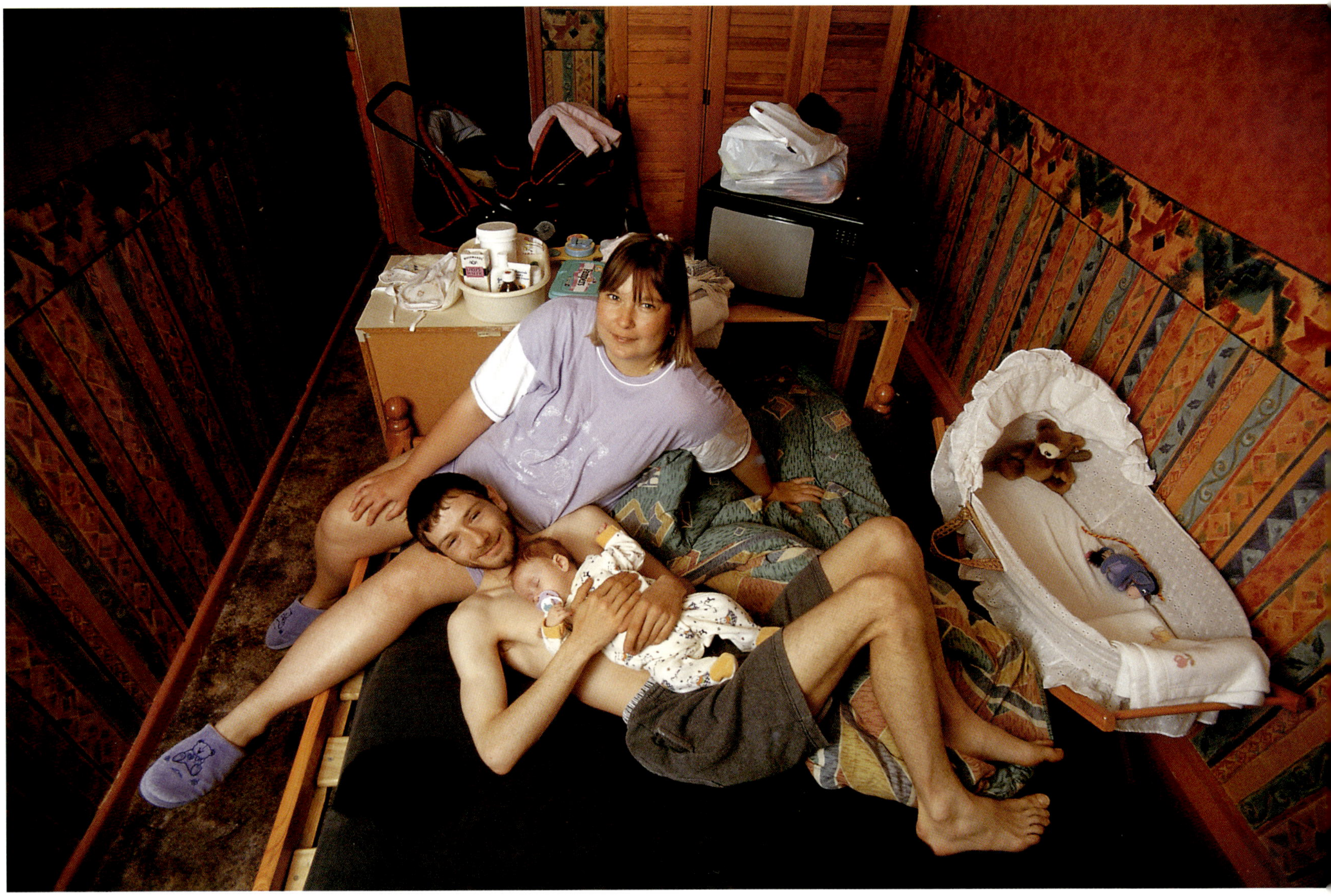

Seit das neue Baby da ist, kann ich nur noch ans Schlafen denken. Ich freue mich schon darauf, wieder guten Sex zu haben. **SAMANTHA BLOOMAN, 25, SOZIALHILFEEMPFÄNGERIN, HAUSFRAU, HANNAH PETTIGREW, 12 WOCHEN**

Ich genieße es, lange im Bett zu liegen. Vom Leben erwarte ich nur, gerade so durchzukommen. Das reicht mir in meiner jetzigen Lage. **COLIN WEIGHT, 22, SOZIALHILFEEMPFÄNGER, ZIMMERMANN**

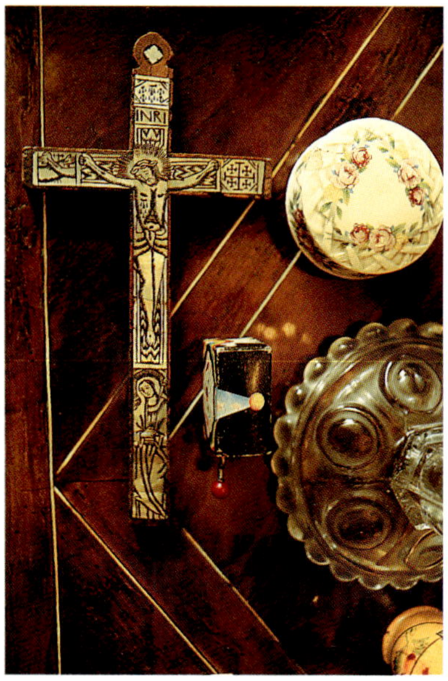

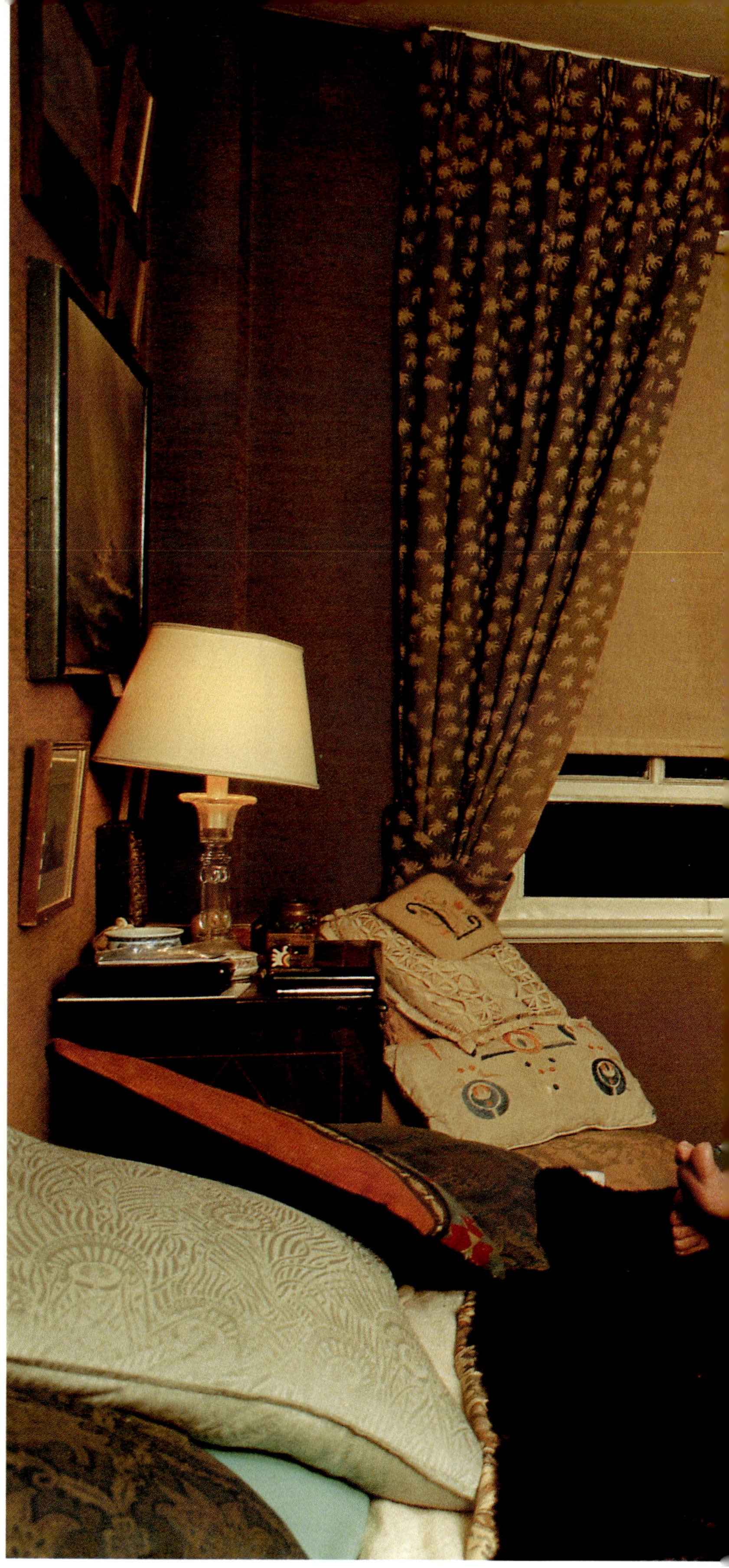

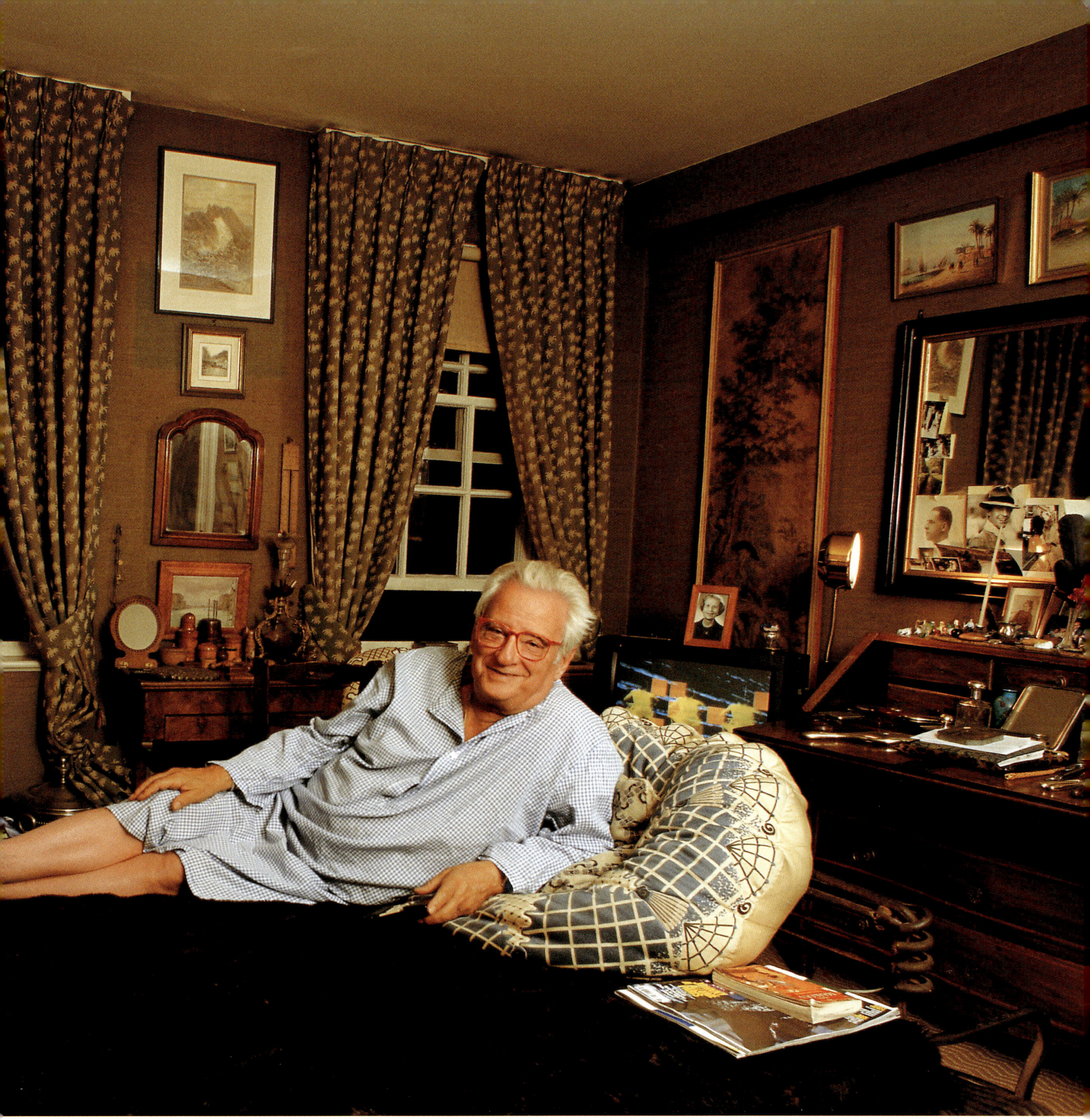

Mein ganzes Leben ist in diesem Zimmer versammelt. Jeder Gegenstand birgt Erinnerungen. Sex habe ich lieber an sonnigen Stränden. **LUIGI DE ANGIOY, 72, VERLEGER, SCHAUSPIELER**

Manchmal muss ich mich mit Medikamenten betäuben. Annie, mein Hund, ist sehr feinfühlig. Sie spürt, wenn ich Schmerzen habe. Dann liegt sie ganz ruhig neben mir. Sie gibt mir viel Kraft und Liebe. **IAIN CAMPBELL, 59, BIBLIOTHEKAR IM RUHESTAND, MIT ANNIE**

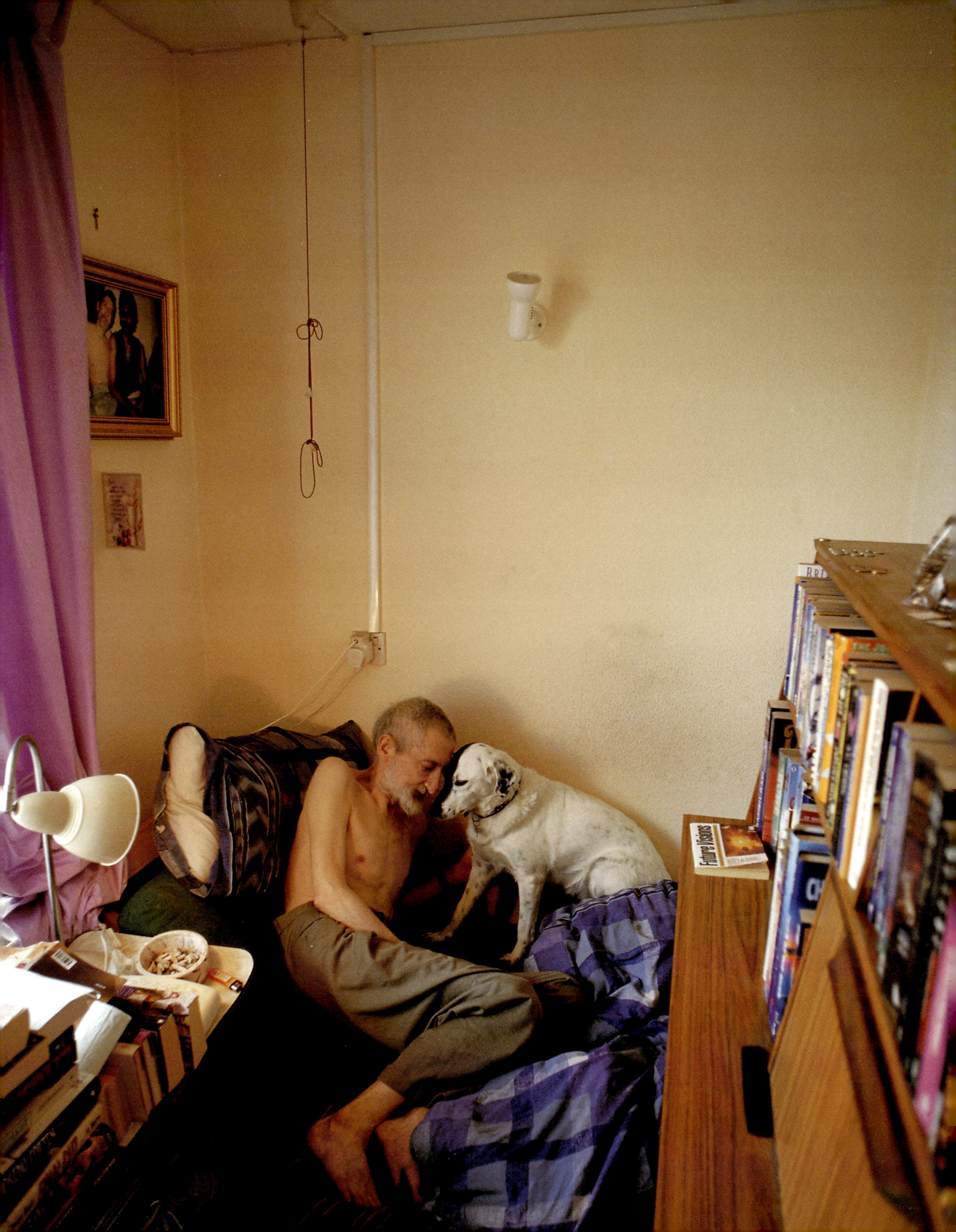
Future Visions

BERLIN

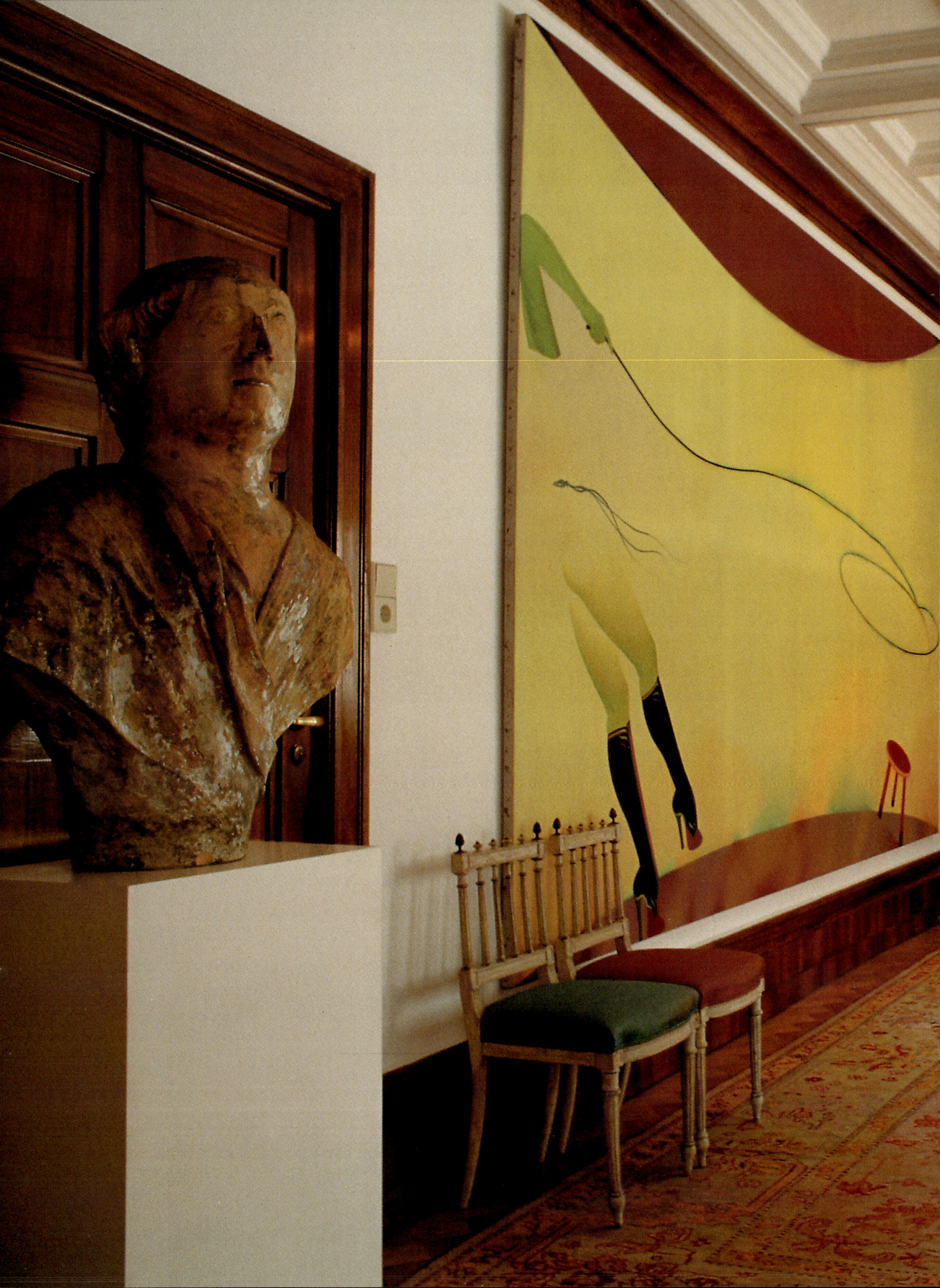

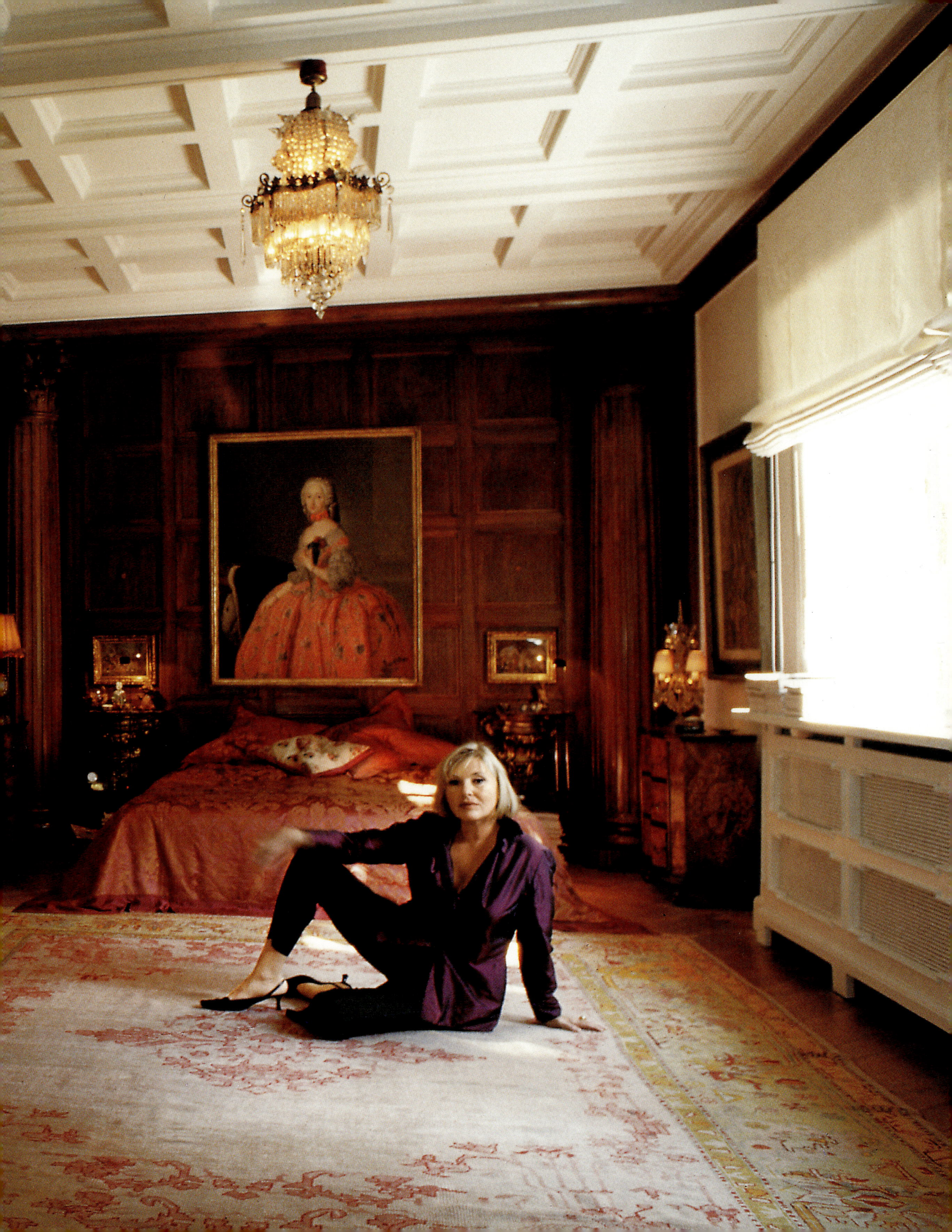

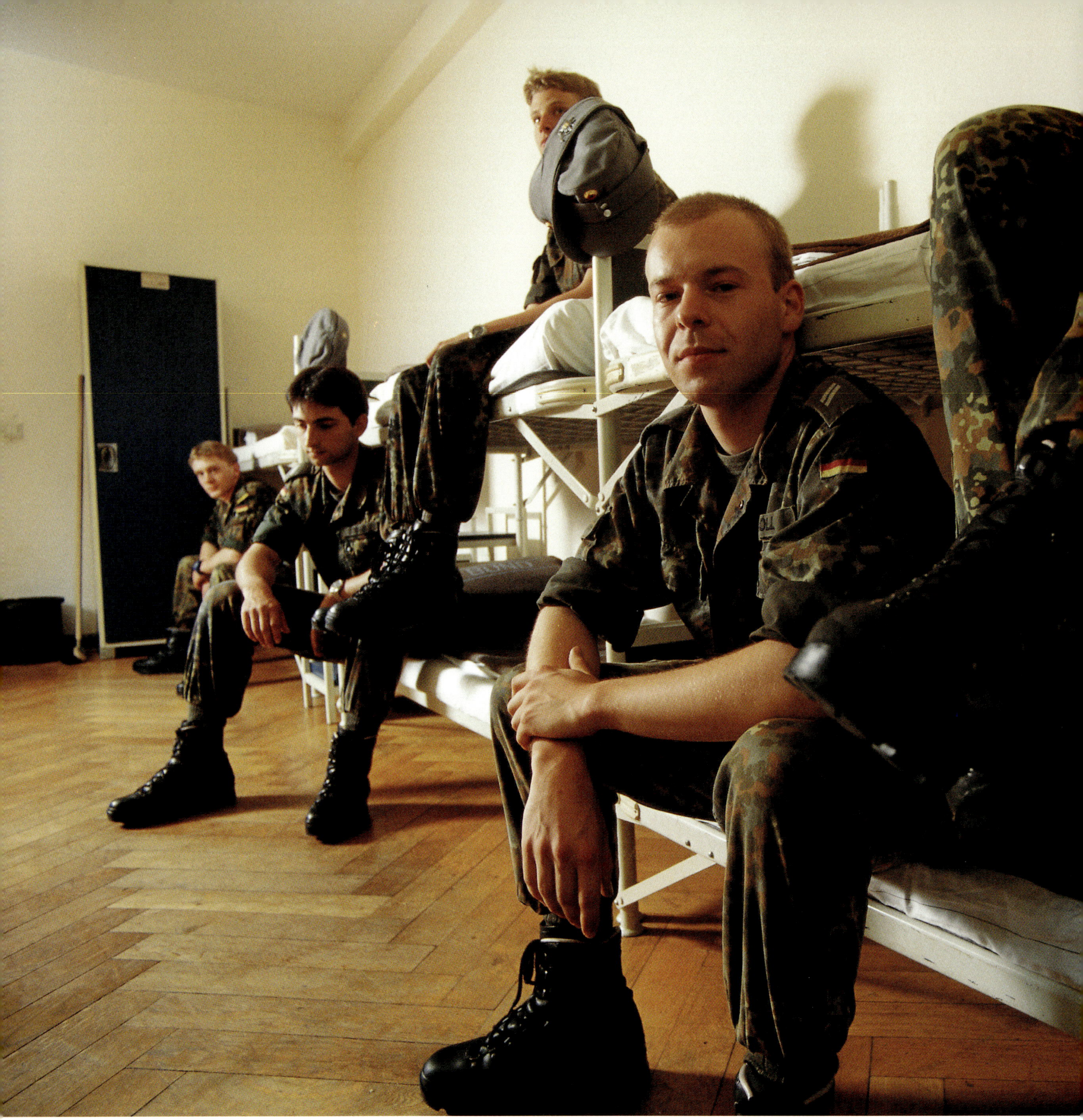

← Ich bin eine Ästhetin. Deshalb habe ich auch die kleinen Stühle wie die farbigen Tasten des Faxgerätes beziehen lassen.

MANUELA ALEXEJEW, 51, DESIGNERIN

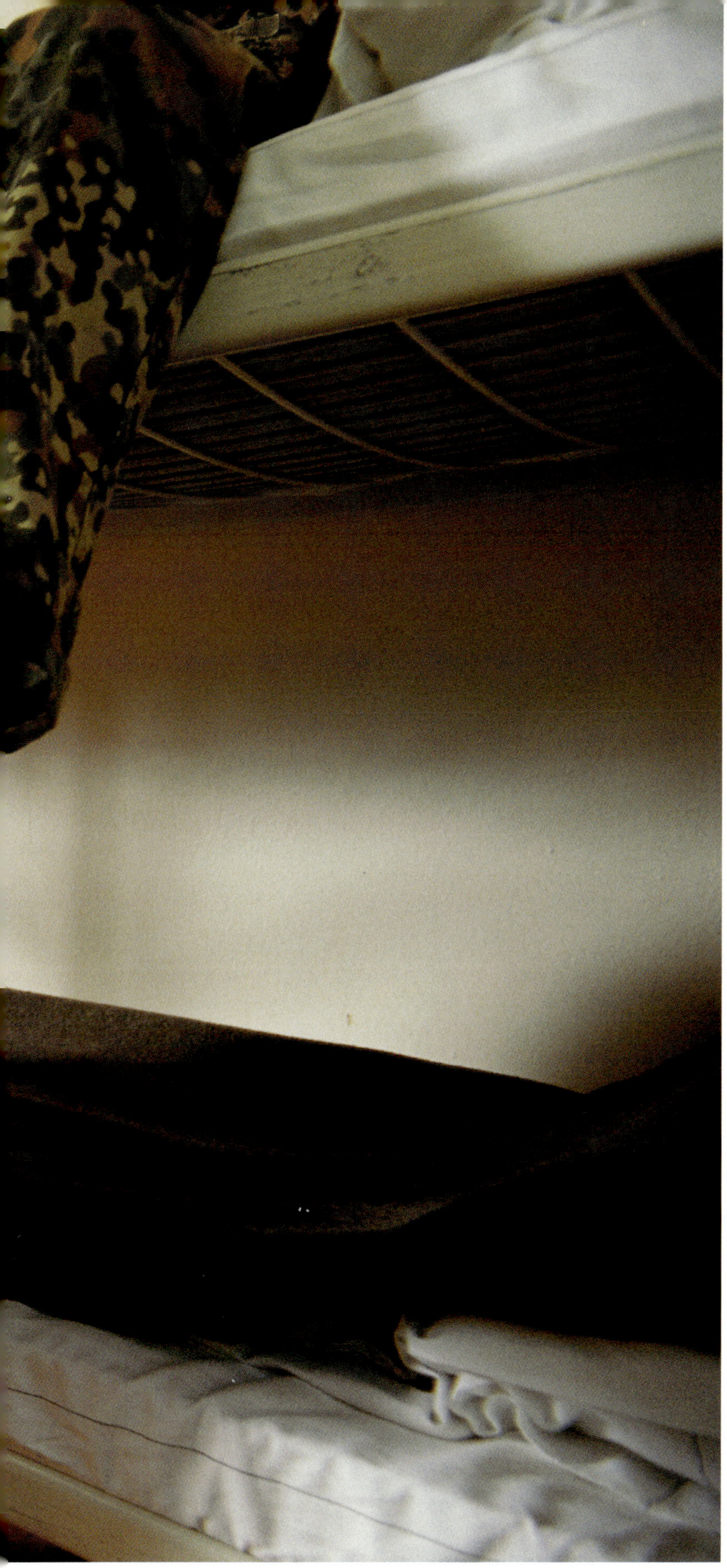

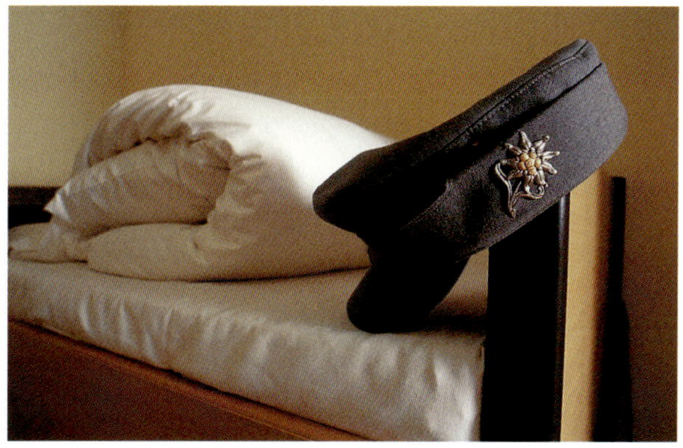

Kaserne. **SEBASTIAN BAYER, ANDREAS KNOLL, MICHAEL SCHWARZMEIER, GÜNTHER STOIB**

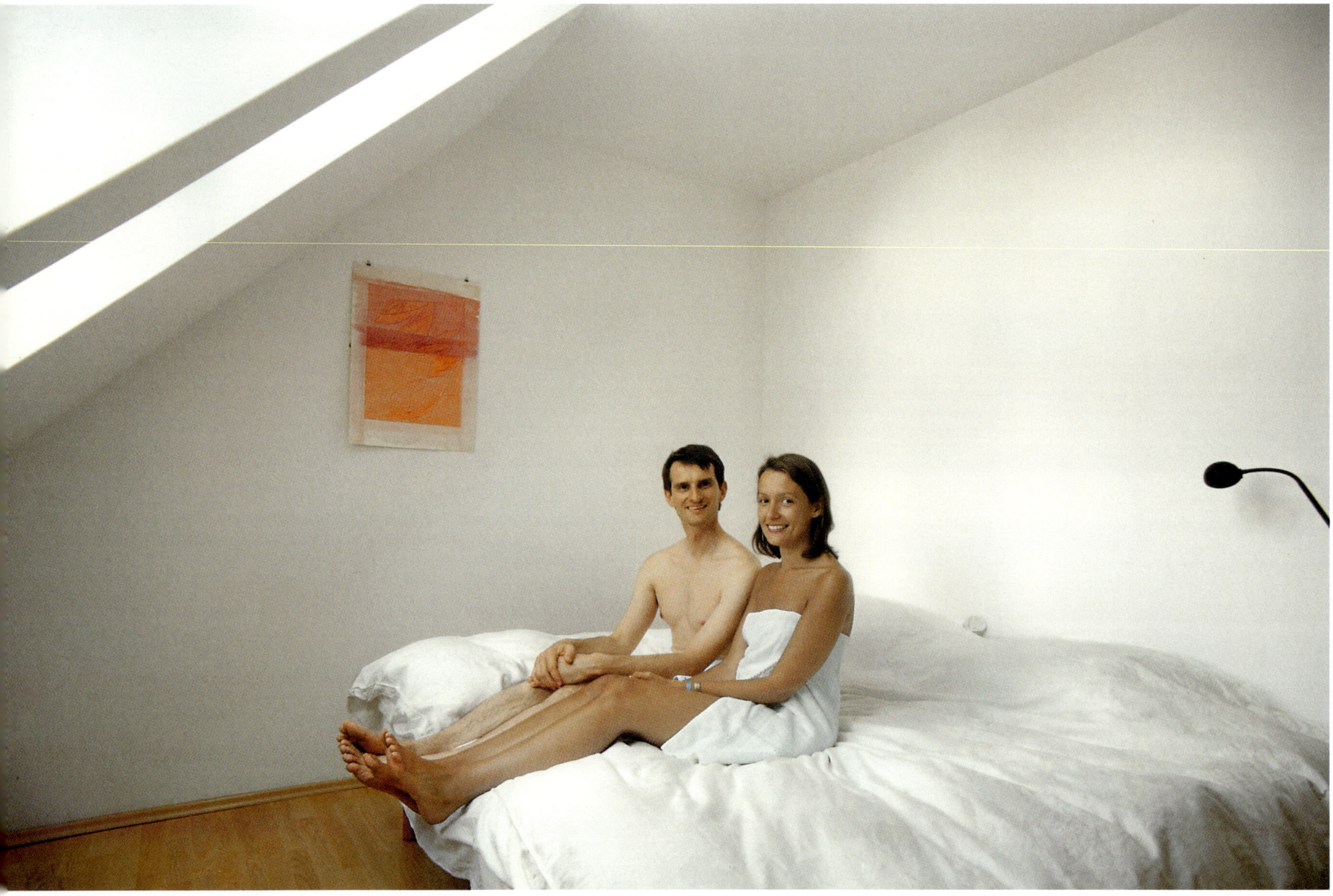

Schlafen muss sein. Das Wichtigste ist die Matratze. Ich nehme die härteste, die ich finden kann. **NICOLAS WEBERKREBS, 31, GESCHÄFTSFÜHRER EINER INTERNETFIRMA**

Wenn ich zu Bett gehe, möchte ich durch nichts abgelenkt werden. Deshalb ist dieser Raum so leer. **ELISABETH DODARD, 29, LEHRERIN**

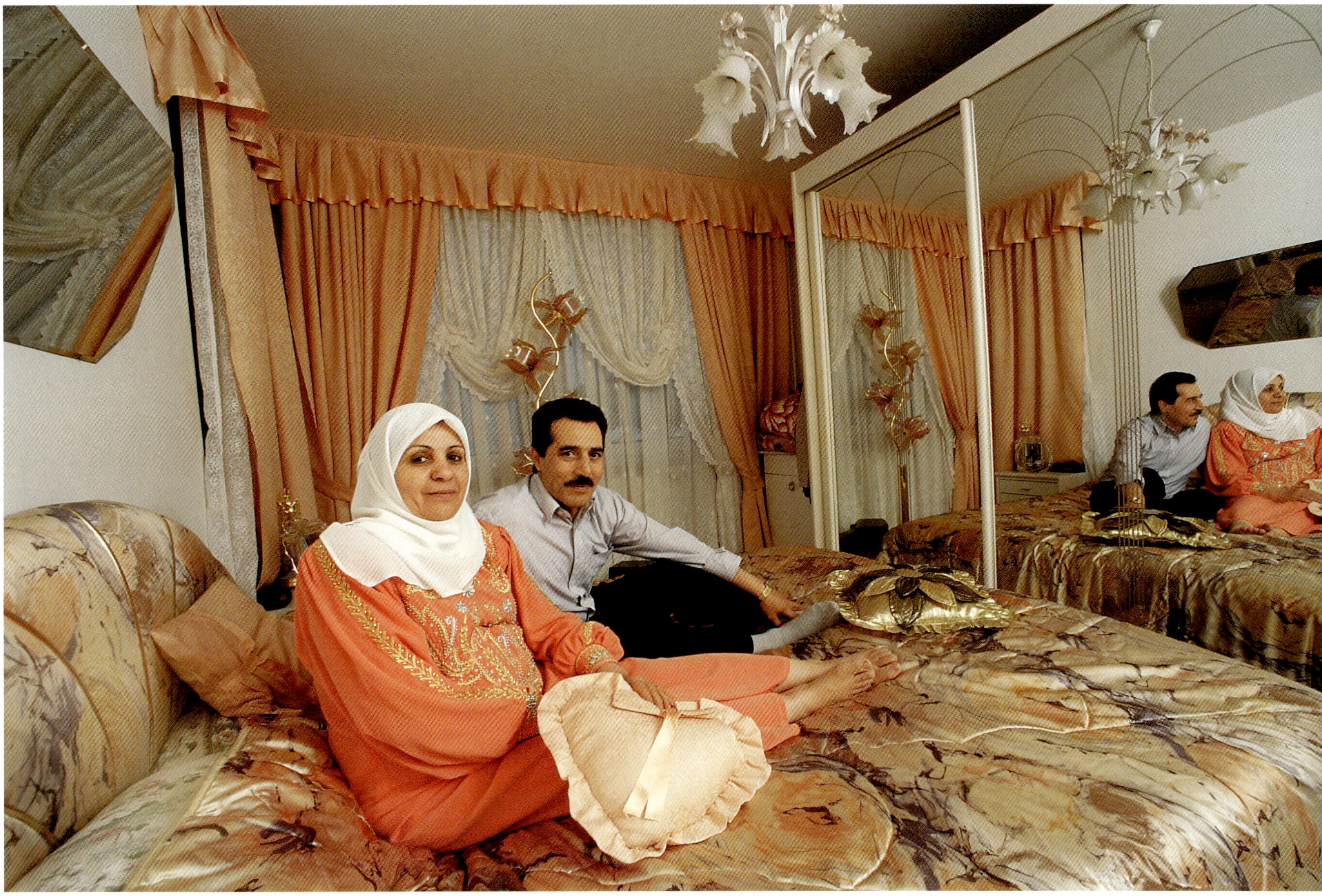

Wir sind seit dreißig Jahren verheiratet und haben neun Kinder. Wir machen alles zusammen, einkaufen, spazieren gehen, Verwandte besuchen. Auch das Bett haben wir zusammen gekauft. Mofti ist für mich mein Mann, mein Bruder und mein Vater. Er findet alles gut, was ich mache, und möchte, dass ich strahle wie eine Blume. **YOSRA TAKLI, 53, HAUSFRAU**

Ich bin immer noch verliebt in meine Frau. Sie ist schön, sie ist gescheit, sie ist sauber, sie kocht gut, sie ist immer für mich da, und sie schmeckt so süß. **MOFTI TAKLI, 56, KRAFTFAHRER**

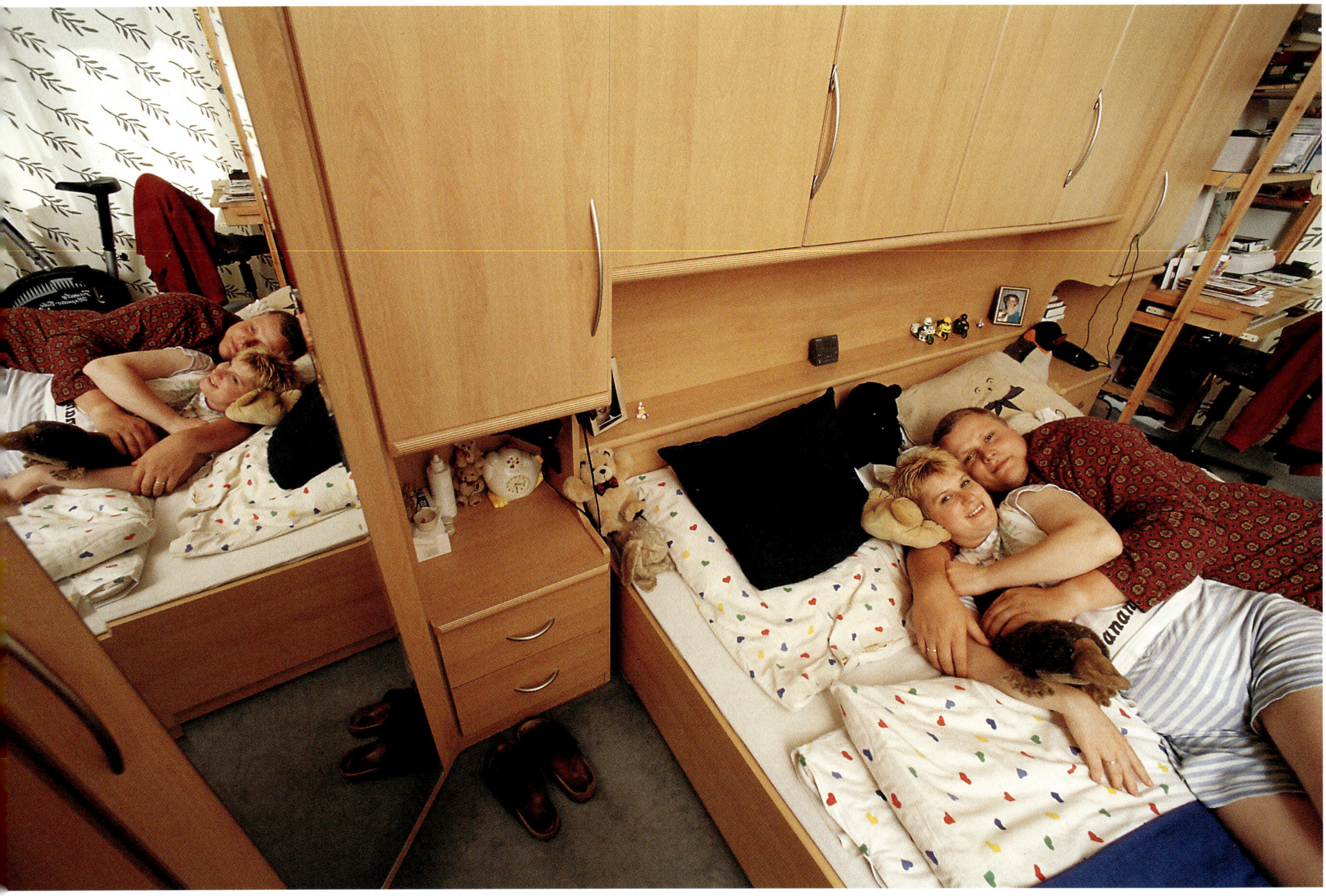

Das Schlafzimmer haben wir gekauft, weil es billig war und weil es so viele Schränke hatte. Unterm Bett ist auch noch Stauraum. **YVONNE SCHOLZ, 29, LEHRERIN**

Wir gehen gerne ins Bett, es ist der schönste Platz in der Wohnung. Wir kuscheln gerne und sehen im Bett fern. Der Hund ist das erste Plüschtier, das ich meiner Frau geschenkt habe, damit sie was zum Kuscheln hatte, während ich auf einem Lehrgang war. **MIKE SCHOLZ, 29, OFFIZIER**

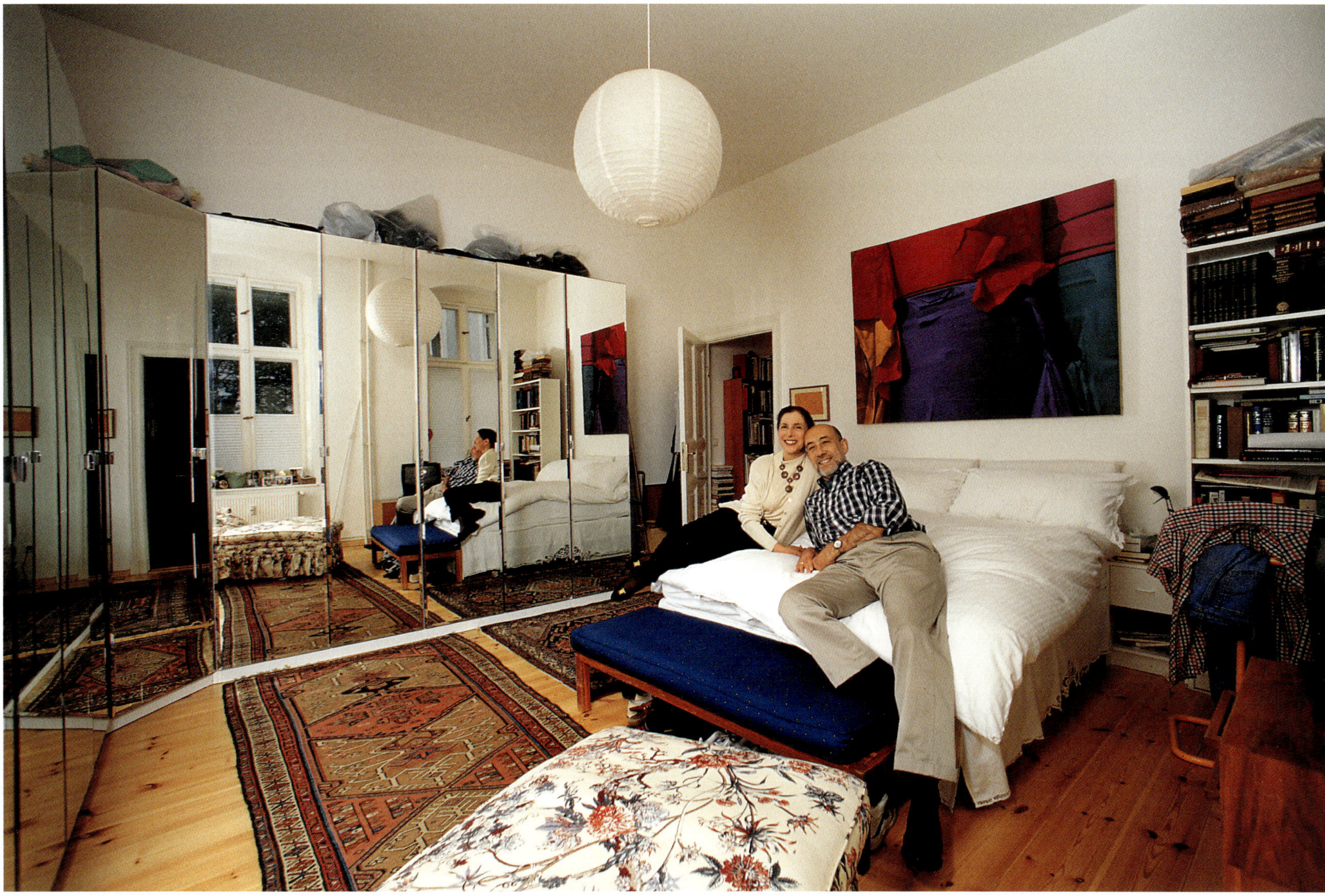

Es ist das erste Mal, dass wir in einer Wohnung leben. Ich bin es gewohnt, dass ich am Morgen auf Bäume schauen und in den Garten gehen kann. Hier muss ich immer die Rollladen runterlassen, damit die Nachbarn nicht alles sehen. **LESLIE FREUDENHEIM, 59, MUSEUMSDIREKTORIN**

Ich habe so viel zu tun, dass Schlaf für mich Zeitverschwendung ist. Unser Bett haben wir aus Amerika mitgebracht, da wir uns daran gewöhnt hatten. Die Betten hier sind anders. **TOM FREUDENHEIM, 63, MUSEUMSDIREKTOR**

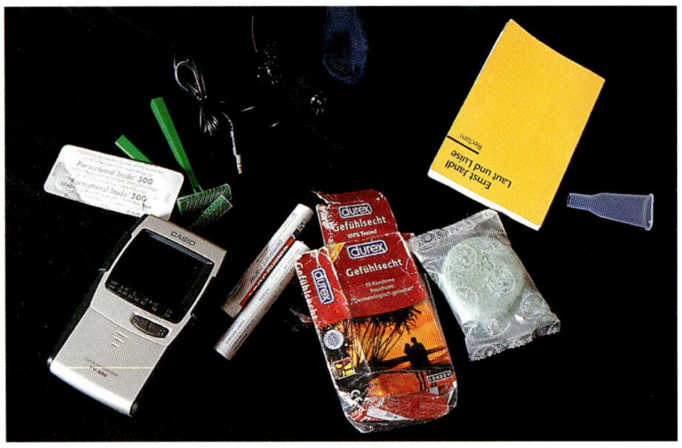
Paracetamol Stada 500
Paracetamol Stada 500
CASIO
durex
Gefühlsecht
100% Tested
durex
Gefühlsecht
10 Kondome
Hauchzart
"Dermatologisch getestet"
durex
Gefühlsecht
Ernst Jandl
Laut und Luise
Reclam

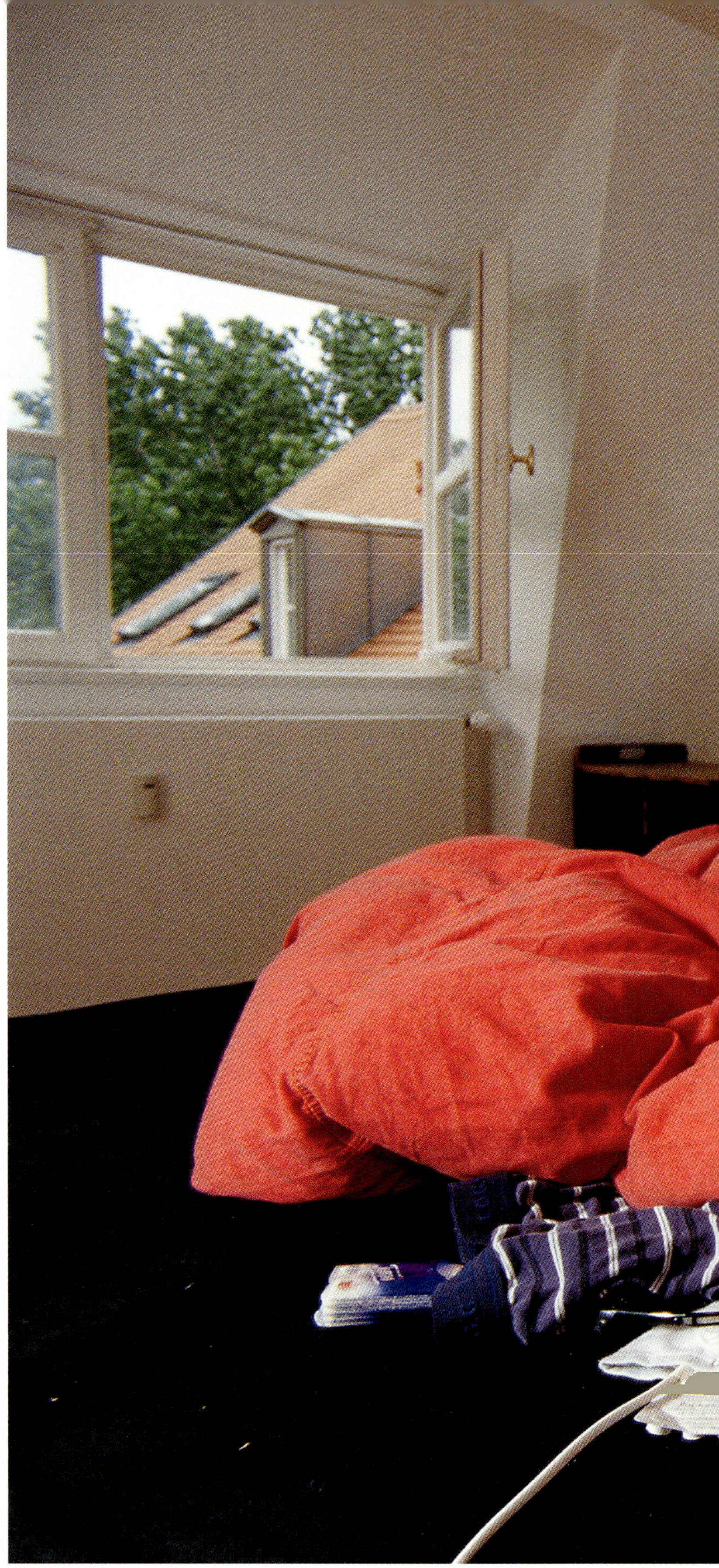

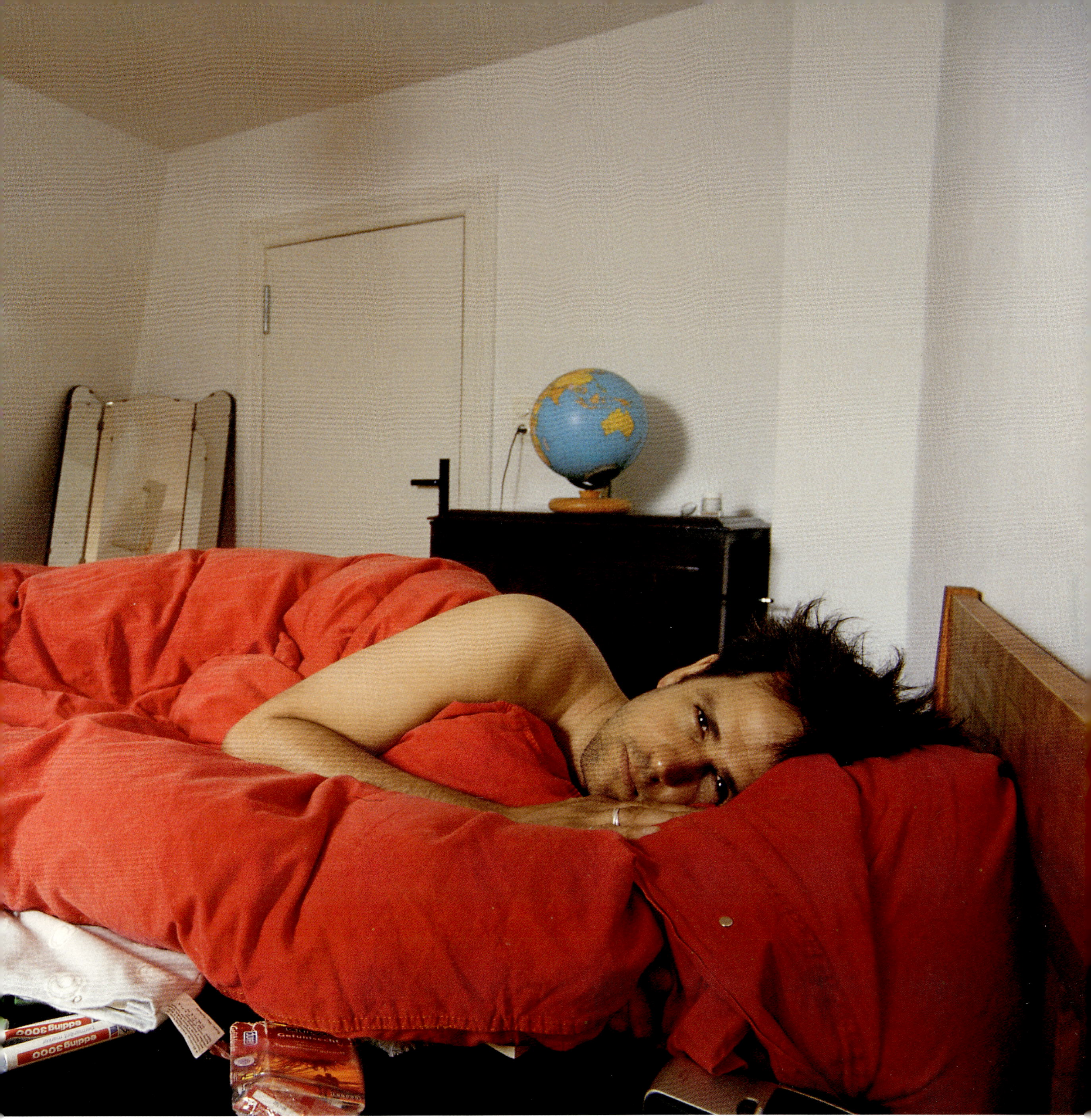

Wenn ich im Bett liege und auf den Baum schaue, fühle ich mich wohl, dieses Bild begleitet mich auch auf meinen Reisen. Was ich im Bett mache? Ich lese, telefoniere und wichse. Ich brauche lange, um mich auf den Schlaf einzulassen. Ich betrachte Schlaf mehr als eine Notwendigkeit, die vielen Träume sind dann eine gute Entschädigung. Wenn ich aufwache und mich an meine Träume erinnere, ist das ein guter Start in den Tag. **CHRISTOPH SCHLINGENSIEF, 39, REGISSEUR**

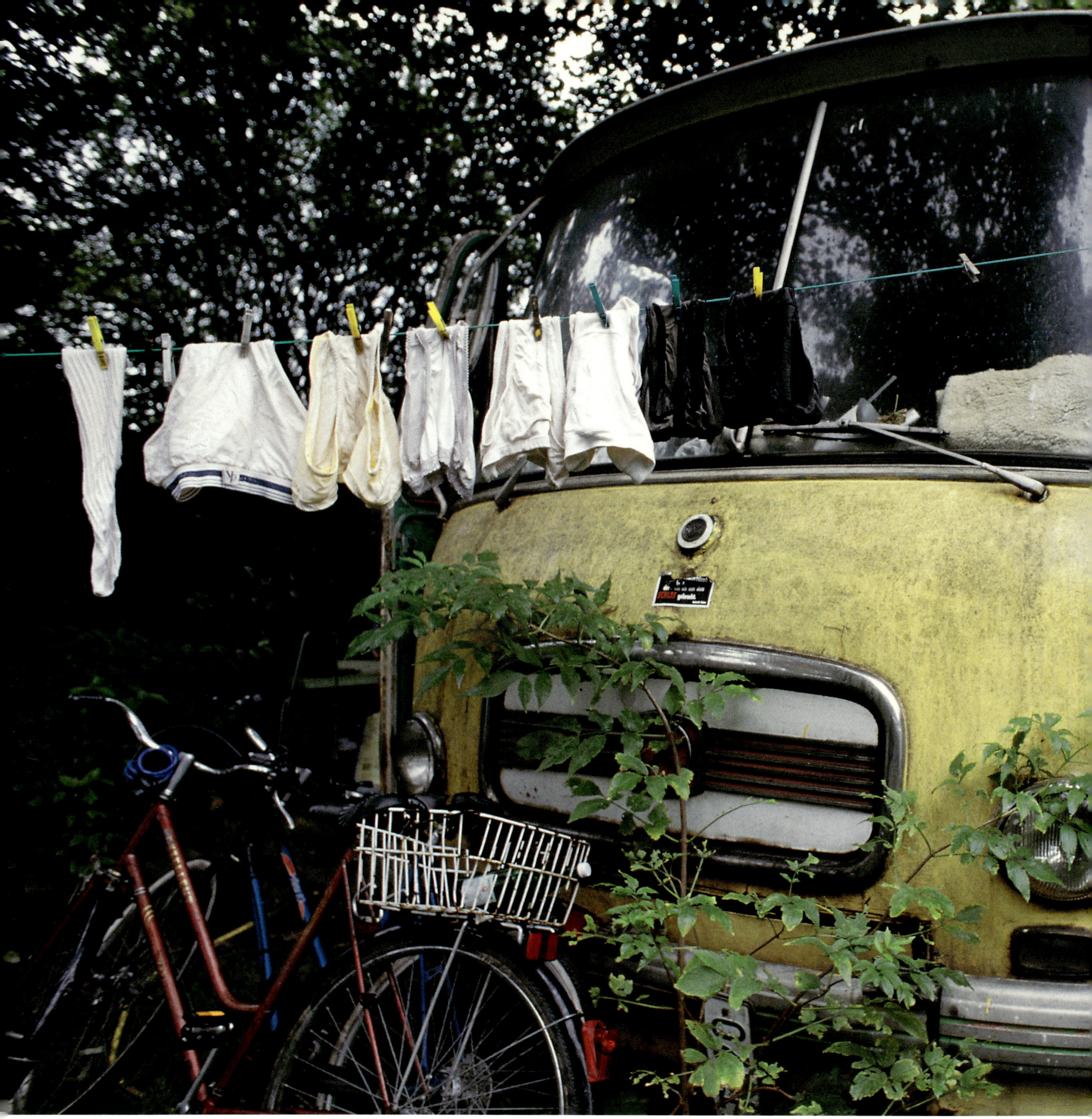

Ich wohne seit fünfzehn Jahren in diesem Wohnwagenbus. Eigentlich wollten wir uns in Spanien niederlassen, aber dann kamen meine zwei Kinder, und wir blieben in Berlin hängen. Jetzt lebe ich allein hier. Ich kann mir nicht vorstellen, jemals wieder in eine normale Wohnung zu ziehen. **GERHILD KOCH, 49, ARBEITSLOS**

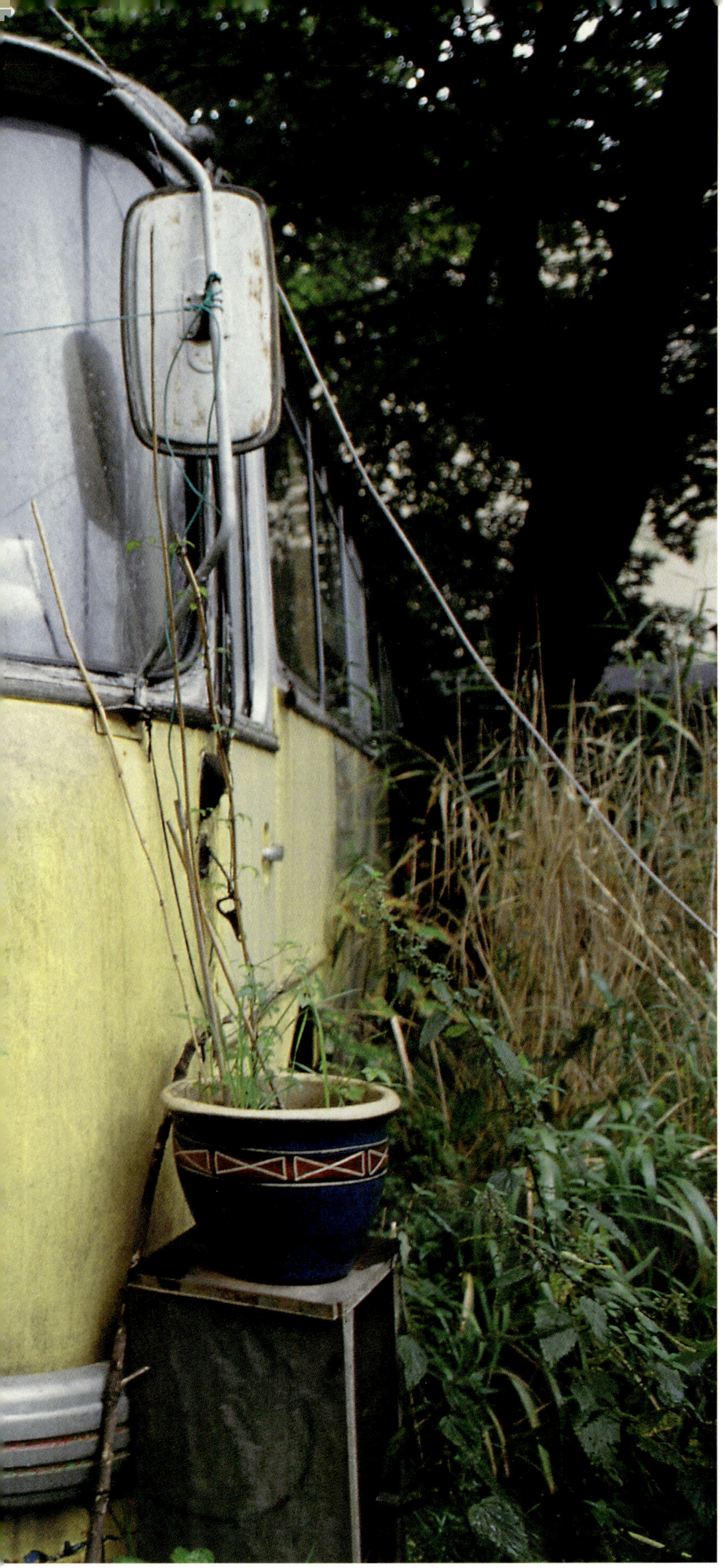

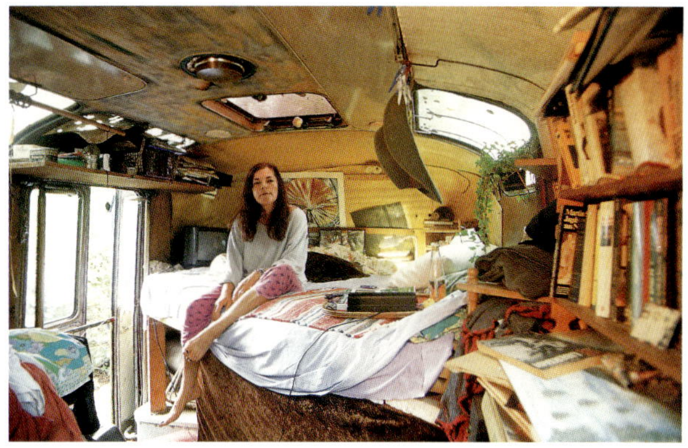

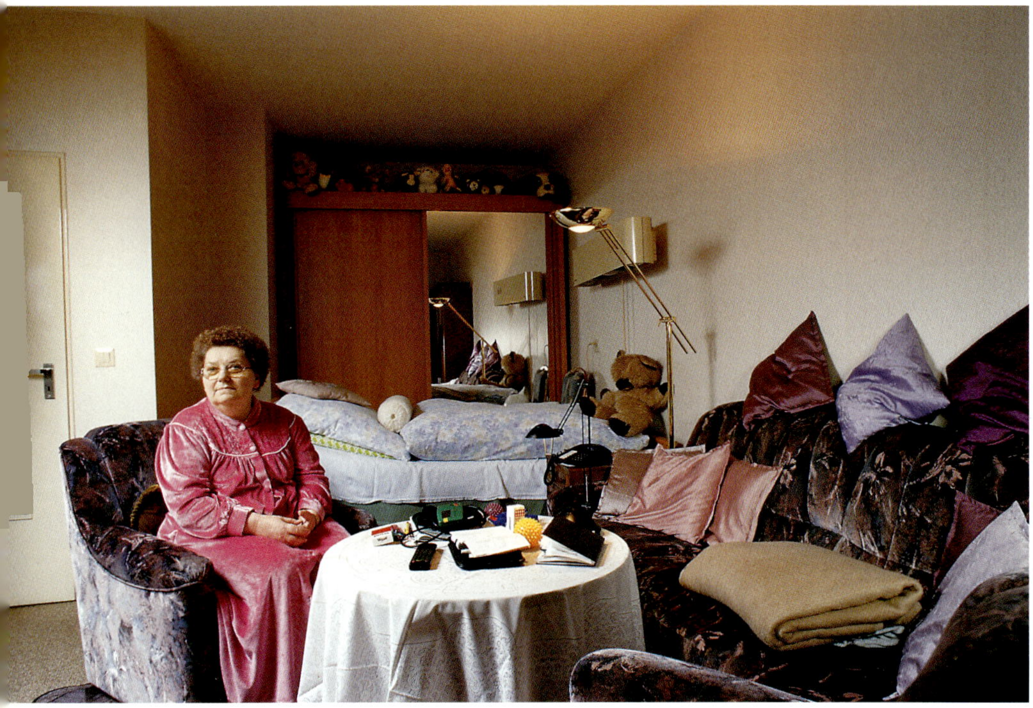

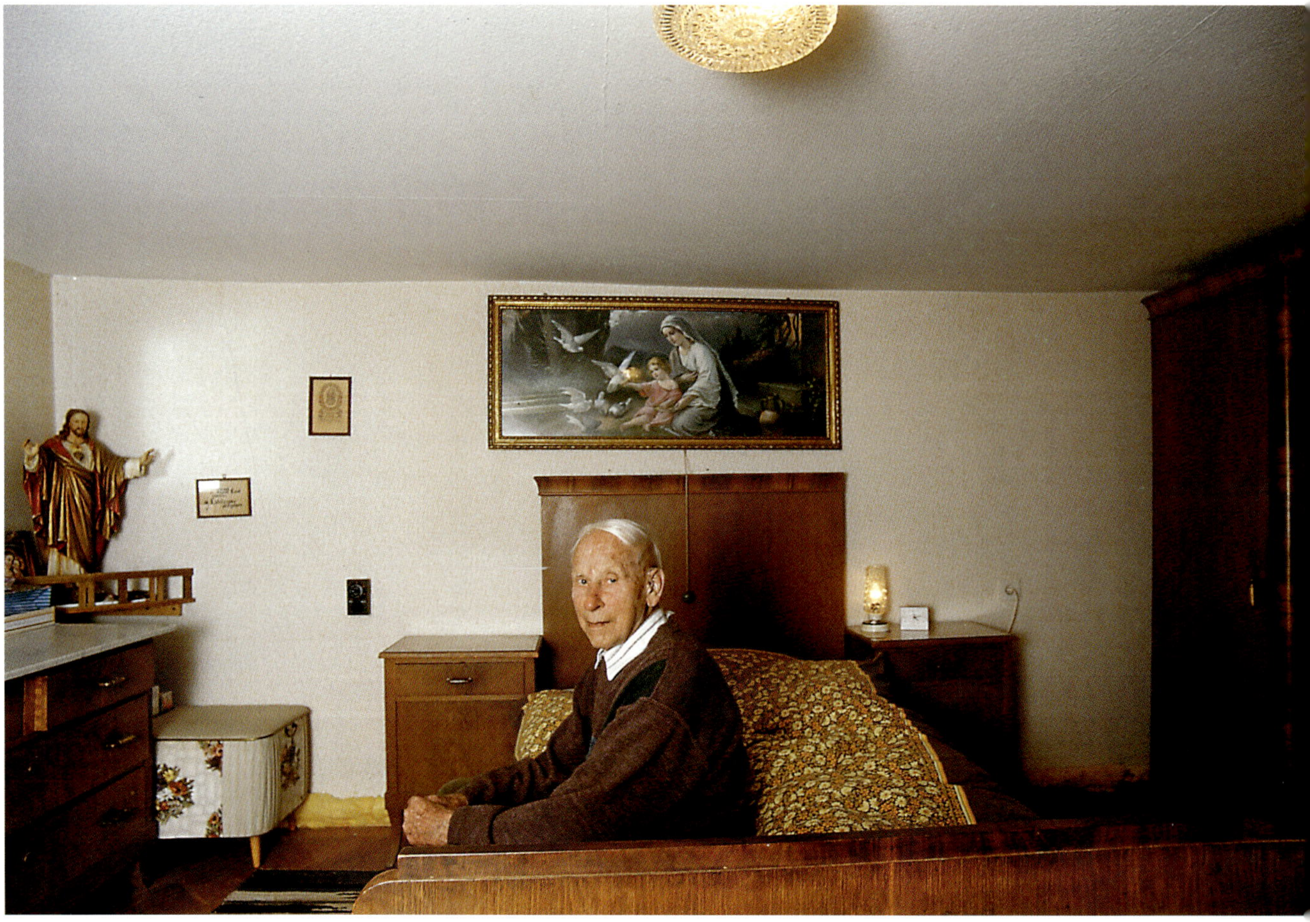

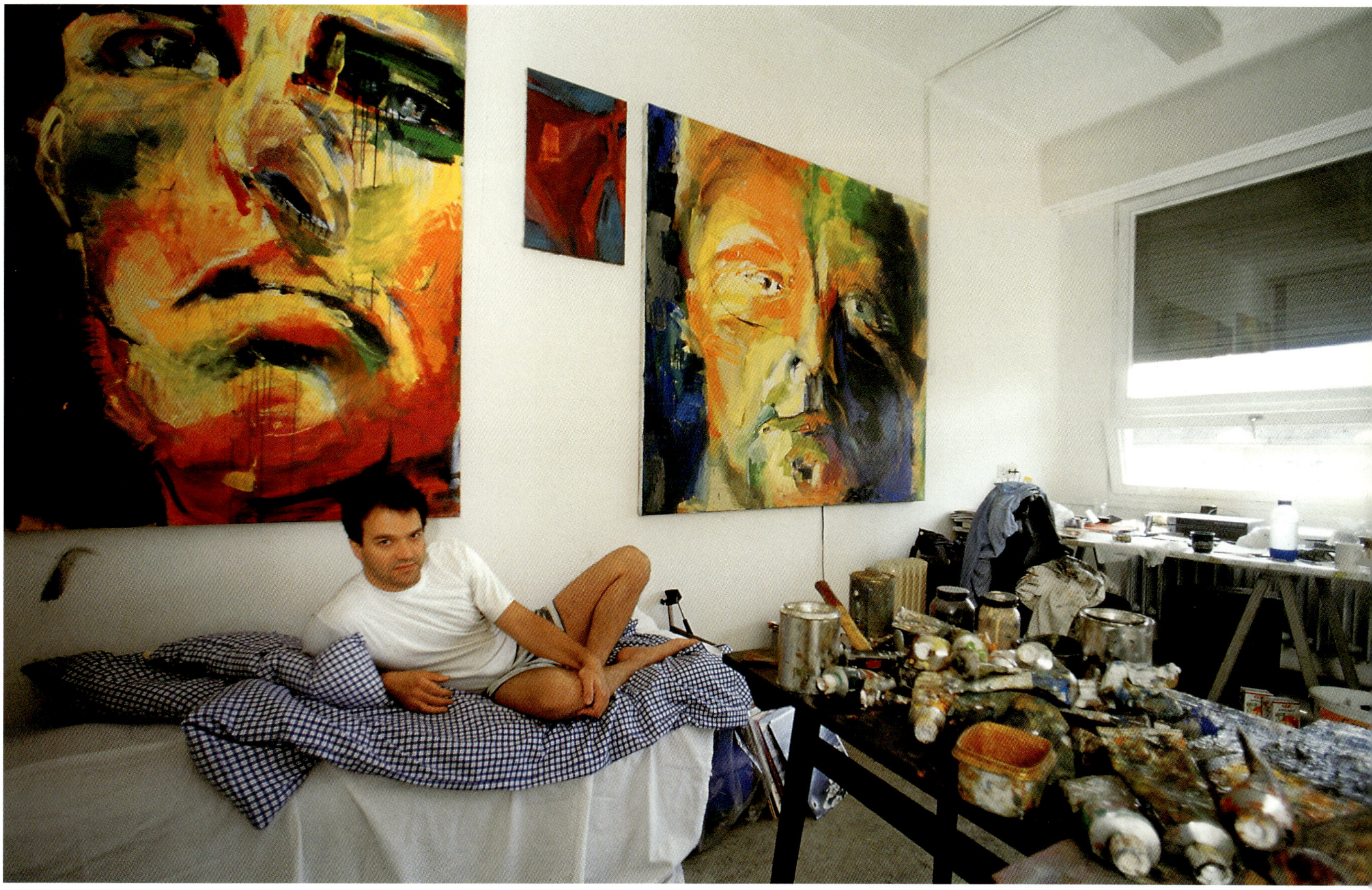

Ich wäre gerne mit meinem Mann alt geworden. Mein Mann sitzt im Rollstuhl, ich habe ihn sieben Jahre gepflegt. Er wurde so aggressiv, dass ich mich von ihm getrennt habe. Jetzt lebe ich im Seniorenwohnheim. **EVELINE SCHUSTER, 65, RENTNERIN**

In diesem Zimmer sind meine vier Kinder empfangen und geboren worden, meine Frau ist hier gestorben, und ich hoffe, auch hier sterben zu dürfen. **GEORG TRAUT, 96, RENTNER**

Wenn ich in der Früh aufwache, schaue ich mir als Erstes die Bilder an und sehe, ohne zu überlegen, was daran nicht stimmt. Ich liebe es, mich am Nachmittag im Halbschlaf zu erholen. Mein Atelier ist nicht einfach nur ein Arbeitsplatz, es gehört zu mir wie essen und trinken. Ich habe mich hier gleich zu Hause gefühlt. **VUK JEVREMOVIC, 41, MALER**

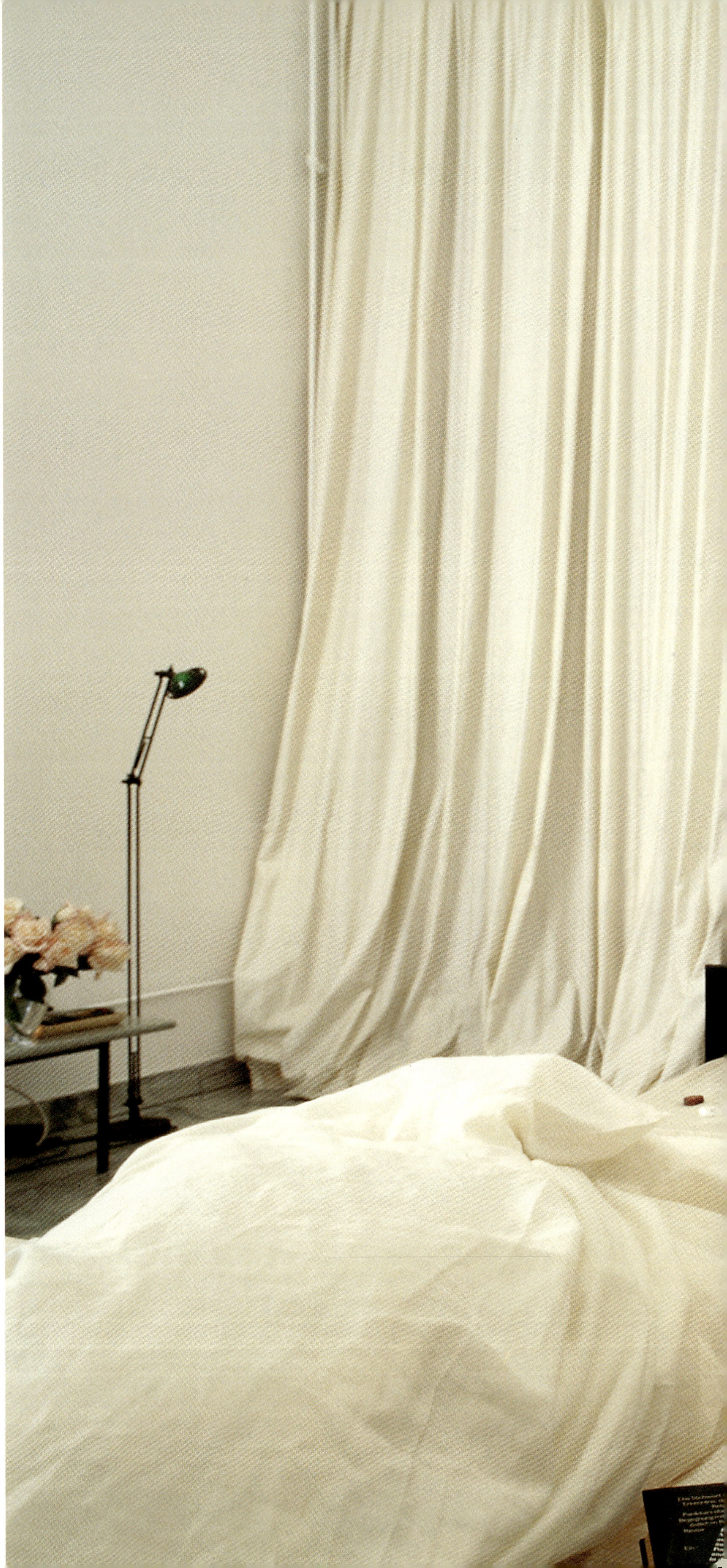

... lichter Raum der Stille lässt die Bilder sich neu entfalten. **REBECCA HORN, 57, KÜNSTLERIN**

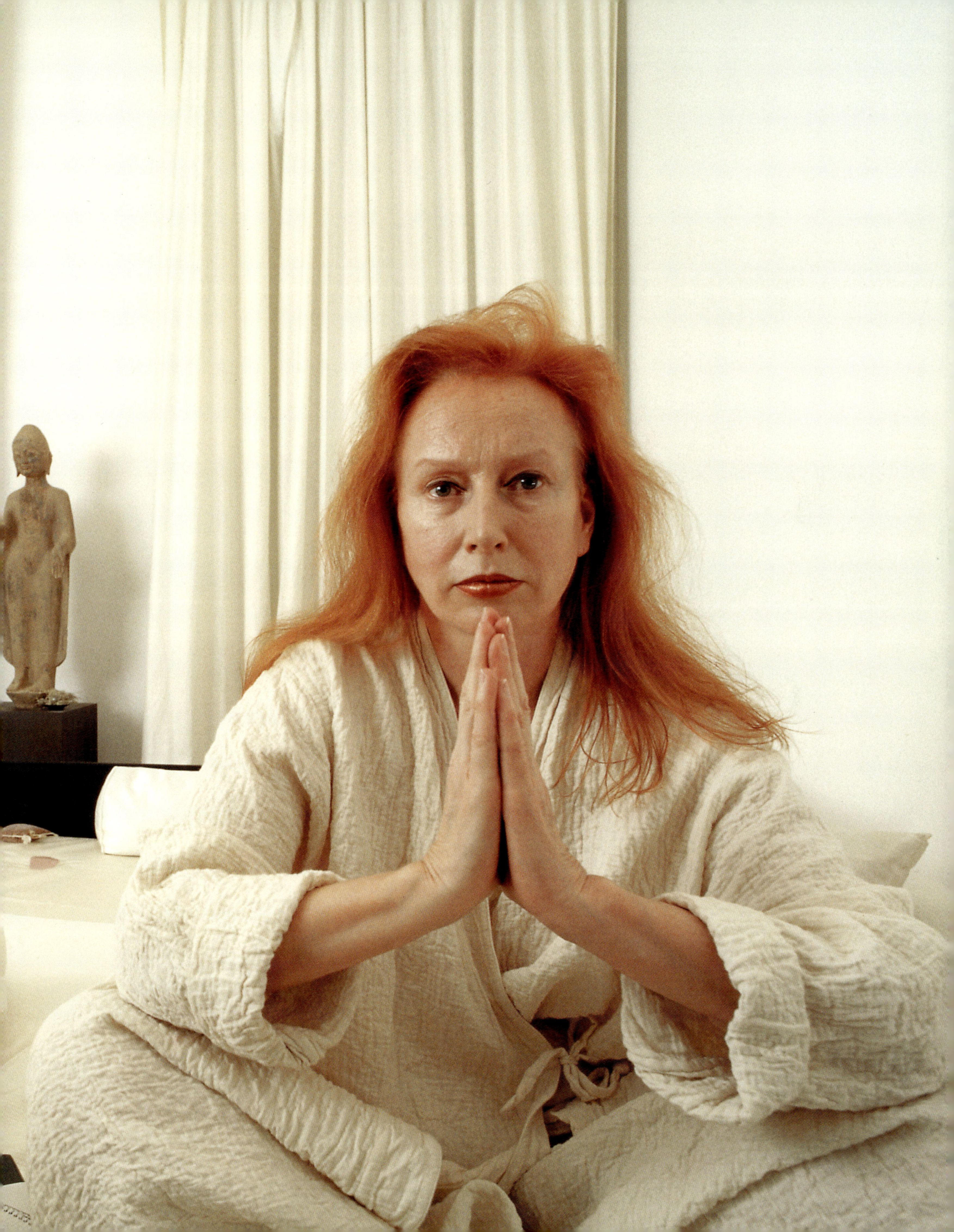

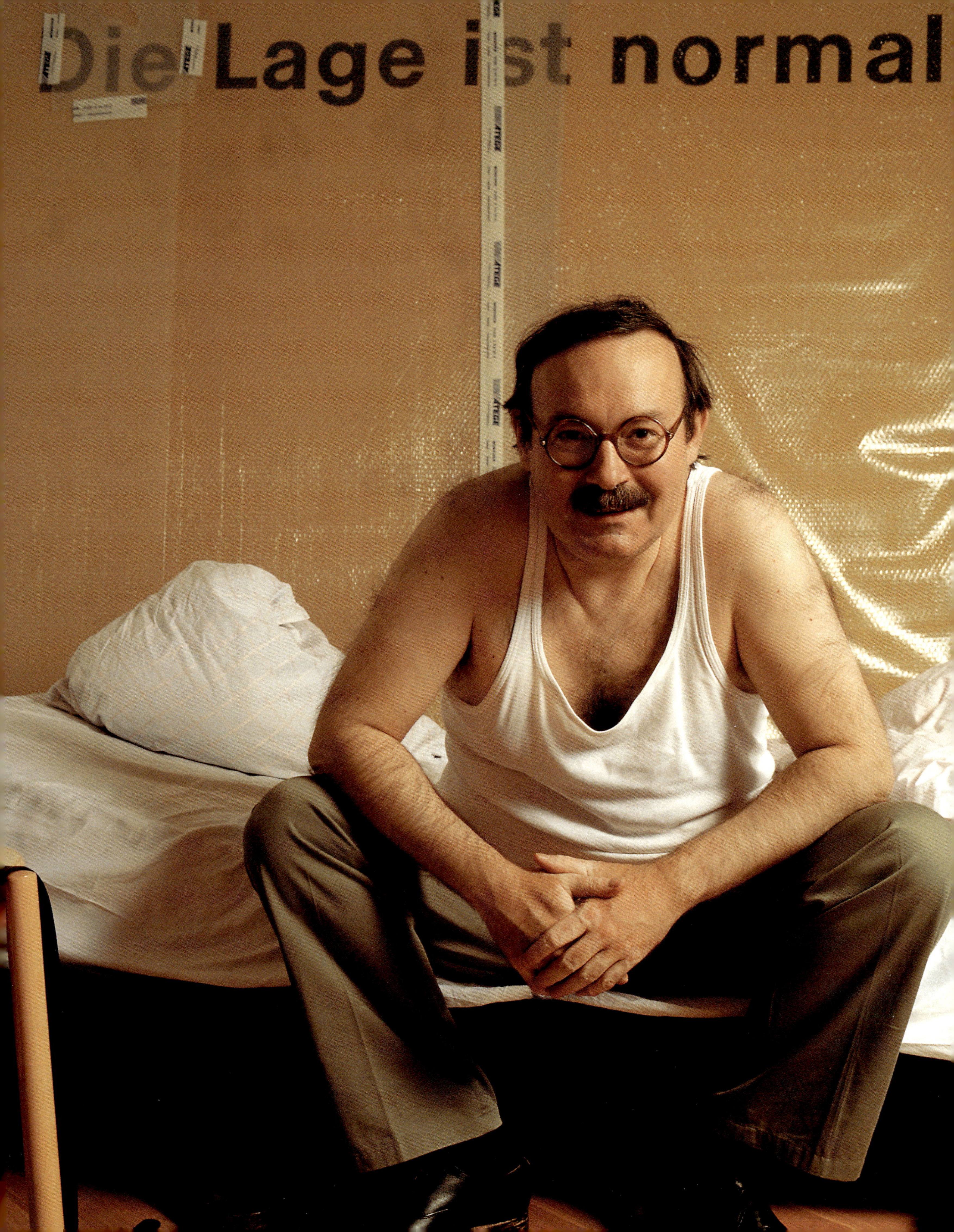
Die Lage ist normal

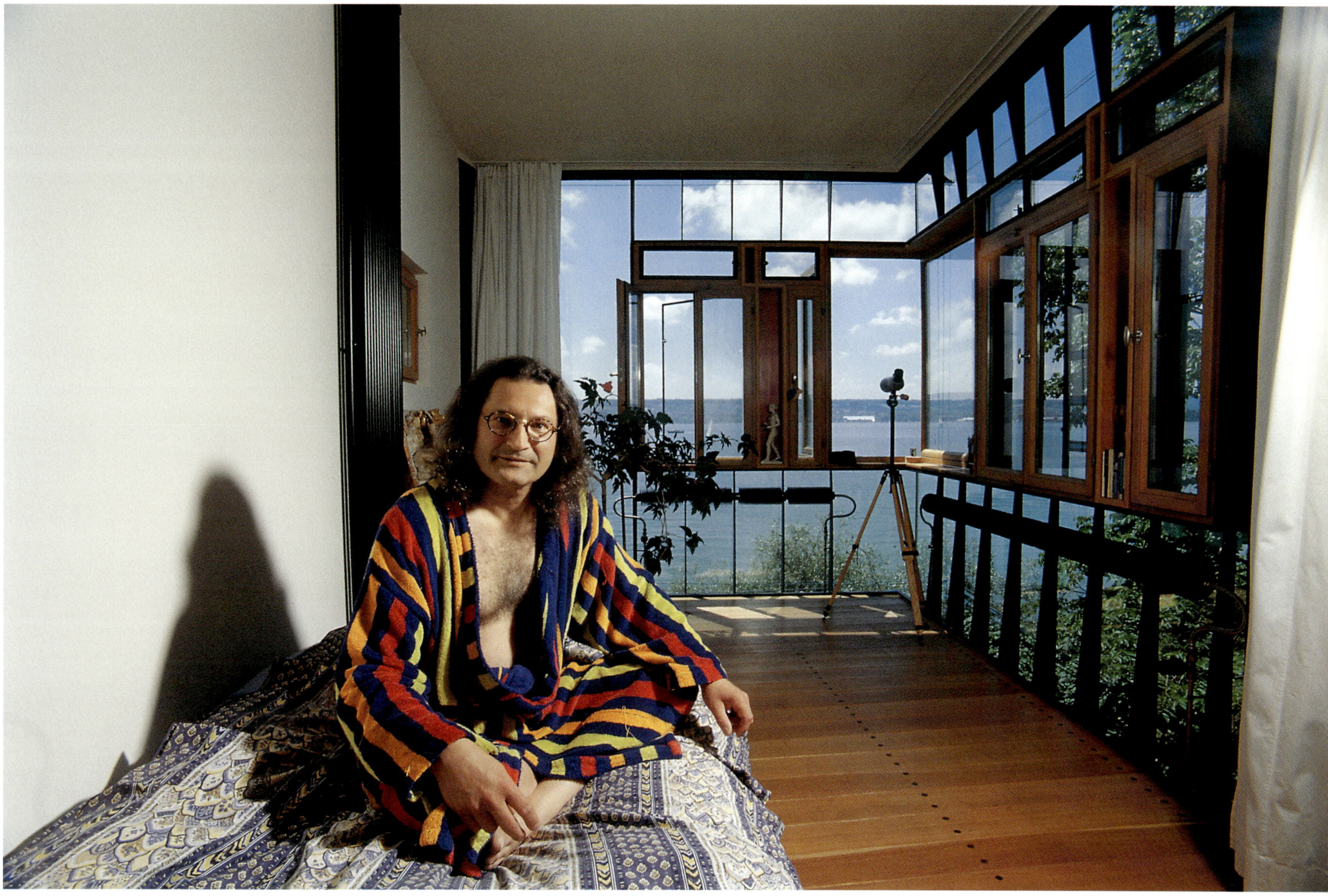

Dies ist nicht mein Schlafzimmer, sondern eine Abstellkammer in meinem Verlag. Hier steht ein Bett für den Nachmittagsschlaf oder die berühmte große Pause, die ich auch zu anderen Tageszeiten ab und an mal brauchen kann. Ein Ort für Tagträume, Selbstgespräche und heilsamen Kurzschlaf. **LOTHAR SCHIRMER, 57, VERLEGER**

Noch nie in meinem Leben bin ich mit solcher Wonne ins Bett gegangen wie in diesem Haus. Es ist ein Schiff, ohne das Risiko des Sinkbaren. In der Nacht ist der See viel präziser und fordernder als tagsüber. Diese riesige Menge Wasser frisst die Energie und verschleift die Konturen davon, was sein darf oder sein muss. Es gibt ein Gleichgültigkeitsgefühl. Es ist sehr seelenschädlich, direkt am Wasser zu wohnen, es zieht einem die Kraft aus den Knochen. Das Haus schwebt über dem Wasser und hebt den Sog auf. **ALEXANDER STIEGLER, 52, PRIVATIER**

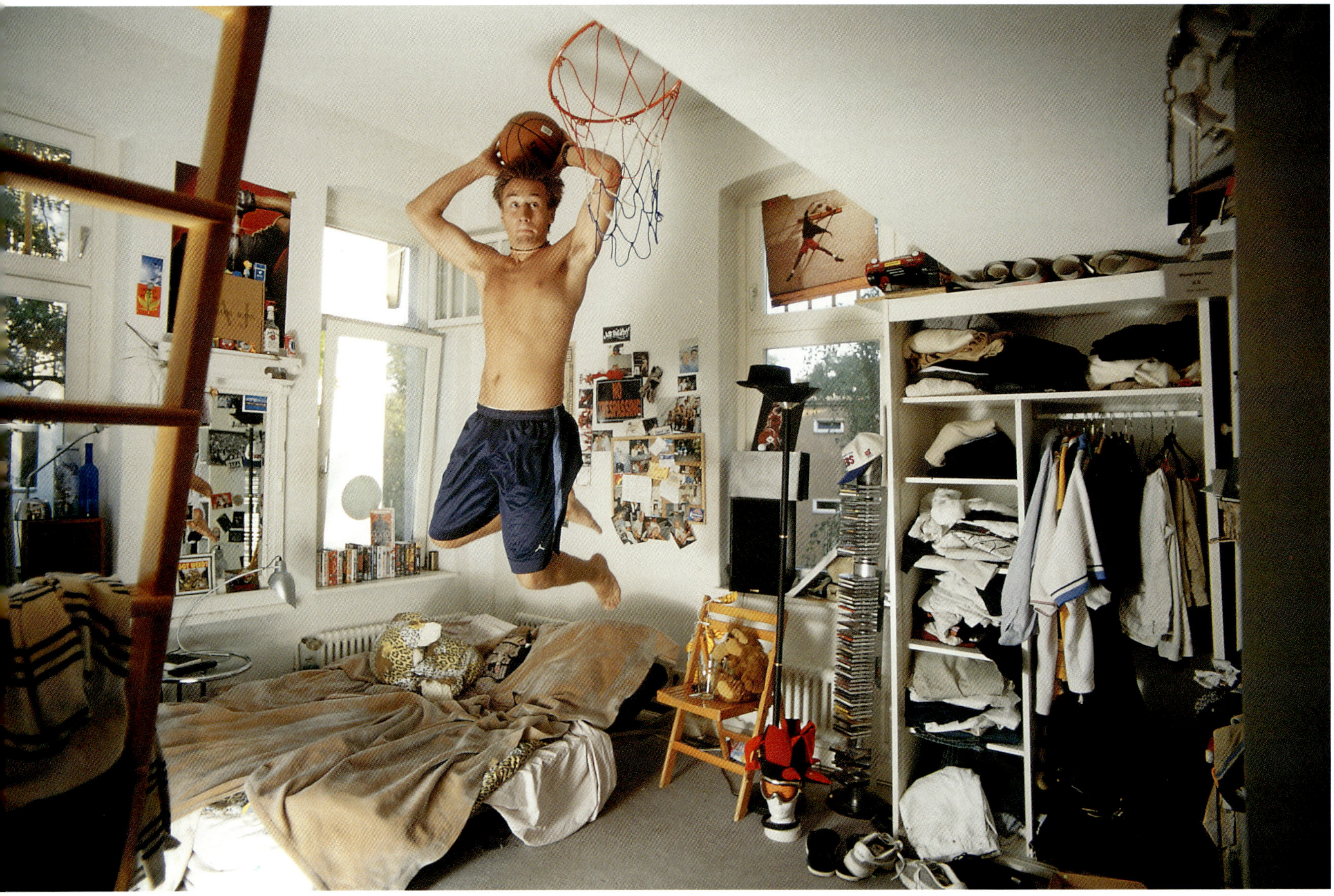

Meistens bin ich bei meiner Freundin, manchmal tobe ich mich aber zu Hause aus. Darüber sind meine Nachbarn nicht immer begeistert und beschweren sich.

NIKOLAJ BULTMAN, 20, ZIVILDIENSTLEISTENDER

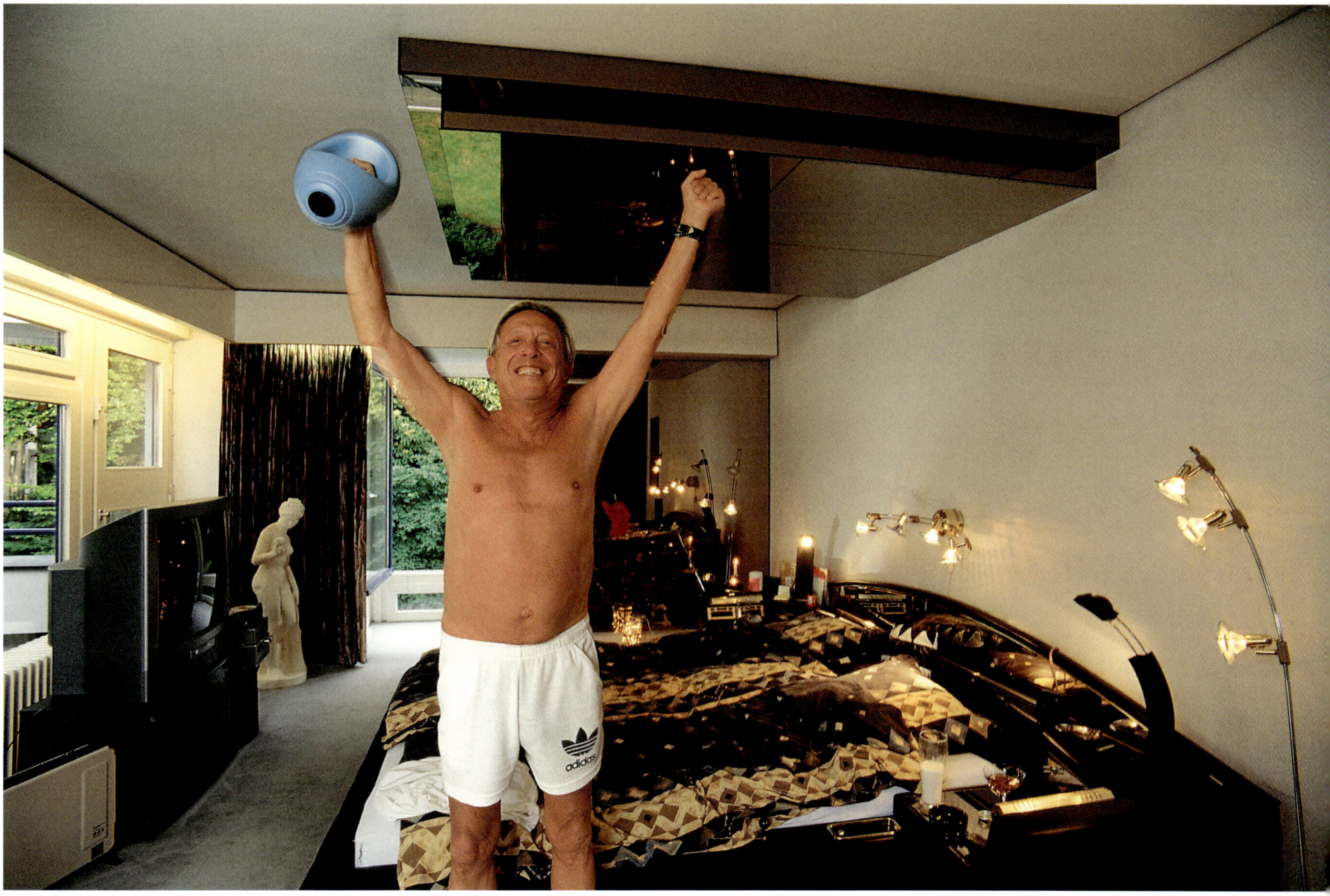

Ich habe mein Schlafzimmer selbst eingerichtet und das Bett, die Bettwäsche, Lampe und Spiegel ausgesucht. So wie ich mir Hollywood vorstelle. Der Spiegel an der Decke turned mich an. Es ist wie ein Porno, wenn ich das Mädchen am Anfang, in der Mitte und danach sehe. **ROLF EDEN, 70, GESCHÄFTSMANN**

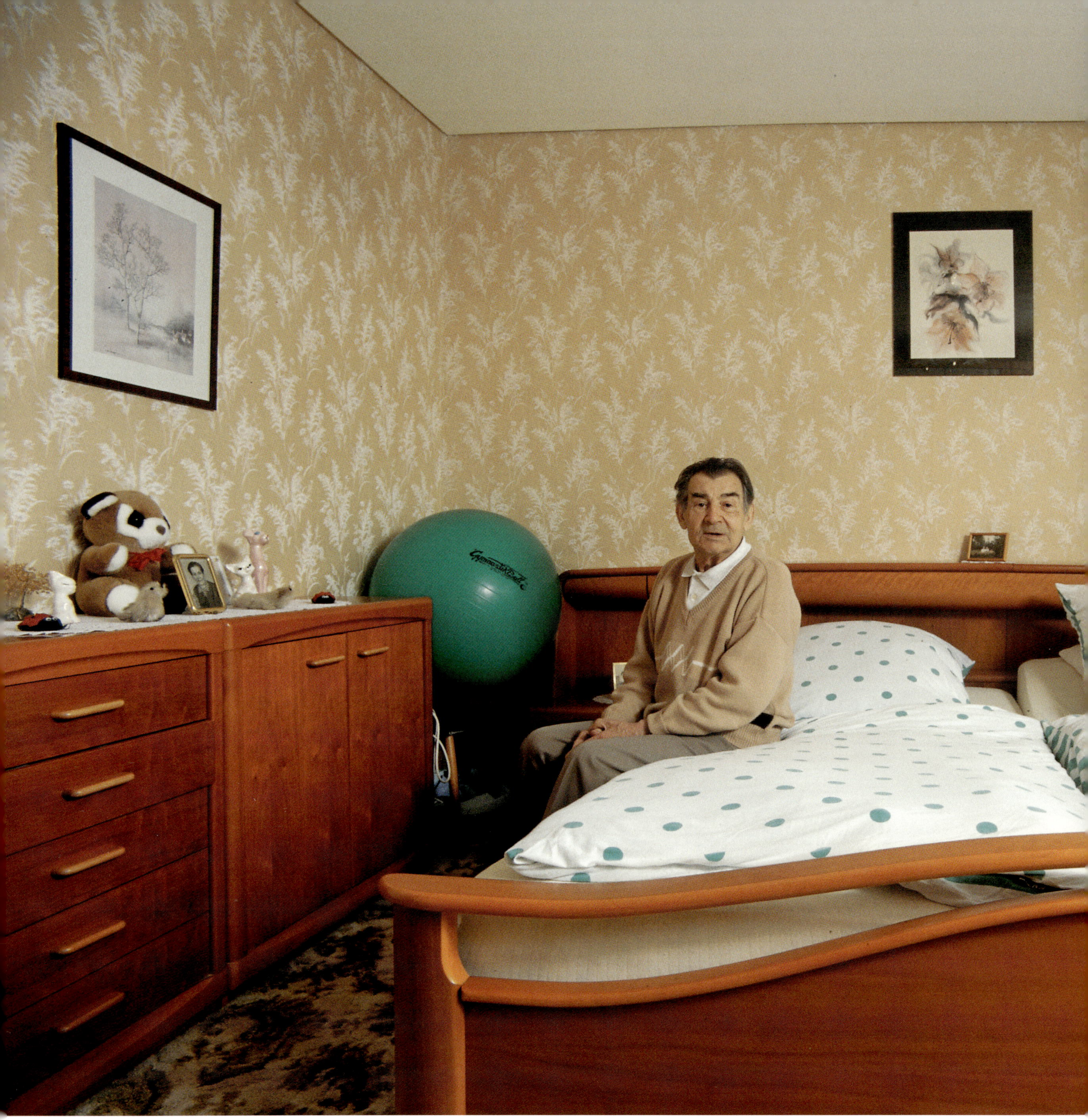

Wenn es Nacht wird, hauen wir ab ins Bett, manchmal schon um sechs. Am Abend sehen wir ganz selten fern, wir lösen noch ein bisschen Kreuzworträtsel, dann gehen wir in die Klappe. **GERHARD SEEBOLD, 75, RENTNER**

Das Wort Schlaf ist für mich ein Fremdwort. Am Abend, wenn ich im Bett liege, kann ich nicht schlafen, ich bin aber tagsüber nicht müde. Wenn wir fernsehen, lachen wir manchmal. Das kommt selten vor, wenn wir uns unterhalten. **ELLI SEEBOLD, 68, RENTNERIN**

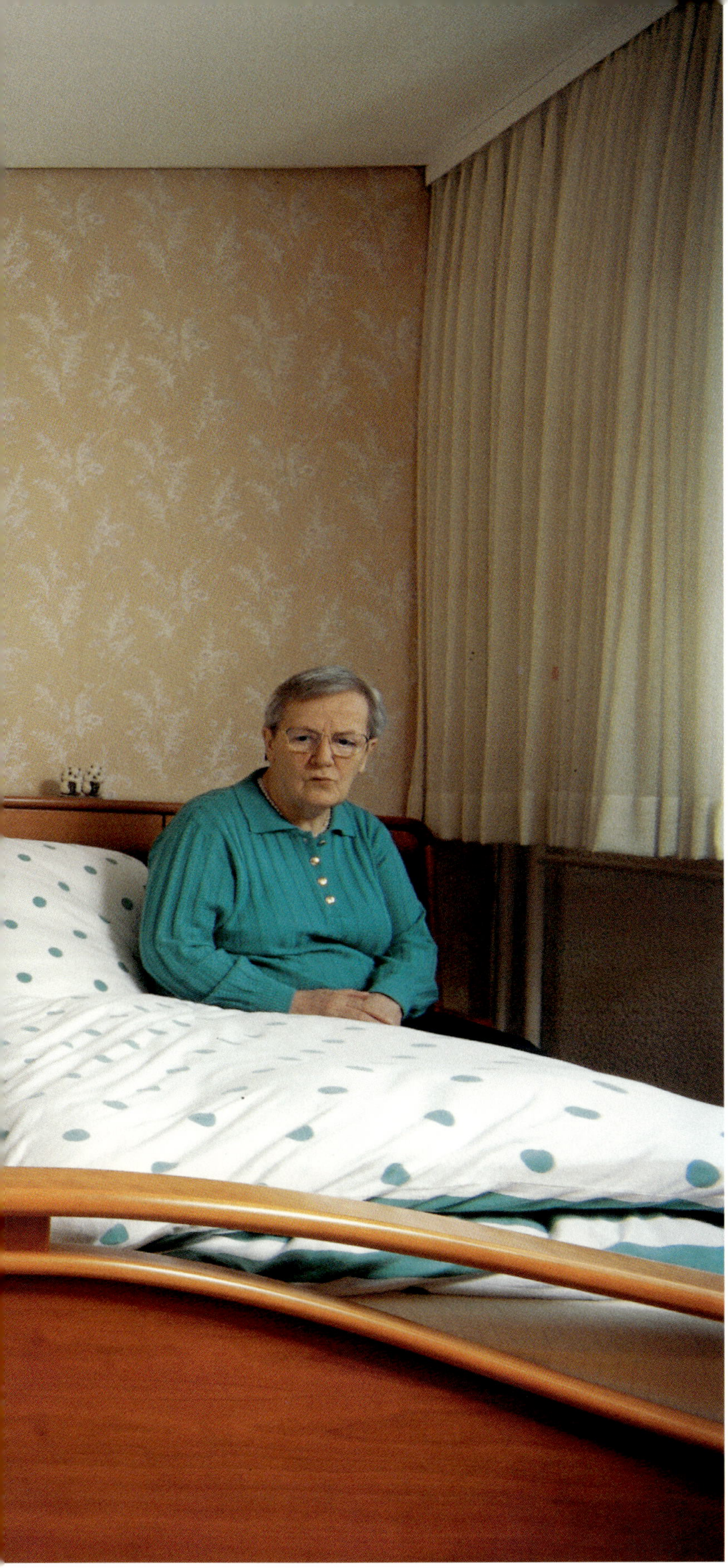

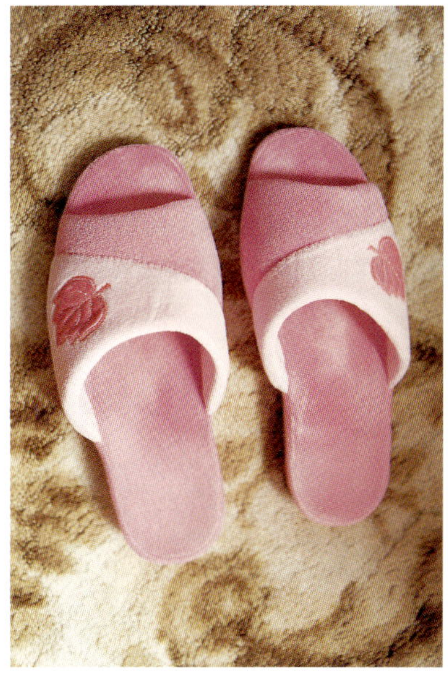

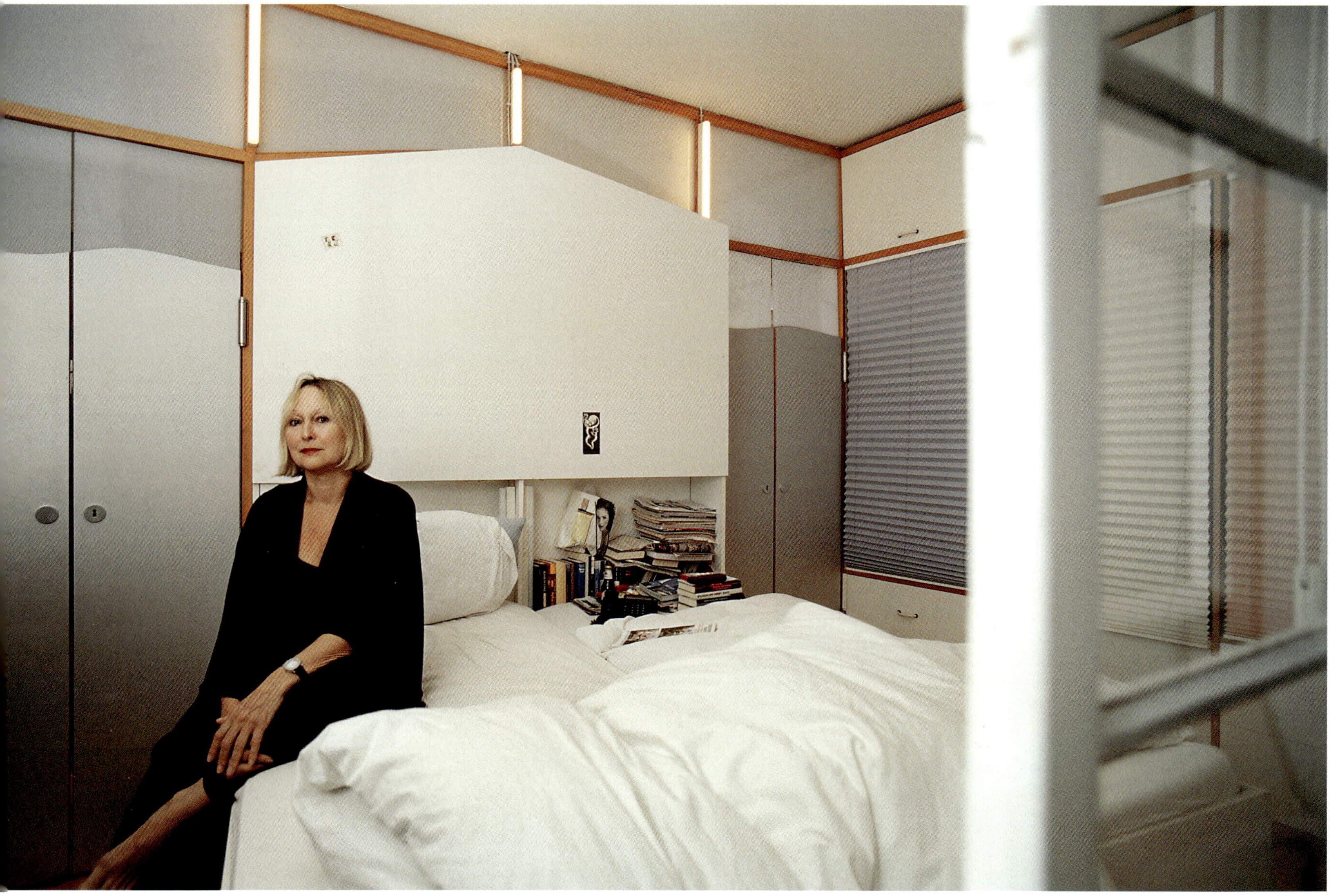

Mein Mann hat keine Türen in seinem Schlafzimmer, ich schon. Der Tag muss draußen bleiben. Ich brauche meinen Raum für mich. Auch zum Träumen, Lesen, Grübeln, Konzentrieren und um neue Ideen vorzubereiten. **JOHANNE NALBACH, 57, ARCHITEKTIN**

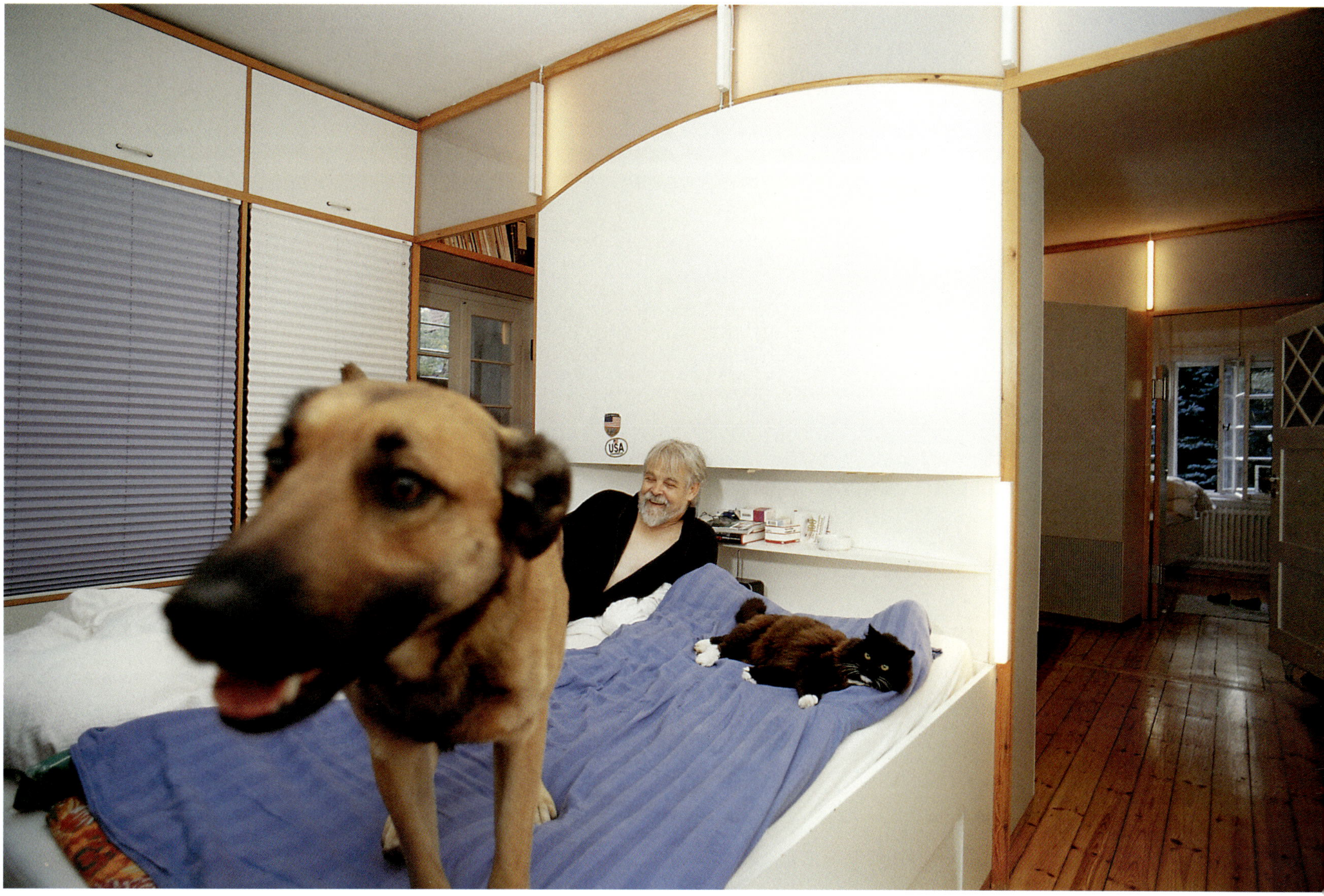

Wenn der Wecker klingelt und ich den ersten Augenaufschlag mache, bestürmen mich die Tiere und liebkosen mich. Aber nicht aus Liebe, sondern weil sie Futter wollen. Da ist wenigstens jemand, der was von mir möchte. Ich freue mich über jede Zuneigung. **GERNOT NALBACH, 58, ARCHITEKT**

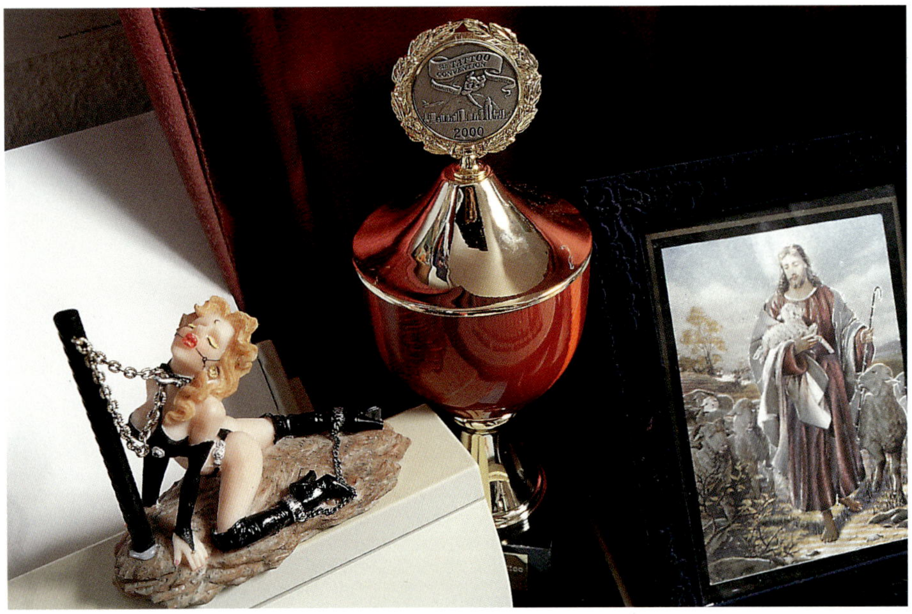

Alles, was andere am Tisch machen, mach ich im Bett, arbeiten, essen, lesen, fernsehen, Leute piercen. Sex mache ich meistens woanders. Mein Körper ist noch ein unfertiges Kunstwerk. Der linke Arm ist der böse mit Teufelsfrauen, der rechte Arm wird der gute, auf den werden Jesus und Maria tätowiert. Das Feuer am Bauch lodert als vernichtende Kraft, die über allem steht und gleichzeitig Leben spendet. **ANDREA KUMMER, 25, STUDENTIN**

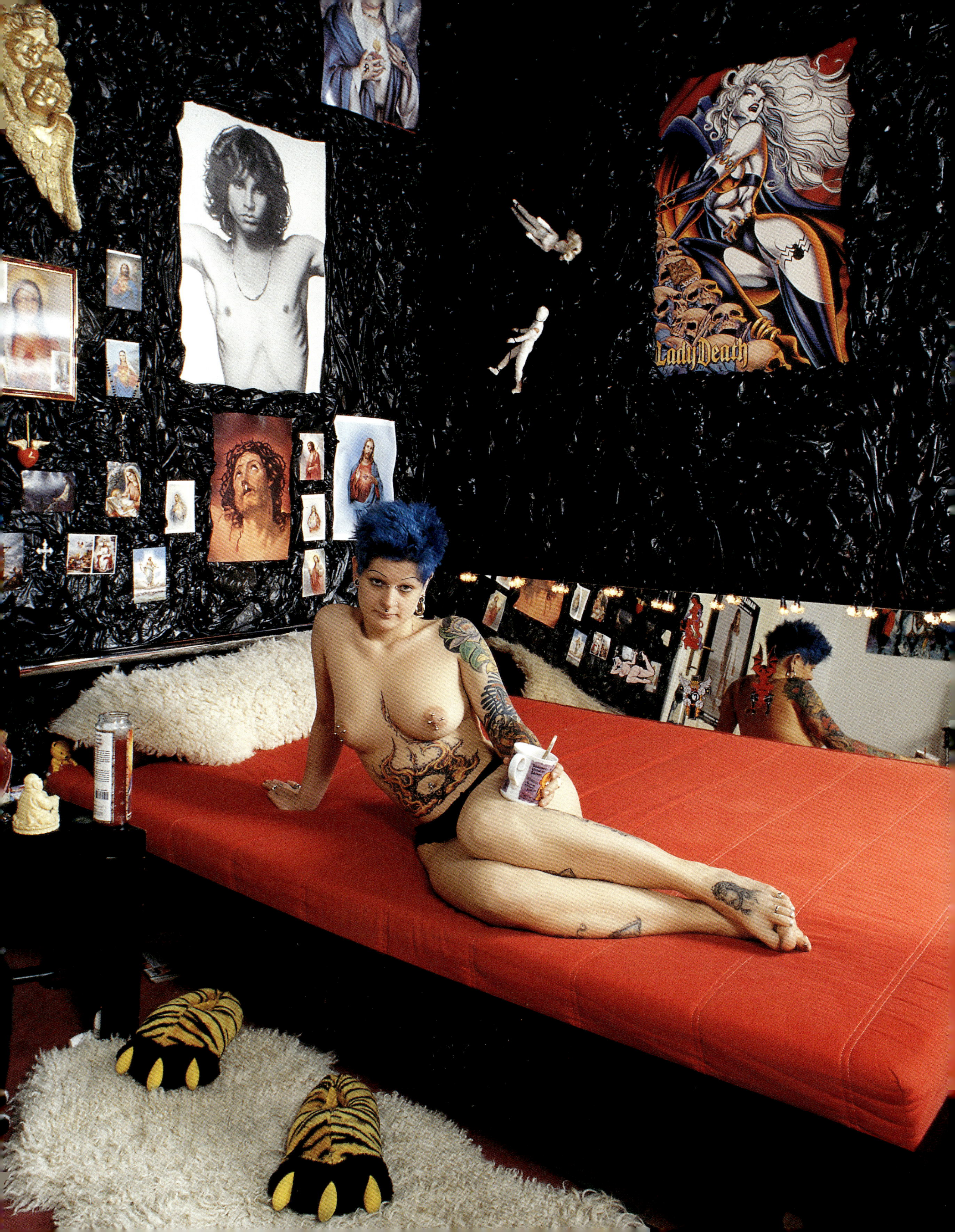
Lady Death

Der japanische Einschlag des Schlafzimmers ist eine Fortsetzung der Einrichtung meiner übrigen Räume. Das Anschauen des Sportgerätes, meiner Tretmühle, ist so lange quälend, bis ich mein Pensum absolviere. Eine Stunde jeden zweiten Tag. Ich liebe das Schlafzimmer kühl, es ist nicht geheizt. **OLAF HENKEL, 62, WISSENSCHAFTSMANAGER**

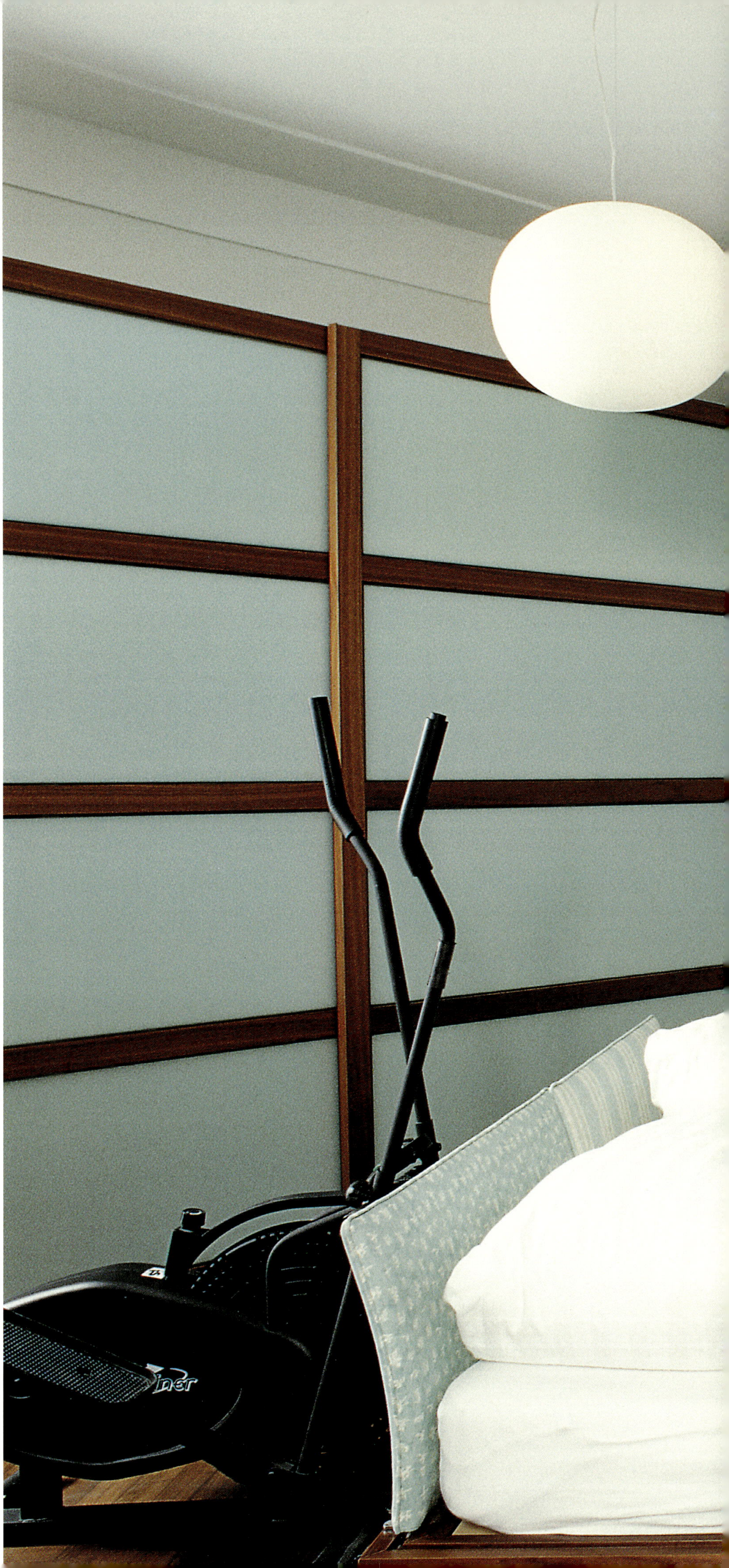

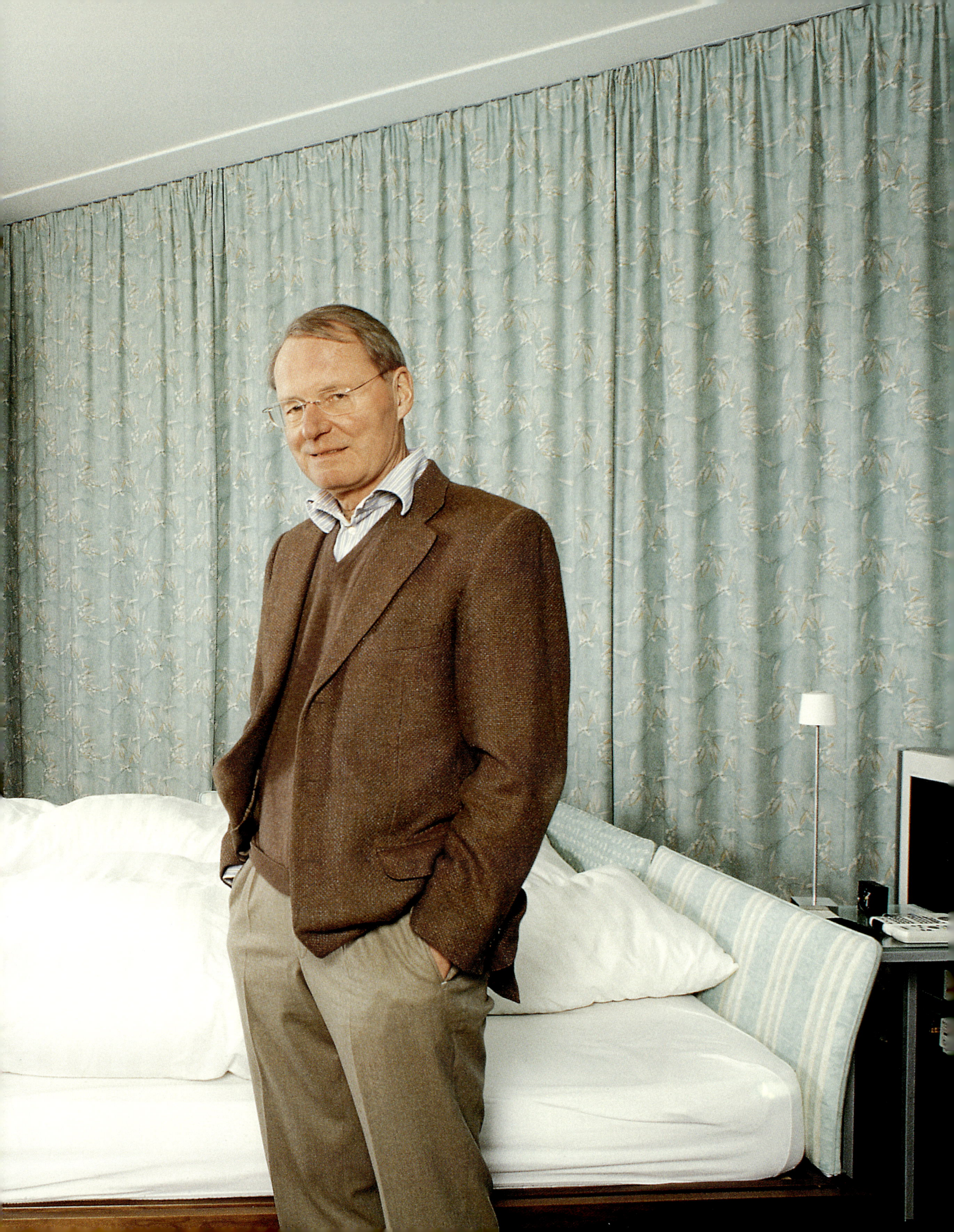

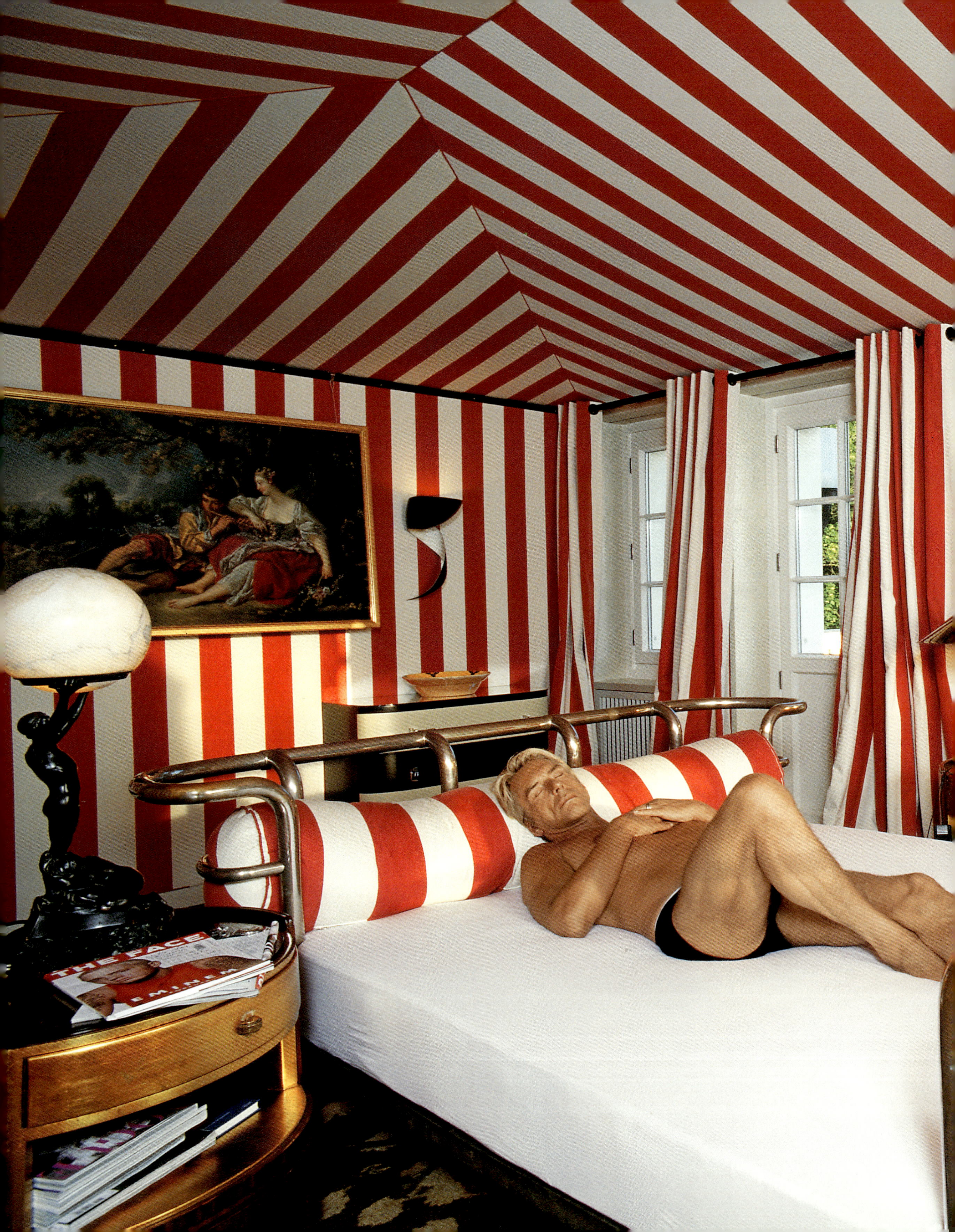
THE FACE
EMINEM

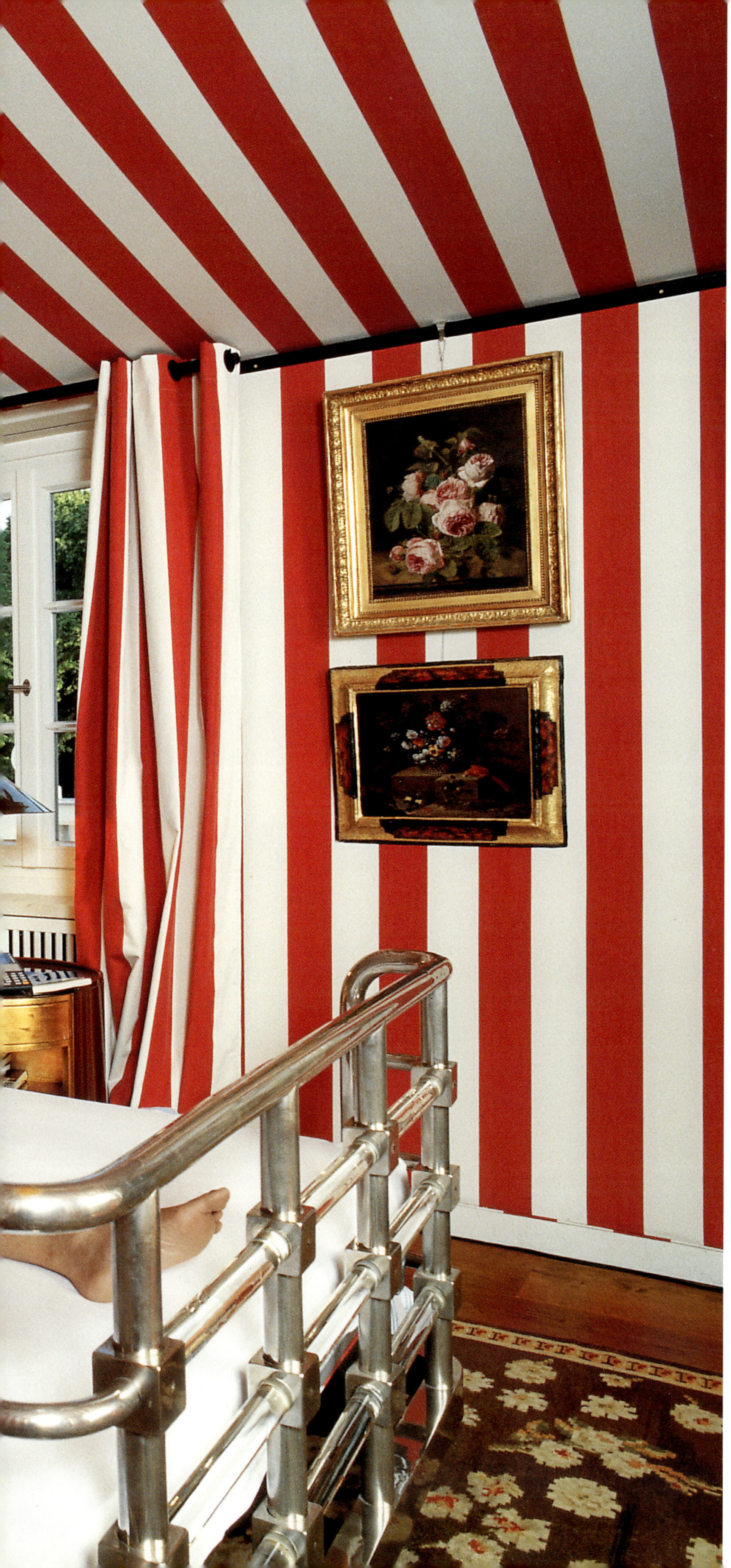

Mein Schlafzimmer ist eine Souvenirstätte, denn ich bin ein Nomade, der seine Heimat immer mitschleppt. In Monaco schlafe ich in einem Bett, das Baron de Rothschild gehörte. Besonders geborgen fühle ich mich in meiner Wohnung in New York, es ist die Stadt der Emigranten. Aber an allen Plätzen fühle ich immer das Unerfüllte. Je älter ich werde, desto mehr habe ich das Bedürfnis, in den Uterus zurückzukehren. In der Nacht warte ich auf meine Dämonen. **WOLFGANG JOOP, 57, MODEDESIGNER**

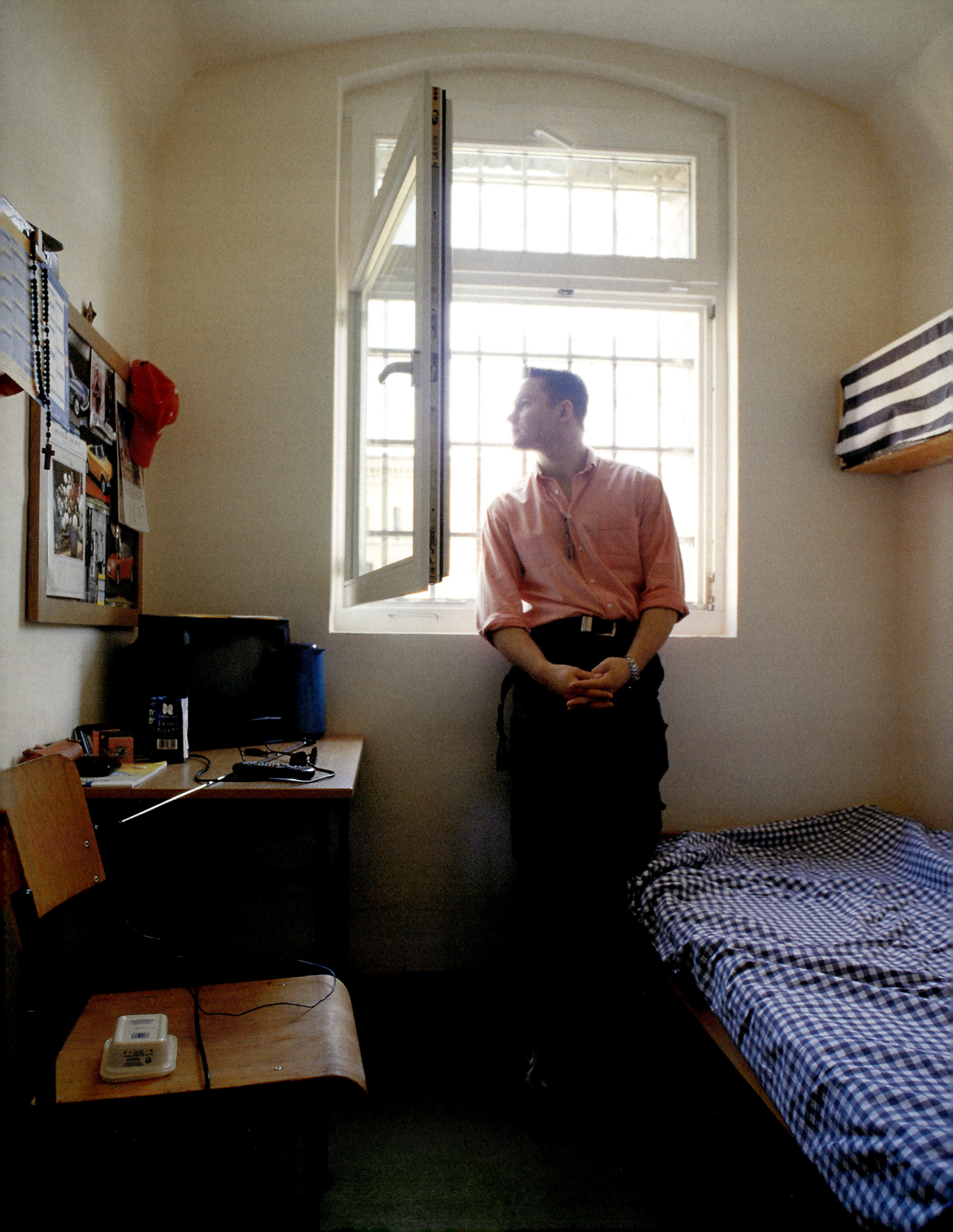

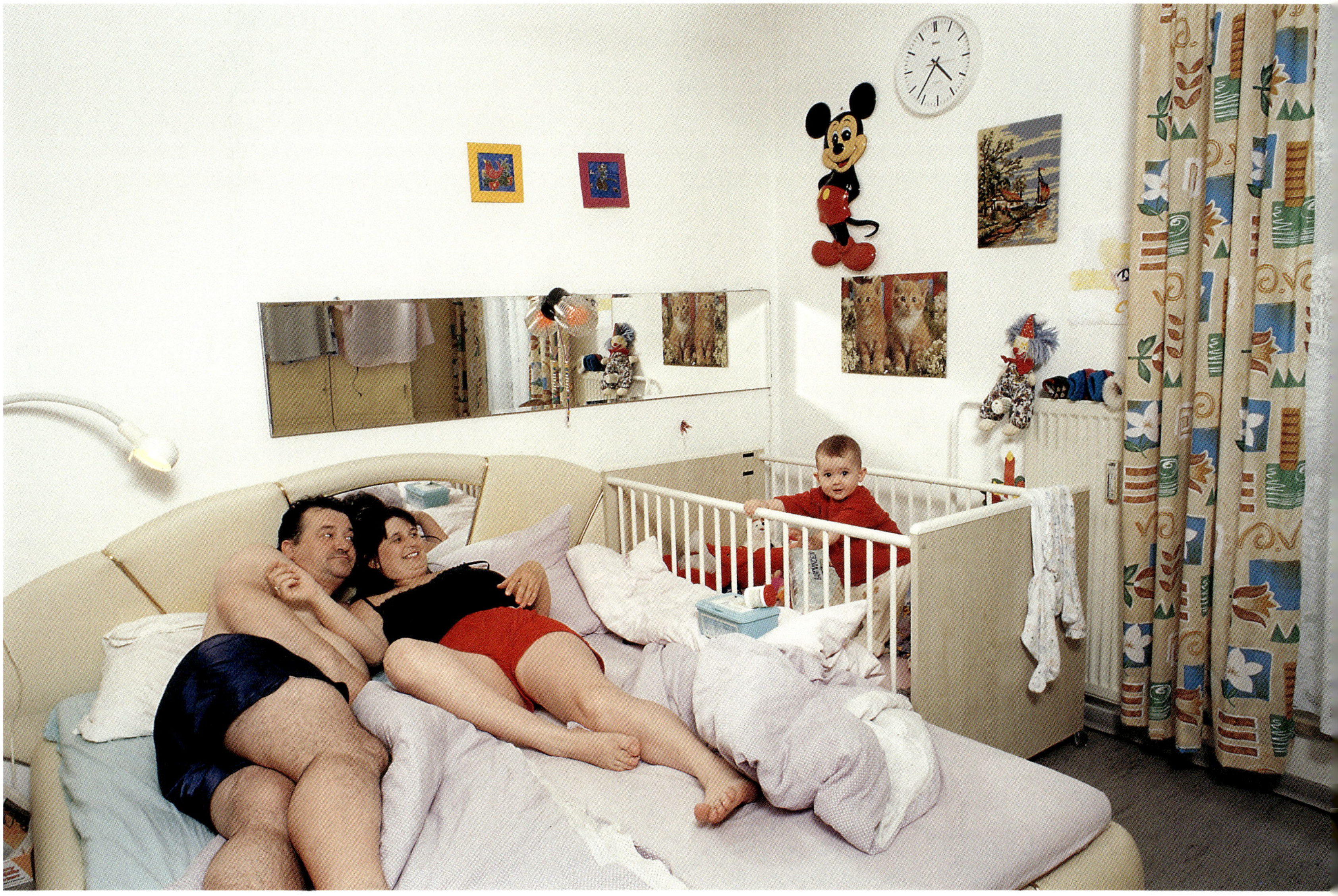

Wenn die Tür zugeschlossen ist, habe ich ein beklemmendes Gefühl, das sich bis in die Magengegend zieht. Ein Gefühl der Ohnmacht. Ich werde es hier nie los. Mitunter beschleicht mich auch Geborgenheit, und ich fühle mich hier wohler, als ich es zeitweise als Kind zu Hause tat. **VALENTIN LOST, 29, HÄFTLING**

Meine Frau sagt immer zu den Kindern: »Das ist das Papazimmer.« Denn am Samstag und Sonntag ziehe ich mich hierhin zurück, schlafe mich aus und sehe fern. **DRAGOLJUB BUKILIC, 44, SCHLOSSER**

Unser Bett habe ich im Katalog gekauft. Wichtig war mir, dass es einen großen Bettkasten hat, damit ich viel verstauen kann. **SLOBODANKA BUKILIC, 33, HAUSFRAU, DANIJELA, 10 MONATE**

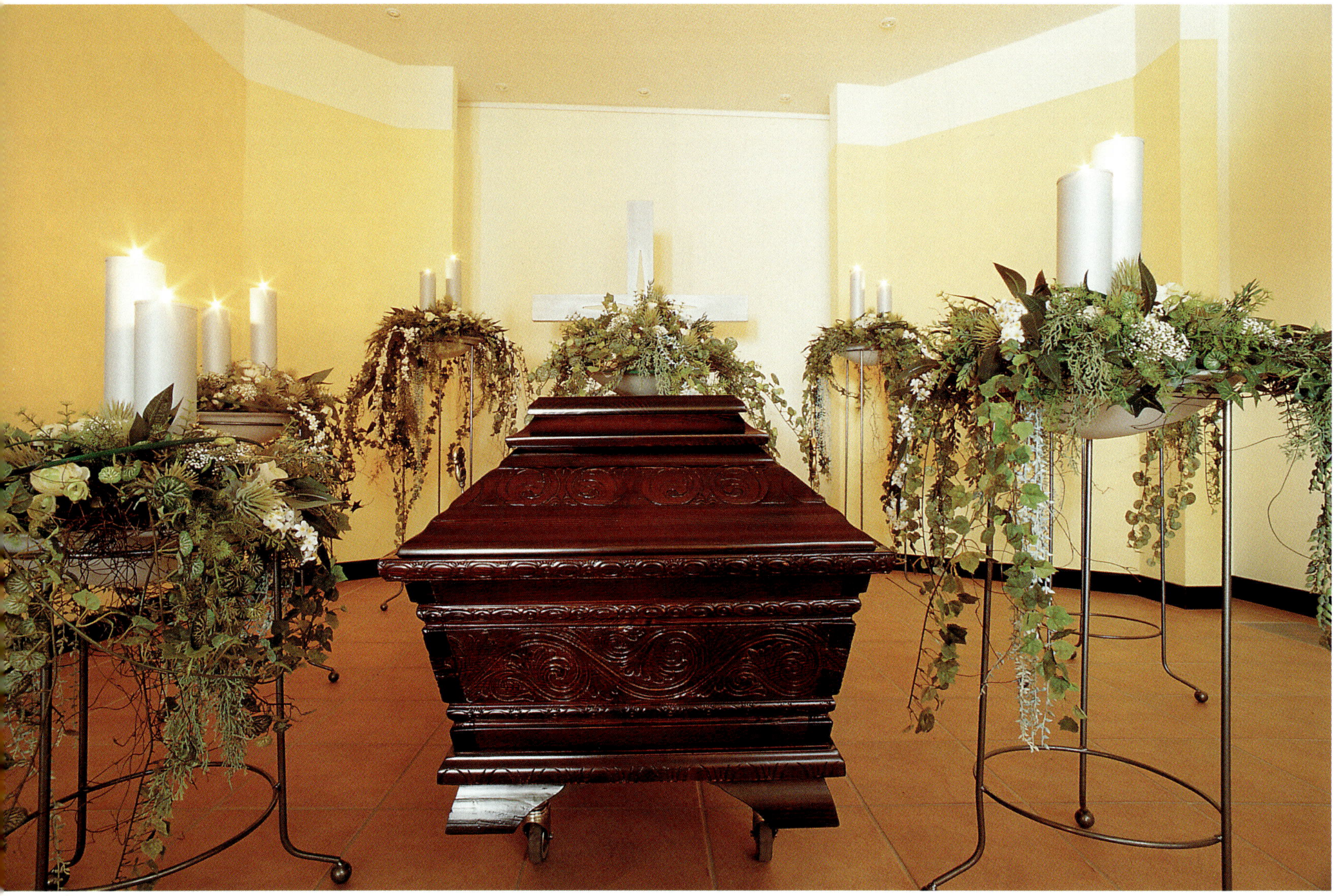

BESTATTUNGSINSTITUT GRIENEISEN

URBANKRANKENHAUS, SÄUGLINGSSTATION

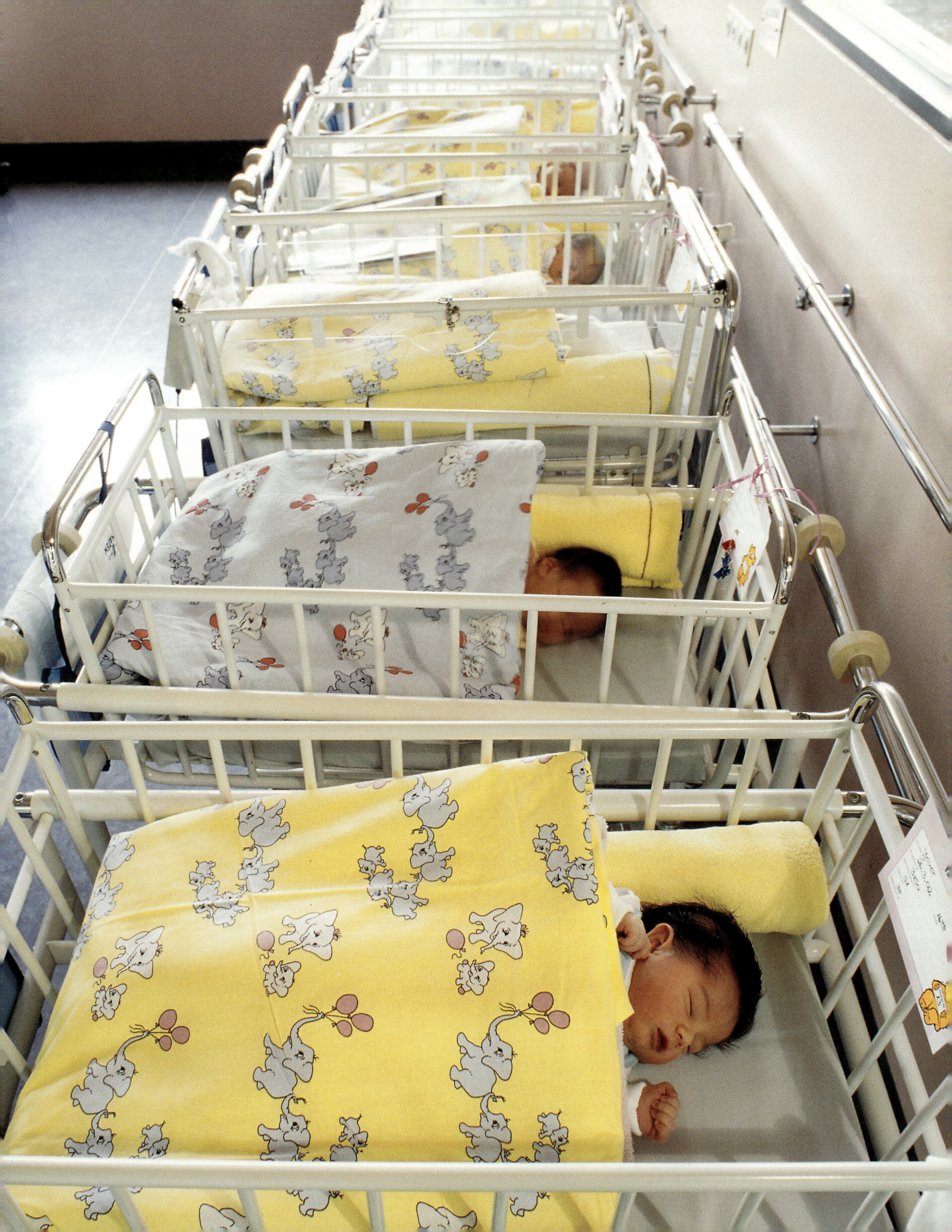

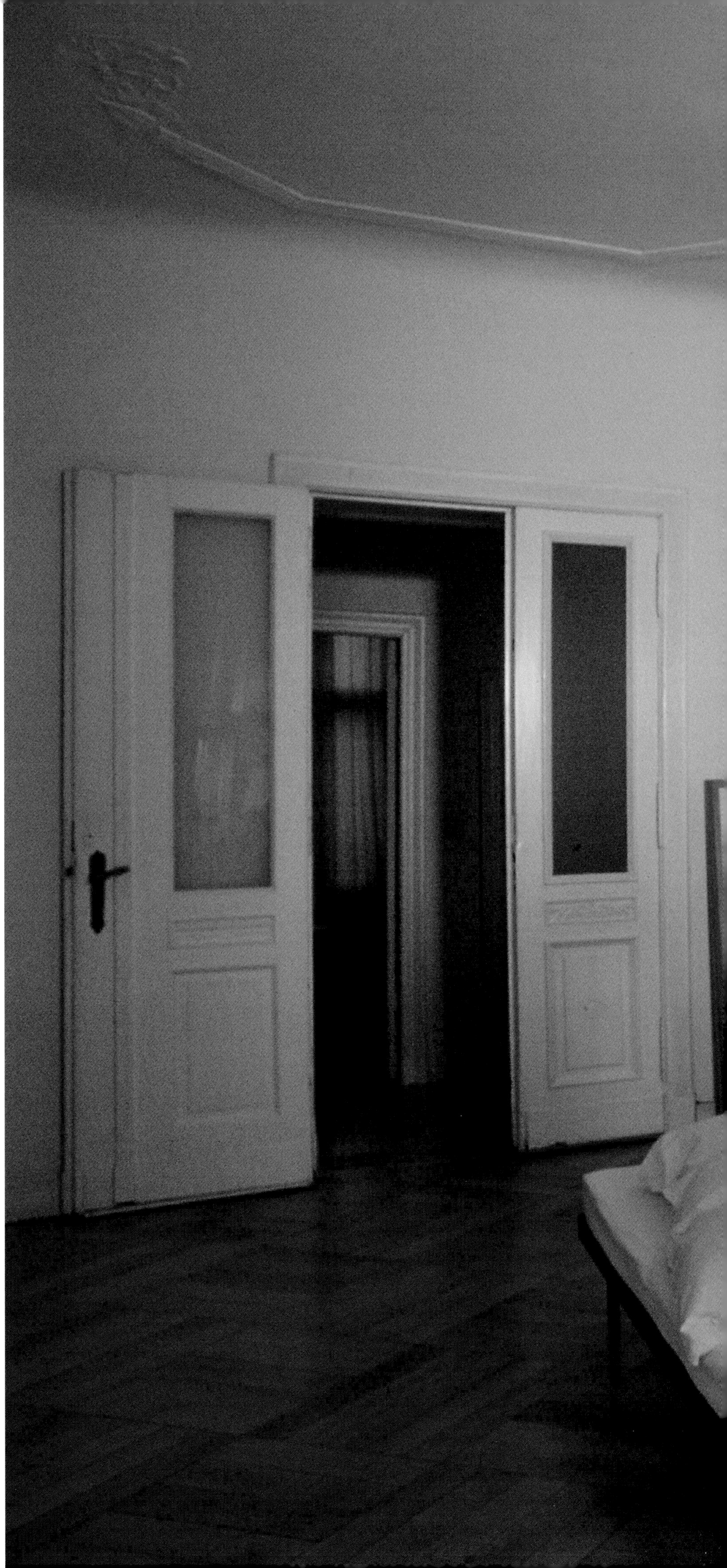

In meinem Schlafzimmer möchte ich so wenig wie möglich haben, es soll keine Heimat sein. Heimat suche ich in einem vertrauten Menschen. Sexualität wird für mich erst schön in einer längeren Beziehung. Im Bett spüre ich manchmal die Einsamkeit. **FRANZ LEHR, 52, BÜHNENBILDNER**

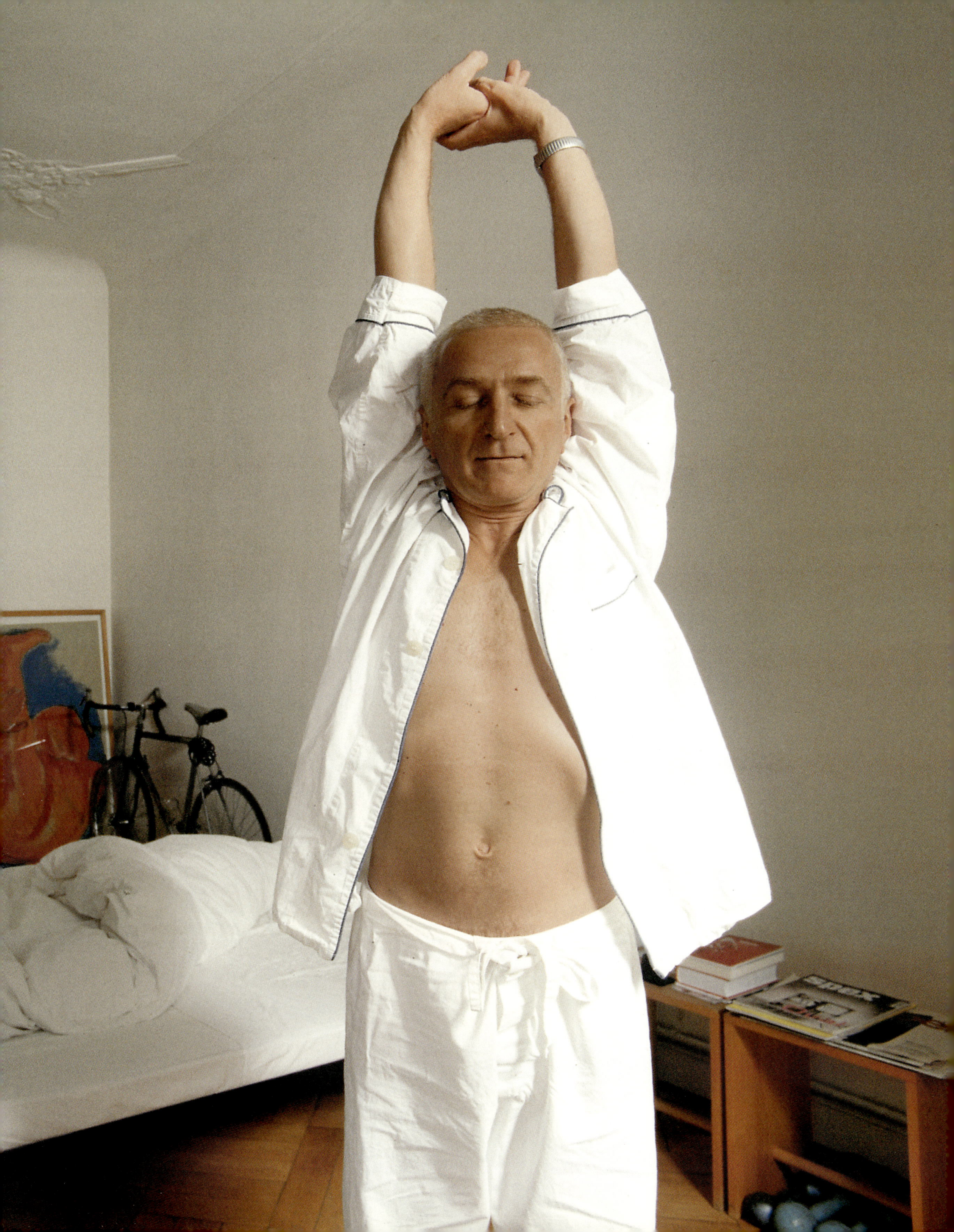

MOSKAU

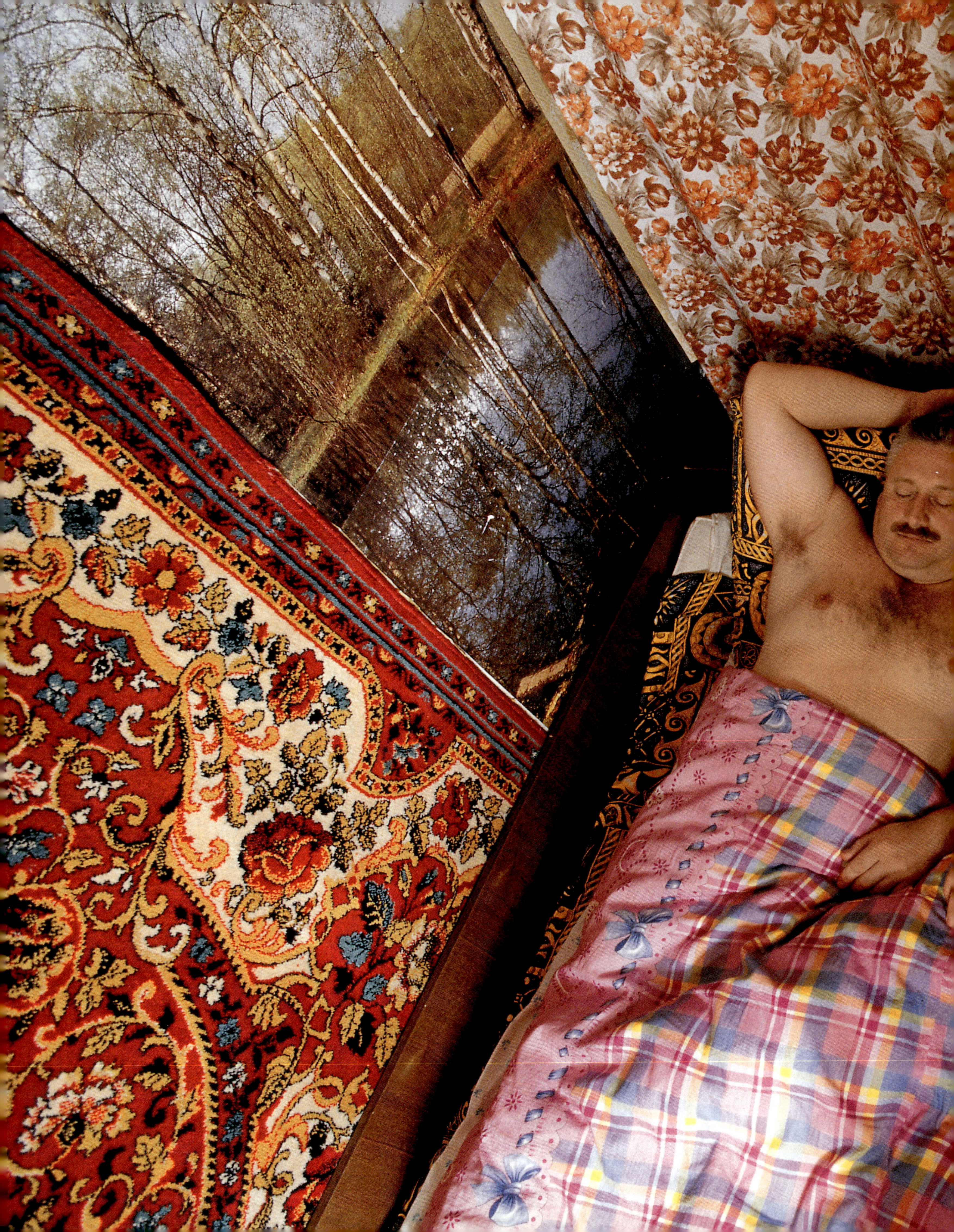

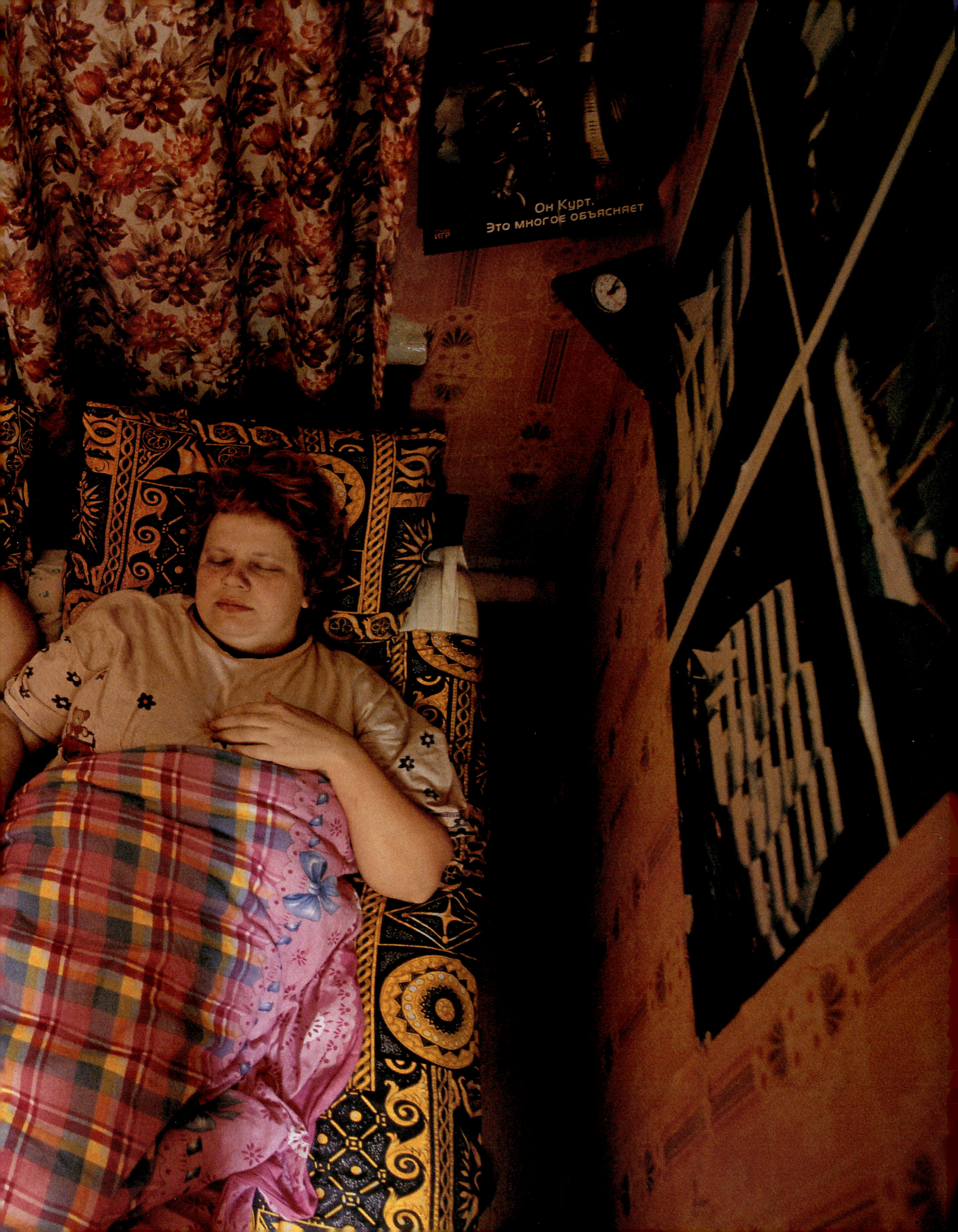
Он Курт.
Это многое объясняет

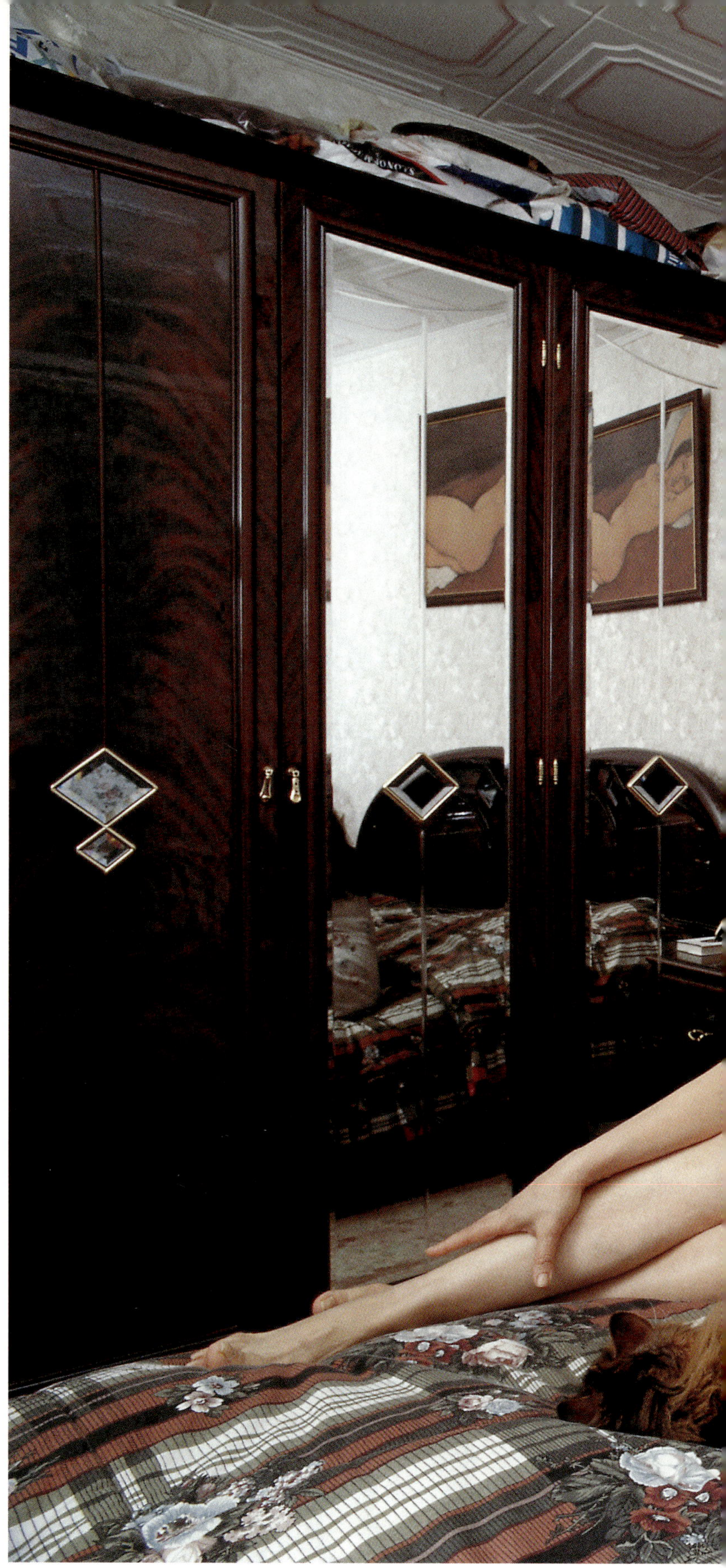

← Der Teppich an der Wand ist von meiner Großmutter. Er ist schalldämpfend und hält die Geräusche ab, denn unser Schlafzimmer liegt Wand an Wand mit der Gemeinschaftsküche. Wir leben schon seit dreizehn Jahren in dieser Wohnung. **MICHAIL SAPOLNOV, 40, ARBEITER**

← Wir sind seit fünfzehn Jahren zusammen, das Geheimnis unserer Ehe ist unsere Liebe. **HELENA SAPOLNOVA, 40, MUSIKERIN**

Mein Platz ist in der Küche. Über die Arbeit in der Küche kann man reden. Aber nicht über das Schlafzimmer, das ist zu intim. Dies sind die zwei Seiten einer Frau. Auf beiden Seiten möchte ich mich verwirklichen. Bis vierzig versucht ein

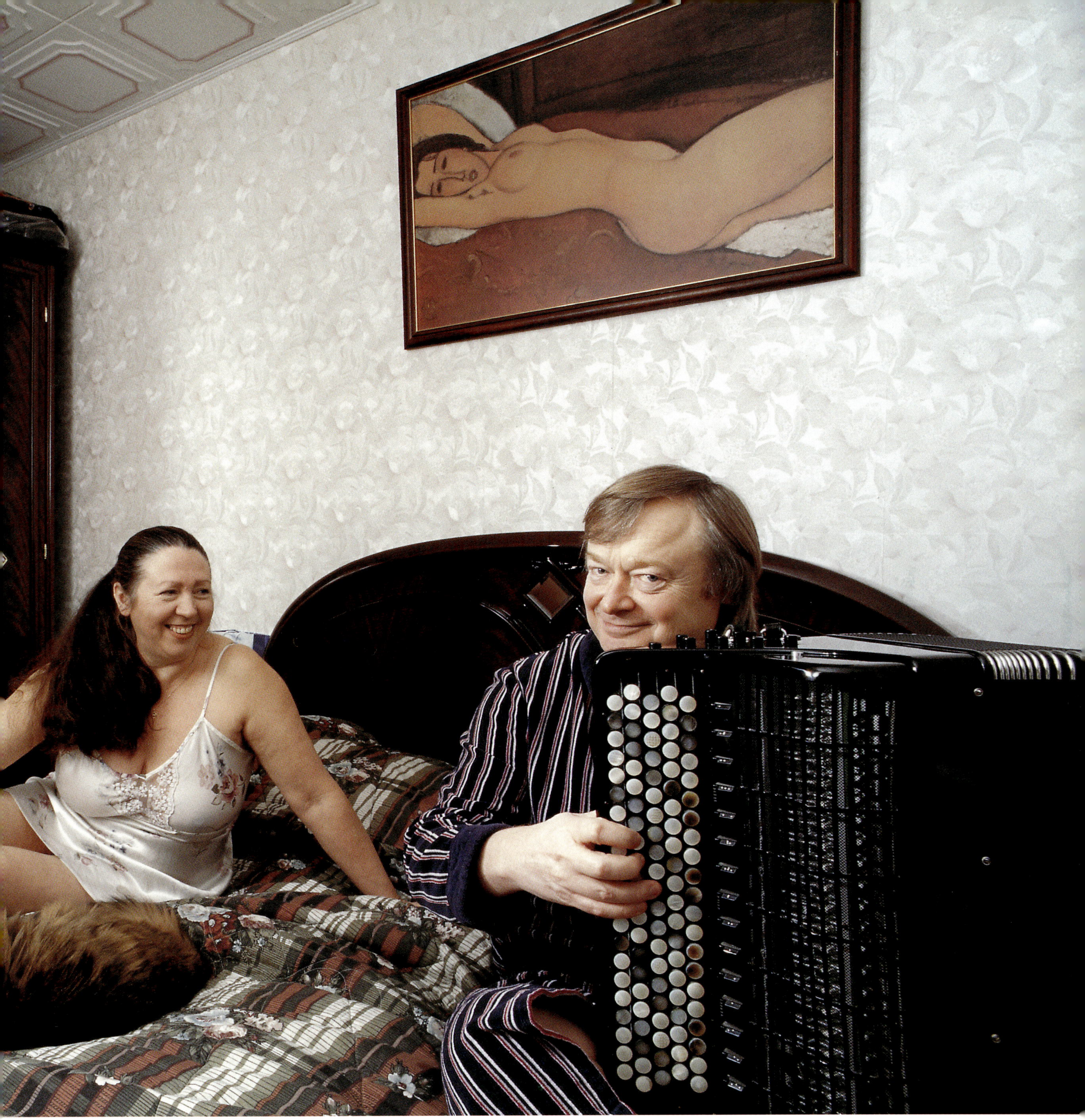

Mann, sich beruflich zu etablieren, und die Frau hilft ihm dabei. Mit vierzig kommt so etwas wie ein Sonnenaufgang für die Frau, und ihr Leben beginnt. Für den Mann beginnt dann langsam der Abstieg.

NATASCHA LIPS, 53, ANGESTELLTE

Die Einrichtung haben wir zusammen ausgesucht. Auch das Bild über dem Bett. Ich finde, das Modell sieht meiner Frau ähnlich. Als Musiker verreise ich sehr oft. Wenn ich zu Hause bin, machen wir fast alles zusammen. Wir versuchen, uns das Leben gegenseitig angenehm zu machen.

FRIEDRICH LIPS, 53, PROFESSOR FÜR MUSIK, KÜNSTLER

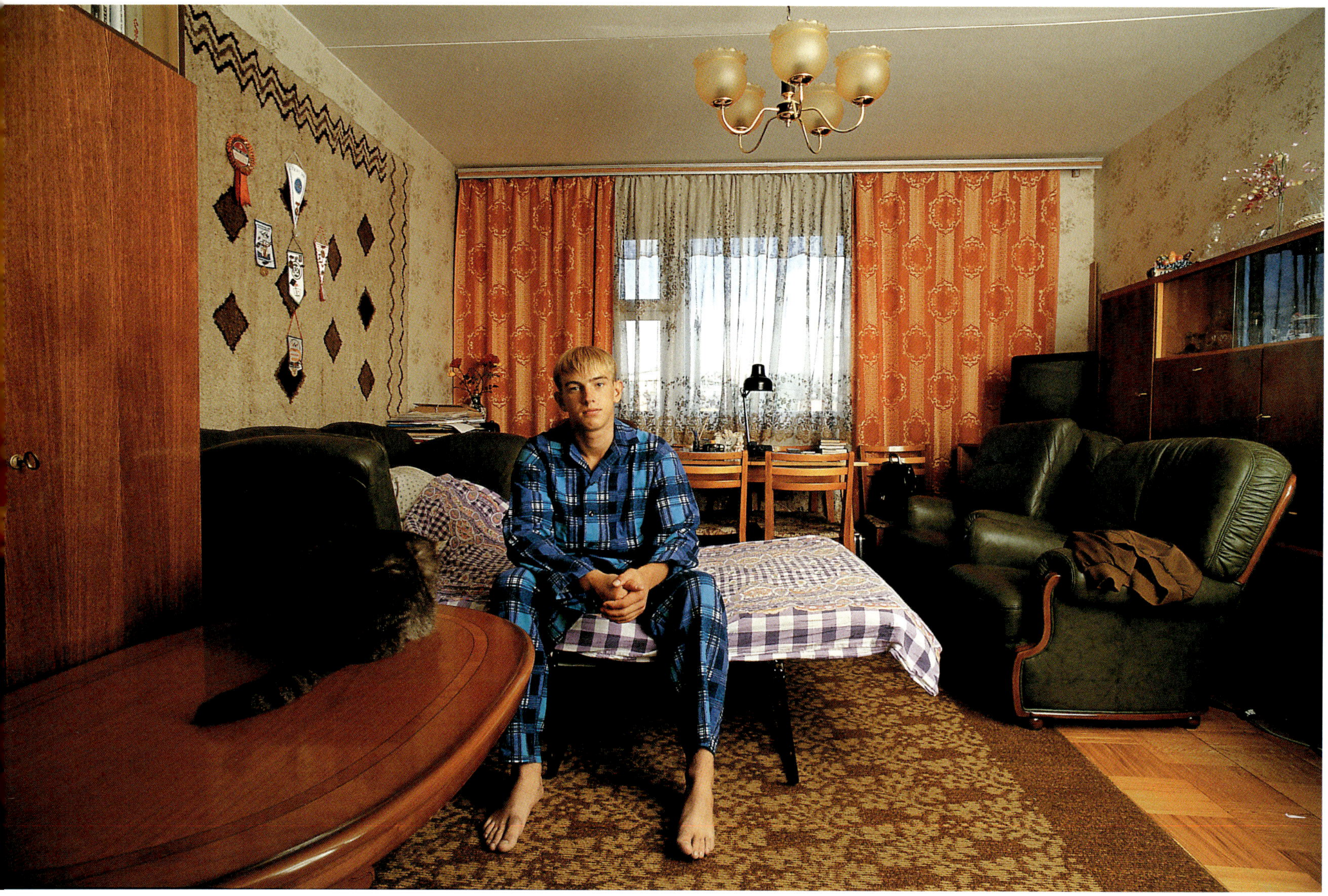

Bis ich neun war, schlief ich im Schlafzimmer meiner Eltern. Dann habe ich mich im Wohnzimmer einquartiert. Den Großteil meiner Zeit verbringe ich bei Freunden, aber wenn sie mich besuchen, halten wir uns hier auf. **IWAN EFIMENKOV, 16, SCHÜLER**

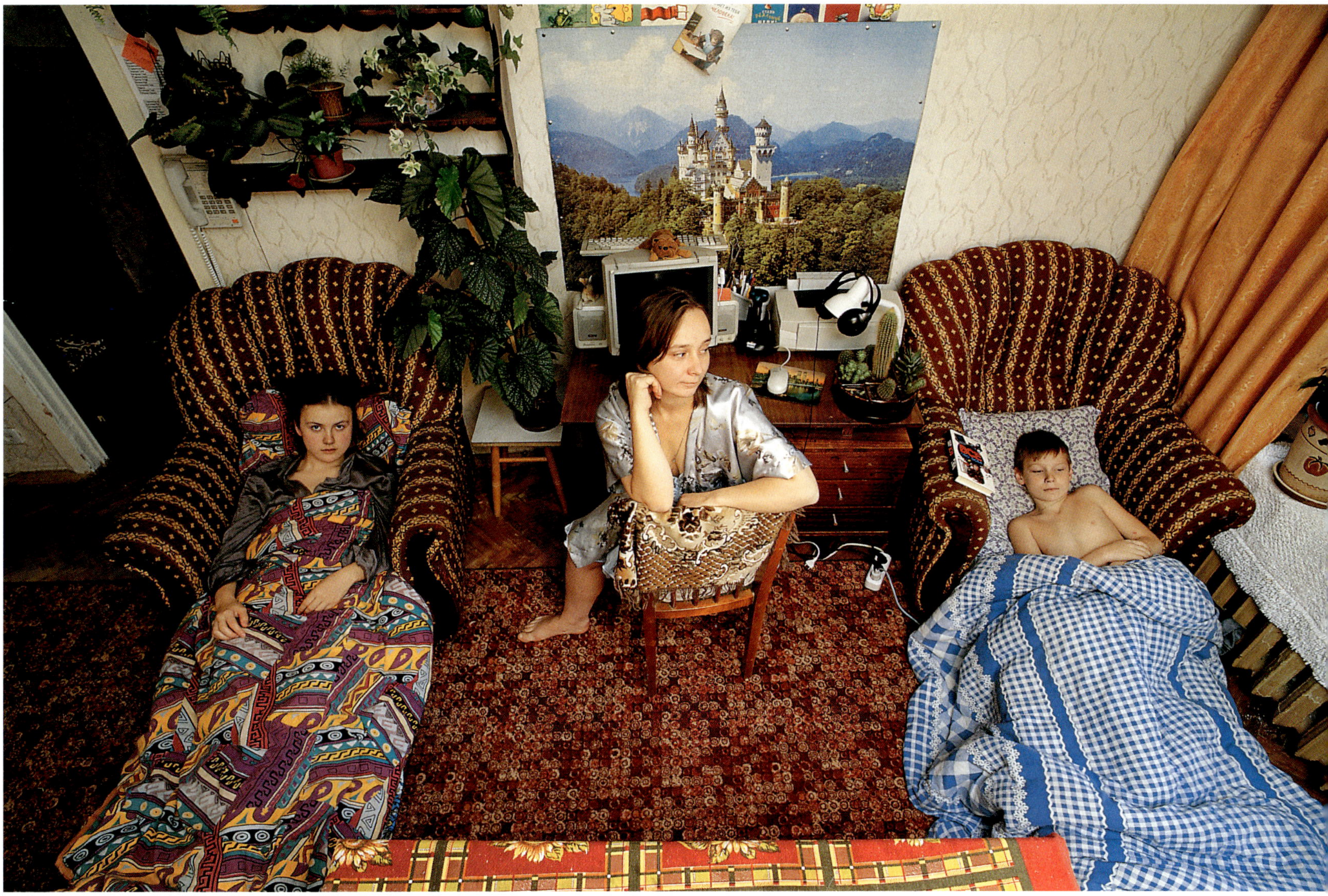

Es ist schon manchmal sehr schwierig, so eng zusammenzuleben. Mein Traum wäre, dass meine ganze Familie zusammenleben würde und jeder ein Zimmer hätte. Meine Eltern wohnen jetzt in der Ukraine, sie leben getrennt in verschiedenen Städten und Ländern. **LENA NAUMOWA, 16, SCHÜLERIN**

Es ist doch ganz normal, so eng zusammenzuwohnen. Wir schlafen zu viert in einem Zimmer, das achtzehn Quadratmeter hat. Tagsüber werden die Betten weggeräumt. Dann ist es unser Esszimmer, Wohnzimmer und Arbeitszimmer. **NATASCHA NAUMOWA, 26, KIOSKVERKÄUFERIN, ANDREJ NAUMOW, 11, SCHÜLER**

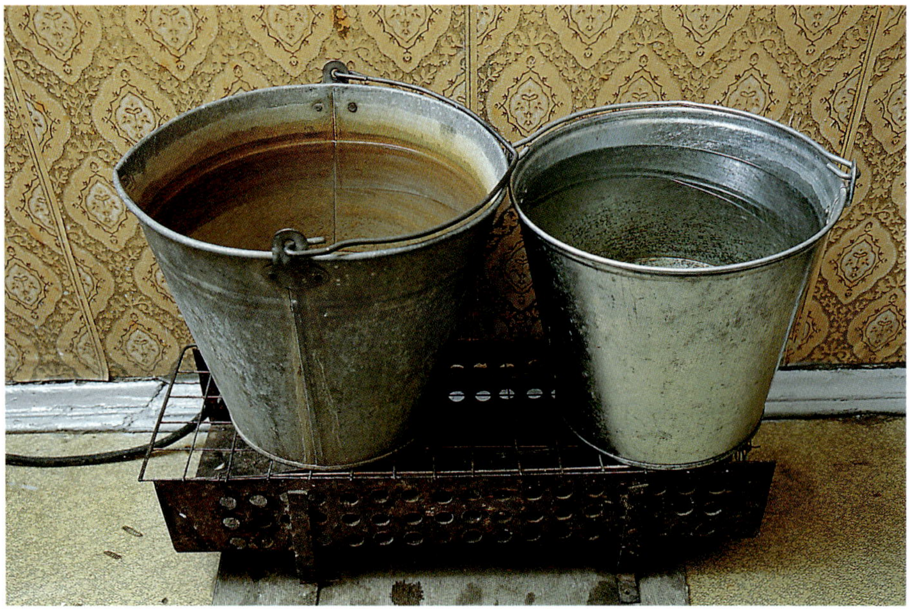

In diesem Haus lebe ich seit sieben Jahren ganz allein. Am Anfang fürchtete ich mich, aber inzwischen habe ich mich daran gewöhnt. Die Toilette ist auf dem Hof, im Sommer kann ich mich dort auch waschen. Meine Familie lebt in der Ukraine. Ich habe drei Kinder, zwei Söhne sind schon verheiratet. Ich arbeite hier, damit meine Tochter das College besuchen kann. Mein Sohn und ich haben ein Jahr lang gespart, um seine Hochzeit finanzieren zu können. Bei der Hochzeit ist mein Mann weggegangen und nicht mehr wiedergekommen. Ohne meine Familie fühle ich mich in Moskau manchmal einsam. Nachts denke ich viel darüber nach. Oftmals lache ich auch, um nicht zu weinen. **KATJA BABENKO, 51, HAUSMEISTERIN**

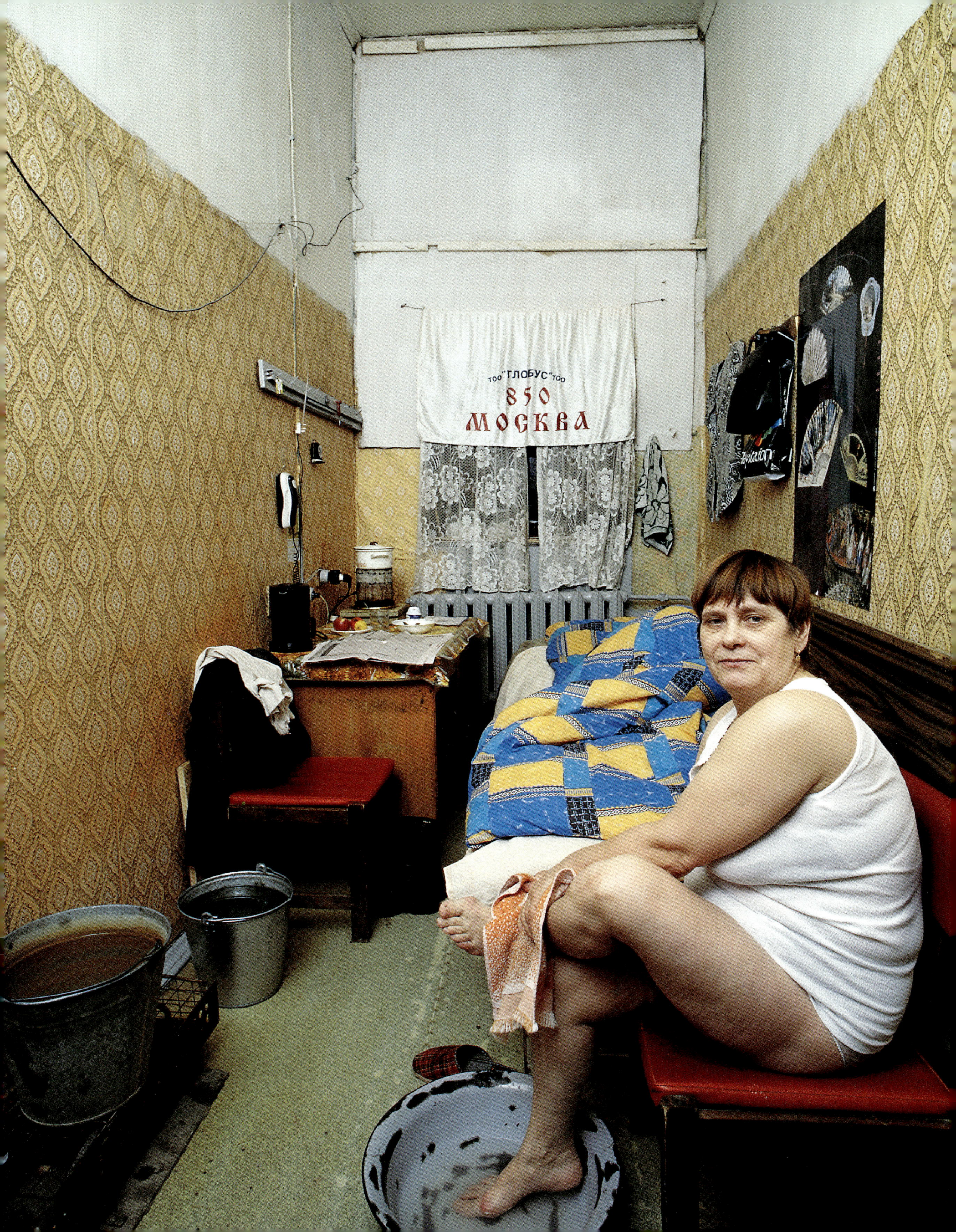
ТОО"ГЛОБУС"ТОО
850
МОСКВА

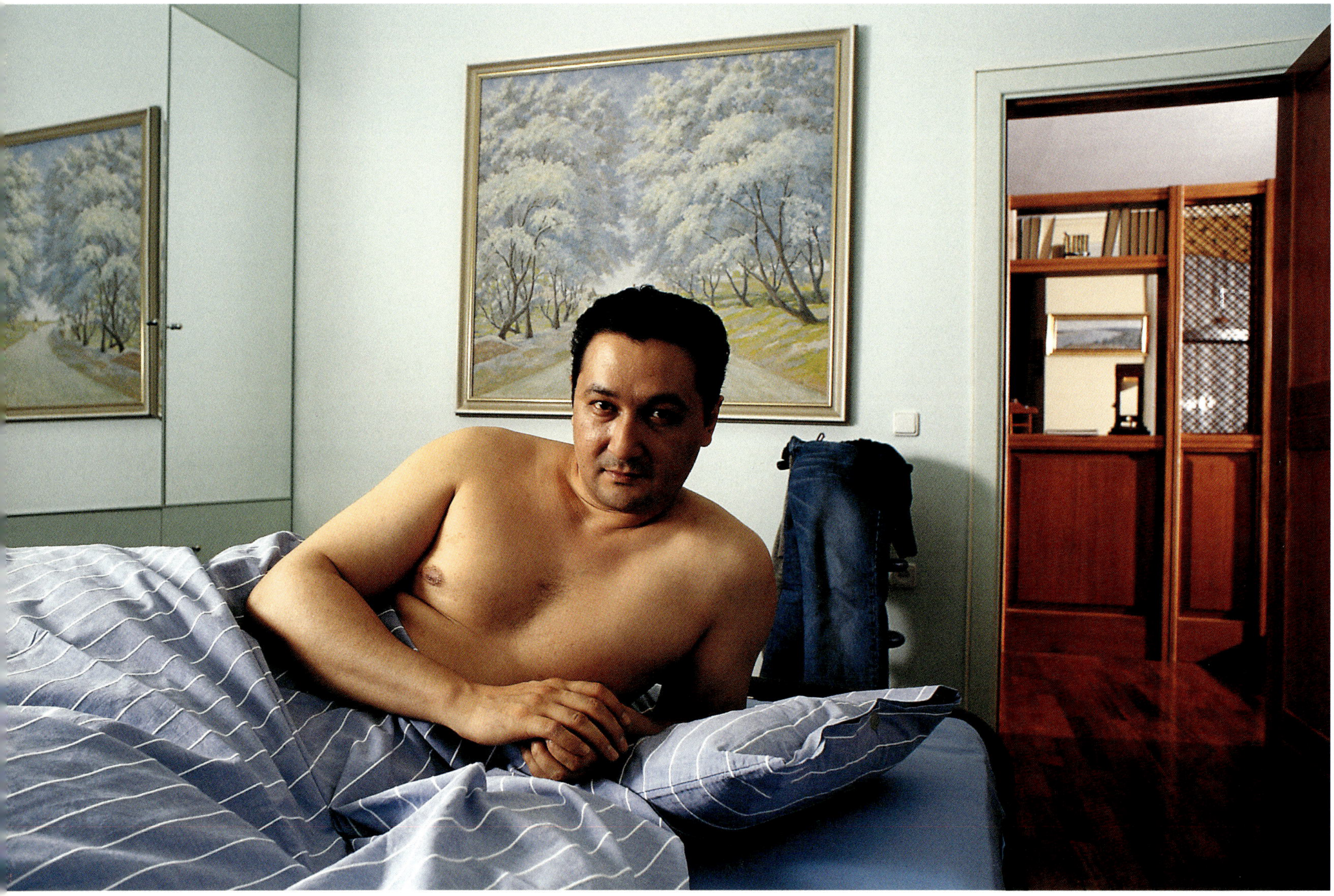

Ich bin ein erfolgreicher und tüchtiger Geschäftsmann, und wenn ich abends heimkomme, bin ich müde. Dann genieße ich ein erfrischendes Bad und einen kurzen Schlaf. Aber nach einer Stunde werde ich munter und unruhig und rufe doch noch eine Freundin an. Ein russischer Mann macht es schnell und oft. Wenn man danach nicht innerhalb von zehn Minuten eingeschlafen ist, geht es wieder los. **SARDOR MISZAZKANOV, 39, GESCHÄFTSMANN**

Manchmal träume ich schon von Ereignissen der Zukunft, kann sie aber noch nicht entschlüsseln. Träume weisen mir den Weg. In meinem Bett fühle ich mich so geborgen wie im Mutterleib. Der Baldachin und die Stoffe hüllen mich ein. Ich stehe spät auf, deshalb habe ich den ruhigsten Platz des Hauses für mein Schlafzimmer gewählt. **LADA WOLGOWA, 35, POPSTAR**

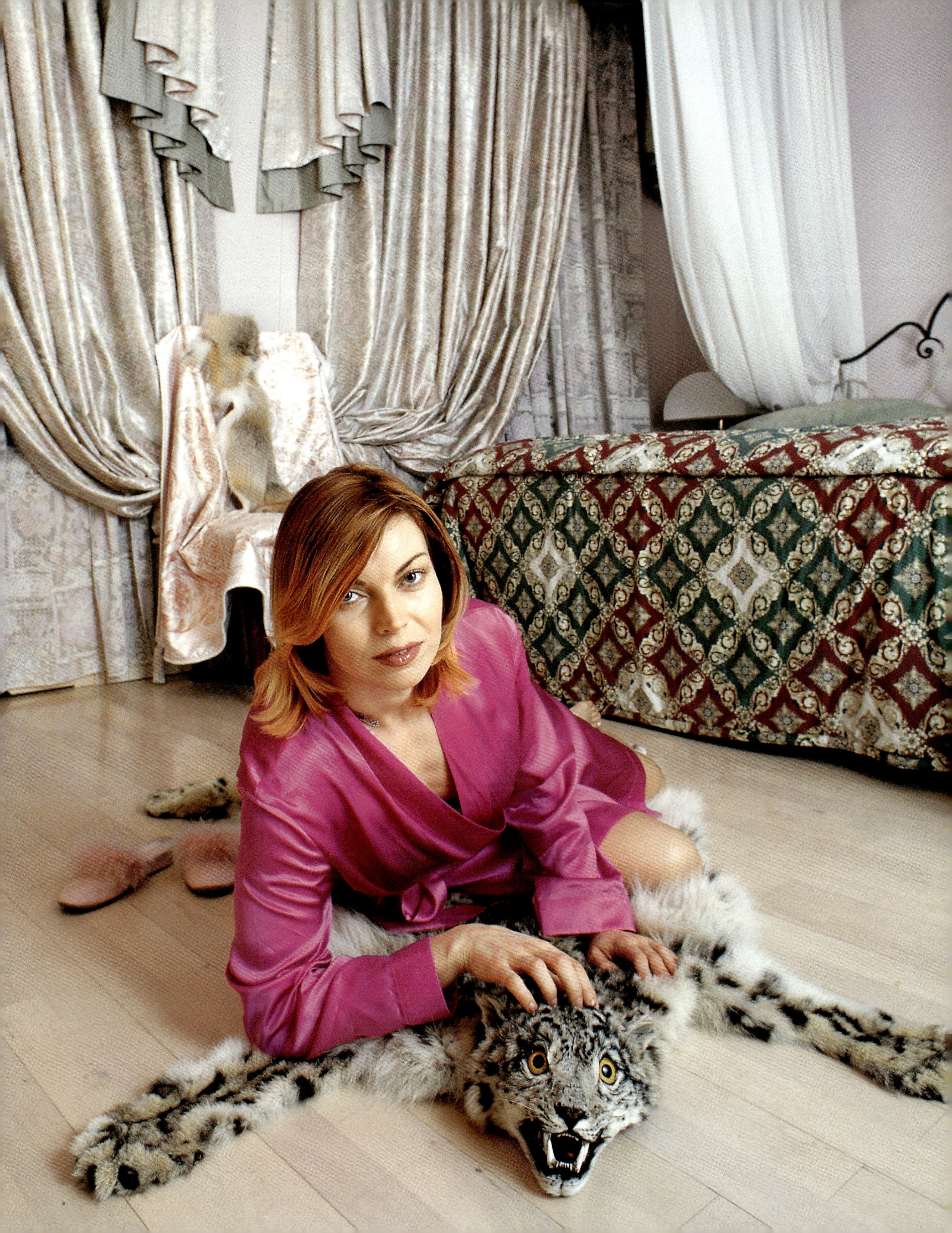

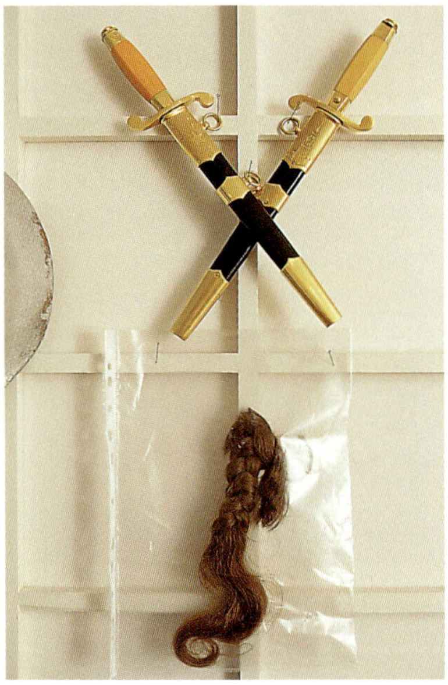

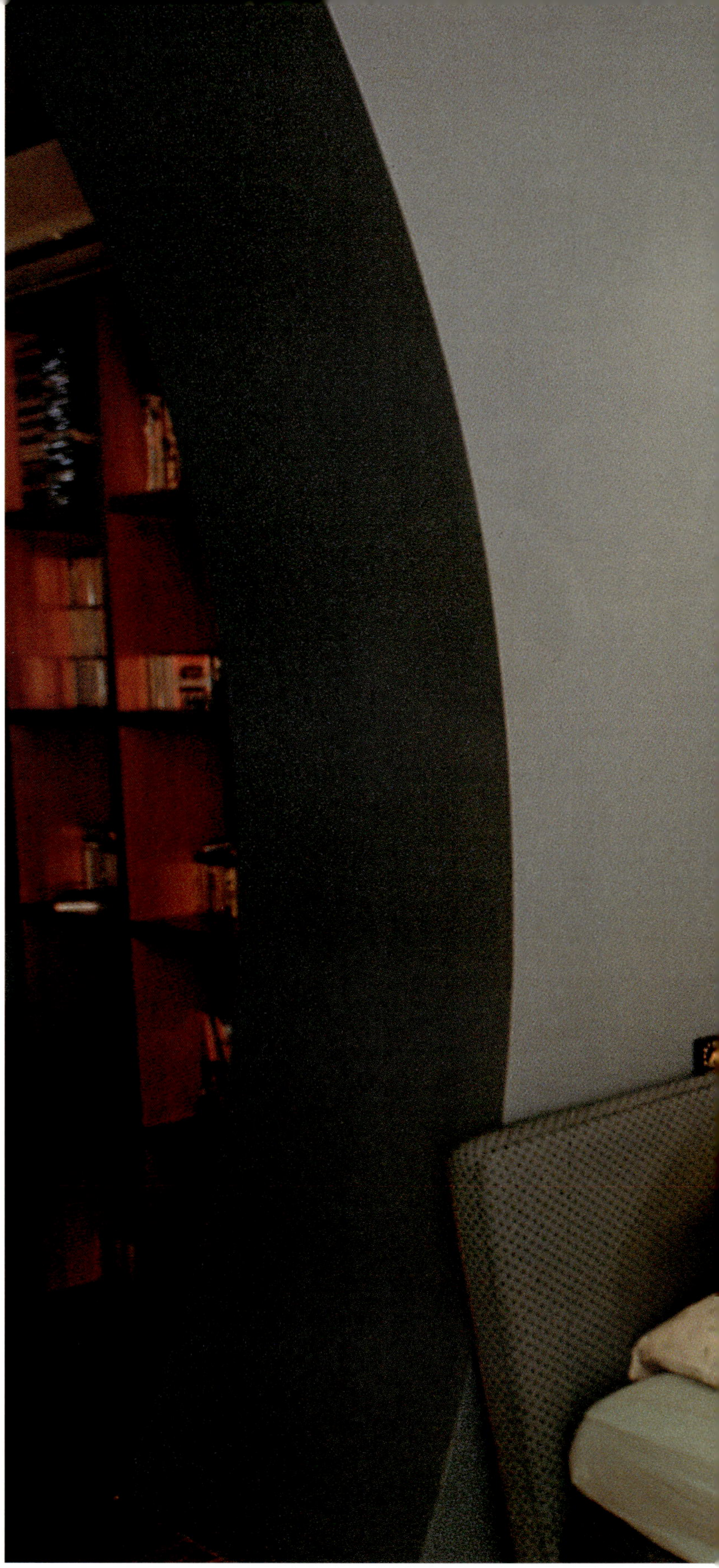

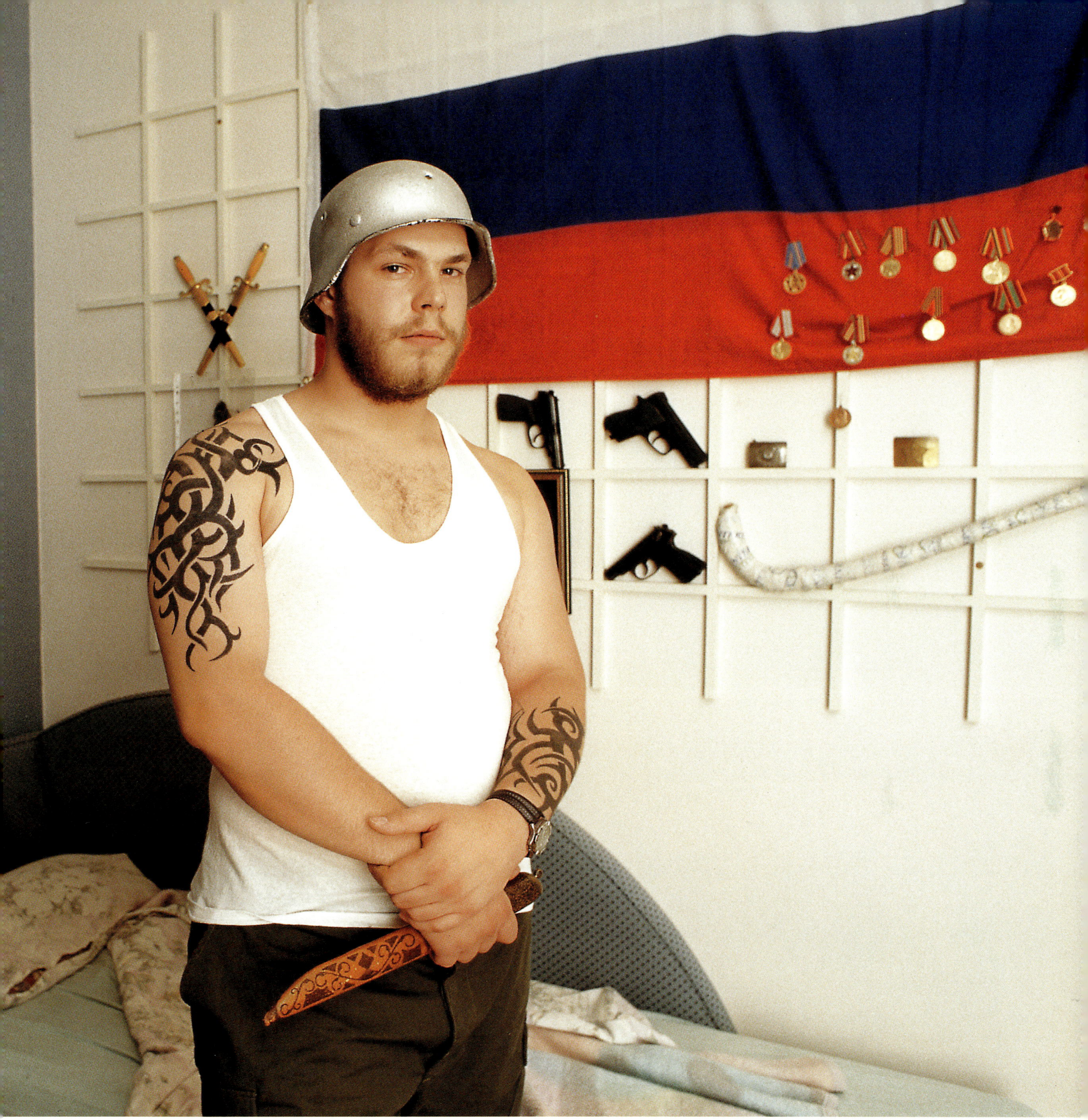

Die Dolche und die Orden sind von meinen Vorfahren. Die Pistolen habe ich gekauft. Es macht mir Spaß, einfach rumzuschießen. Ich sammle Militaria und trage auch Militärkleidung. Die Wohnung ist neu, ein Innenarchitekt hat alles bei uns eingerichtet. **ANTON WILENKIN, 19, STUDENT**

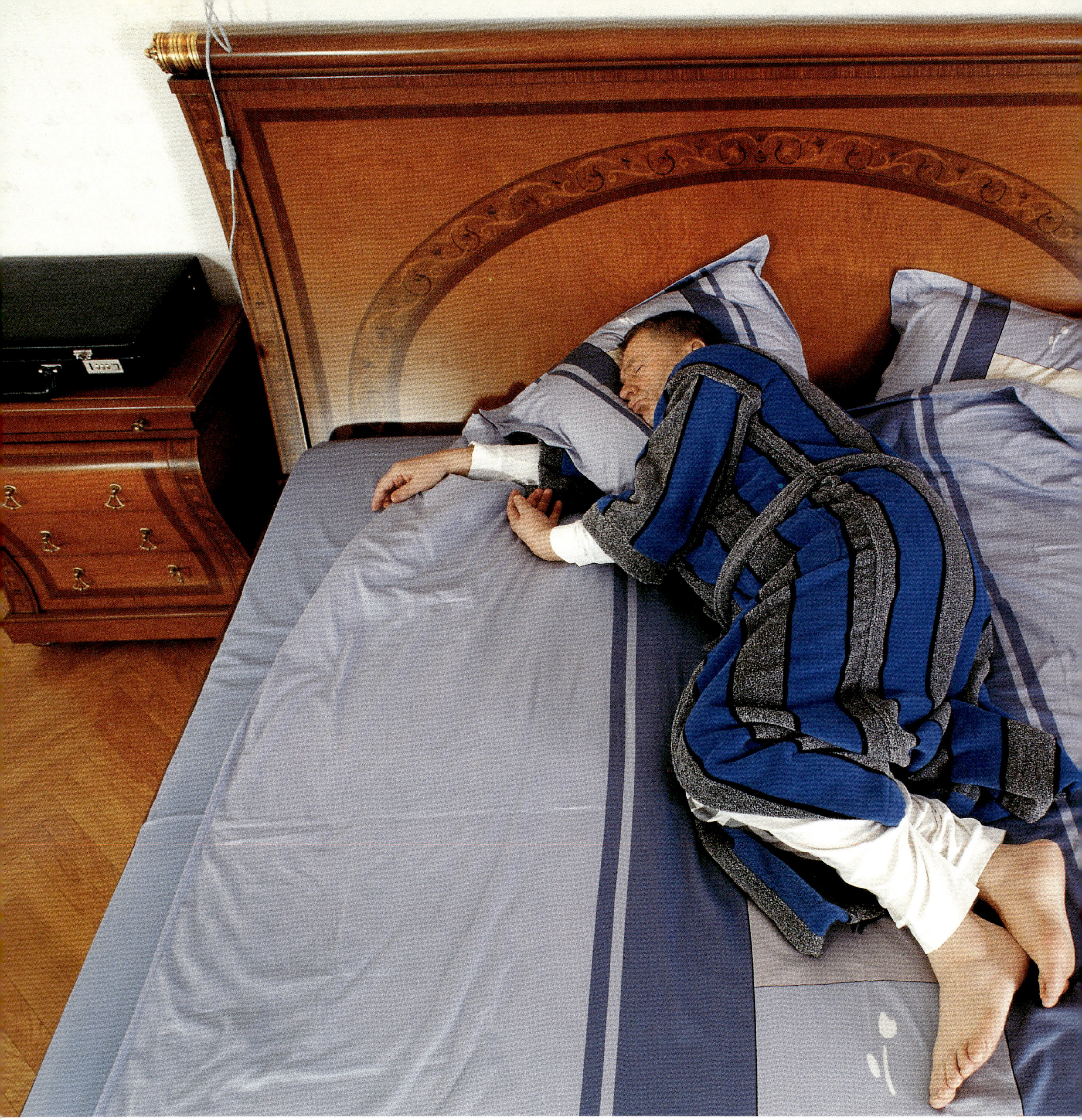

Ich habe jetzt sehr viele Feinde und hatte schon als Kind viele Feinde. Mein ganzes Leben ist auf Kampf eingestellt. Nach drei Tagen Urlaub werde ich ohne Kampf nervös. Die Nacht macht mich nervös, es ist eine Zwischenstation, eine künstliche Unterbrechung. Die Arbeit hat ihren Rhythmus, in der Nacht steht alles still. Ich schlafe unruhig, zu viele Gedanken, Probleme und Gefühle des Tages gehen mir durch den Kopf. Oft wache ich in der Nacht auf und mache mir Notizen. Ich habe immer Papier und Stift zur Hand, damit ich im Dunkeln Notizen machen kann. Ich möchte keine Frau im Bett haben. Wenn man etwas genießt, schwächt es

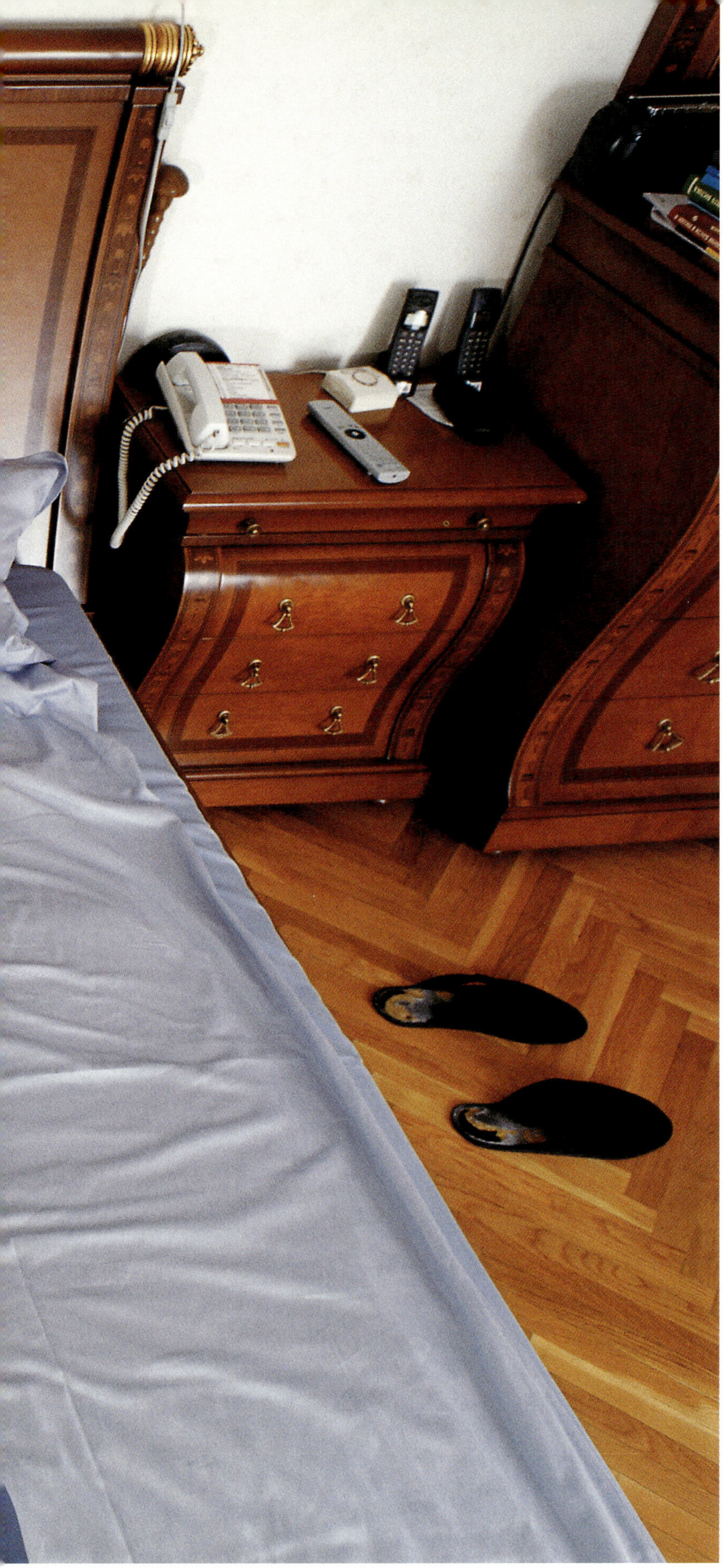

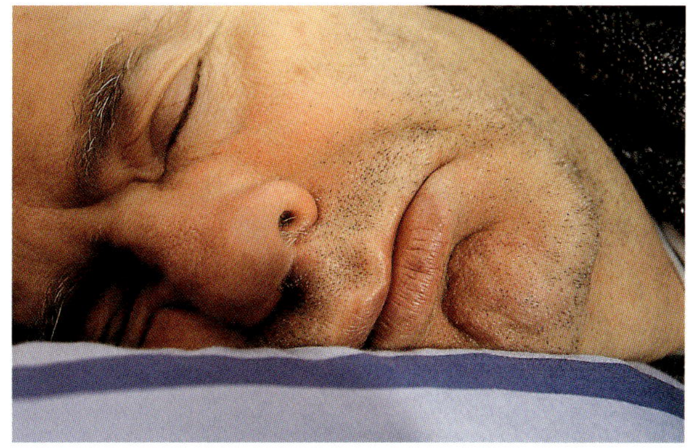

für den Kampf. Deshalb möchte ich auch meine Familie oder andere Menschen nicht zu nahe bei mir haben. Mein Schlaf wird von drei Bodyguards bewacht. **WLADIMIR SCHIRINOWSKI, 56, PARTEIVORSITZENDER DER LDPR**

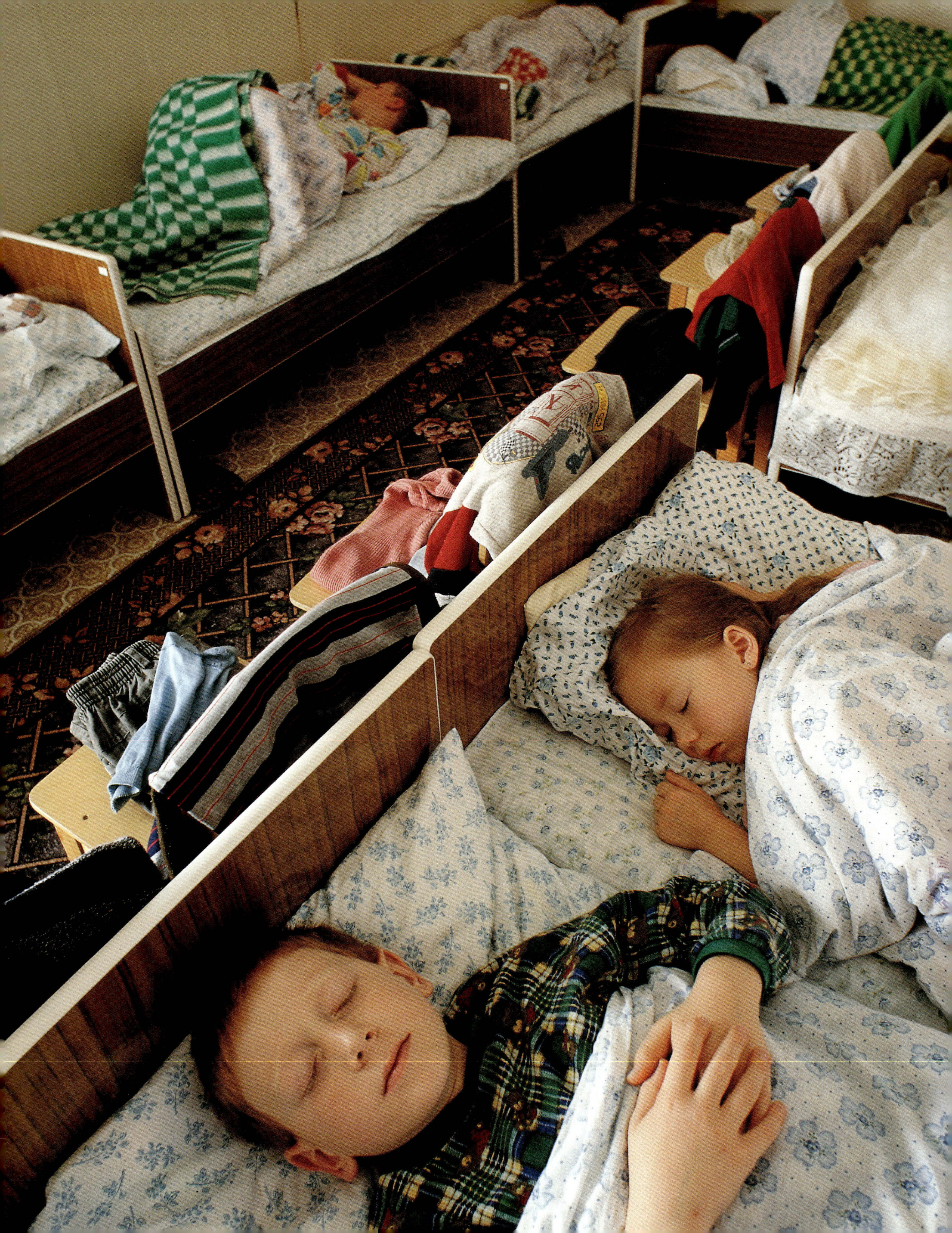

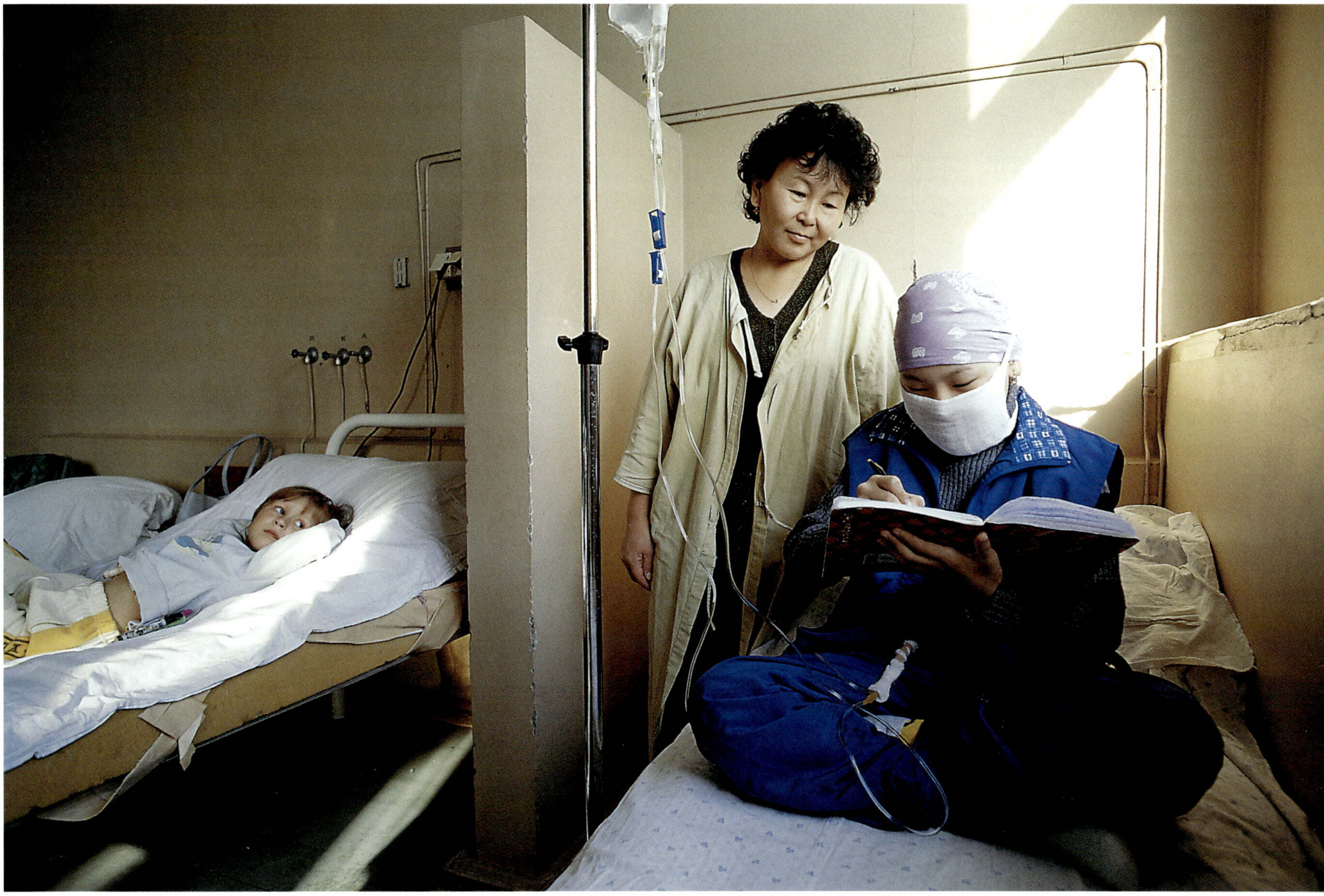

Hier sind die Kinder an Disziplin gewöhnt. Sie essen alles, ziehen sich selbst an und müssen alles selber machen. Wenn die Kinder am Wochenende zu Hause sind, haben die Eltern Mitleid und erlauben ihnen alles. Am Montag fügen sie sich aber wieder der Ordnung. **STAATLICHES INTERNAT**

Ich wohne jetzt im Krankenhaus, um mein Kind zu betreuen. Es gibt zu wenig Schwestern. Arshana muss noch mehrere Monate hier bleiben, denn sie bekommt noch sechs bis acht Chemotherapien. Meinen Beruf habe ich deshalb aufgegeben. **WALJA DAGSHE, 40, ERZIEHERIN, ARSHANA, 12**

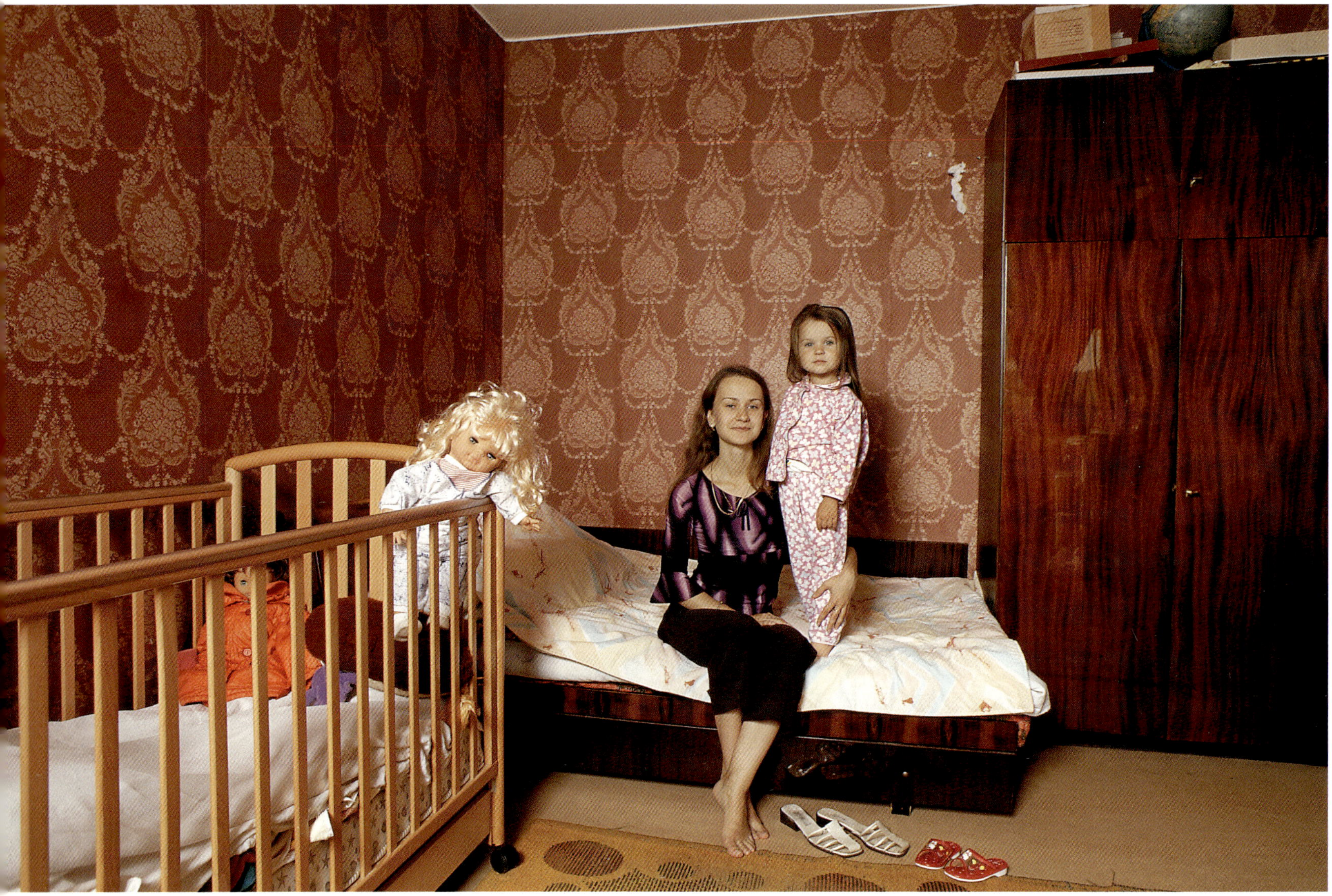

Der Vater meines Kindes ist abgehauen. Als allein erziehende Mutter ist es sehr schwierig. Es gibt kaum Hilfe vom Staat. Ich lebe jetzt mit meiner Großmutter zusammen. **JULIA SWIRIDOWA, 21, BÜROANGESTELLTE, JULIANA, 3**

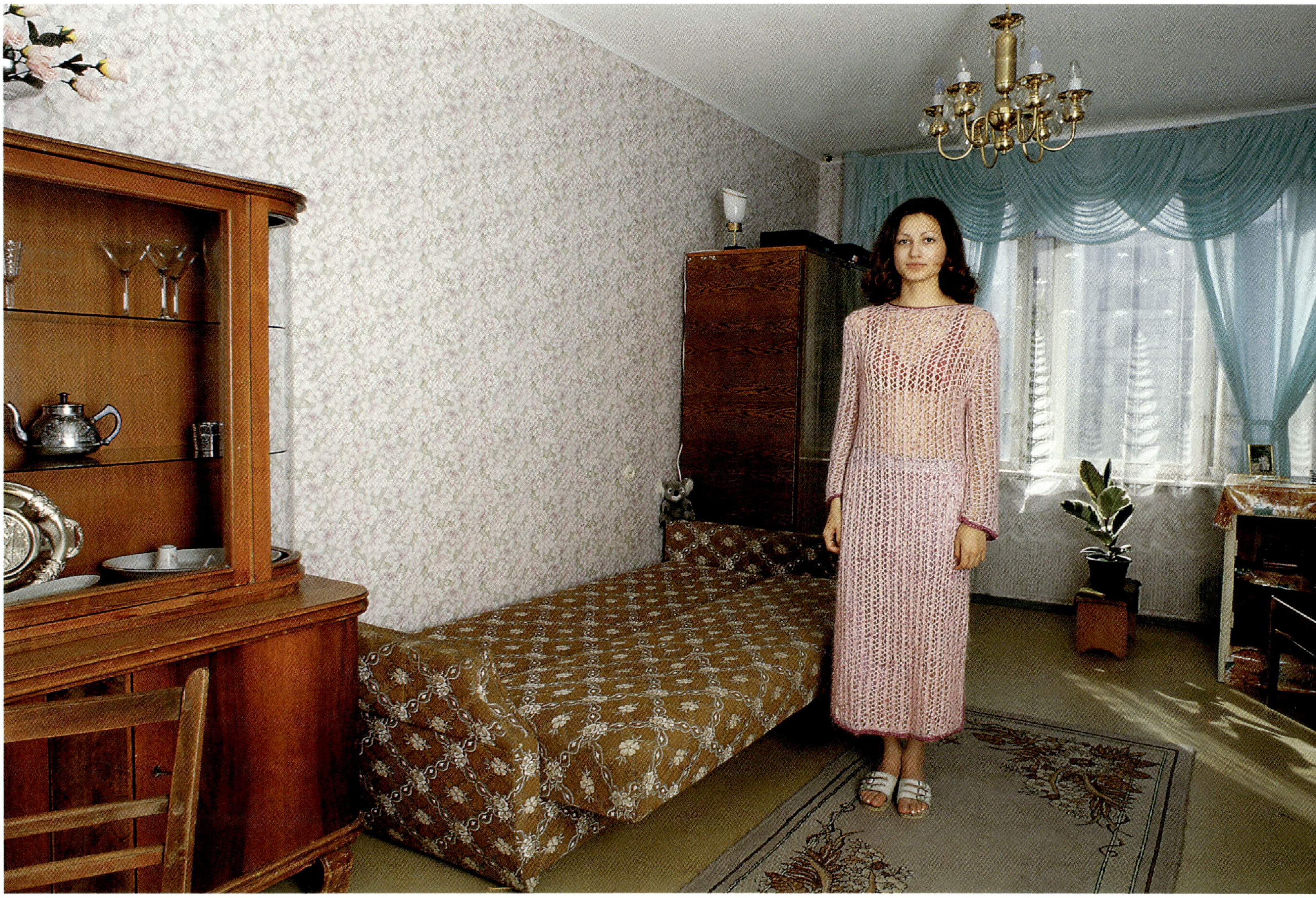

Ich habe die Wohnung mit all den Möbeln von Bekannten übernommen. Für russische Verhältnisse ist es ein Privileg, so zu wohnen. Es gefällt mir. Ich bin aus Litauen und studiere hier in Moskau. Mein Mann ist Unternehmer und pendelt zwischen den beiden Ländern. Manchmal leben wir hier auch einen ganzen Monat zusammen. **SWETLANA RATNIKOVA, 24, PSYCHOLOGIESTUDENTIN**

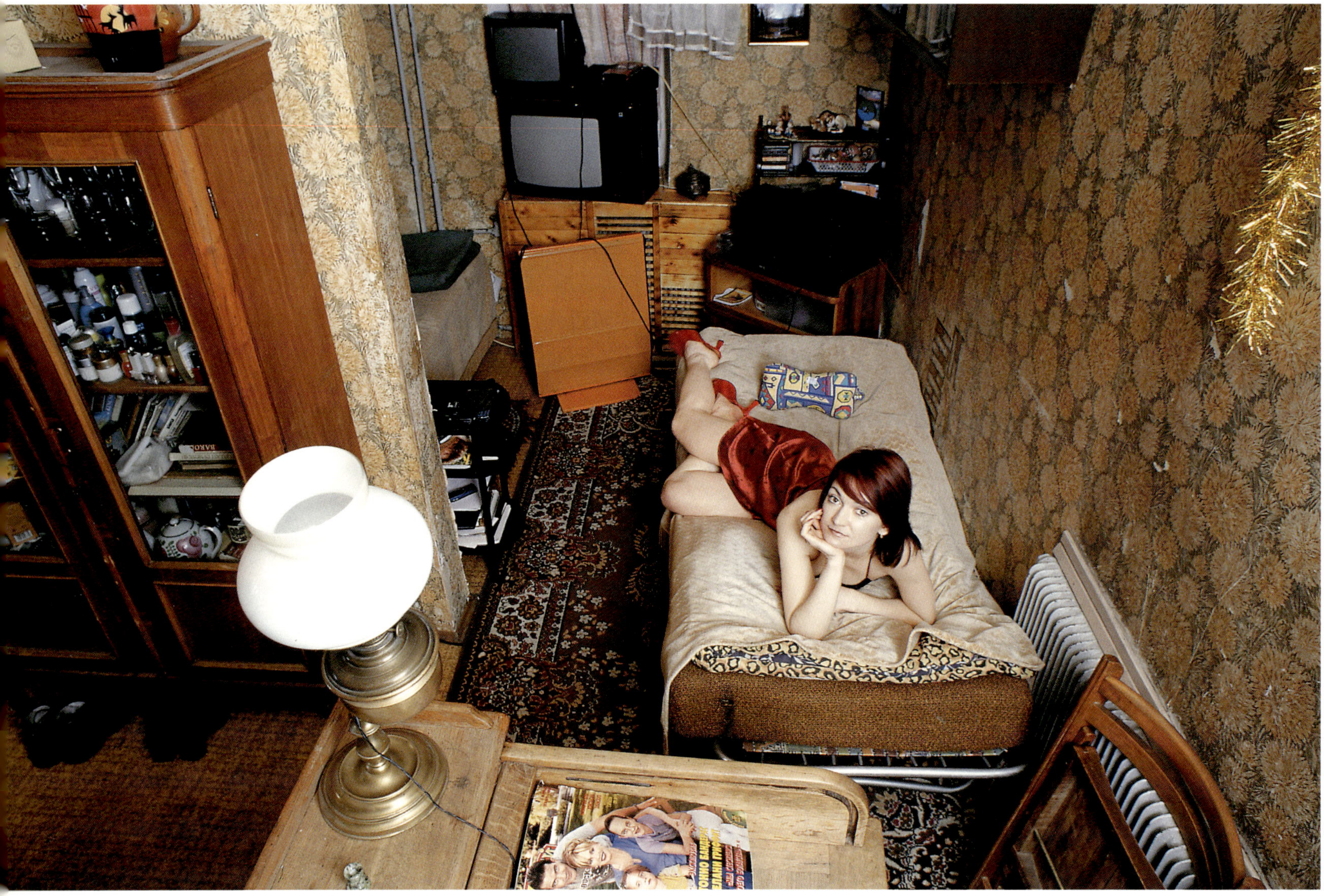

Ich bewohne mit meiner Freundin ein Zimmer. Manchmal haben wir schon zu viert in den zwei Betten geschlafen. Denn ich habe viele Freundinnen aus verschiedenen Städten, die mich besuchen. Von klein auf bin ich das gewohnt und habe es auch gerne, inmitten vieler Leute zu schlafen. Ich komme aus der tiefsten Provinz. Am Anfang war es sehr, sehr hart, doch jetzt fühle ich mich wohl in Moskau. **EWGENIA PONIMASCH, 31, ANGESTELLTE**

Meine Wohnung ist mir nicht wichtig. Ich wechsle sie wie Wäsche. Hier ist mein Geist in Bewegung. Es ist wie in einem Labor, hier kann ich meine Gedanken materialisieren. Ich wohne im dreizehnten Stock, daher fühle ich mich oft dem Himmel näher als der Erde. **ANDREJ BARTENEV, 31, KÜNSTLER**

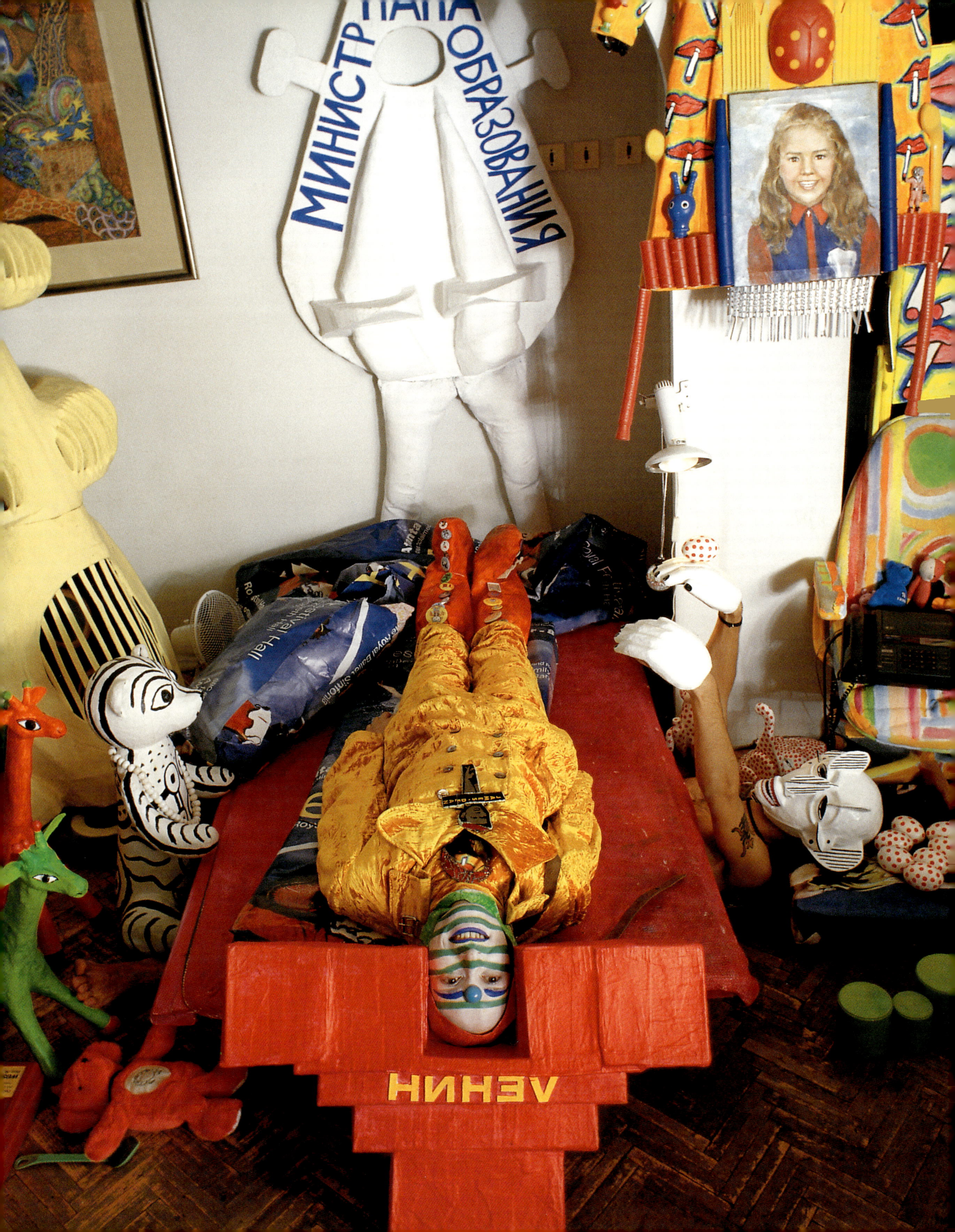
МИНИСТР ПАПА ОБРАЗОВАНИЯ
ЛЕНИН

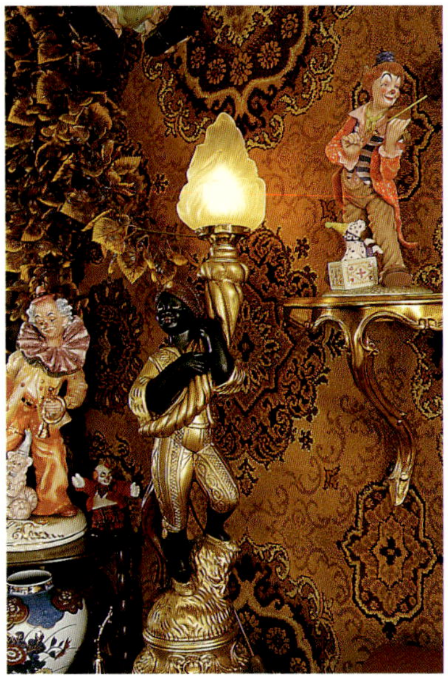

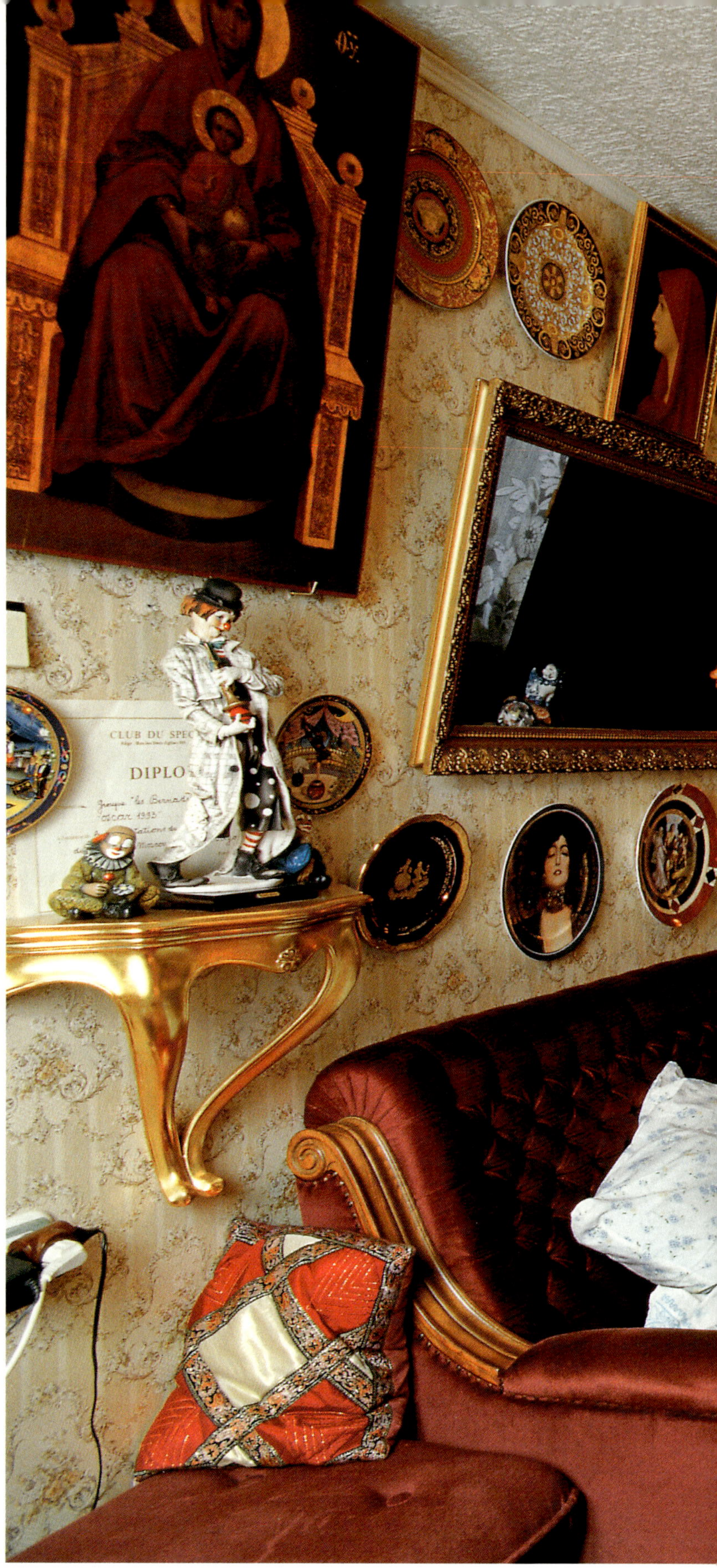

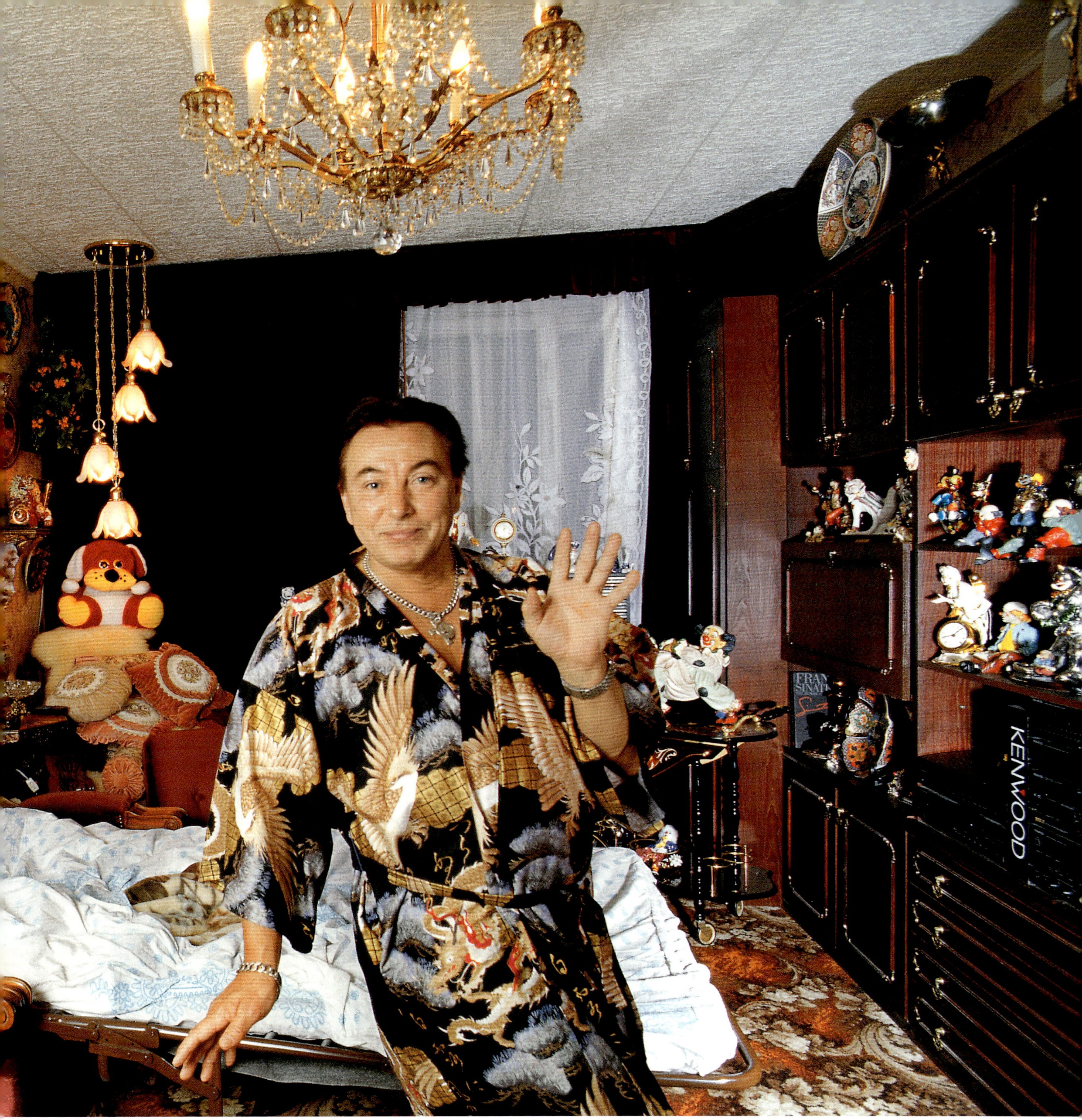

Ich bin im Zirkus geboren und habe mein ganzes Leben dort verbracht. Als Kind schlief ich im Koffer. Achtzig Prozent meines Lebens bin ich unterwegs. Meine Mutter sagt immer: »Du wohnst nicht in deiner Wohnung und schläfst nicht in deinem Bett.« Die Farben und Stile habe ich aus dem Zirkus übernommen Ich liebe die Show. Schon morgens, wenn ich aufwache, überlege ich, wie ich meinen Auftritt am Abend am besten gestalten kann.

EDUARD BERNANDSKIJ, 62, ZIRKUSARTIST

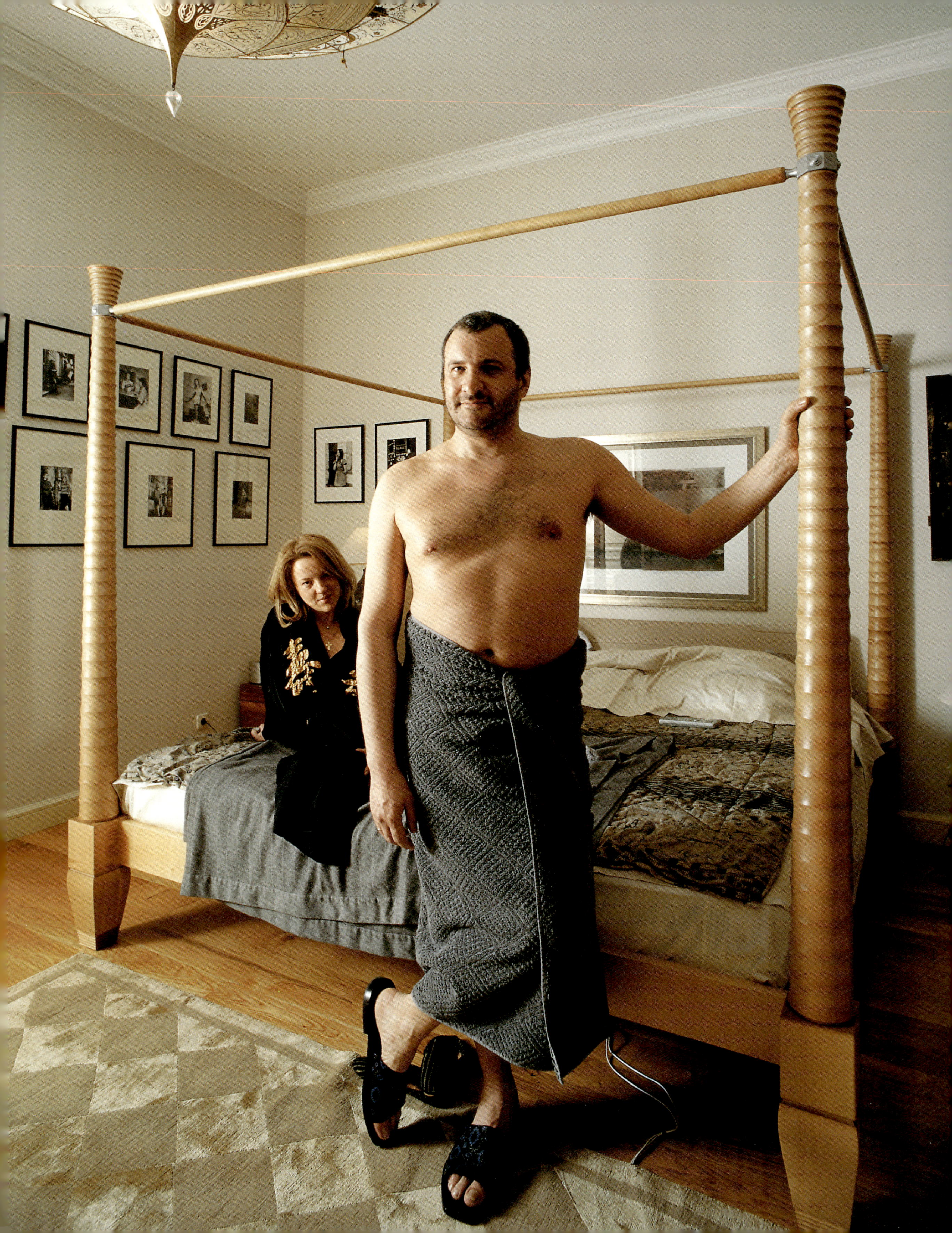

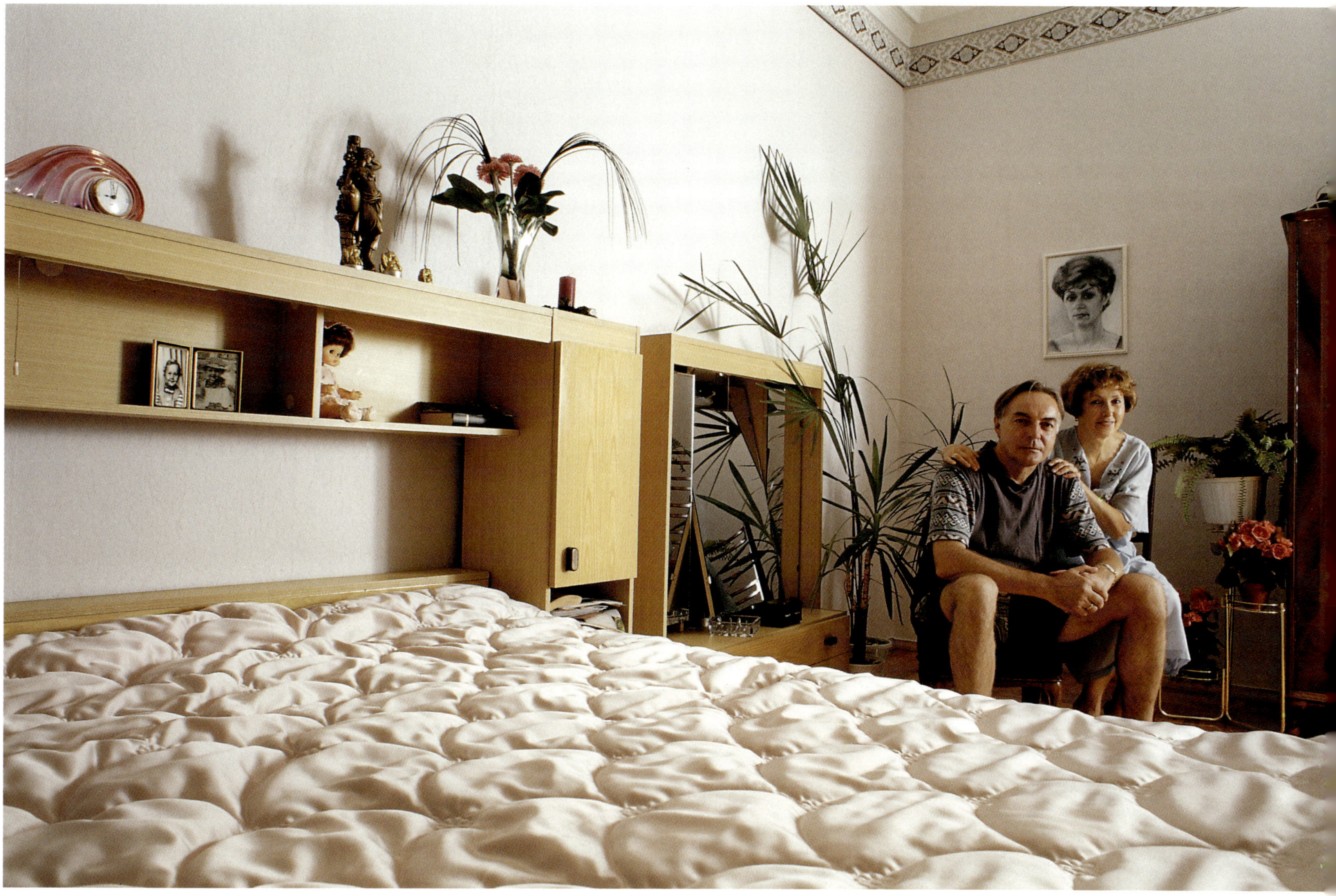

Das Schlafzimmer ist der einzige Raum, in dem ich den Alltag vergessen kann. **ALEXANDRA VERTINSKAYA, 32, MALERIN**

Ich habe Nerven aus Stahl, deshalb schlafe ich sehr gut. Abends gehen wir oft aus und kommen selten vor zwei Uhr nach Hause. Ich schlafe dann sofort ein. Schlaf ist der kleine Tod, also nehme ich alles, was ich liebe, mit in die Gruft, meine Frau, die Juwelen, unsere geliebten Bilder. Seit ich krank war, genieße ich jeden einzelnen Tag. **EMELIAN ZAKHAROV, 36, ANTIQUAR**

Meine Frau ist hier der Boss. Durch den Sport war ich nur sehr selten zu Hause. Ich frage sie um Rat, da sie sehr lebenstüchtig und klug ist. Meine Frau sagt immer, dass Männer eine starke Hand brauchen. **MICHAEL LAUTSENKO, 53, MANAGER DER HANDBALL-NATIONALMANNSCHAFT**

Als meine Kinder noch klein waren, konnte ich keine Nacht durchschlafen. Jetzt sind sie erwachsen. Aber ich liege immer noch wach, bis ich meine Töchter heimkommen höre. **TATJANA LAUTSENKO, 50, HAUSFRAU, GYMNASTIKTRAINERIN**

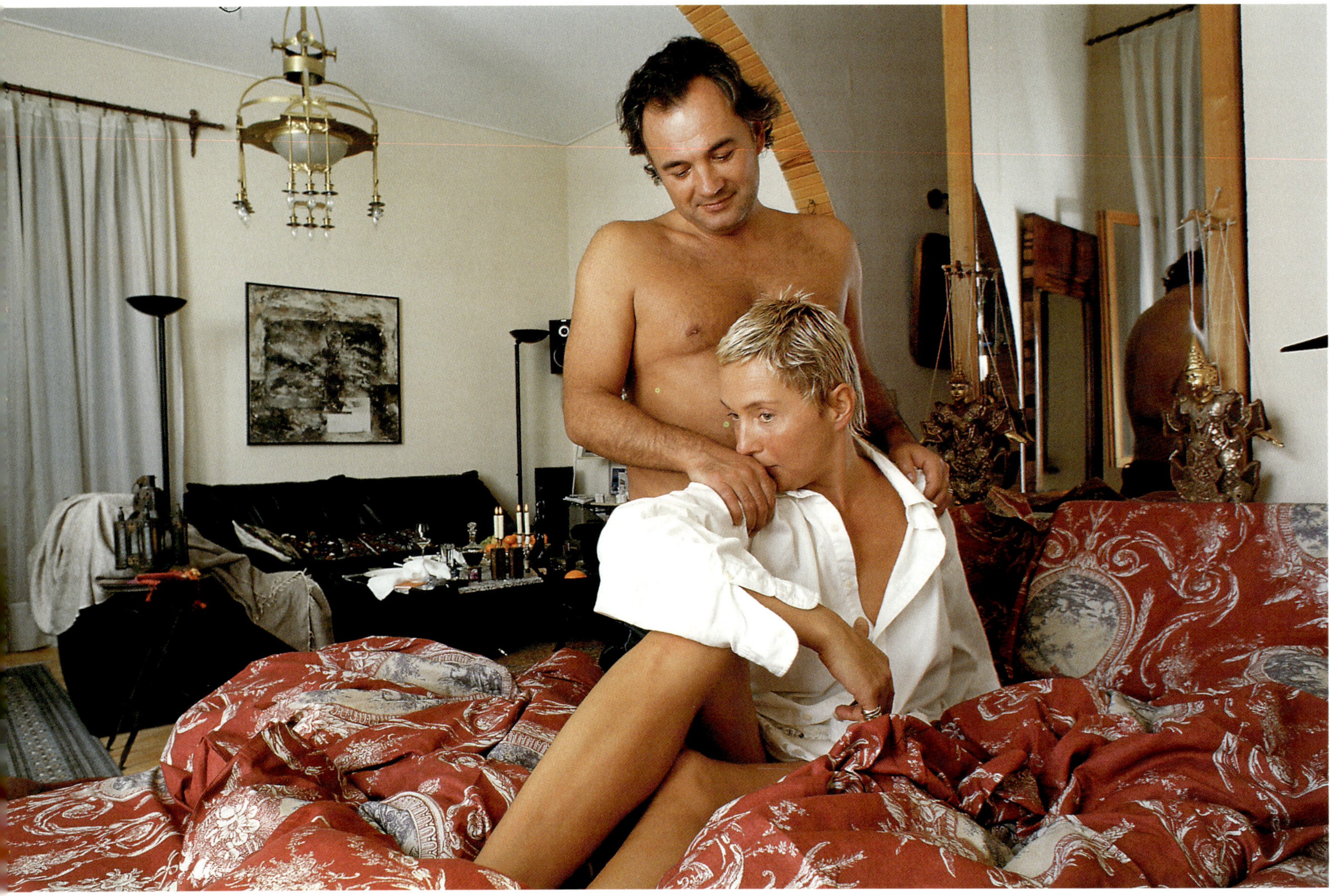

Beim Schlafen schmiegen wir uns eng aneinander. Dies bedeutet, sich geborgen zu fühlen. Ich stehe vor Victor auf und genieße es. Das sind morgens die schönsten Momente für mich. Und ich habe das Gefühl, das glücklichste Mädchen auf der ganzen Welt zu sein. **TATJANA POLYAKOVA, 39, PROJECT CONSULTANT**

Ich bin nicht so aggressiv wie die meisten russischen Männer, sondern ich nehme mir Zeit im Leben. Ich genieße die Zärtlichkeiten, die Küsse, den Körper und den Geist von Tatjana. Nachts ist es das Schönste, einfach ihren Körper zu spüren und wieder einzuschlafen. **VICTOR MYZNIKOV, 43, VERLEGER**

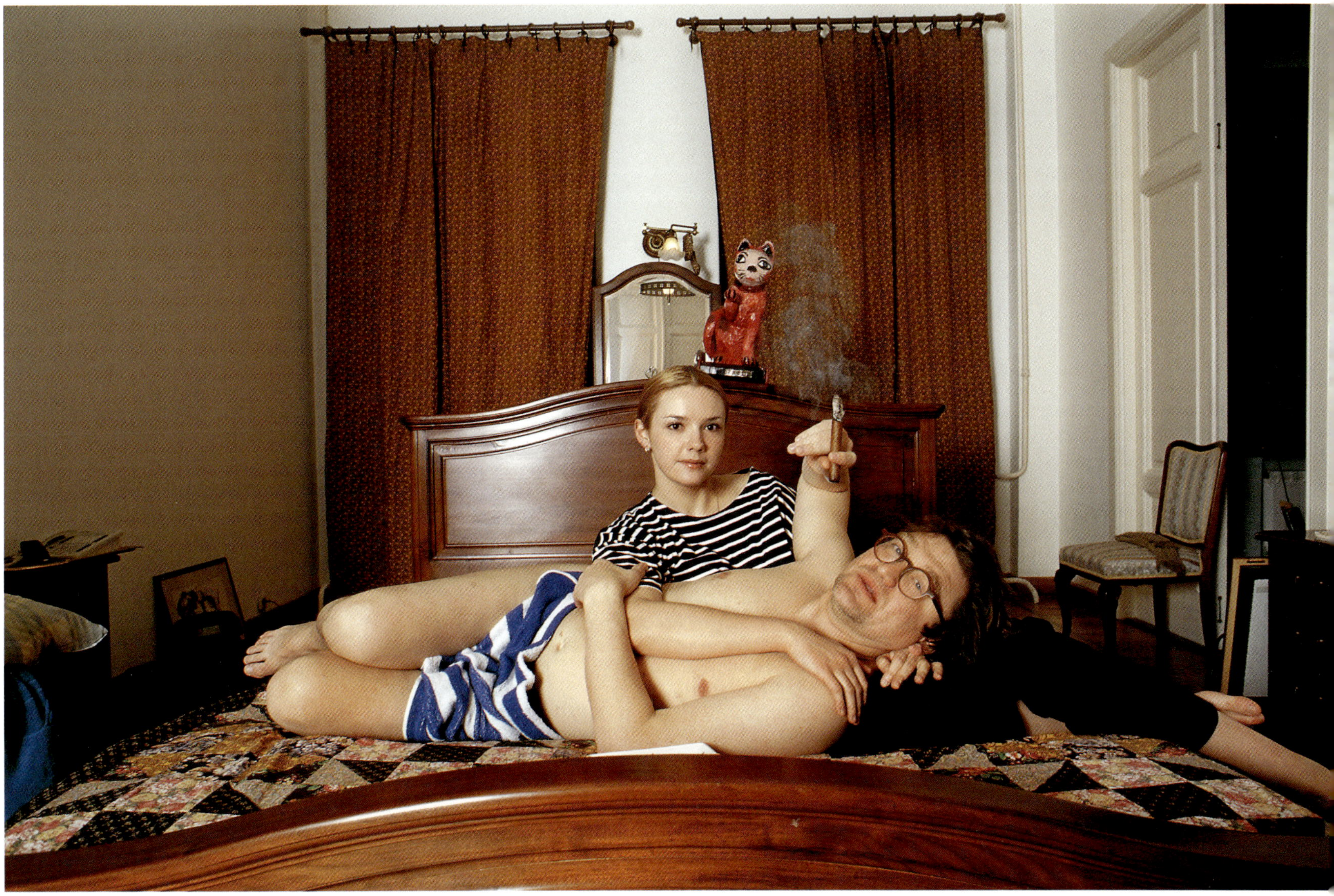

Wenn mein Mann mich im Arm hält, kann ich nicht einschlafen. Ich brauche Platz, mindestens ein Viertel des Bettes. Ich habe einen nervösen, leichten Schlaf. Im Schlafzimmer mag ich es gerne kühl, kein Licht, keine Geräusche, sonst kann ich nicht einschlafen. **OLGA GNEUSCHEWA, 25, PIANISTIN**

Meine Mutter hat mir schon als kleines Kind gesagt: »Du musst dir deine Träume bestellen.« Ich fliege im Traum. Wenn ein Mann allein fliegt, ist er einsam. Zu zweit ist es Glück, es ist wie ein gemeinsamer Orgasmus. Ich bin glücklich, weil ich noch mal das Gefühl der Liebe erlebe. Wenn ich verreise, vermisse ich ihren Körpergeruch. **WALENTIN GNEUSCHEW, 50, ZIRKUSREGISSEUR**

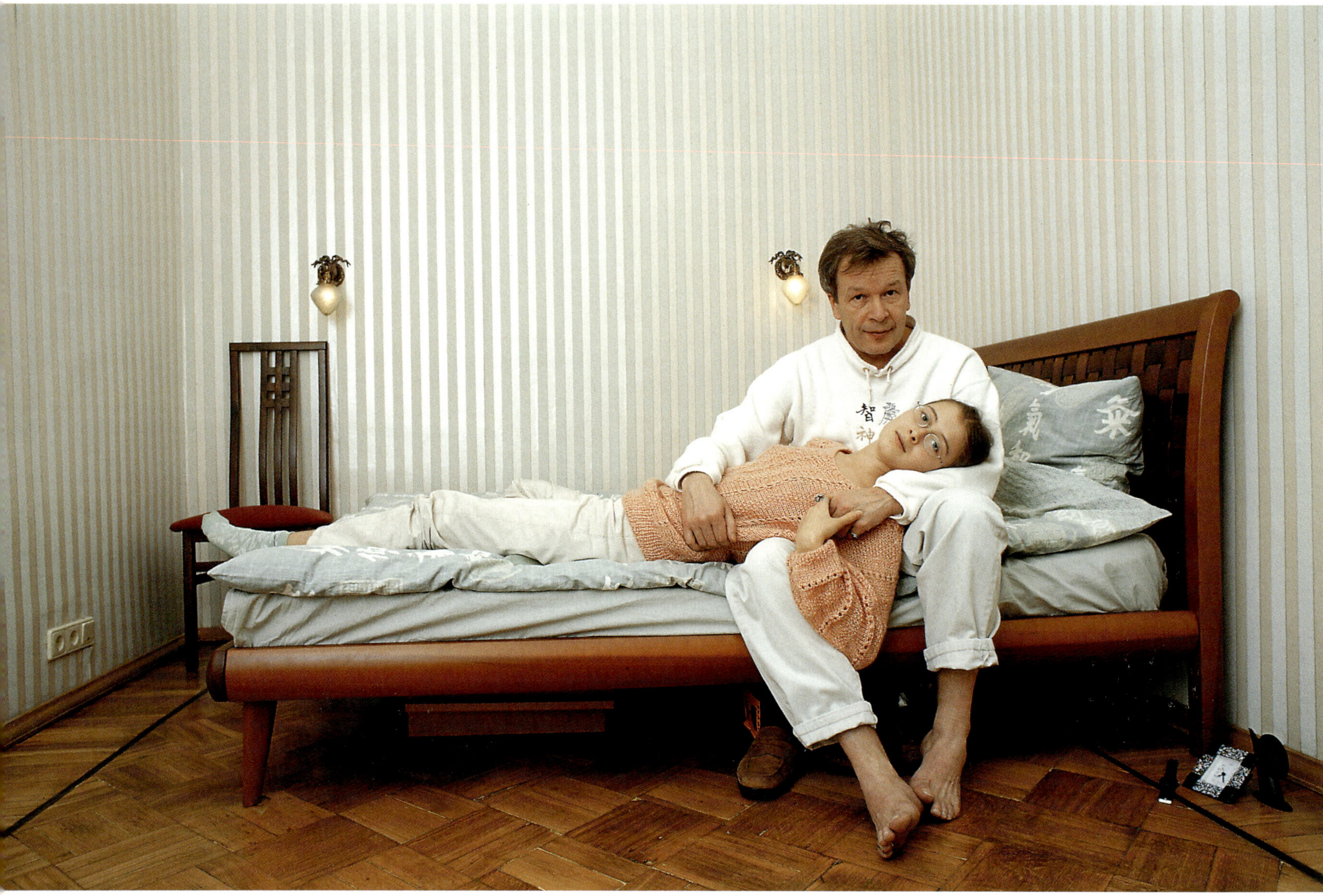

Wir brauchen verschiedene Kissen, meines ist aus Synthetik, Viktors ist mit Federn gefüllt. Schlaf ist für mich sehr wichtig, um mich wieder in Ordnung zu bringen. Wenn ich schlecht geschlafen habe, fühle ich mich wie ein Nichts – es ist ein verlorener Tag. **EUGENIE JEREOFEJEW, 20, JOURNALISTIKSTUDENTIN**

Wir sind beide Nachtmenschen, selten gehen wir vor sechs Uhr morgens ins Bett. Wir stehen ungefähr um zwei Uhr nachmittags wieder auf. Tagsüber kommen zu viele Menschen und Anrufe, und es herrscht viel Trubel. Das Schlafzimmer ist der minimalistischste Raum der ganzen Wohnung und nur zum Schlafen da. **VIKTOR JEREOFEJEW, 54, SCHRIFTSTELLER**

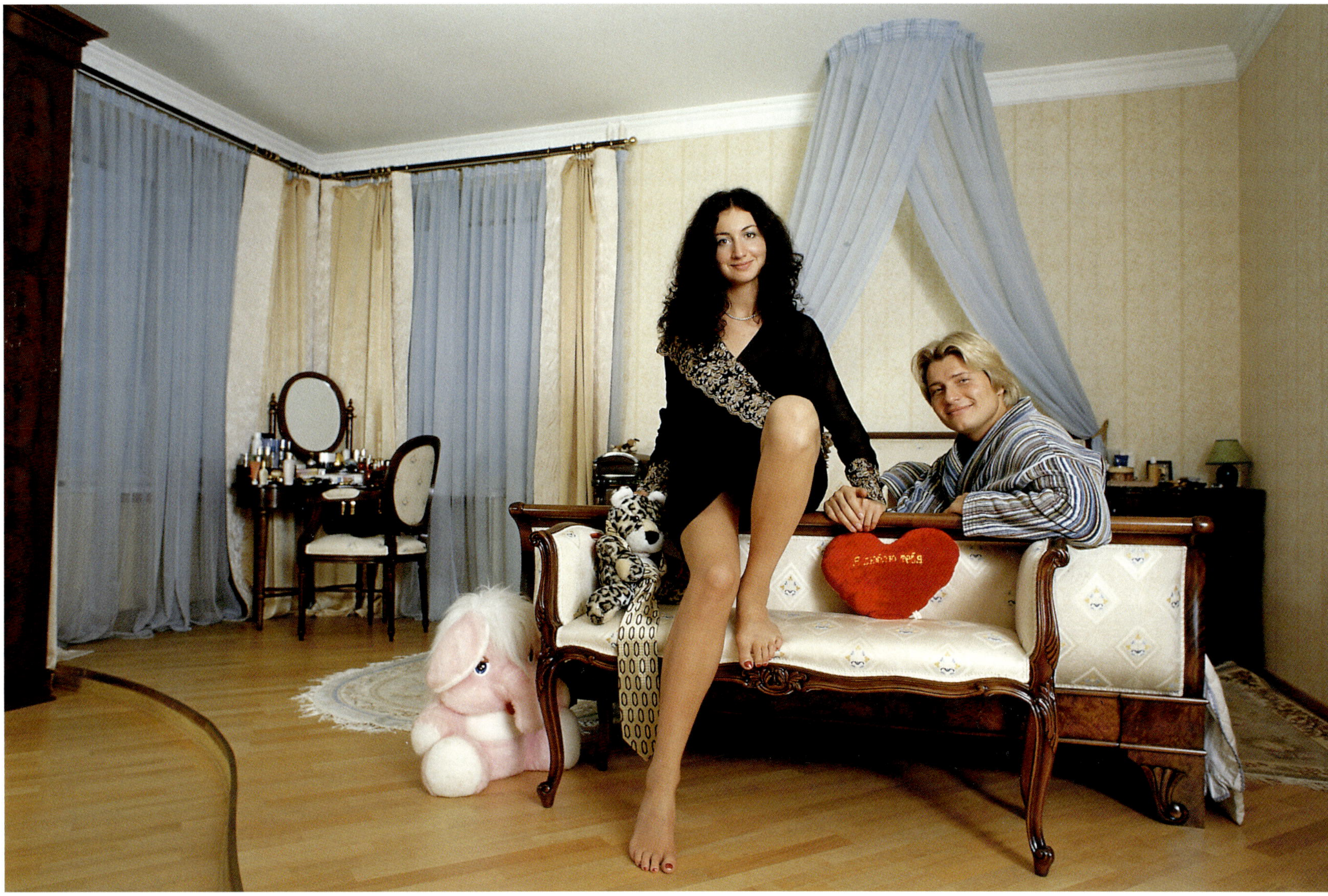

Wenn wir hier im Zimmer zusammen sind, zünden wir eine Duftkerze an. Es gibt nichts Schöneres, als nach einem anstrengenden Tag ins Bett zu sinken. Dann fällt alles von mir ab. Das Schlafzimmer ist für mich der wichtigste Raum in unserer Wohnung. **SWETLANA SPIEGEL, 20, JURISTIN**

Manchmal verbringe ich vor einem Konzert, wenn ich meine Stimme schonen muss, den ganzen Tag im Bett, rede nicht und schaue nur Videos an. Nach einem Konzert ist das Schlafzimmer für mich der wichtigste Raum, er gibt mir Geborgenheit. Alle auf mich gerichteten Emotionen, gute und schlechte, bleiben draußen. **NICOLAI BASKOW, 25, SÄNGER**

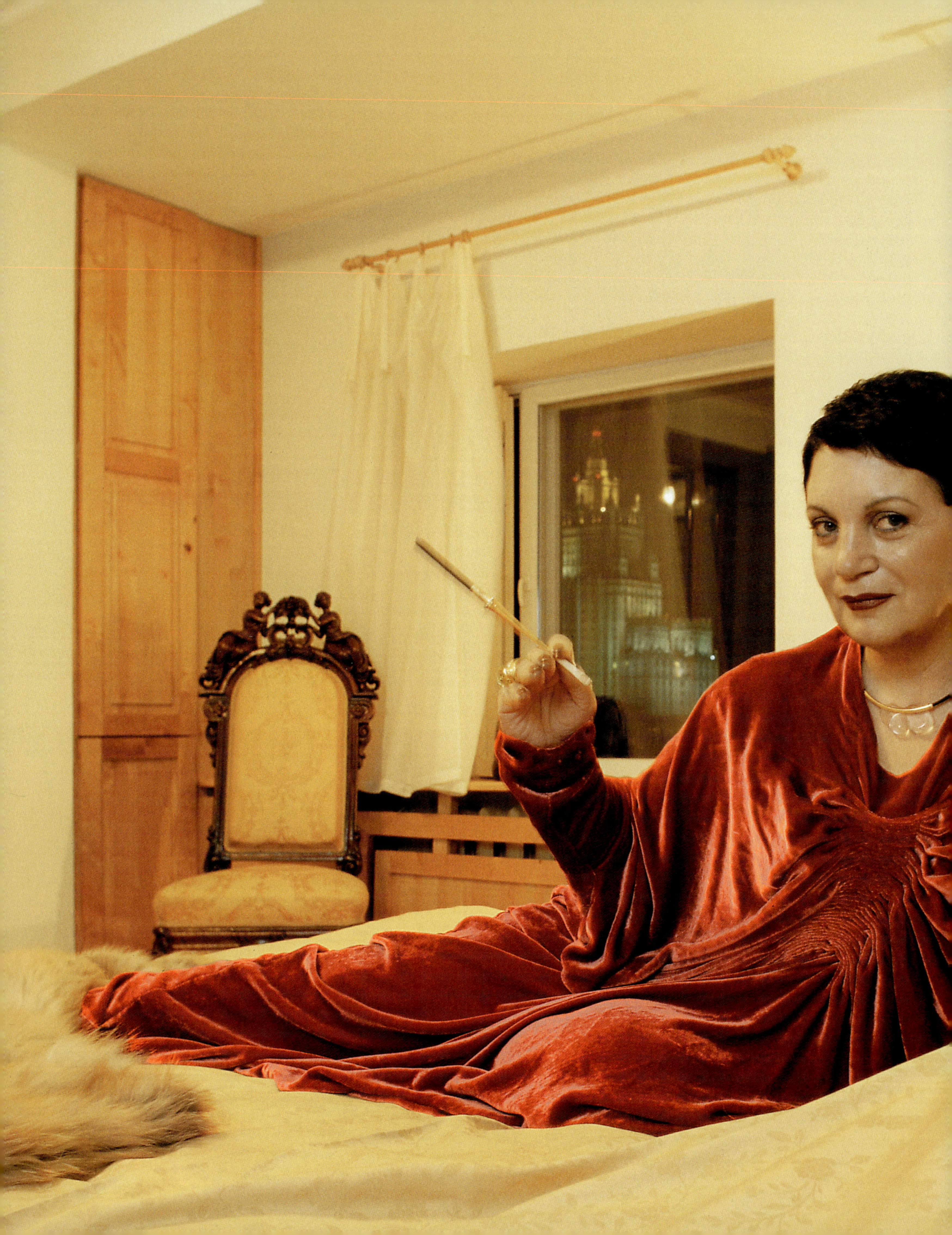

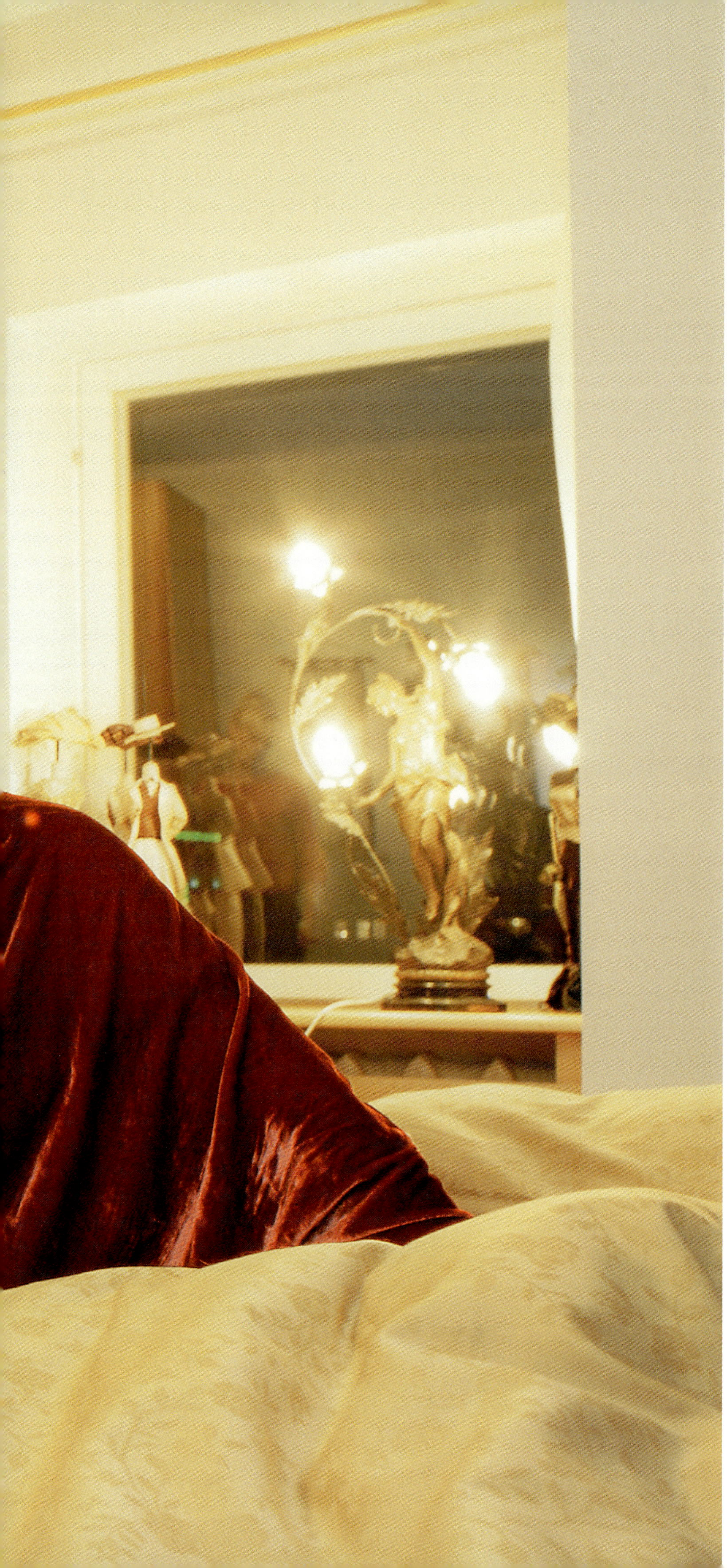

Wenn ich allein schlafe, ist die Nacht nur eine Zwischenstation für den nächsten Tag. Ich fühle mich oft schwach, aber niemand glaubt mir das. Manchmal denke ich daran, dass ich gerne im Schlaf sterben würde. Einmal hatte ich bereits einen Herzstillstand. Ich fühlte mich so voller Freude und Zufriedenheit, dass ich eingeladen war vom Paradies. Dieses Wohlgefühl hätte ich gerne behalten. Ich sah einen Tunnel mit hellem Licht und eine Schneekönigin mit Krone. Ich wollte zu ihr, und ich will immer noch zu ihr. **HELEN YARMAK, DESIGNERIN**

Ich entspanne mich nie, denn ich habe einen 18-Stunden-Tag. Schlaf ist für mich Zeitverschwendung. **JURI LUSHKOW, 66, BÜRGERMEISTER**

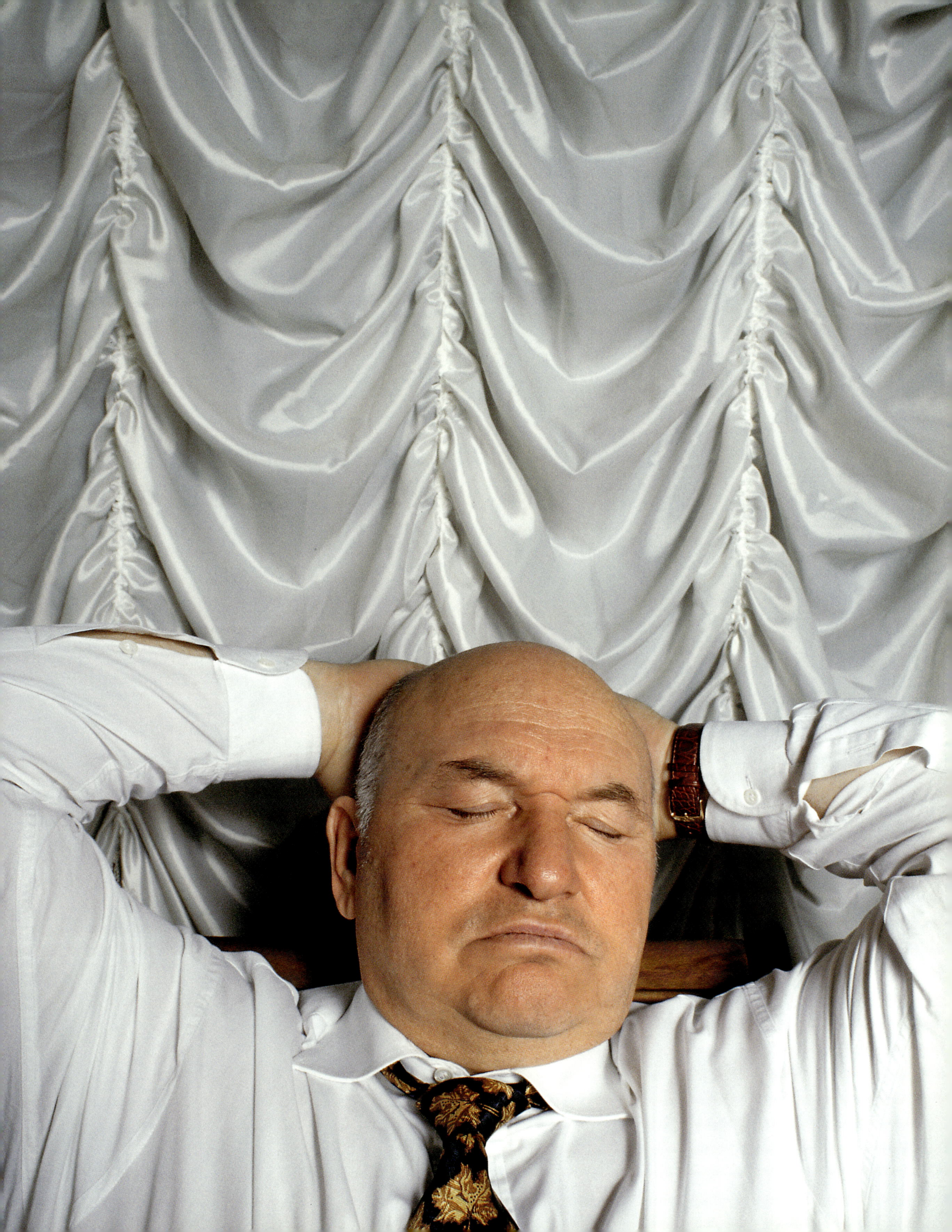

Ich komme aus einem ganz kleinen Dorf, in dem das Leben sehr einfach und primitiv war. Mit siebzehn ging ich nach Moskau, um mein Glück zu machen. Durch Leidenschaft und harte Arbeit hatte ich mit 28 meine erste Million. Jetzt ist mein Unternehmen mehr als hundert Millionen wert. Neben meinem geschäftlichen Engagement versuche ich die Romantik nicht zu kurz kommen zu lassen. Aber ich lebe allein. Ich kann neben dem Geschäft keine Beziehung haben. Meine jetzige Arbeit verlangt meine ganze Kraft. Seit vier Jahren genieße ich es, in diesem Haus zu wohnen. Ein italienischer Designer hat dieses Zimmer eingerichtet. Als Anregung habe ich ihm Fotos von den Hotels Le Bristol in Paris und Vier Jahreszeiten in Mailand gezeigt. In großzügigen Räumen fühle ich mich wohl, deshalb habe ich einen amerikanischen Architekten beauftragt. **ROUSTAM TARIKO, 39, UNTERNEHMER**

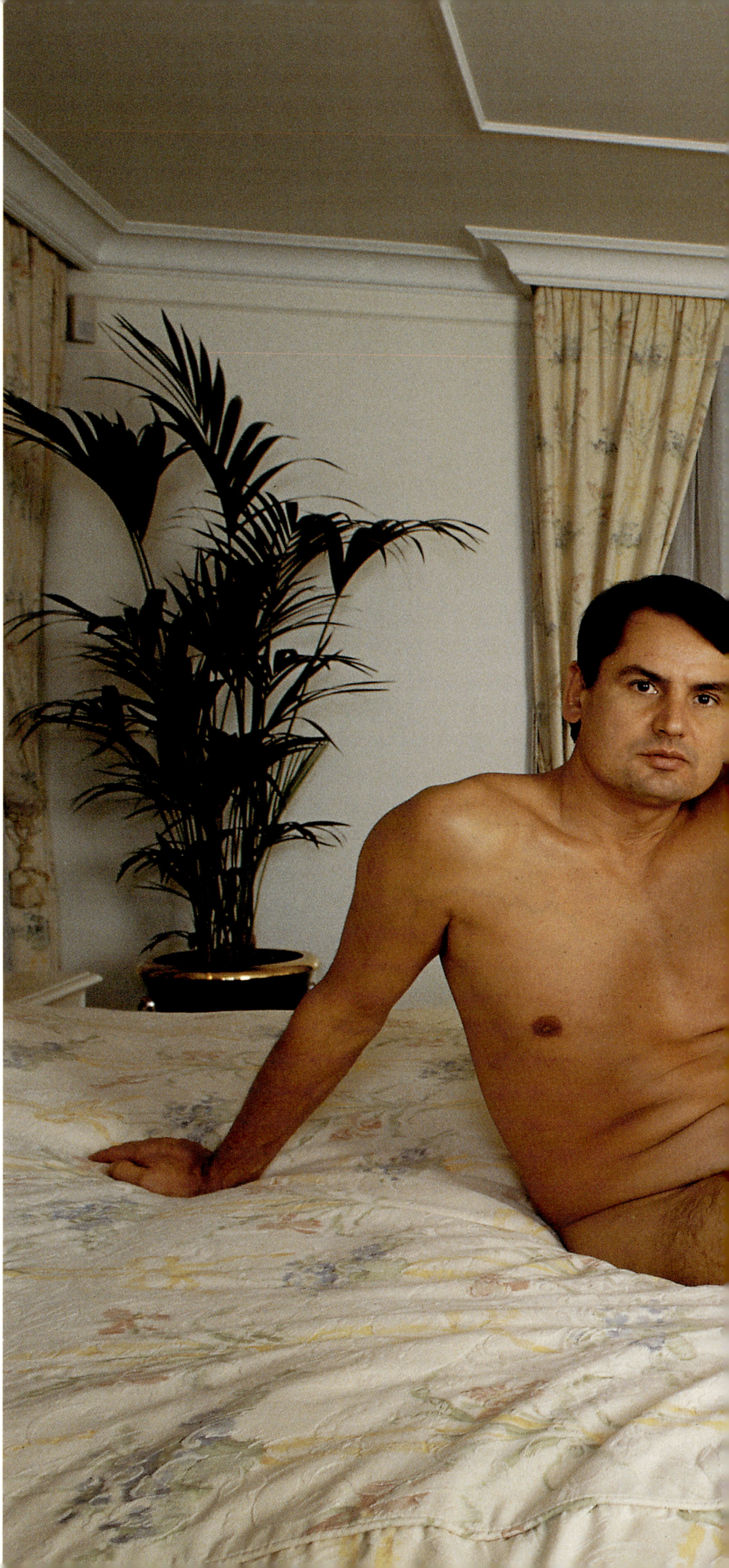

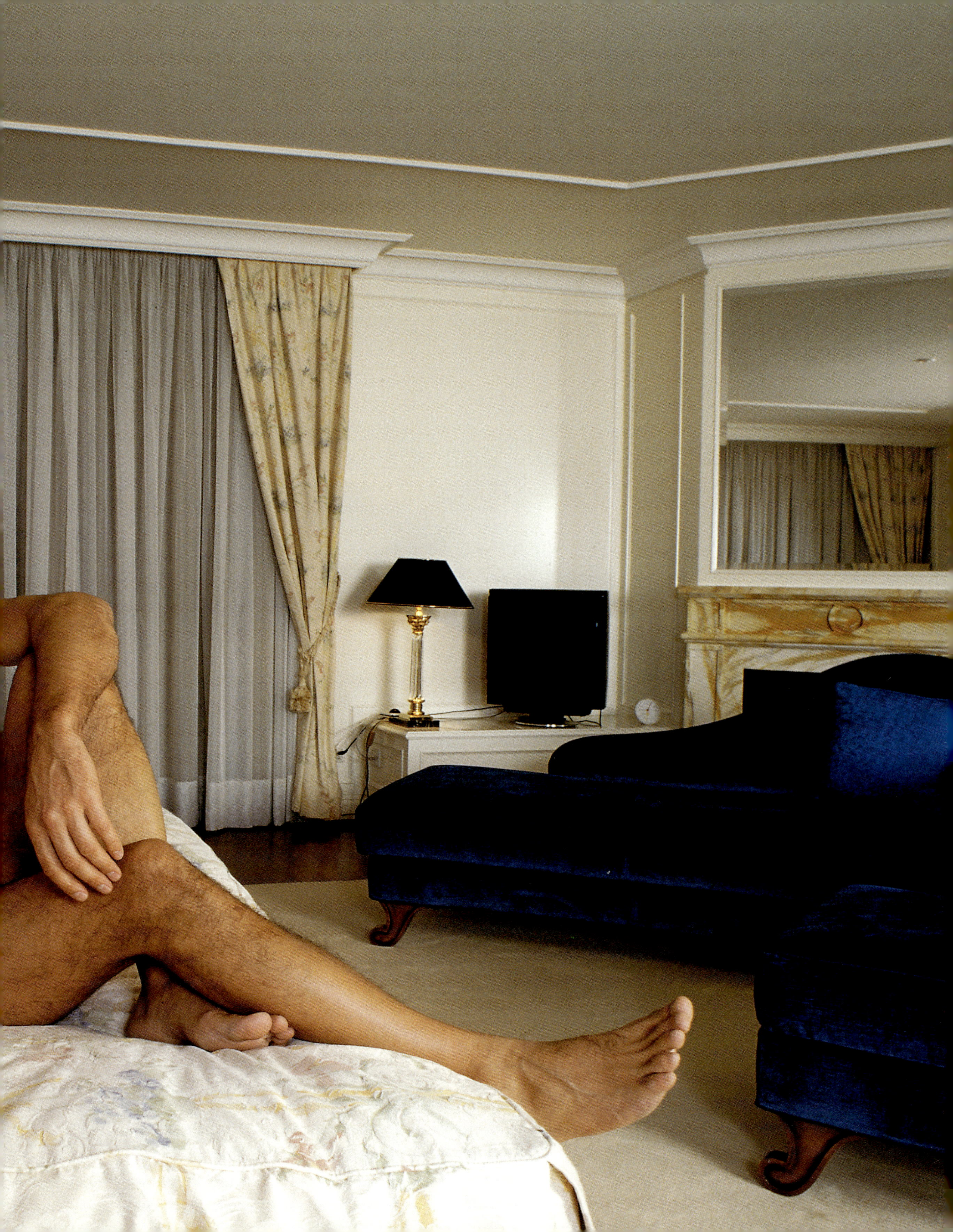

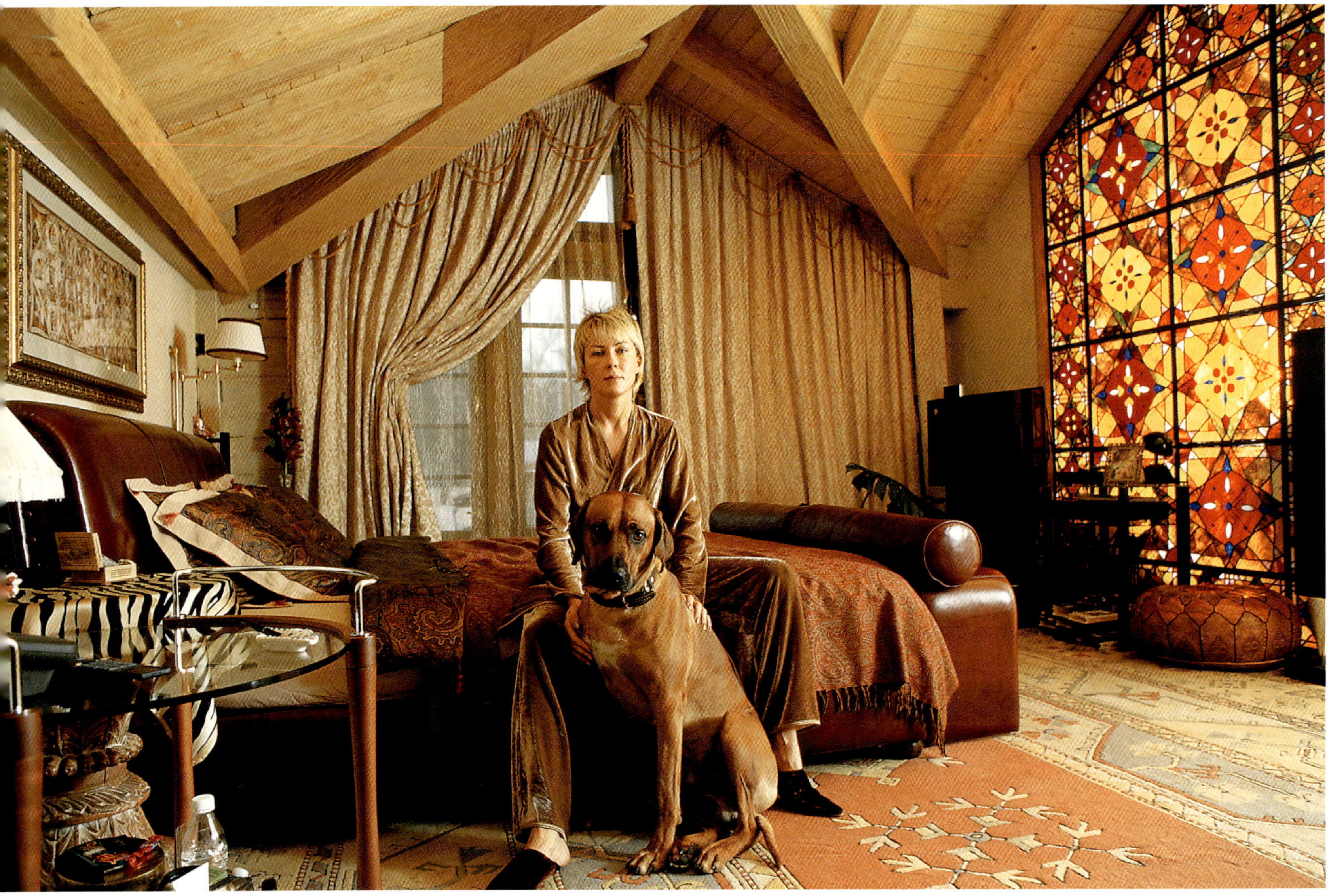

Das Badezimmer hat für mich noch eine größere Bedeutung als das Schlafzimmer, denn dort bin ich wirklich für mich. Ich mag kühle Schlafzimmer und schlafe immer bei offenem Fenster, auch wenn es draußen sehr kalt ist. Tagsüber bleibe ich nur im Bett, wenn ich krank bin. **TATJANA EMSON, 35, DESIGNERIN**

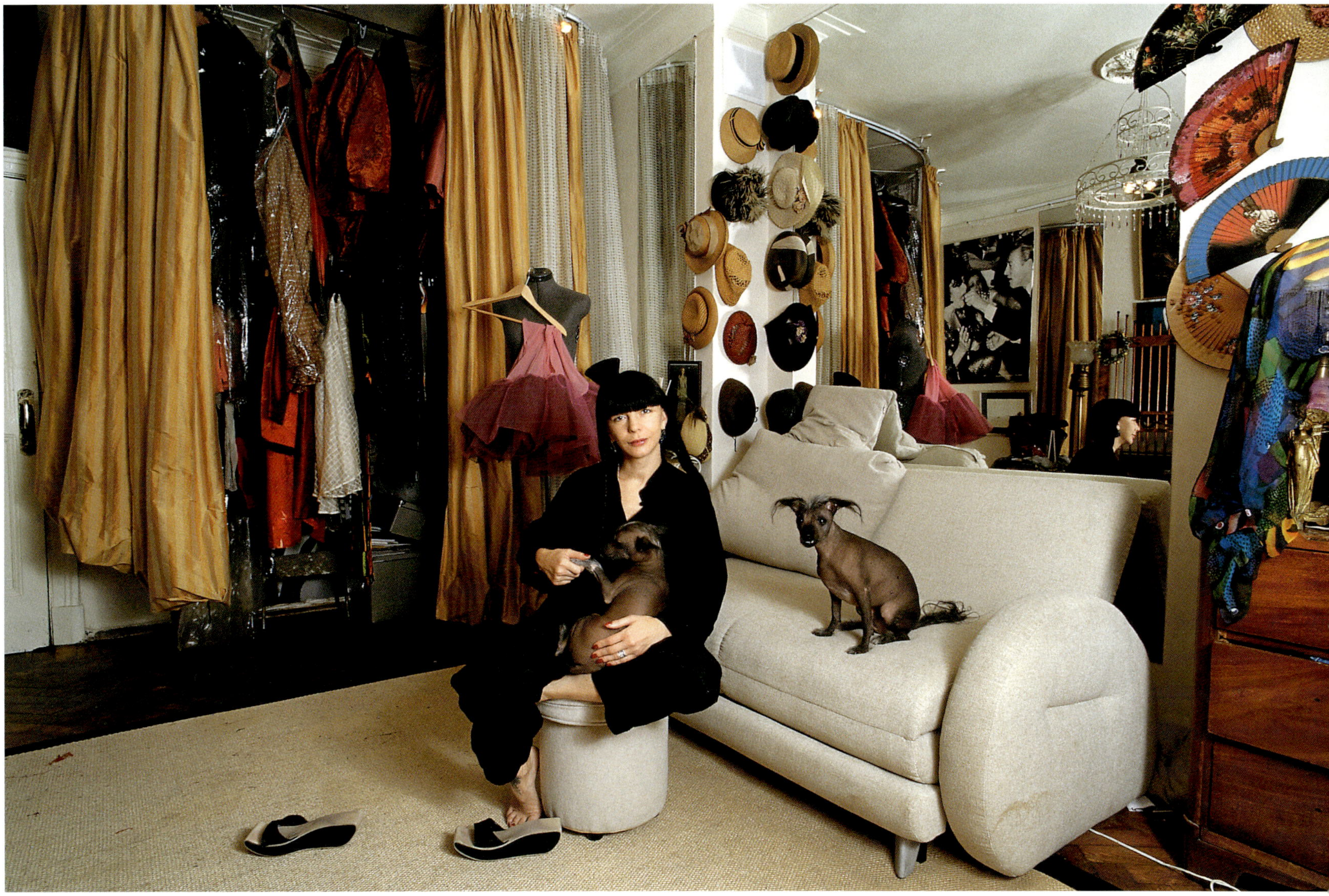

Um zwölf Uhr mittags fängt mein Arbeitstag an. Nach der Arbeit, nachts, lebe ich mein Leben. Von zwei bis vier Uhr lese ich oder schaue fern, dann gehe ich schlafen. Ich habe interessante Träume. Ich lebe hier und arbeite hier. Das Zimmer ist meine Burg. Alle Freunde kommen zu mir. In der ersten Hälfte der Woche arbeite ich, und in der zweiten Hälfte gehe ich oft aus, es gibt viele Partys. **ELENA SUPRUN, MODEDESIGNERIN, 38, MIT GLAFIRA UND HANK**

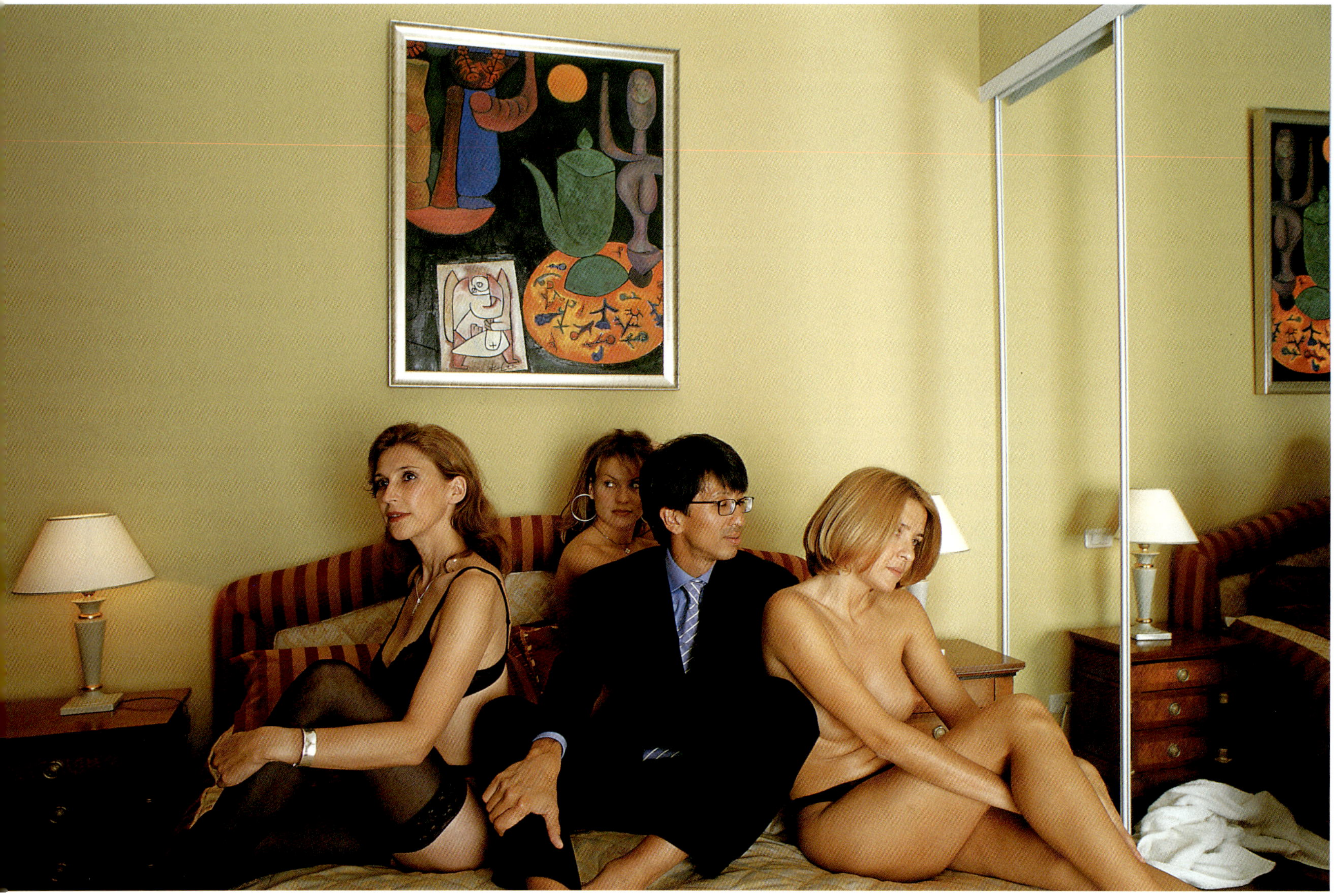

Man lebt nur einmal. Aber wenn das gut ist, reicht das auch. **OLEG MUSHKIN, 45, GESCHÄFTSMANN**

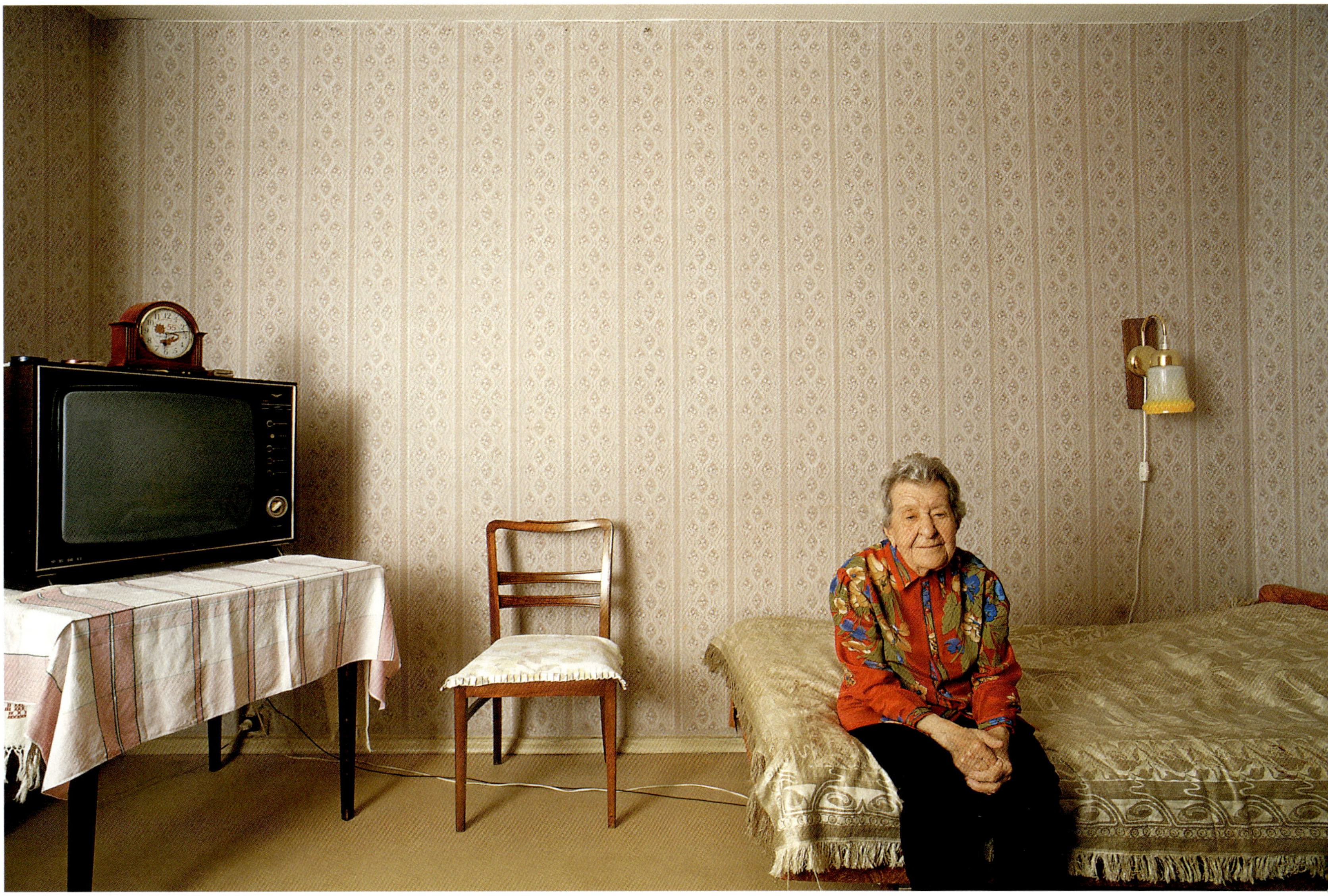

Hier müsste so viel repariert werden. Dafür bräuchte man starke Männerhände. Aber hier gibt es nur Frauen. Meine Enkelin und Urenkelin. Und dazu eine miserable Rente. **KIRA SWIRIDOWA, RENTNERIN**

Als wir heirateten, lebten wir in einem Zimmer mit sechs Personen, dann hatten wir ein 6-Quadratmeter-Zimmer für uns und das Baby allein, und wir waren überglücklich. Der nächste Raum hatte 22 Quadratmeter. Jetzt wohnen wir mit unserer Tochter in einer 37-Quadratmeter-Wohnung. Mein Mann und ich schlafen hier im Wohnzimmer. **LARISSA JUSSUPOWA, 41, LEHRERIN**

Diesen Teppich an der Wand haben uns meine Eltern geschenkt. Mein Vater war Offizier in der DDR. Auch ich habe dort meinen Militärdienst abgeleistet, und zwar in Halle. Seit fünfzehn Jahren arbeite ich bei der Miliz. Ich habe diesen Schritt nie bereut. **ANDREJ JUSSUPOW, 39, OBERSTLEUTNANT**

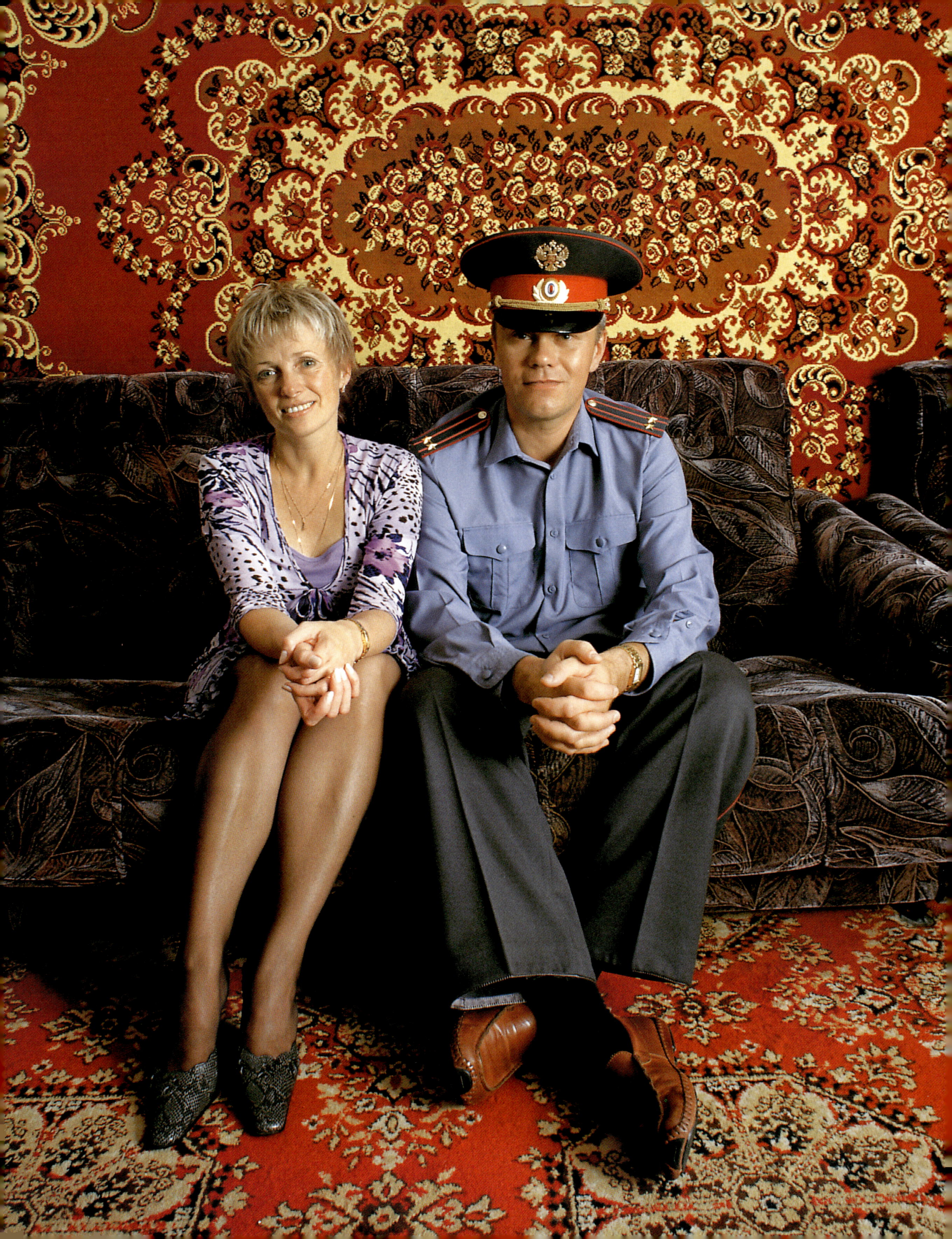

ROM

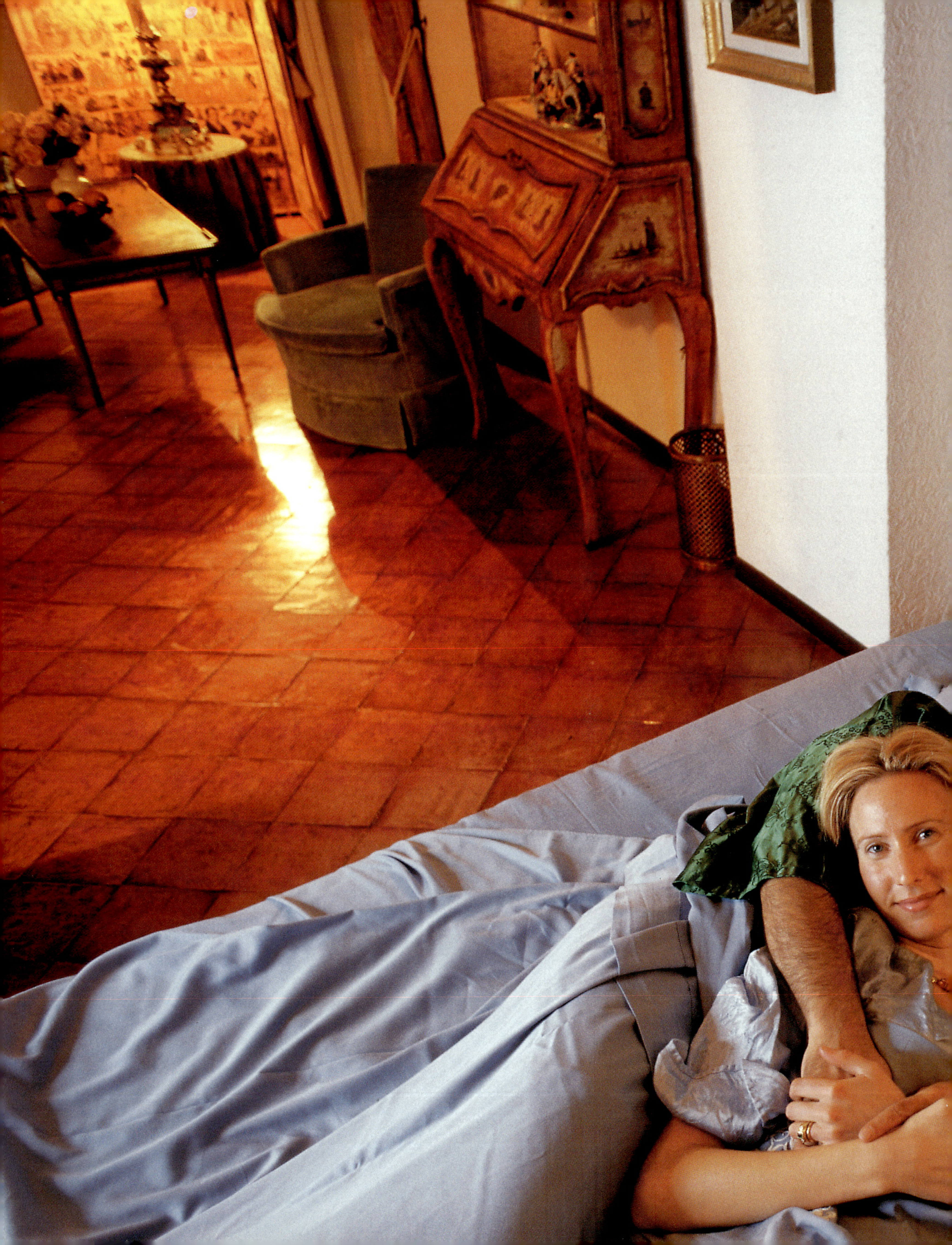

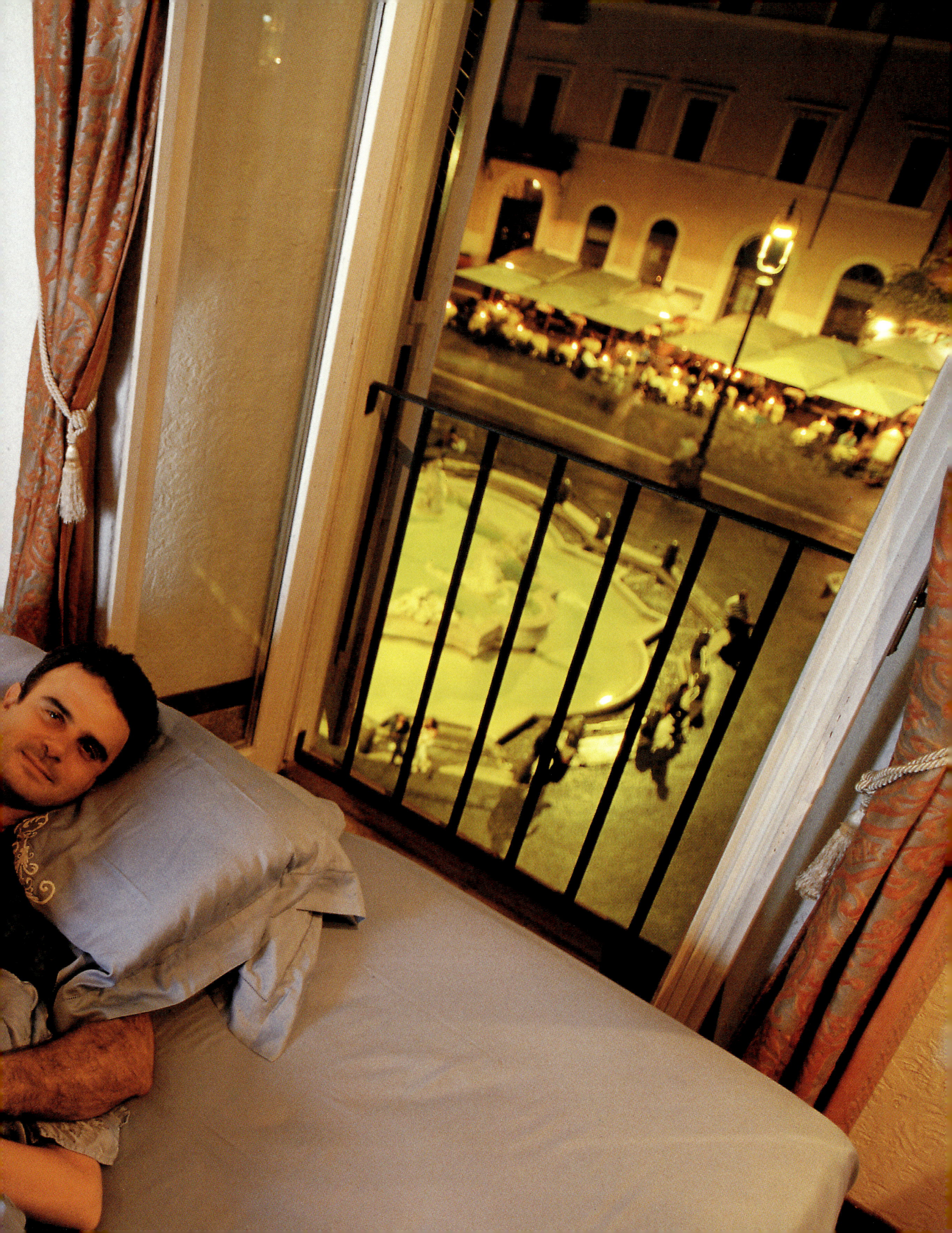

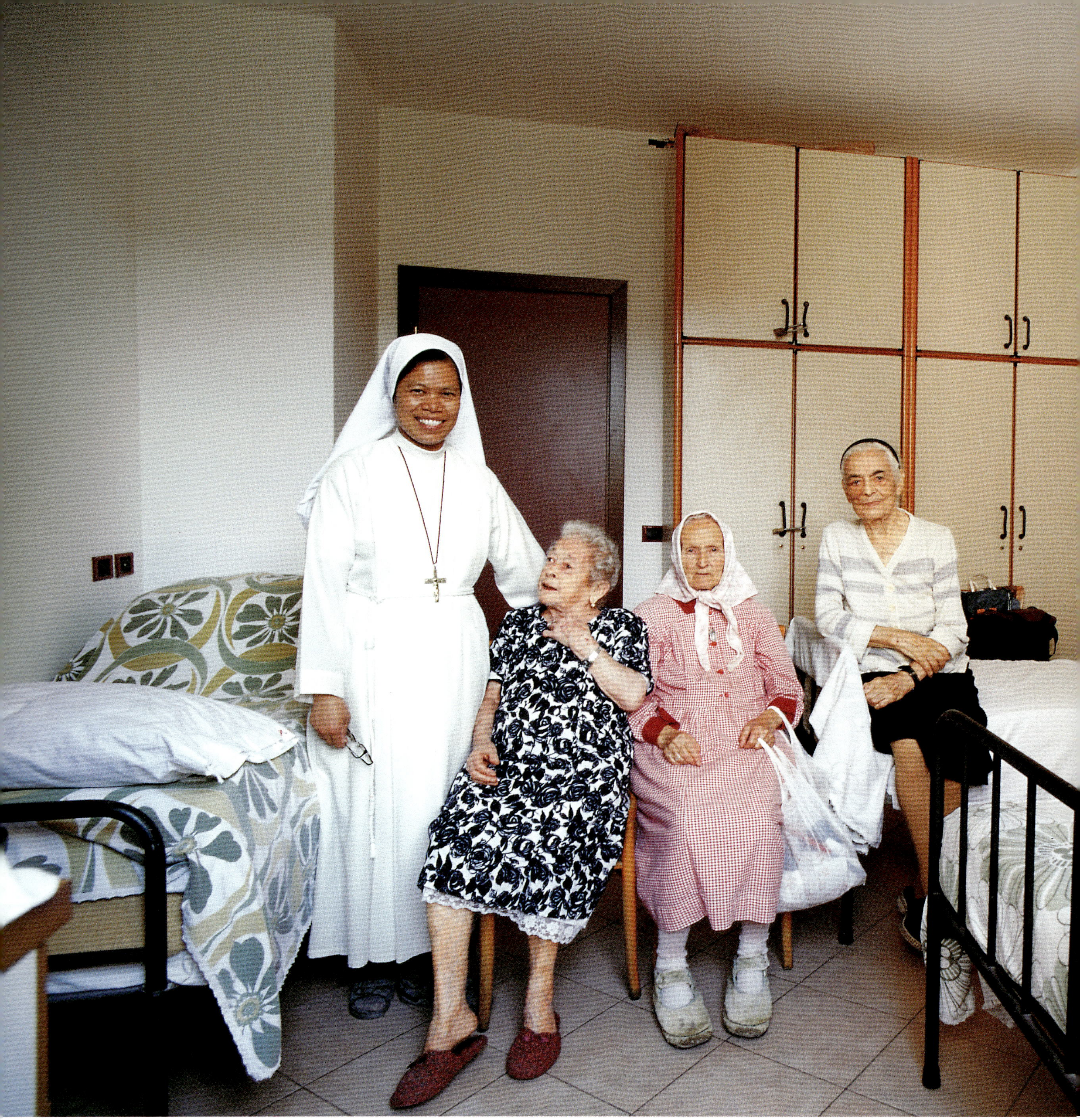

← Mit Manfredi einzuschlafen, gibt mir ein Gefühl von Geborgenheit. Er ist ein wunderbarer Verführer. Die Erfüllung meiner Wünsche macht ihn glücklich. **FREIIN NINA VON BERNEWITZ, 28, GESCHÄFTSFRAU**

← Ich wache gerne vor Nina auf und sehe sie an, während sie schläft. Dabei hält sie immer ein Kissen im Arm. Wir machen so gut wie alles gemeinsam – zu Bett gehen, frühstücken … Ich schätze an Nina vor allem ihre Aufrichtigkeit, ihre Bodenständigkeit. Familie ist für mich wichtiger als Arbeit. Sie ist mir heilig. **MANFREDI SCAMMACCA DEL MURGO, 32, LANDWIRT**

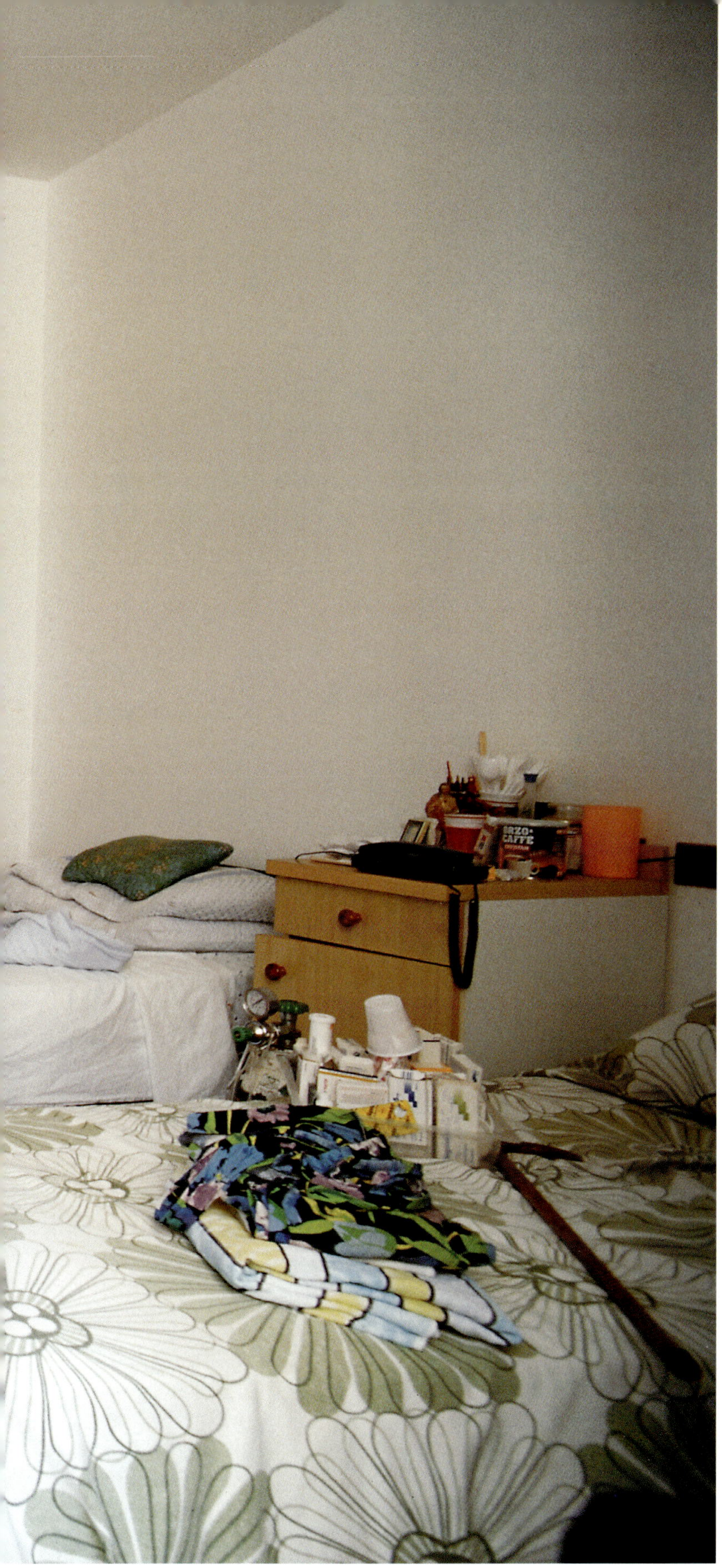

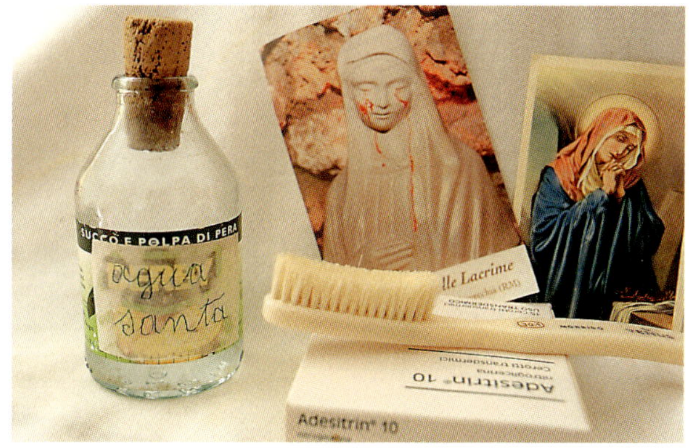

Manchmal ist es schon hart, so eng zusammenzuleben. Aber wir sind ja alle gut erzogene Damen. Die besterzogene bin natürlich ich. **MARIA DEMABKDOL, 93, ALTERSHEIM**

Ich habe mit meinem Bruder in einer 7-Zimmer-Wohnung gelebt. Nach seinem Tod konnte ich sie nicht mehr halten, musste alle Möbel weggeben und kam ins Altersheim. **GUISEPPINA SINEO, 88, ALTERSHEIM**

Ich war Dienstmädchen und habe meine Arbeit gut gemacht. Aber gelegen hat es mir nie. Die besten Jahre meines Lebens habe ich auf der Straße verbracht, da fühlte ich mich frei. **ANGELA MUZZIN, 95, ALTERSHEIM**

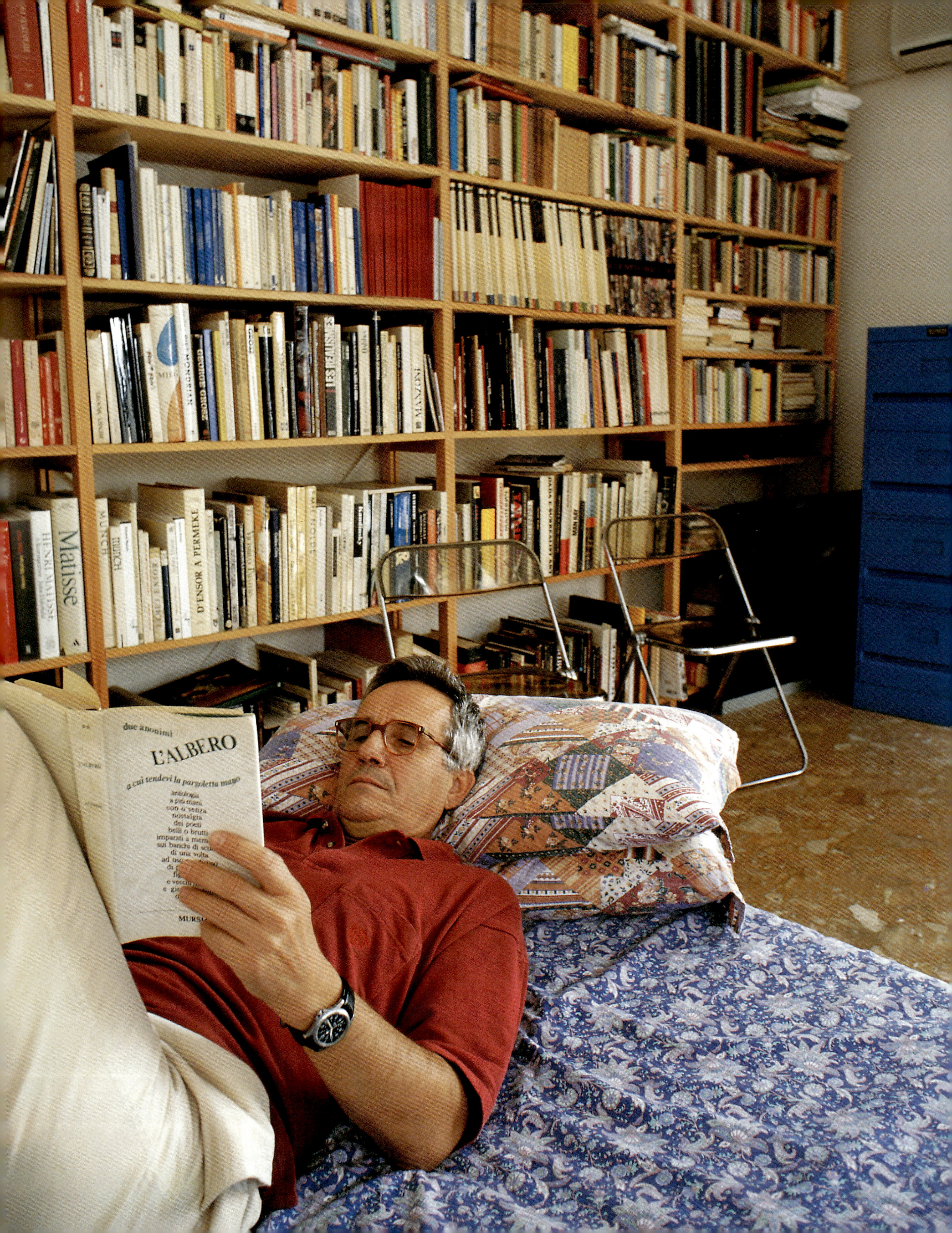
due anonimi
L'ALBERO
a cui tendevi la pargoletta mano
antologia
a più mani
con o senza
nostalgia
dei poeti
belli o brutti
MURSI
Matisse
HENRI MATISSE
MUNCH
D'ENSOR A PERMEKE
LES RÉALISMES
GEORGE GROSZ
MANZONI

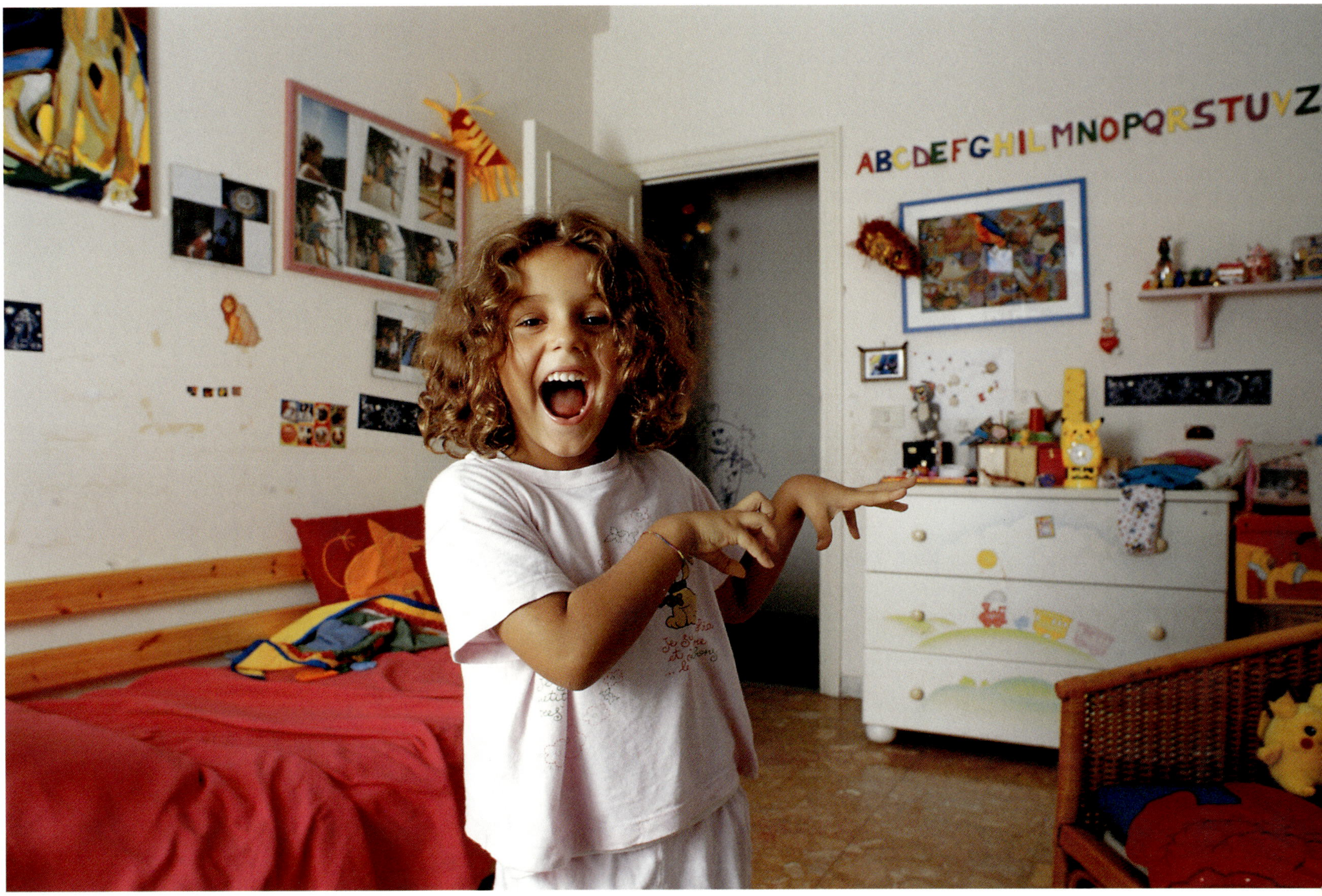

Bisher hatte ich in jeder Liebesbeziehung getrennte Schlafzimmer. Als ich vor sieben Jahre heiratete, habe ich das beibehalten – wegen des Altersunterschieds von 23 Jahren und den unterschiedlichen Gewohnheiten. Mein Raum ist auch mein Arbeitszimmer. Ich schreibe, zeichne und lese nachts. Zu meinen Büchern habe ich ein sehr persönliches Verhältnis, sogar die aus meiner Kindheit habe ich noch hier. **MARCO BELLOCCHIO, 59, FILMREGISSEUR**

Ich mag es gerne, wenn Mami mir beim Schlafengehen ein Märchen vorliest. Am liebsten höre ich Dornröschen. **ELENA BELLOCCHIO, 5**

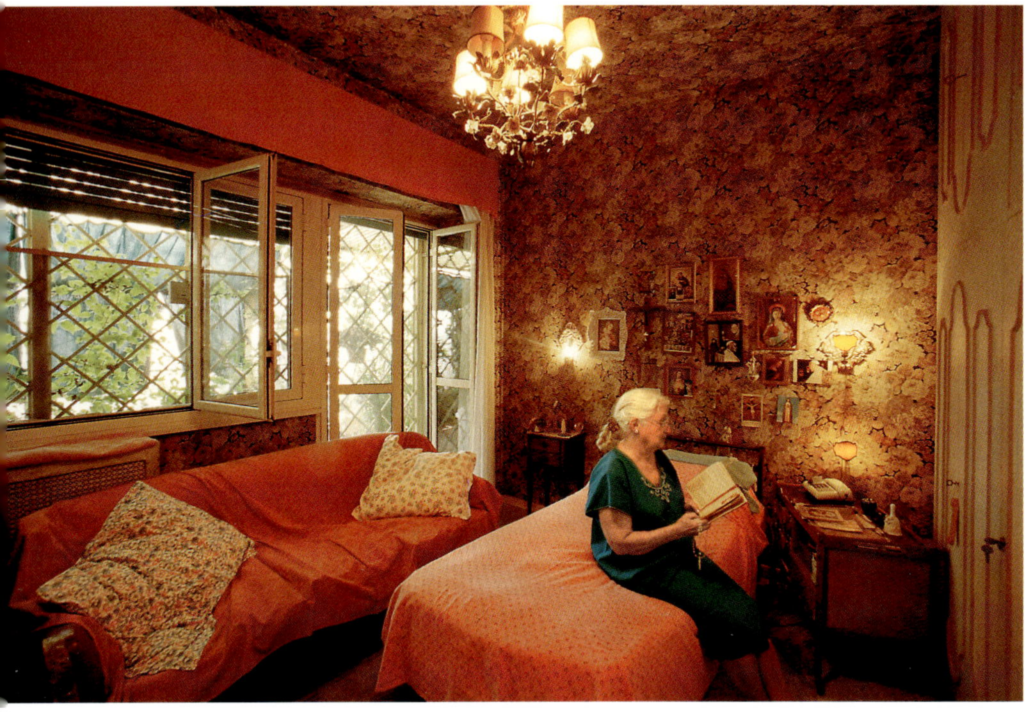

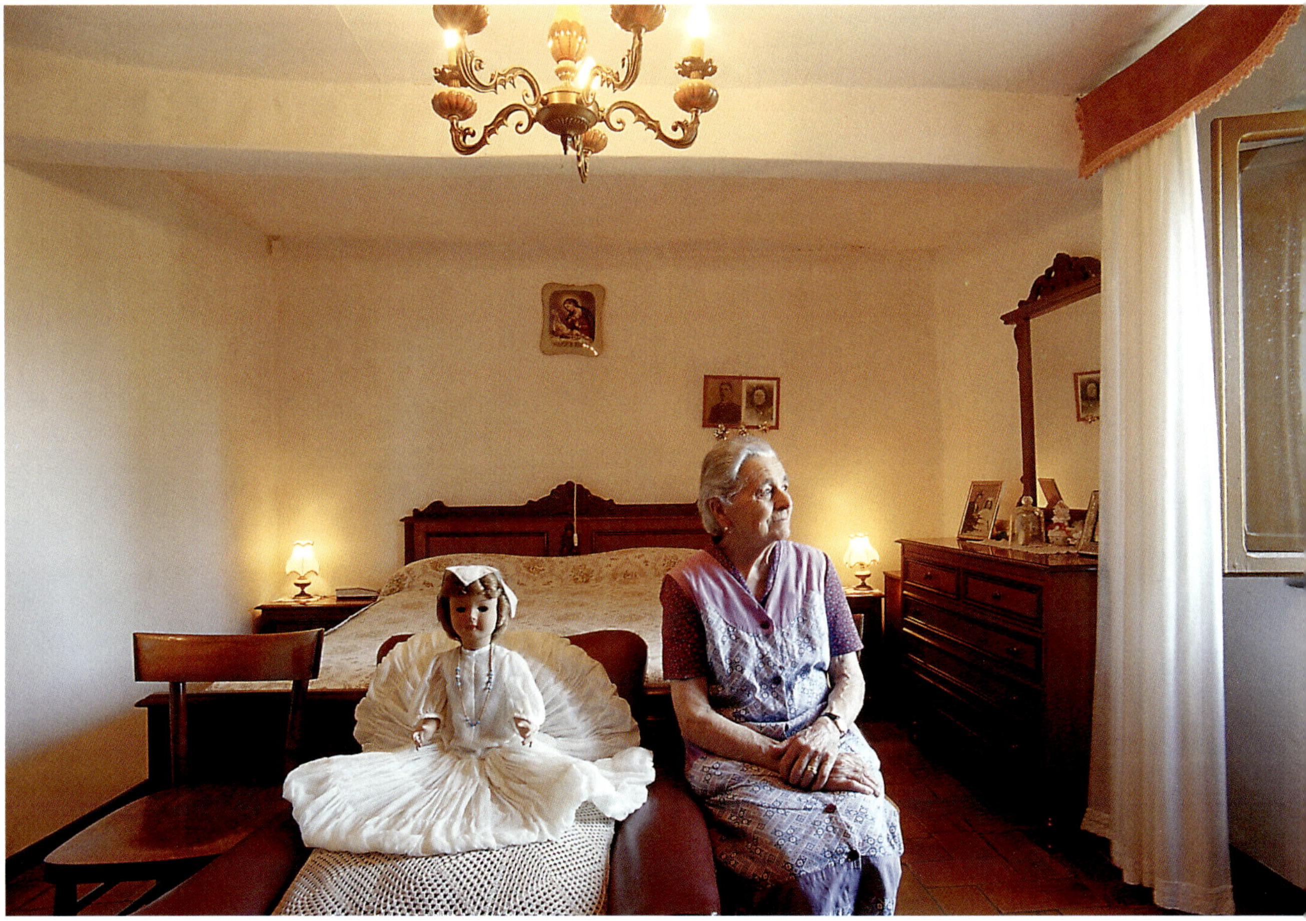

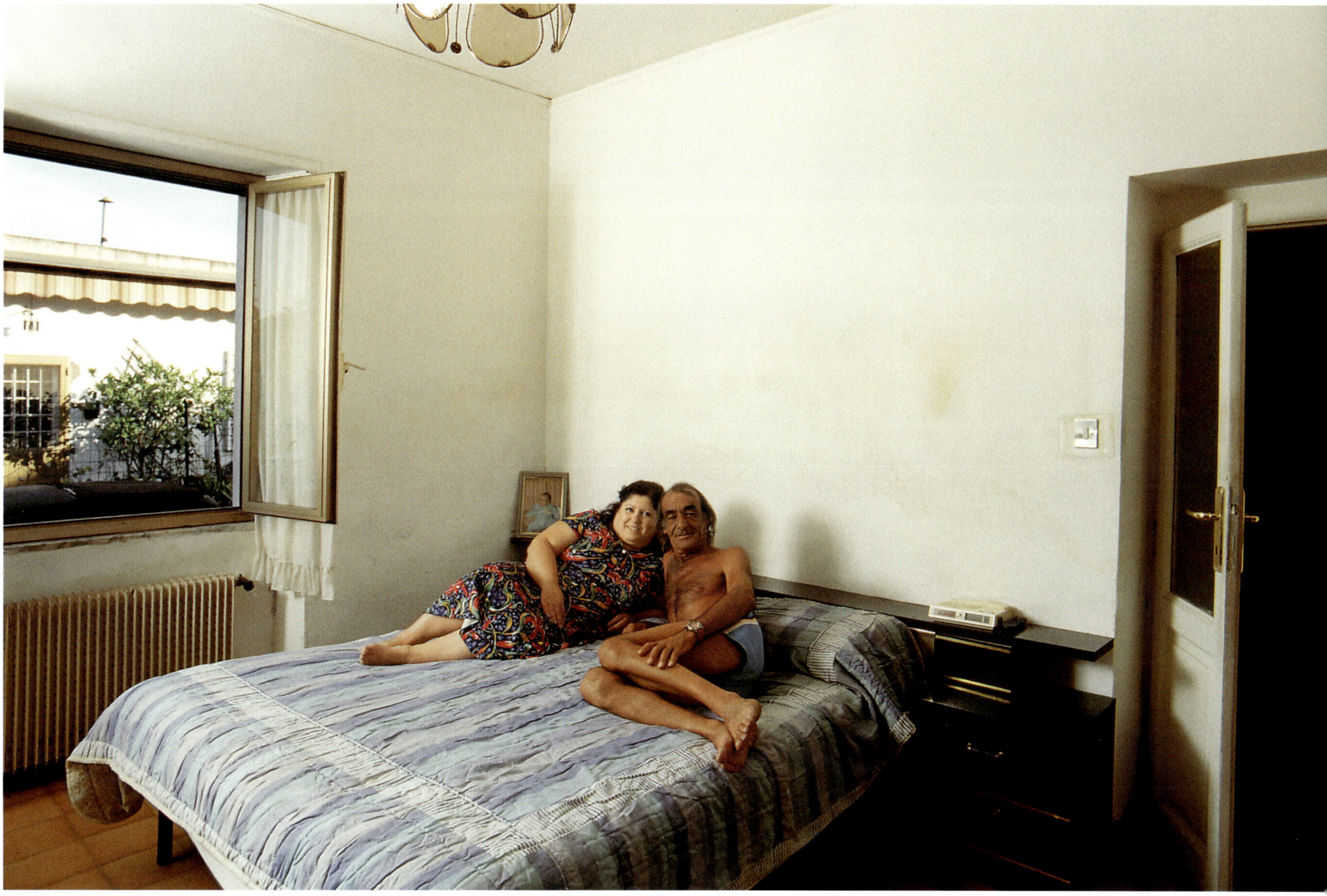

Nachmittags bete ich immer den Rosenkranz für meine Enkel und Kinder, und jeden Morgen um vier Uhr wache ich auf und bete. Wenn ich dann nicht schlafen kann, löse ich ein Kreuzworträtsel, und wenn das nicht hilft, trinke ich Milch mit Honig. Nachts denke ich ohne Angst an den Tod, ich bin bereit. Ich wünsche mir einen Tod, der sanft und schnell ist, so dass meine Angehörigen keine Last mit mir haben. **MATHILDE TRANQUILLE-VALENTINI, 86, RENTNERIN**

Ich habe nie lesen gelernt. Nur die Brüder durften zur Schule gehen. Wir Mädchen mussten zu Hause helfen. Ich kenne nur ein paar Buchstaben, die haben mir meine Brüder beigebracht. **CONCETTA DURANTI, 85, RENTNERIN**

Die Schlafzimmermöbel gefallen mir, und ich bin stolz darauf, weil ich sie selbst bezahlt habe. Meine Schwiegermutter hat mehrmals erwähnt, dass ich nichts in die Ehe mitgebracht habe. So bin ich putzen gegangen und habe dann Stück für Stück die Einrichtung aus zweiter Hand gekauft. **JOËLLE LAI, 43, HAUSFRAU**

Eigentlich rauche ich wie ein Schlot, aber im Schlafzimmer darf ich nicht rauchen. Ich habe es akzeptiert. Abends lege ich mich ins Bett, weil es bequem ist, sehe fern und schlafe dabei ein. **ANTONIO LAI, 53, ARBEITER**

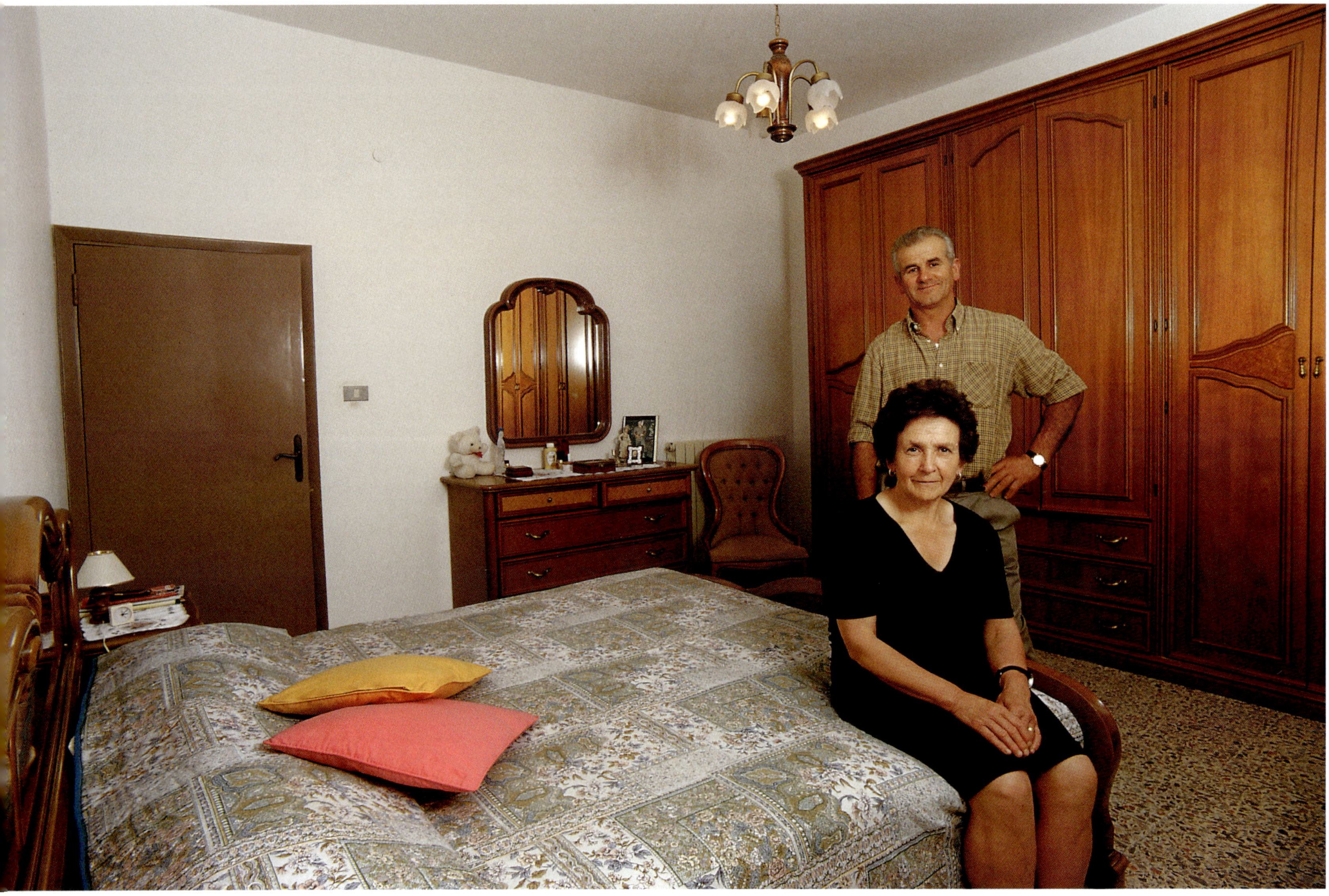

Ich würde gerne mein Mobiliar im Schlafzimmer wechseln, aber niemals meinen Mann. Er ist treu und arbeitsam. **GRAZIA BERNARDINI, 53, KLEINBÄUERIN**

Auch nach 32 Jahren Ehe schätze ich an meiner Frau ihre gute Seele. Wir gehen früh ins Bett und schlafen schnell ein, weil wir von der Feldarbeit müde sind. Grazia steht um fünf Uhr auf und ich erst um halb sechs. Dann sagt sie manchmal: »Steh doch endlich auf.« **ADELIO BERNARDINI, 57, KLEINBAUER**

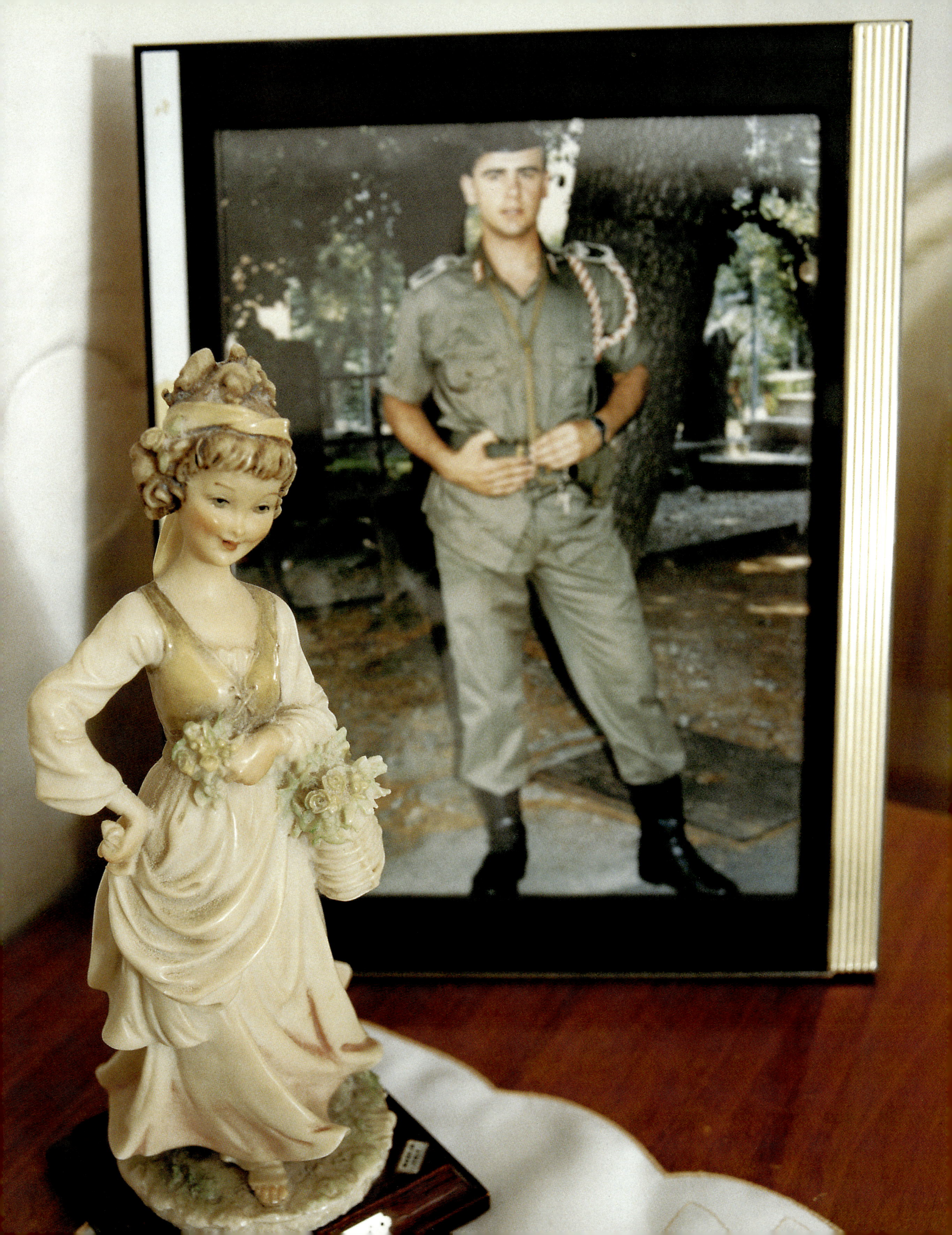

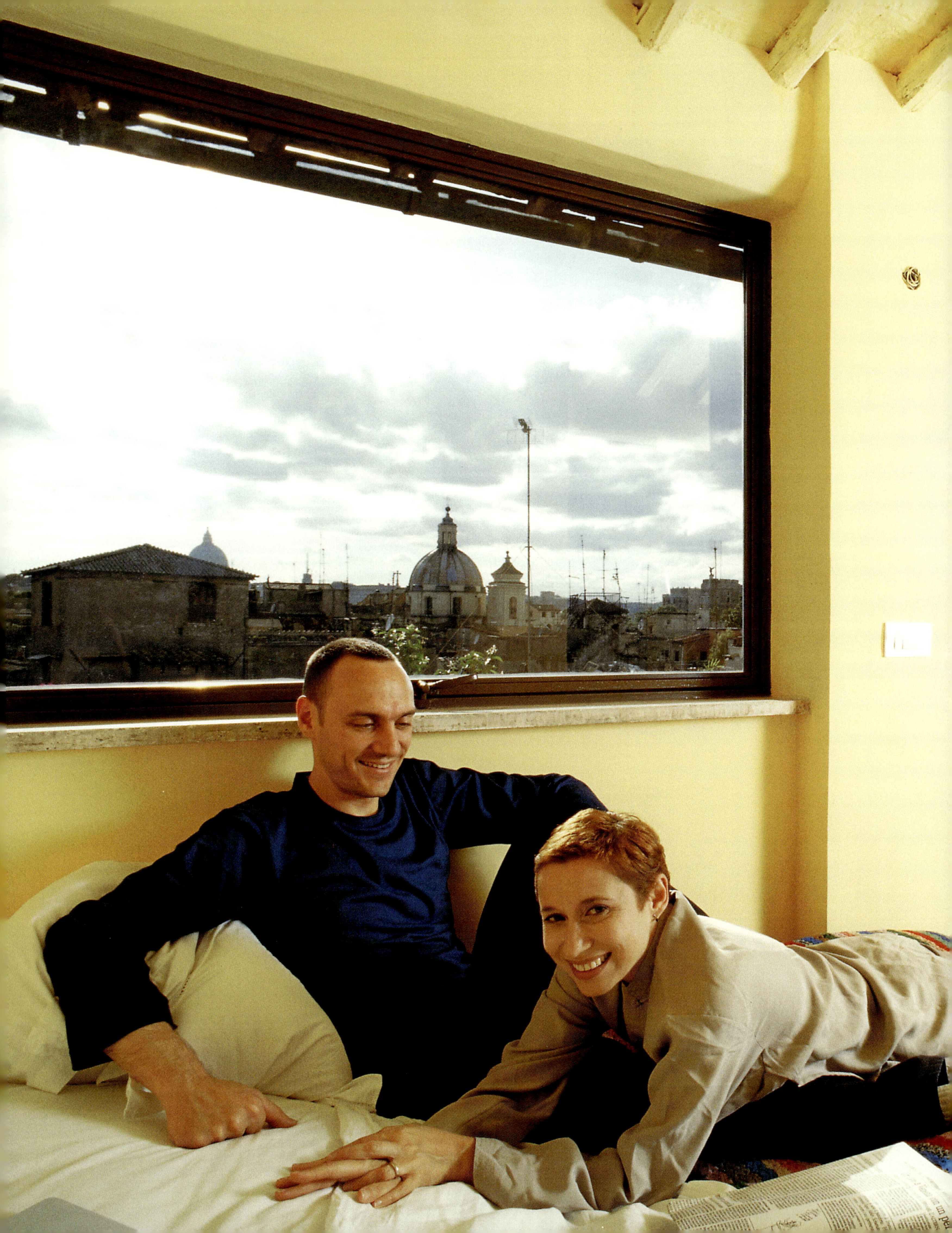

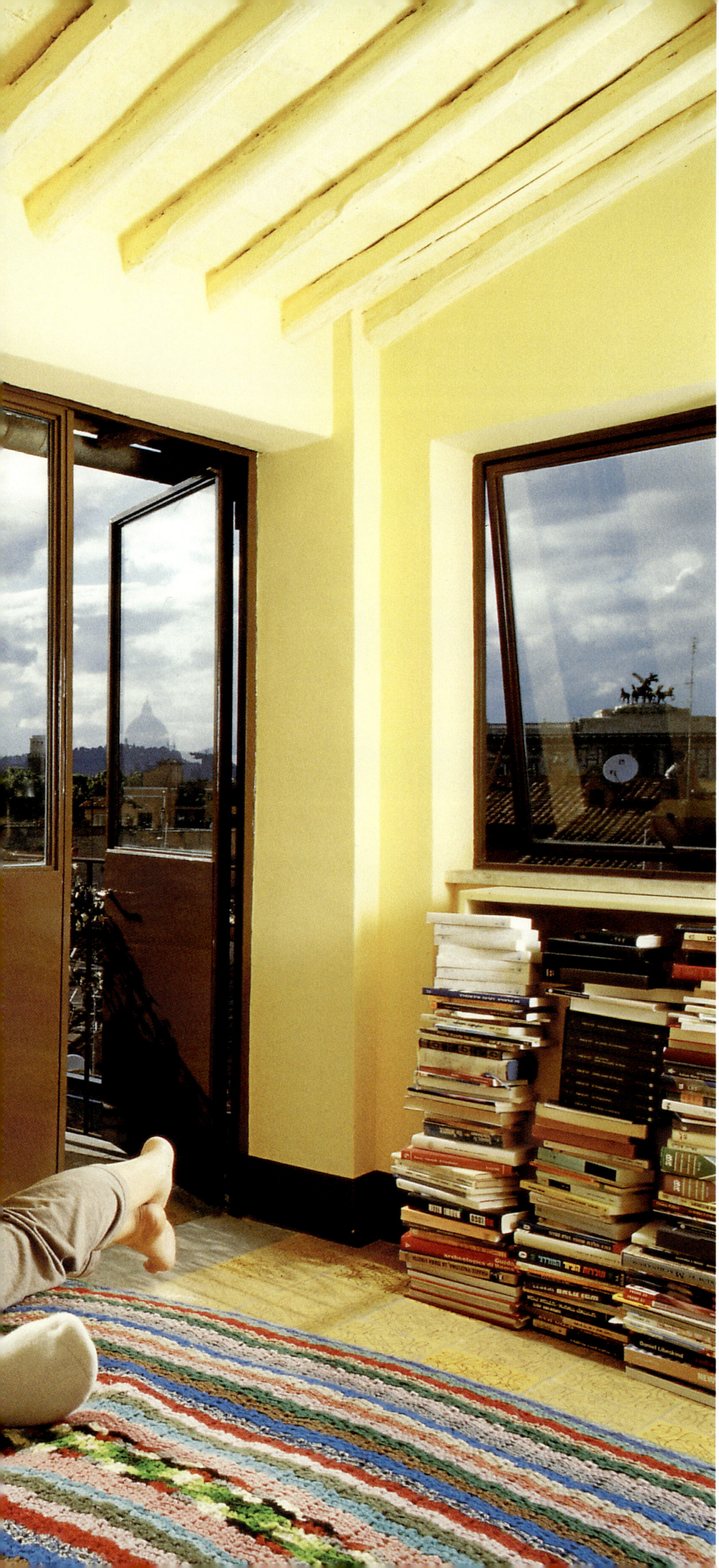

Morgens beim Aufwachen öffnen wir die Augen und genießen die Aussicht. Schöner kann man den Tag nicht beginnen. Wenn ich dann die Möwen höre, habe ich das Gefühl, auf einem Schiff zu sein. **SHAY FRISCH, 40, INDUSTRIEDESIGNER**

Dies ist fast der höchste Ort in Rom. Ich fühle mich wie in einem Baumhaus, hoch über der Erde schwebend. Es erinnert mich an das Buch »Der Baron auf den Bäumen«. Die Hauptfigur ist das Paradebeispiel des erfolgreichen Rebellen. **MARIE TERESA VENTURI FENDI, 43, GESCHÄFTSFÜHRERIN**

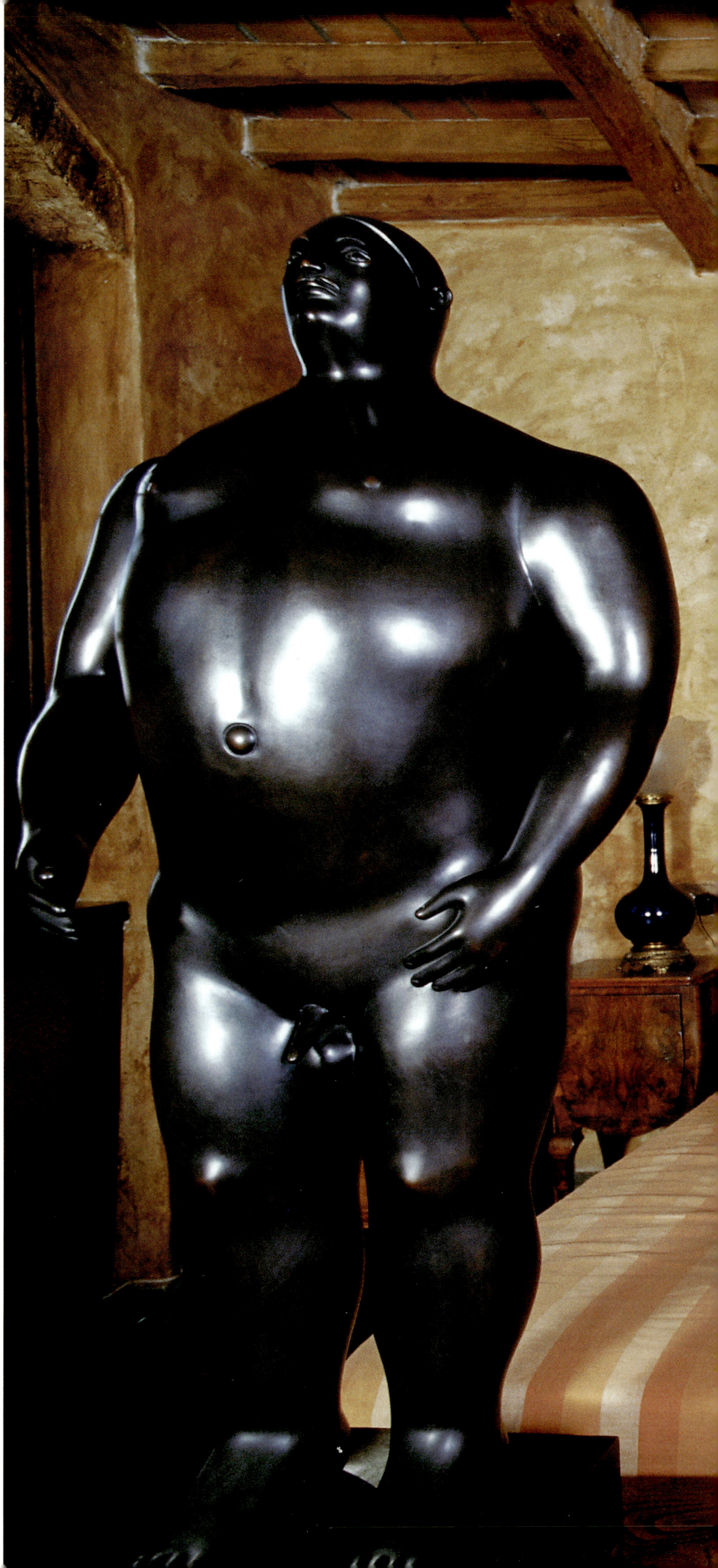

Den Sommer verbringen wir in unserem Haus auf dem Land. Abends essen wir allein oder mit Freunden im Restaurant. Wenn wir dann gegen Mitternacht nach Hause kommen, gehen wir gleich zu Bett. **FERNANDO BOTERO, 70, MALER, BILDHAUER**

Das Schlafzimmer wird nur zum Schlafen benutzt. In Paris ist das Zimmer eleganter ausgestattet. **SOPHIA VARI, 61, BILDHAUERIN**

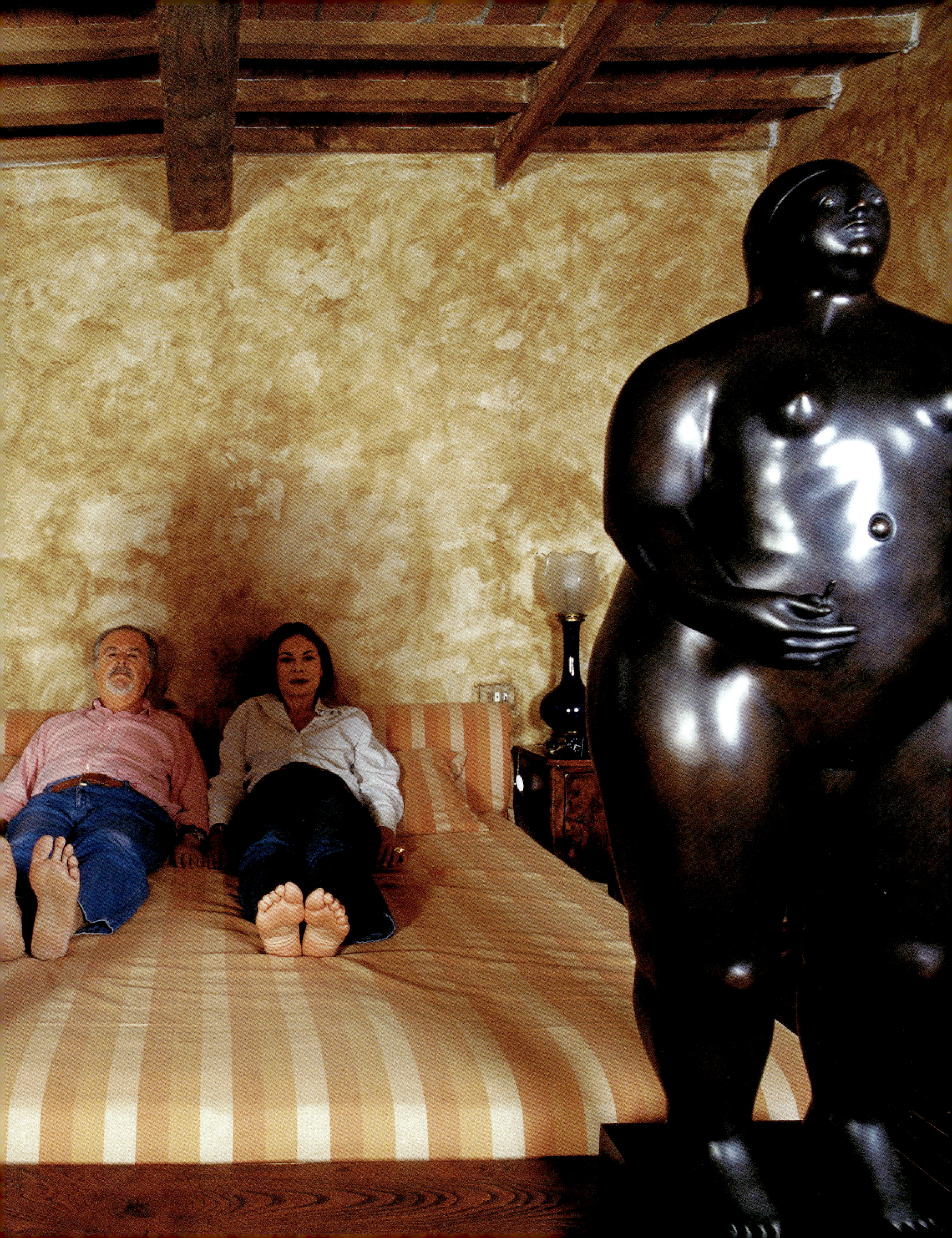

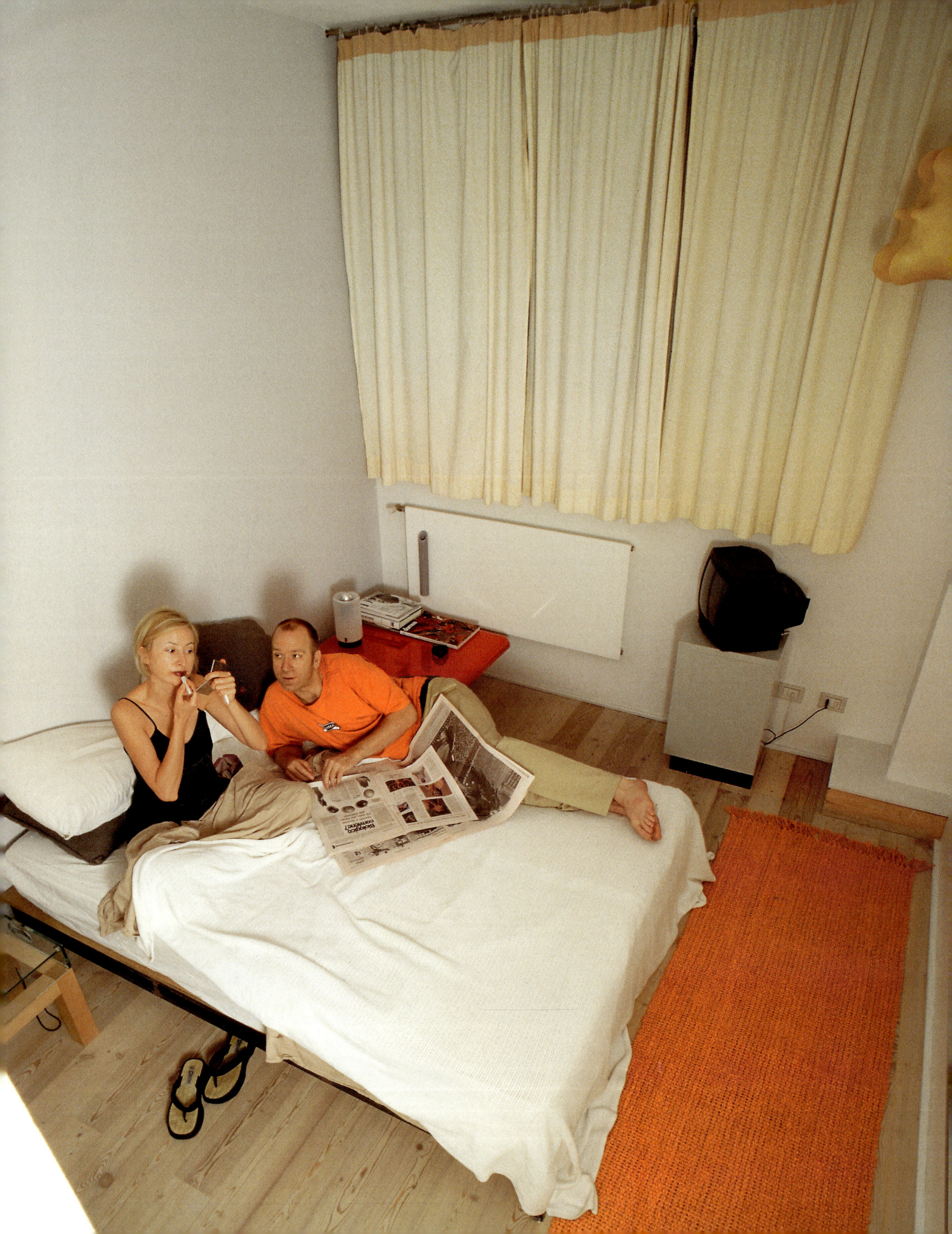

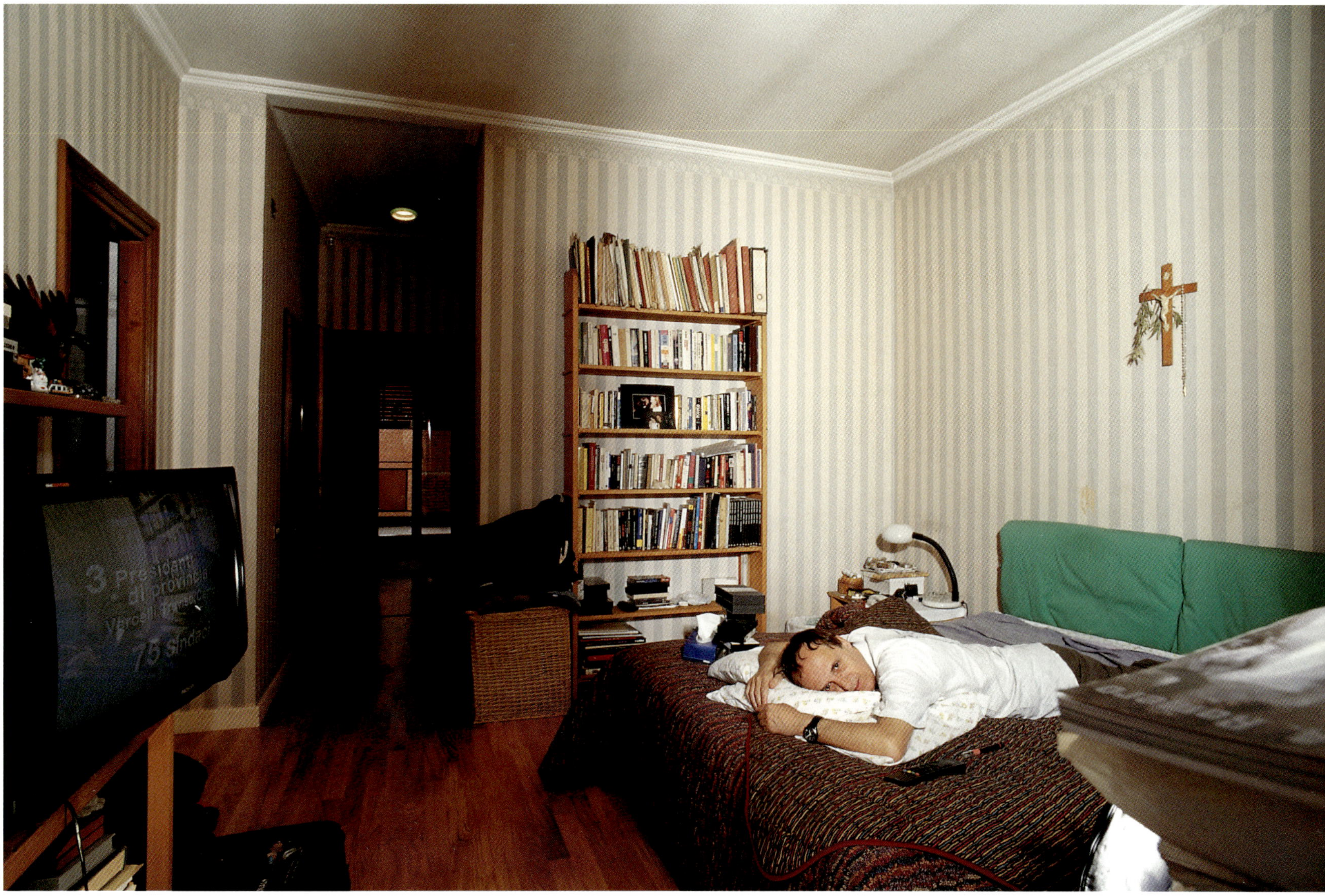

Als wir noch in verschiedenen Städten wohnten, haben wir mehr Zeit füreinander gehabt und uns öfters geliebt. Morgens stehen wir zu verschiedenen Zeiten auf und gehen abends zu verschiedenen Zeiten ins Bett. Wir haben unterschiedliche Rhythmen, es passt nicht richtig zusammen. Wir sind eben ein modernes berufstätiges Paar. **ILARIA BONA, 39, ART DIRECTOR**

Ich habe das Schlafzimmer so klein wie möglich entworfen und auch das schmalste Doppelbett für uns ausgesucht. Es ist wirklich nur zum Schlafen. **TIM POWER, 37, ARCHITEKT, DESIGNER**

Das Bett ist mein Arbeitsplatz und auch mein privater Raum. Ich bin seit fünfzehn Jahren geschieden, und seitdem war keine Frau mehr hier. Lange Zeit wohnten meine beiden Töchter bei mir, jetzt nur noch eine. Ich wollte ihre Gefühle nicht verletzen. **DARIO AGENTO, 61, FILMREGISSEUR**

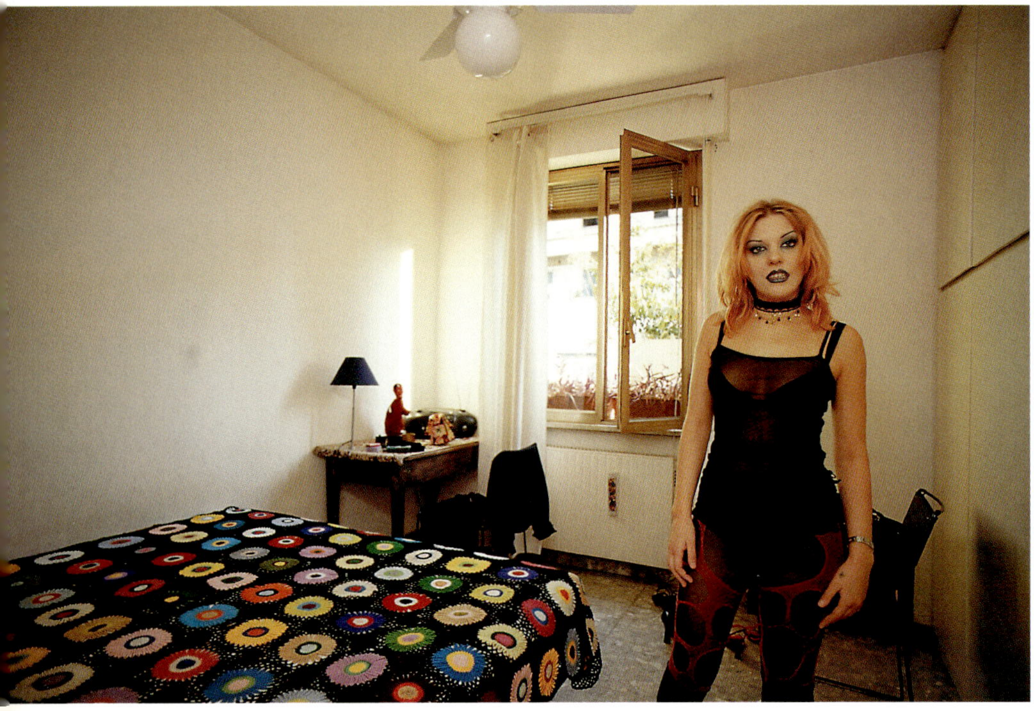

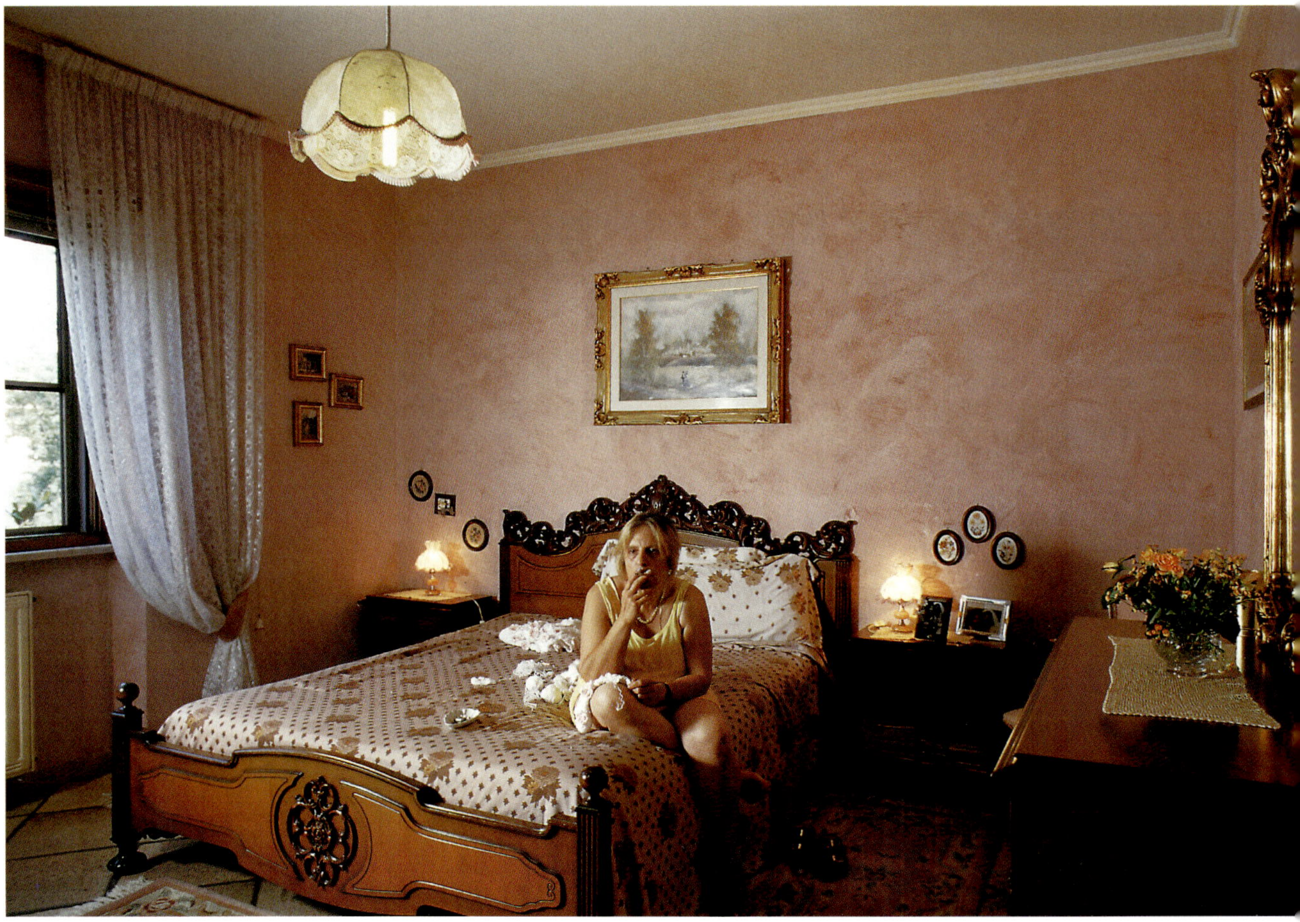

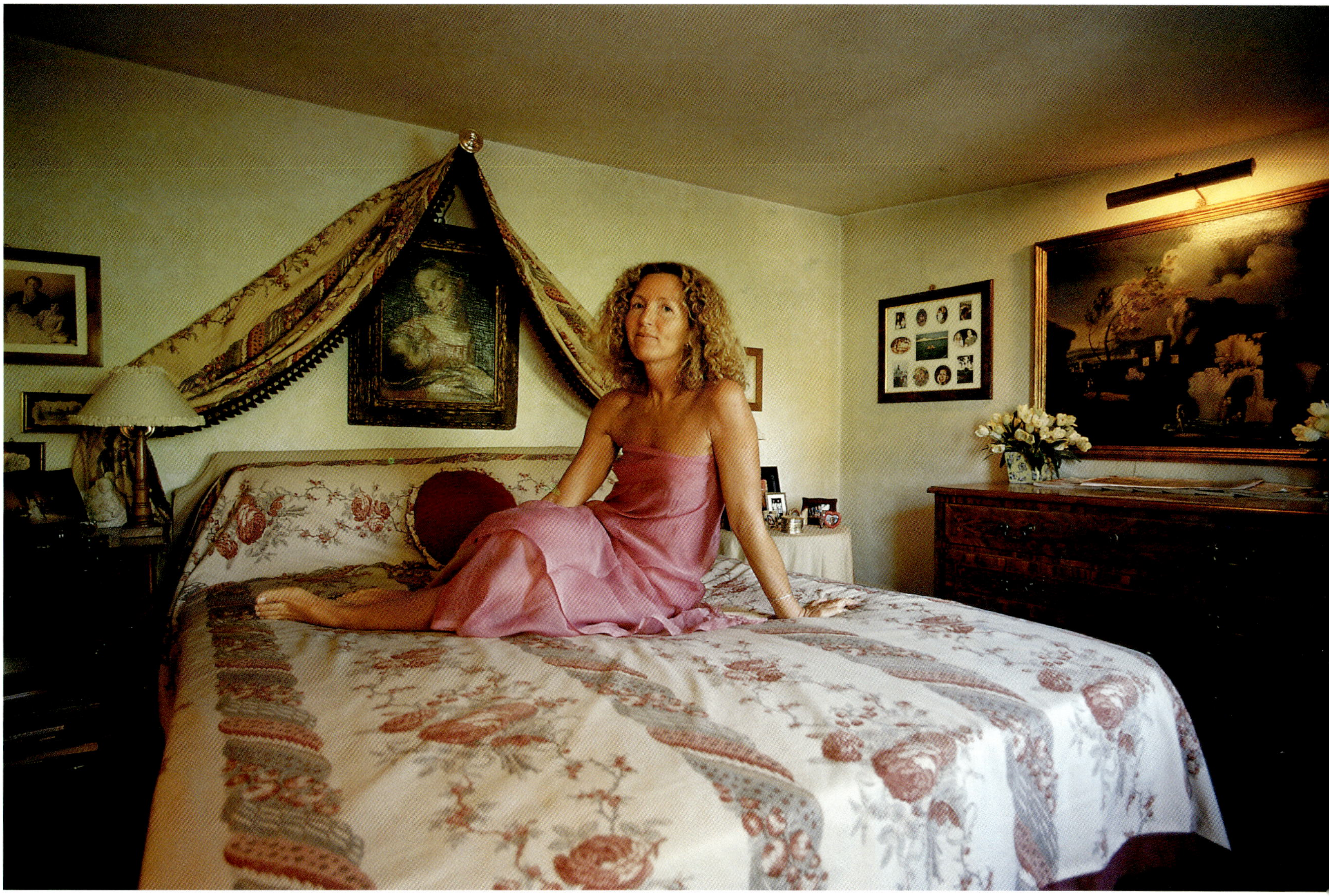

Wenn mein Freund bei mir ist, schlafe ich sehr gut, ich genieße seine Zärtlichkeiten. Er wiegt mich in den Schlaf. Wenn ich allein bin, fällt es mir schwer einzuschlafen. **MAGDALENA COSENZA, 27, GELEGENHEITSJOBS**

Nur im Bett kann ich ganz entspannt sein. Ich mache Handarbeiten und sehe fern, langsam kommt dann um Mitternacht der Schlaf. Ich leide immer noch darunter, dass mein Mann nicht mehr da ist, obwohl er schon vierzehn Jahre tot ist. **GIORGINA PIPITONE, 53, ZUGEHFRAU**

Das Bett besaß mein Mann schon vor der Ehe. Hier verbrachten wir unsere Hochzeitsnacht, hier zeugten wir die Kinder, und hier haben wir immer noch schöne Nächte. **CONSTANZE DEL GALLO, 43, RAUMAUSSTATTERIN**

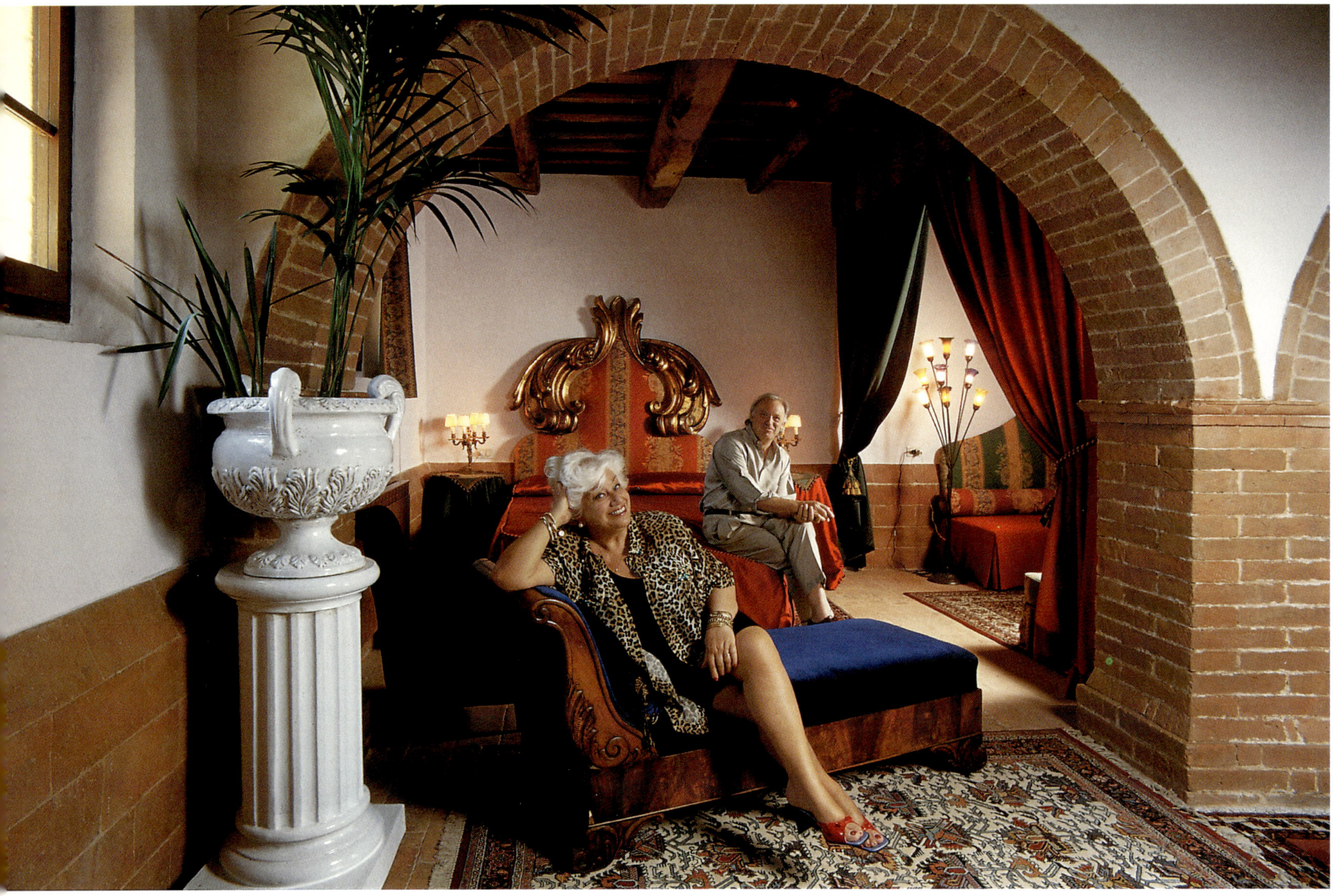

Ich bin gläubig, und abends im Bett danke ich Gott, dass es mir jetzt so gut geht, denn früher habe ich schwere Zeiten mitgemacht. **AVE LUSETTI, 63, ANTIQUITÄTENHÄNDLERIN**

Wir gehen immer gemeinsam ins Bett und schlafen auch gemeinsam ein. Im Schlafzimmer lesen wir nicht und sehen auch nicht fern. Nach jedem Ausgehen freuen wir uns auf dem Rückweg schon aufs Bett. **PIERO LUSETTI, 53, ANTIQUITÄTENHÄNDLER**

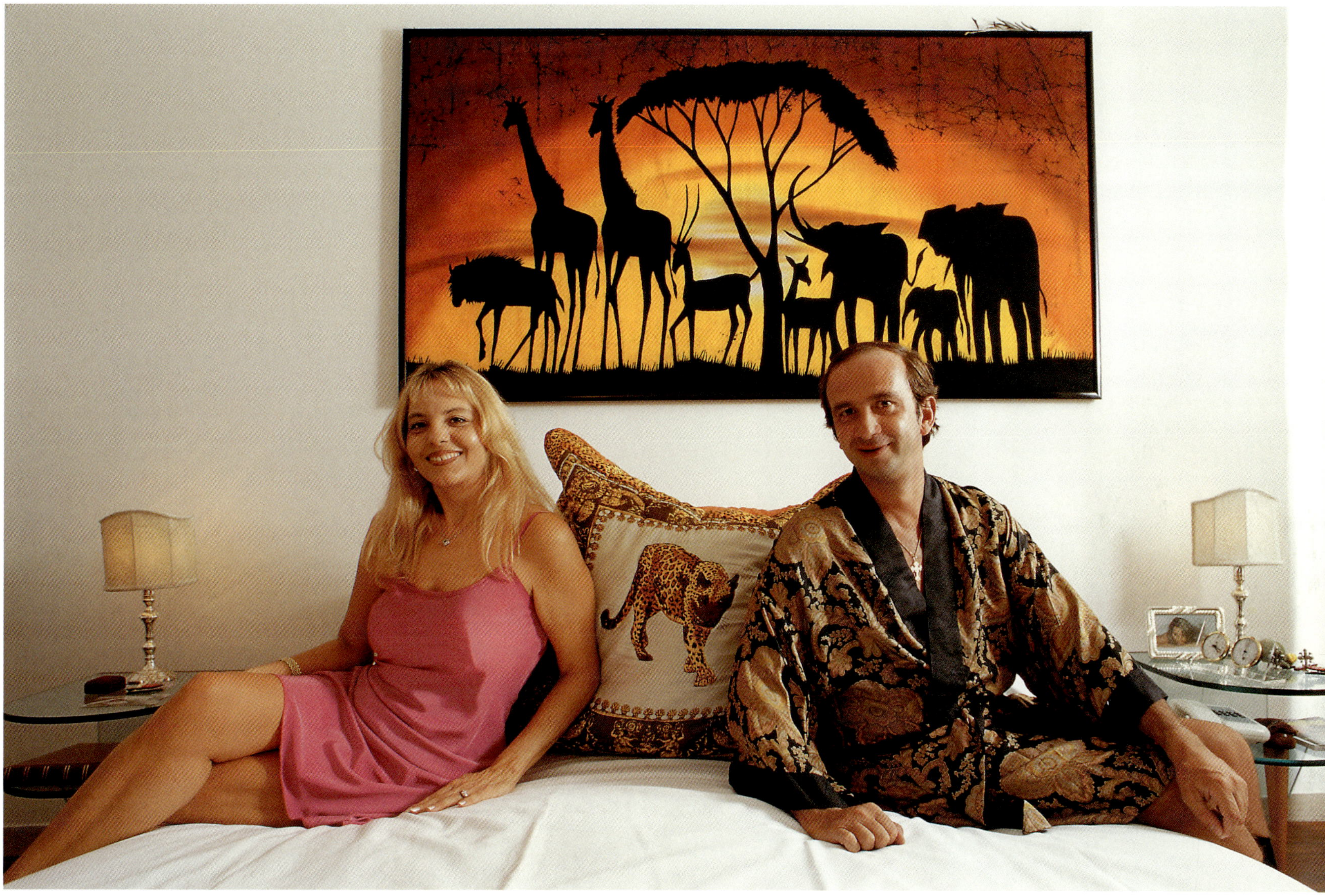

Wir sind noch nicht verheiratet, aber die meiste Zeit verbringe ich hier. Das weiße Bett ist unpraktisch für Rom. Hier ist es sehr staubig, ich muss die Bezüge ständig zur Reinigung bringen. **GEORGIA LEONARDI, 35, HOTELKAUFFRAU**

Das Bett habe ich vor zehn Jahren gekauft, den Wandteppich vor fünf Jahren bei meinem letzten Besuch in Kenia. Das Schlafzimmer ist für mich sehr wichtig, für Sex, zur Entspannung und zum Fernsehen. **BENJAMINO DI CAGNO, 40, RECHTSANWALT**

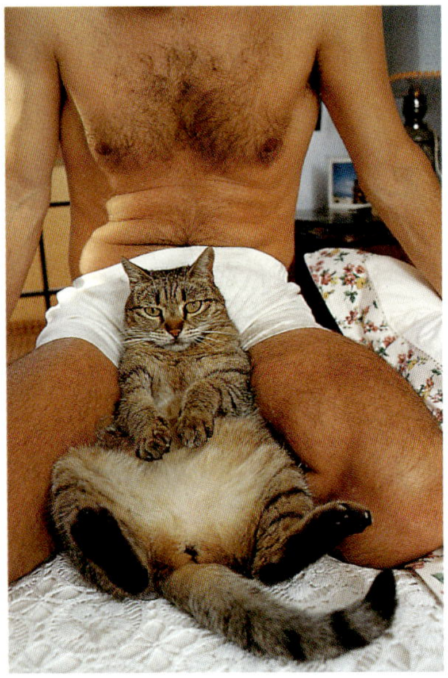

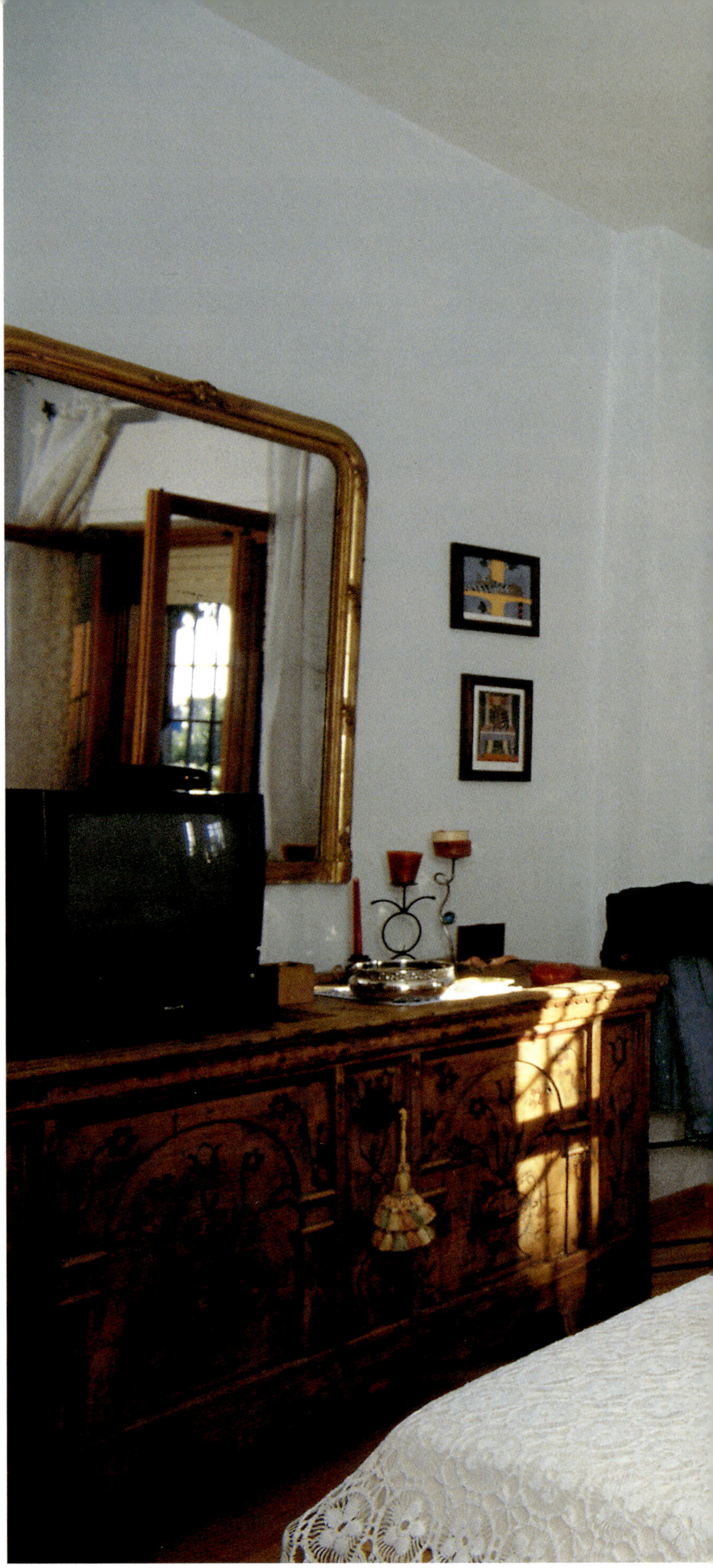

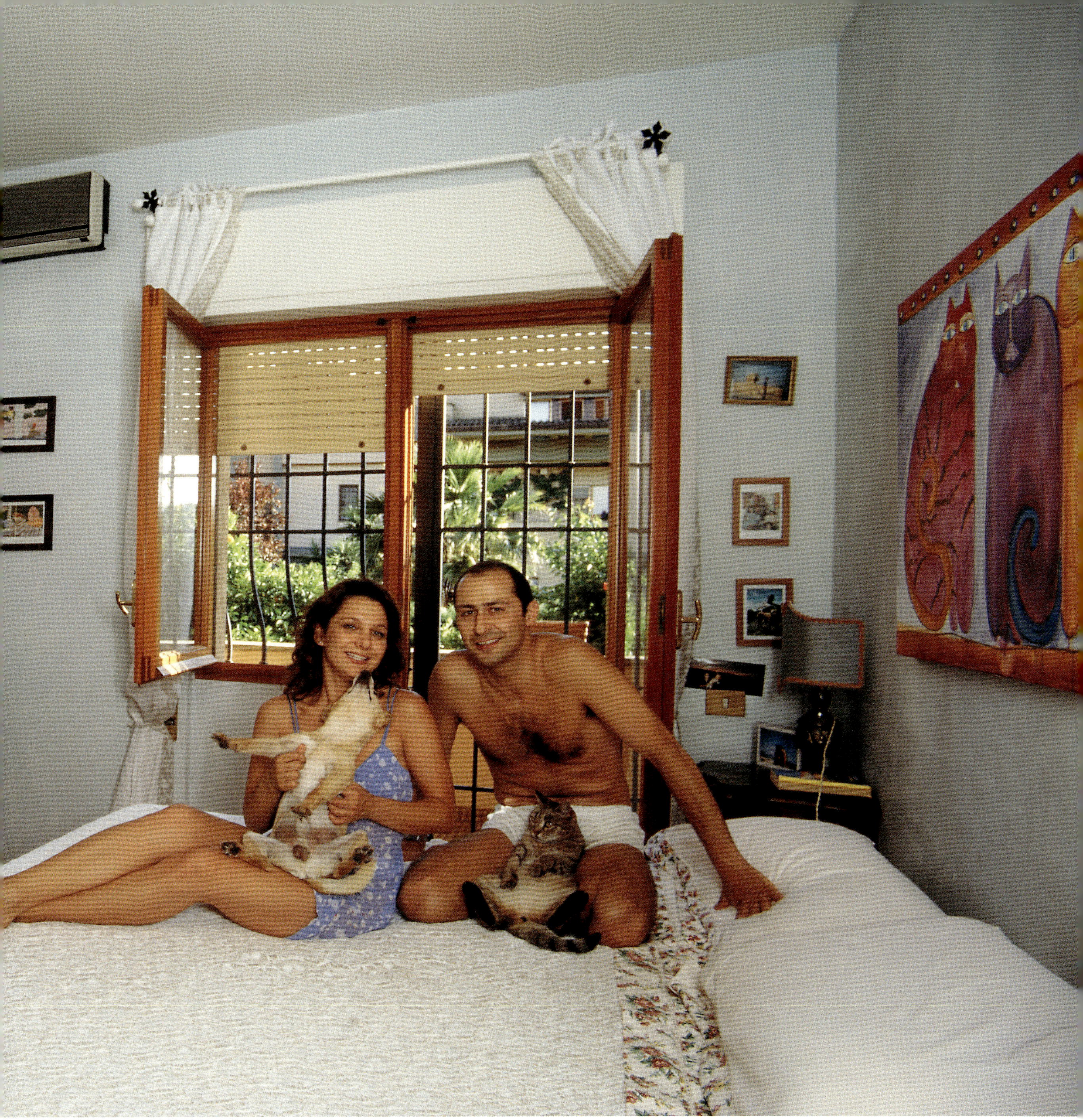

Sonntags bleiben wir bis ein Uhr im Bett, frühstücken und spielen mit dem Hund und der Katze und auch miteinander. Die Katze ist die Tochter von Duccio, meinem Mann, der Hund ist mein Sohn. **VALENTINA ROTELLA, 33, BODENPERSONAL**

Valentina hat das Zimmer eingerichtet, und mir gefällt es gut. Ich hatte nur den Wunsch, dass diese Truhe im Schlafzimmer steht, da sie ist ein Geschenk meiner Eltern ist. Im September heiraten wir, dann wollen wir gleich Kinder haben. **DUCCIO ROTELLA, 32, POLIZIST**

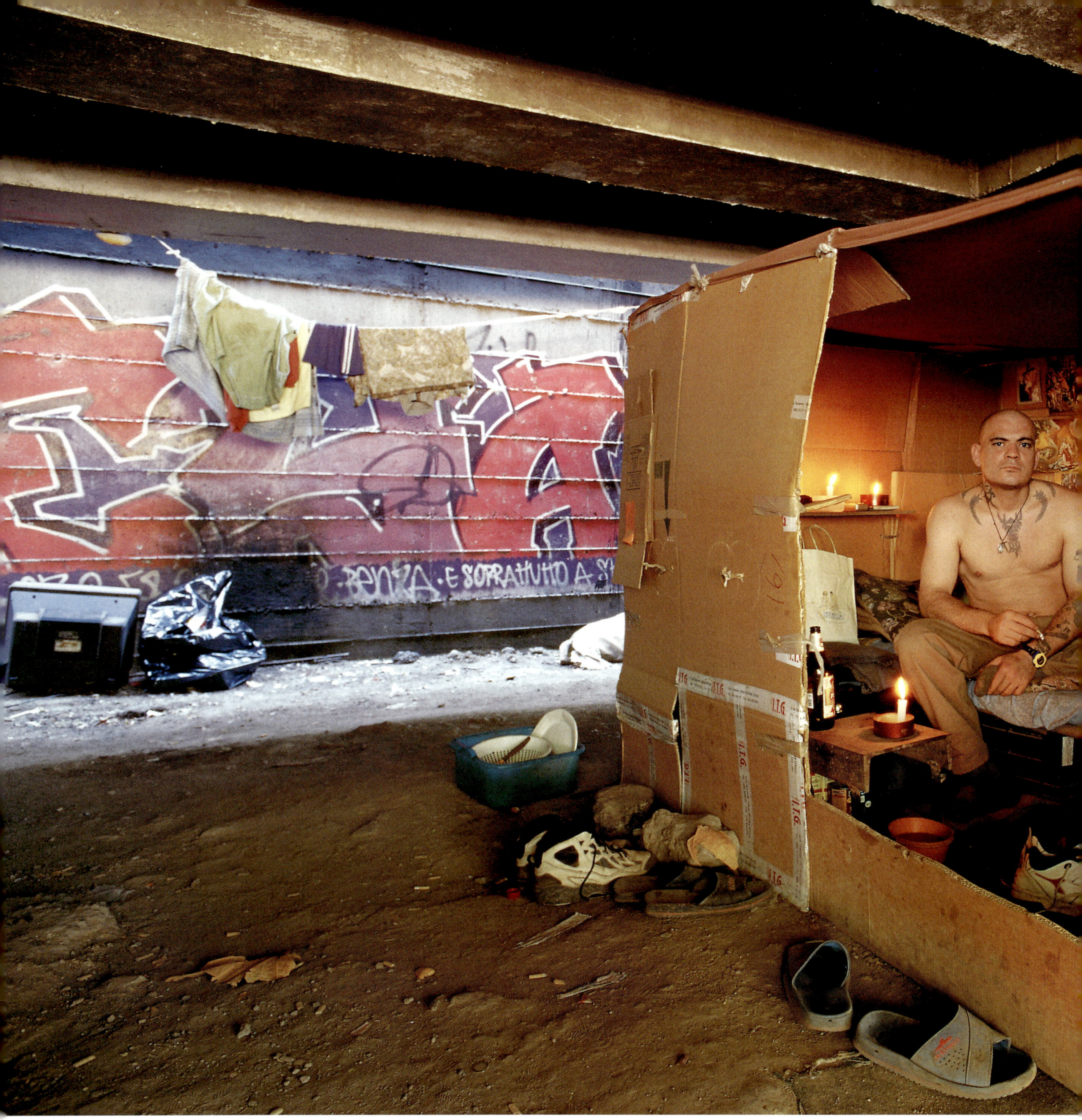

Ich war in der Fremdenlegion, in vielen Kriegen und habe viele Menschen umgebracht. Zuletzt war ich in der UÇK im Kosovo. Jetzt bin ich hier und habe als Erster ein Haus aus Pappe gebaut. Inzwischen haben es die anderen nachgemacht.

OLAF, 30, EHEMALIGER SOLDAT

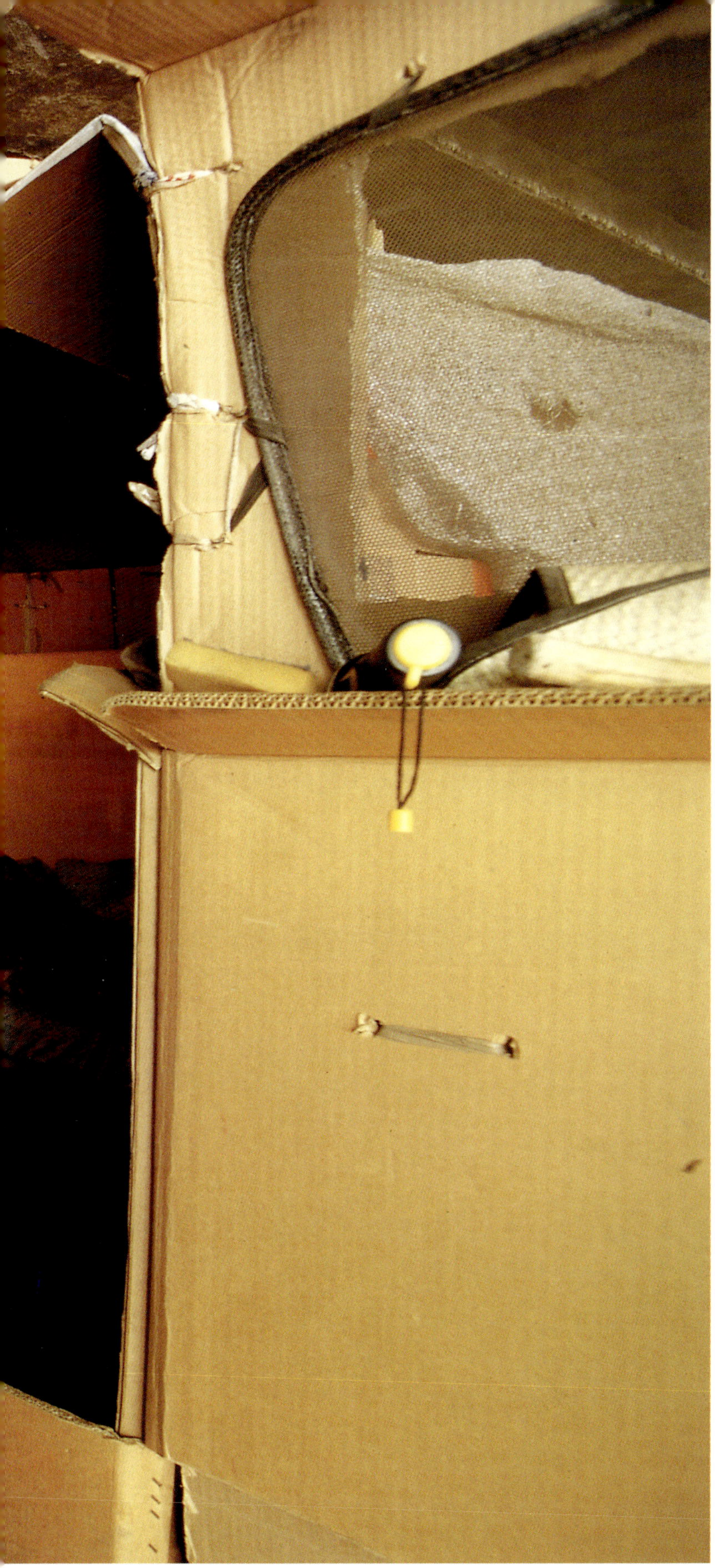

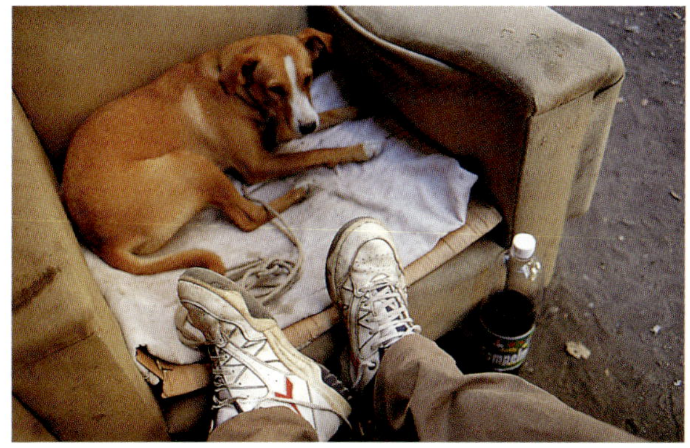

→ Ich bin lieber hier auf dem Land, als in meinem Palazzo in Rom. Wenn ich aufwache, trinke ich meinen Kaffee, mache meine Telefonate, kümmere mich um das Geschäftliche, und dann schwimme ich im Meer. **PRINCIPESSA NICOLETTA ODESCALCHI**

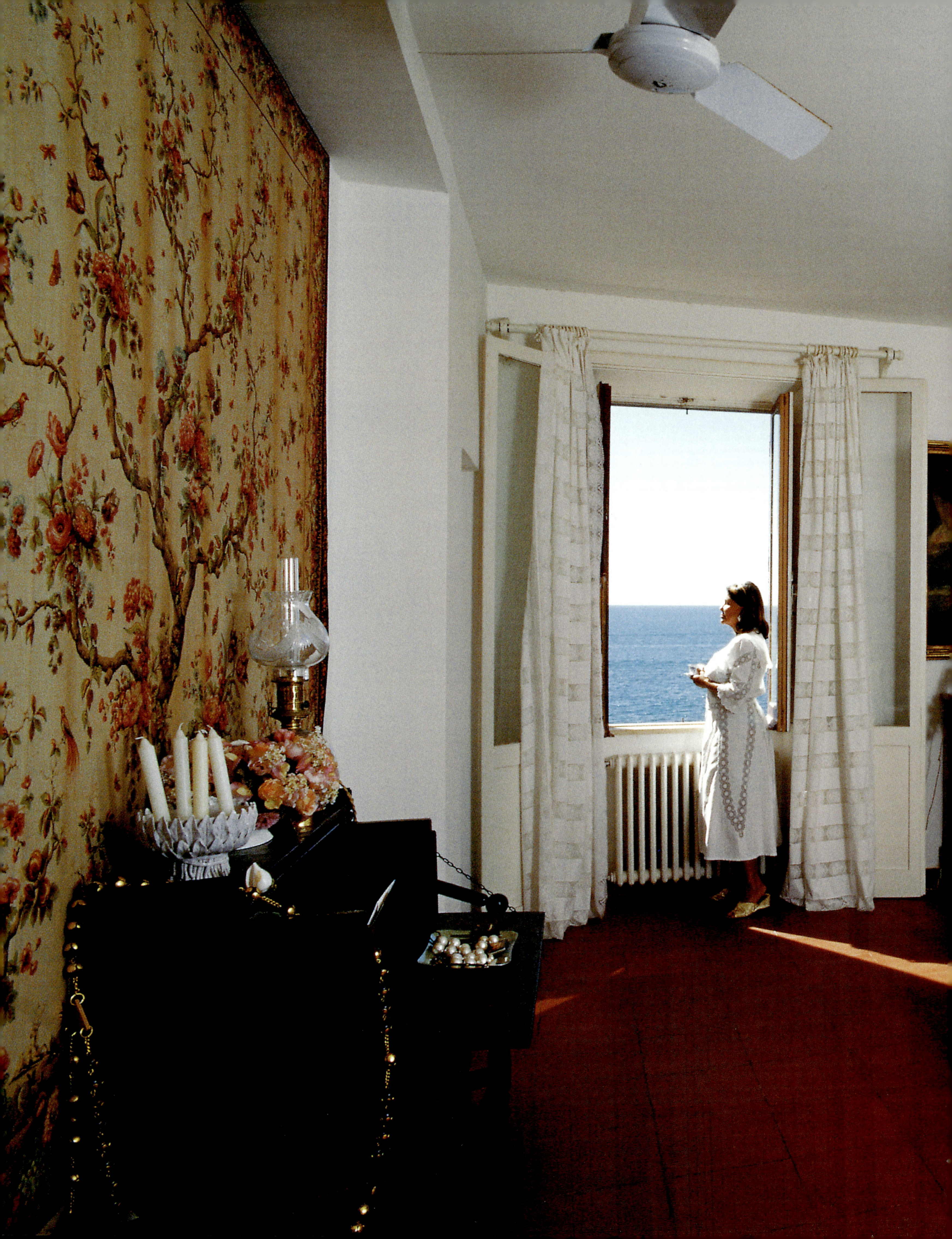

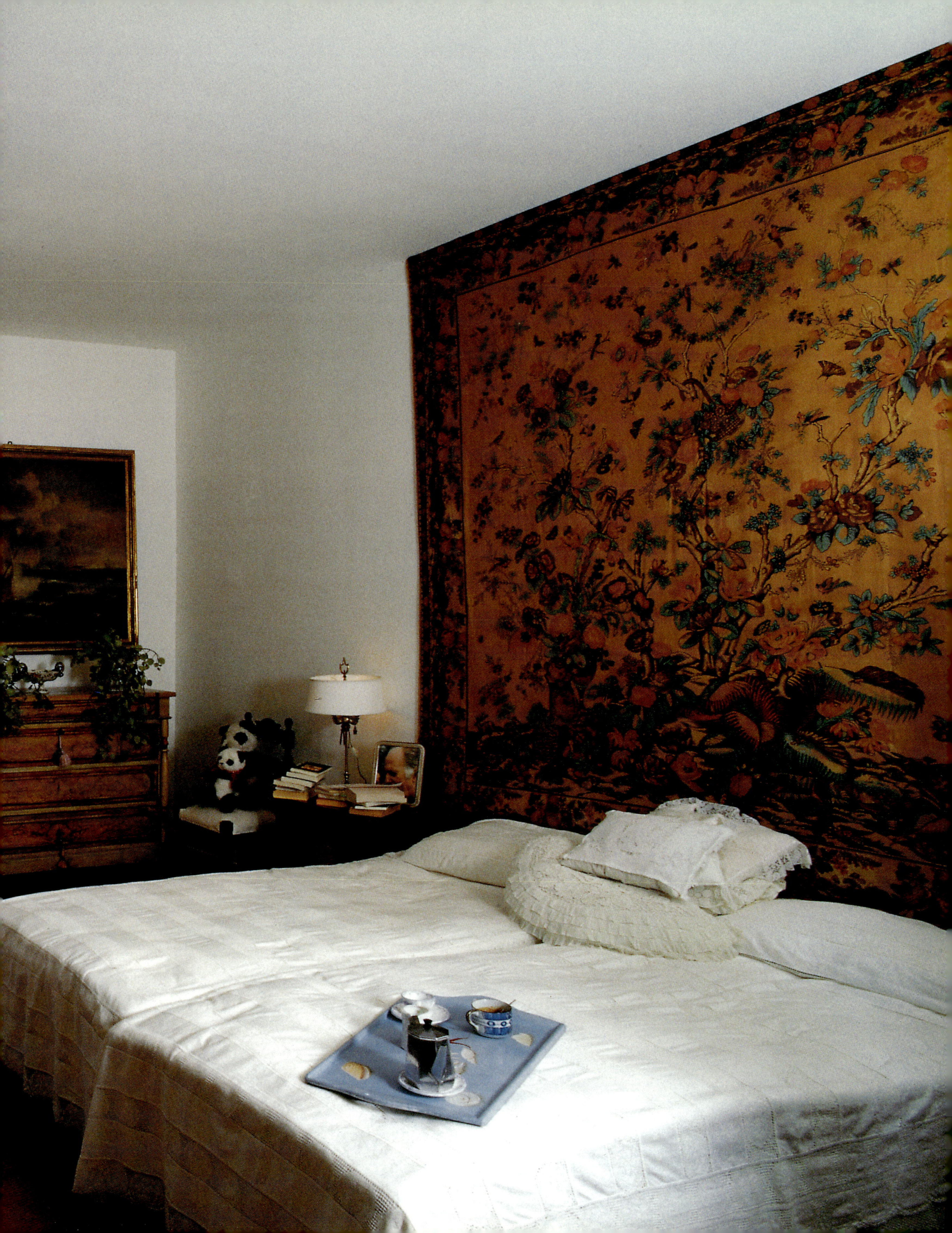

NEW YORK

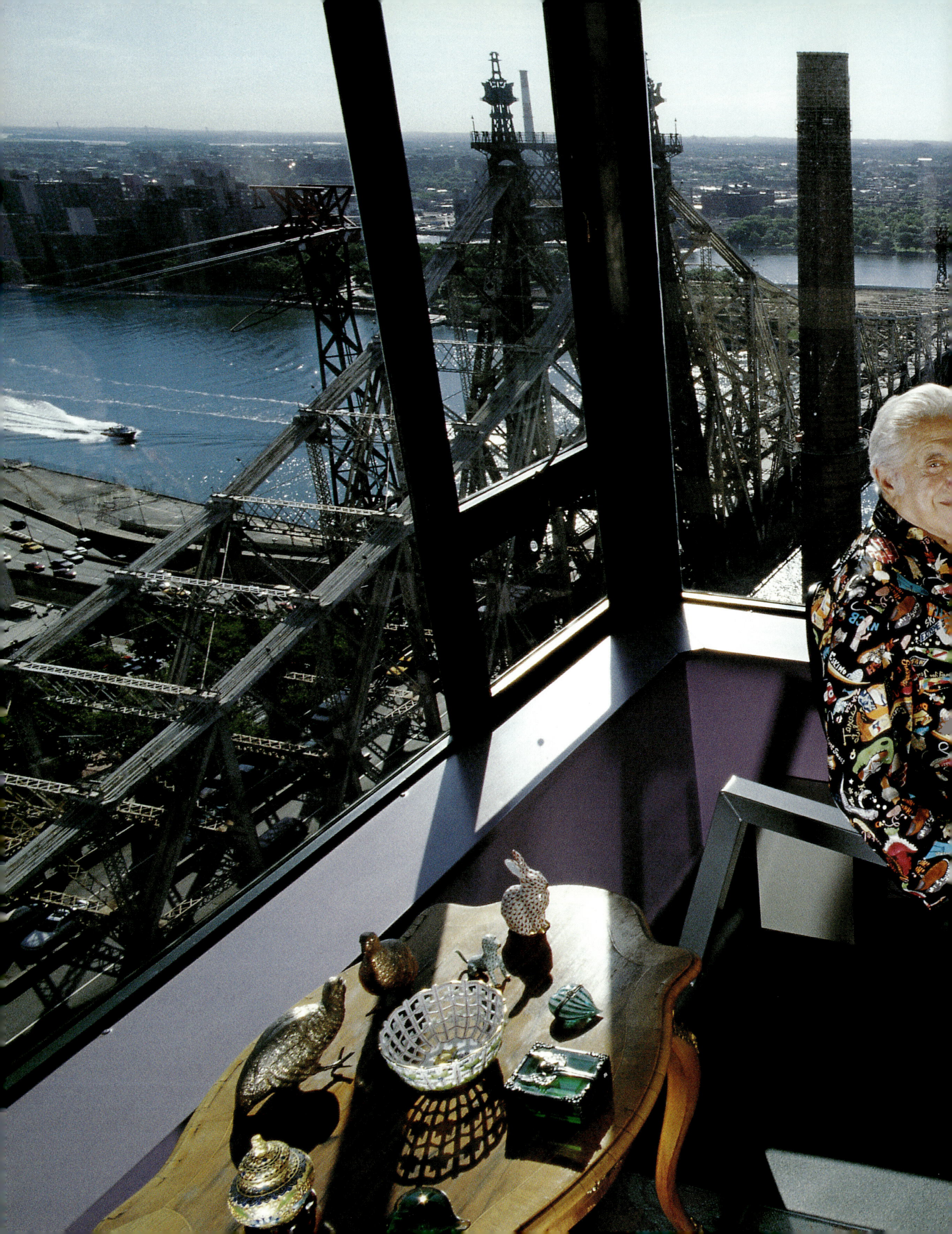

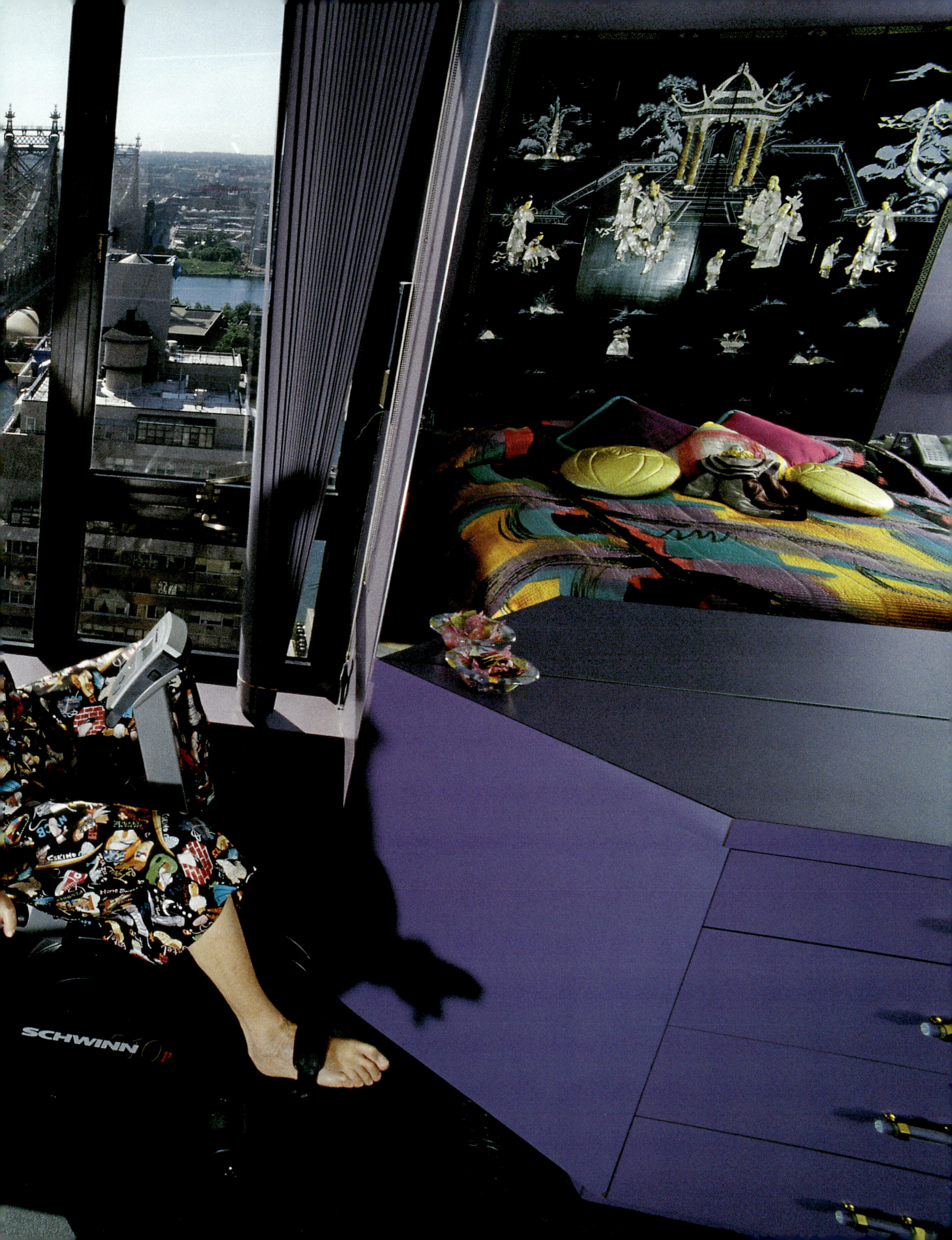
SCHWINN

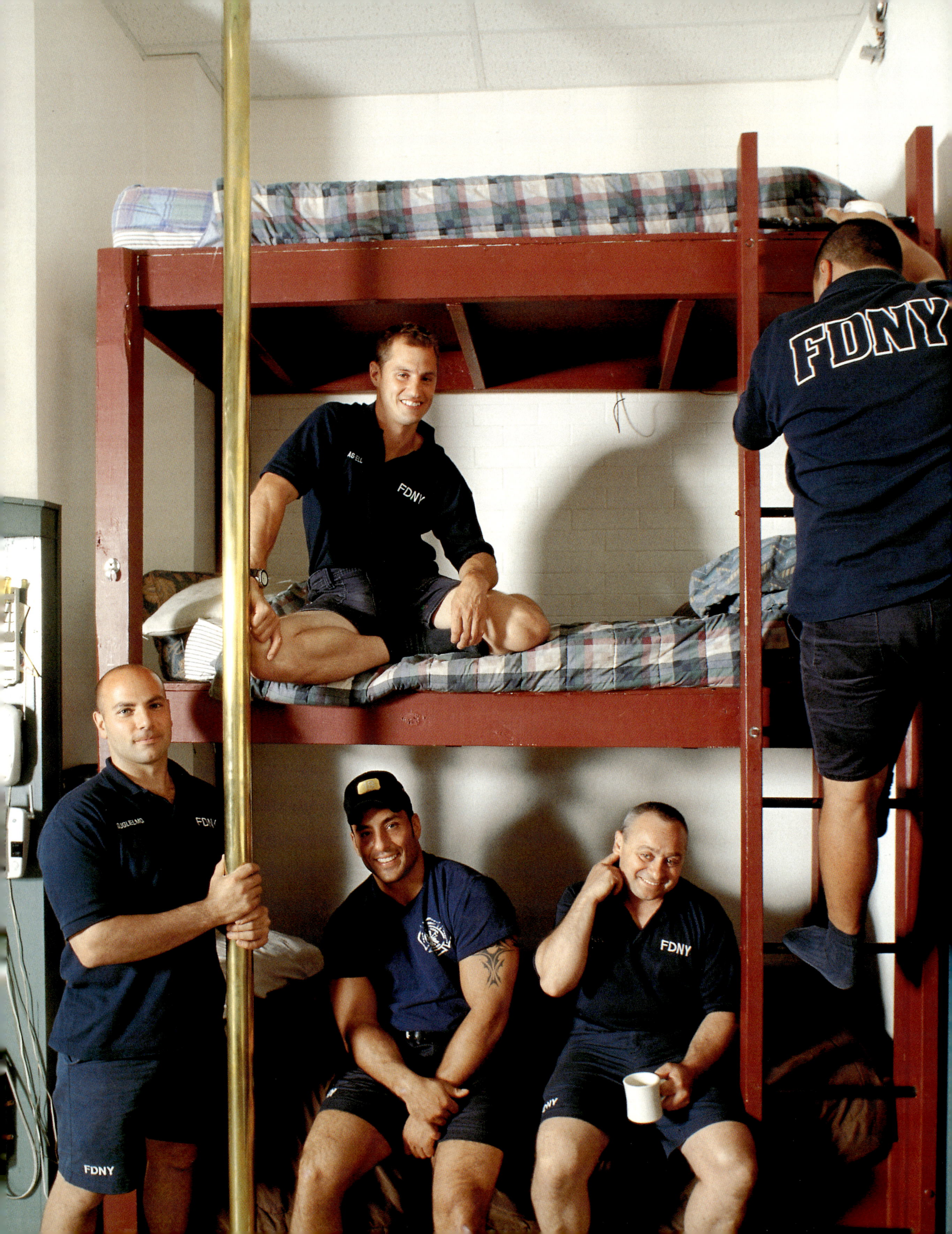
FDNY
FDNY
FDNY
FDNY
FDNY

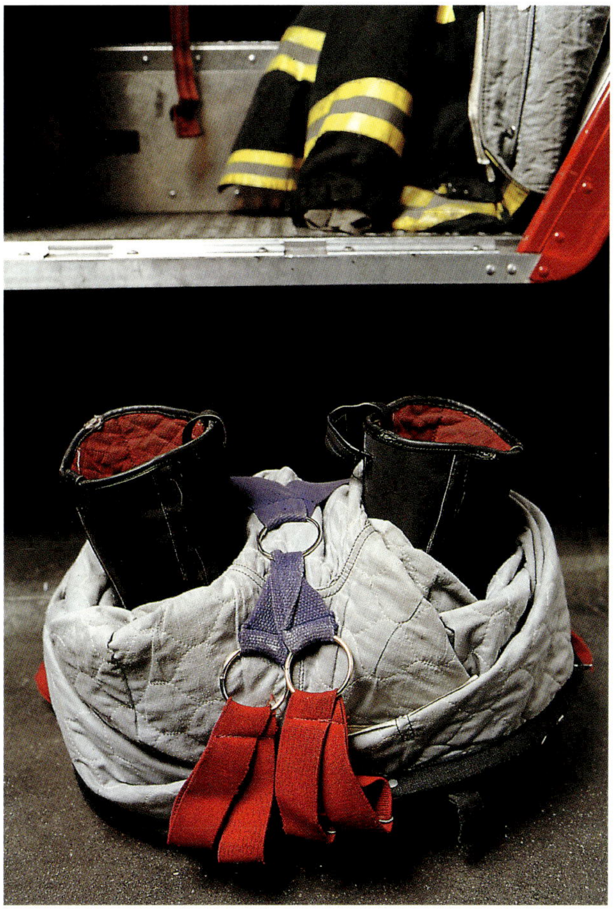

← Meine Frau starb vor einem Jahr. Seitdem fühle ich mich ein wenig einsam. Ich habe einen leichten Schlaf und brauche nicht mehr als fünf oder sechs Stunden. Ich wache früh auf. Dann mache ich mein Training auf dem Fahrrad. **IRVING J. SHULMAN, GESCHÄFTSMANN**

Manchmal arbeiten wir 24 Stunden am Stück. Dann ist man wirklich müde und versucht, sich ein wenig auszuruhen. Aber man lässt beim Schlafen immer ein Auge offen. Dies hier ist wie ein zweites Zuhause, eine zweite Familie. **RICHARD SCLAFANI, 34, NICK GUGLIEMO, 36, RICHIE RESTO, 31, ERIC ALLEN, 43, TIMMY HASKELL, 34, FEUERWEHRMÄNNER**

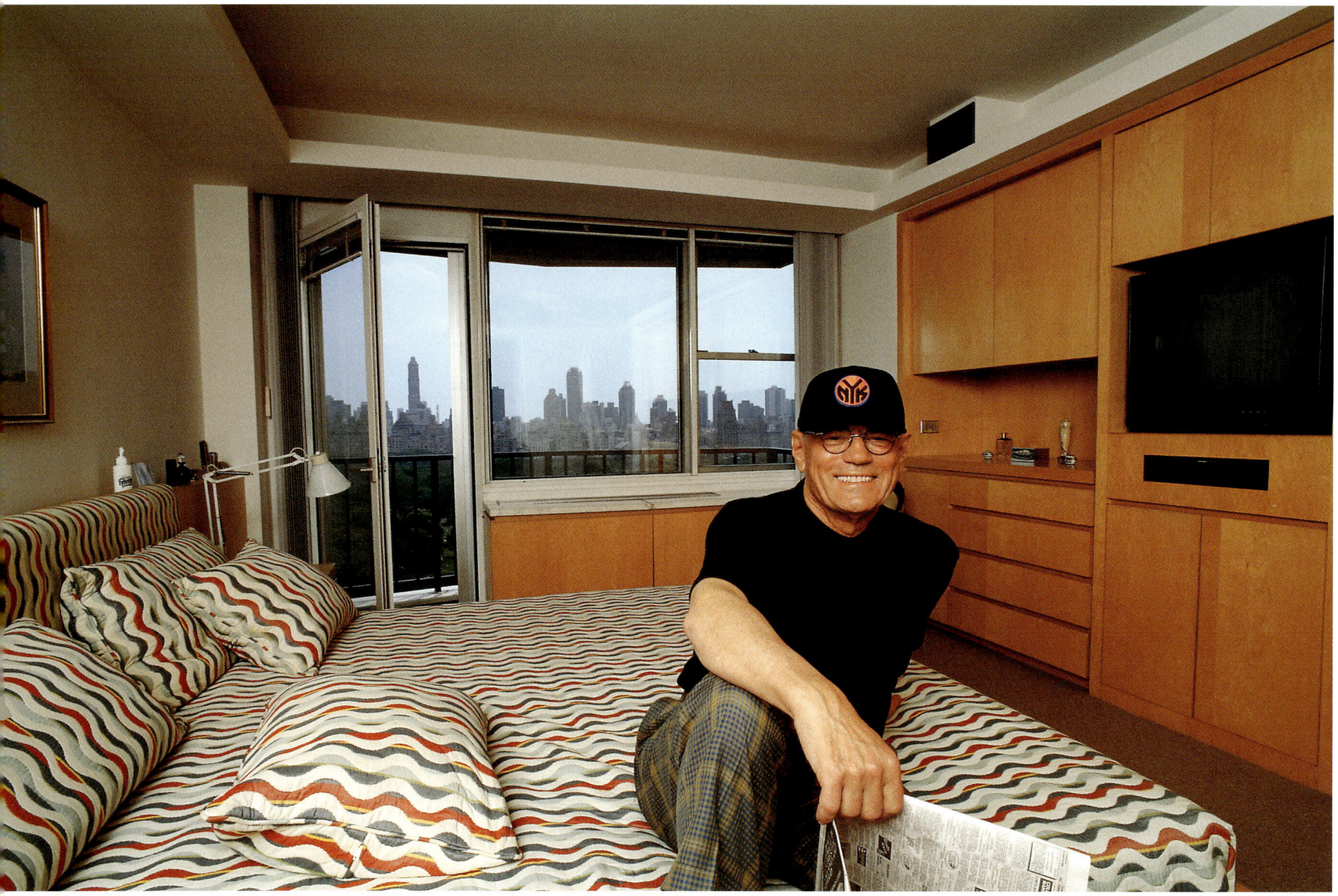

Das Interieur meines Schlafzimmers spielt keine Rolle in meinem Leben. Schlafen ist für mich gleich Tod. Deshalb erschreckt mich der Tod auch nicht. Ich habe nicht vermisst, nicht zu sein, bevor ich geboren wurde, und werde es daher auch nach meinem Tod nicht vermissen. **RAFAEL ROTH, 68, FINANCIER**

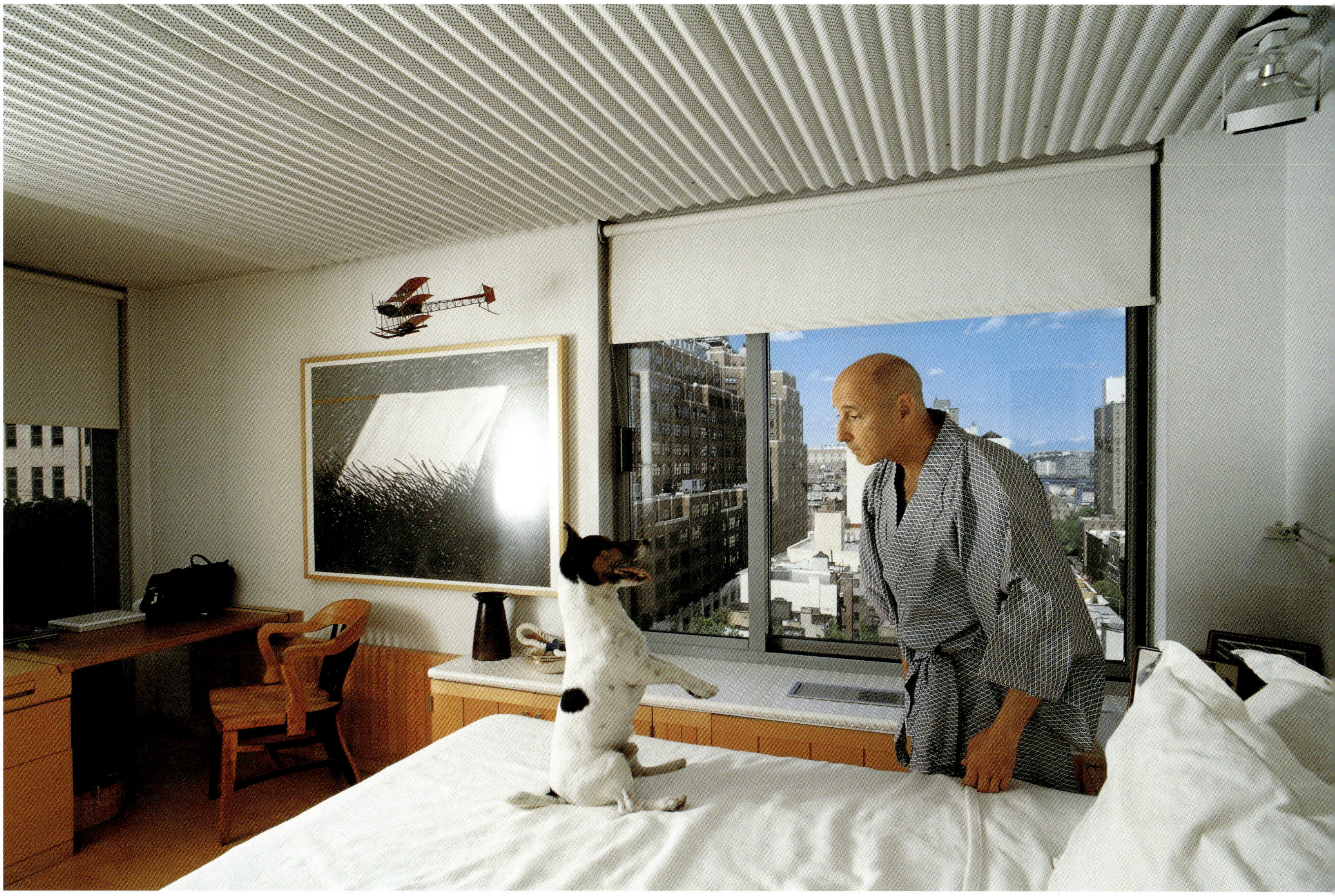

Ich habe dieses Apartment wegen der Aussicht gekauft. Es ist wie ein Vogelhorst. Als Architekt interessiert mich immer das ganze Leben und nicht nur das Oberflächliche. Es ist packend, ein Problem zu erkennen und eine Lösung dafür zu finden. Ich habe festgestellt, dass ich andere erst dann gut behandeln kann, wenn ich mich selbst gut behandle. **MICHAEL RUBIN, 58, ARCHITEKT**

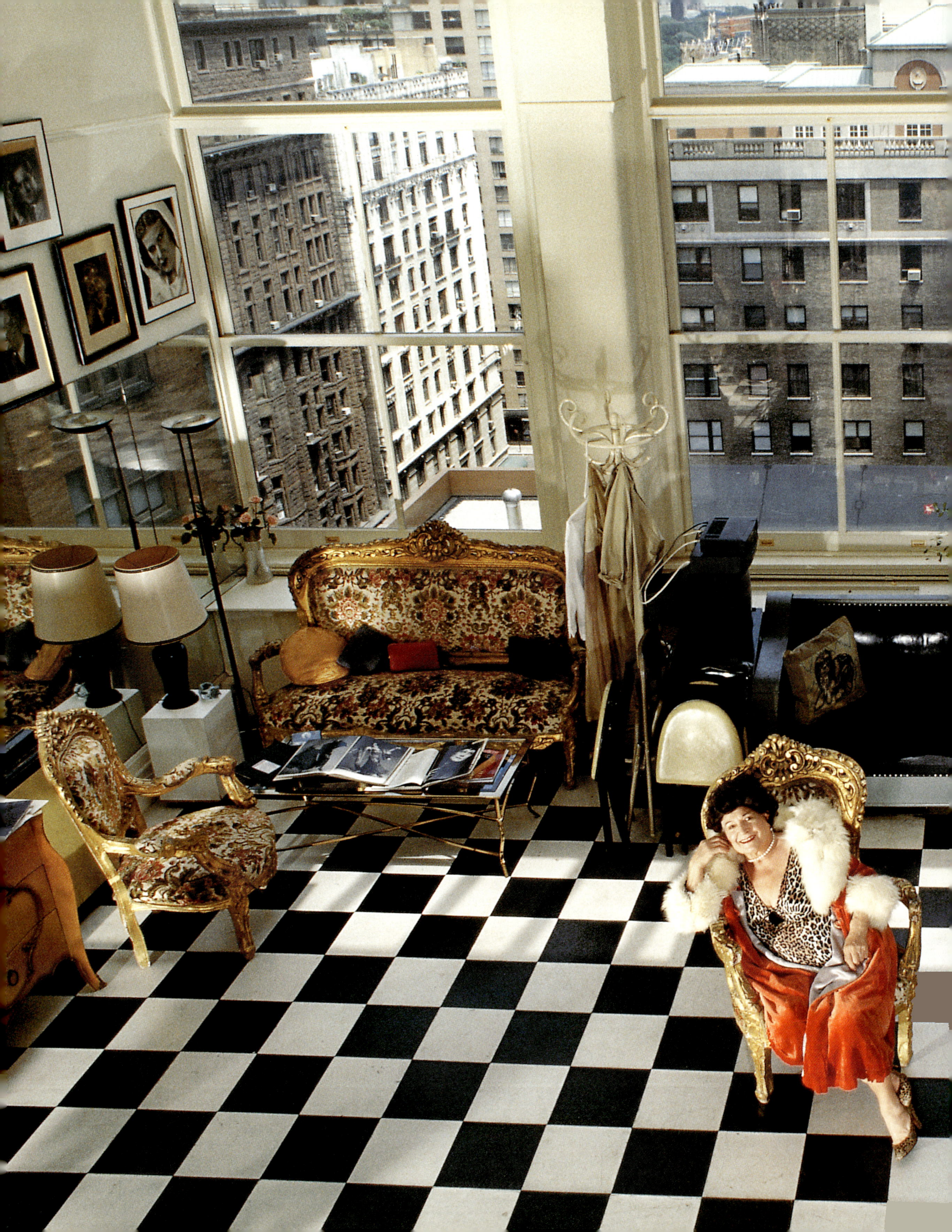

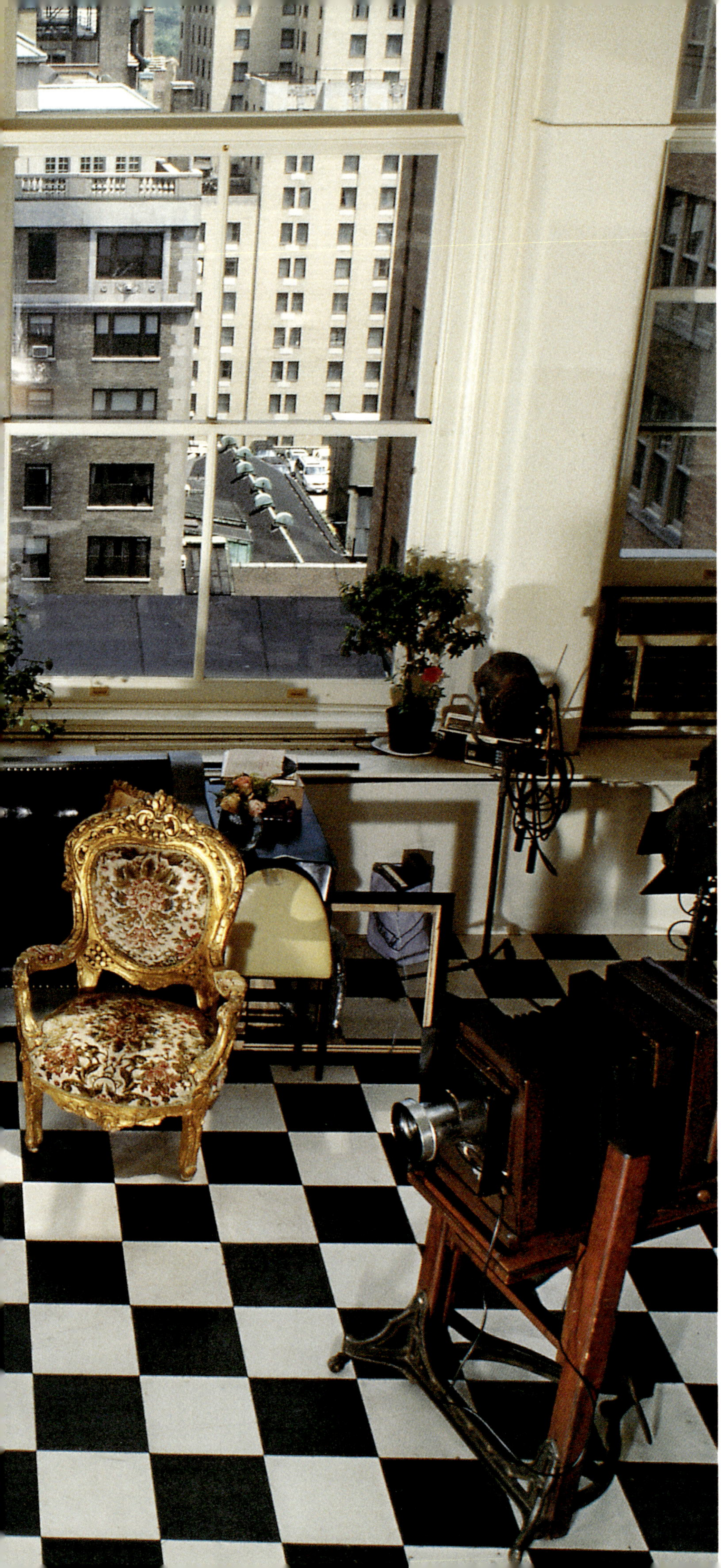

Seit 52 Jahren lebe ich in diesem Zimmer. Die Leute nennen mich die Herzogin der Carnegie Hall. Dies ist mein Studio, mein Schlafzimmer und mein Wohnzimmer. Hier habe ich auch eine Zeit lang meine vier Kinder großgezogen. **EDITTA SHERMAN, 89, FOTOGRAFIN**

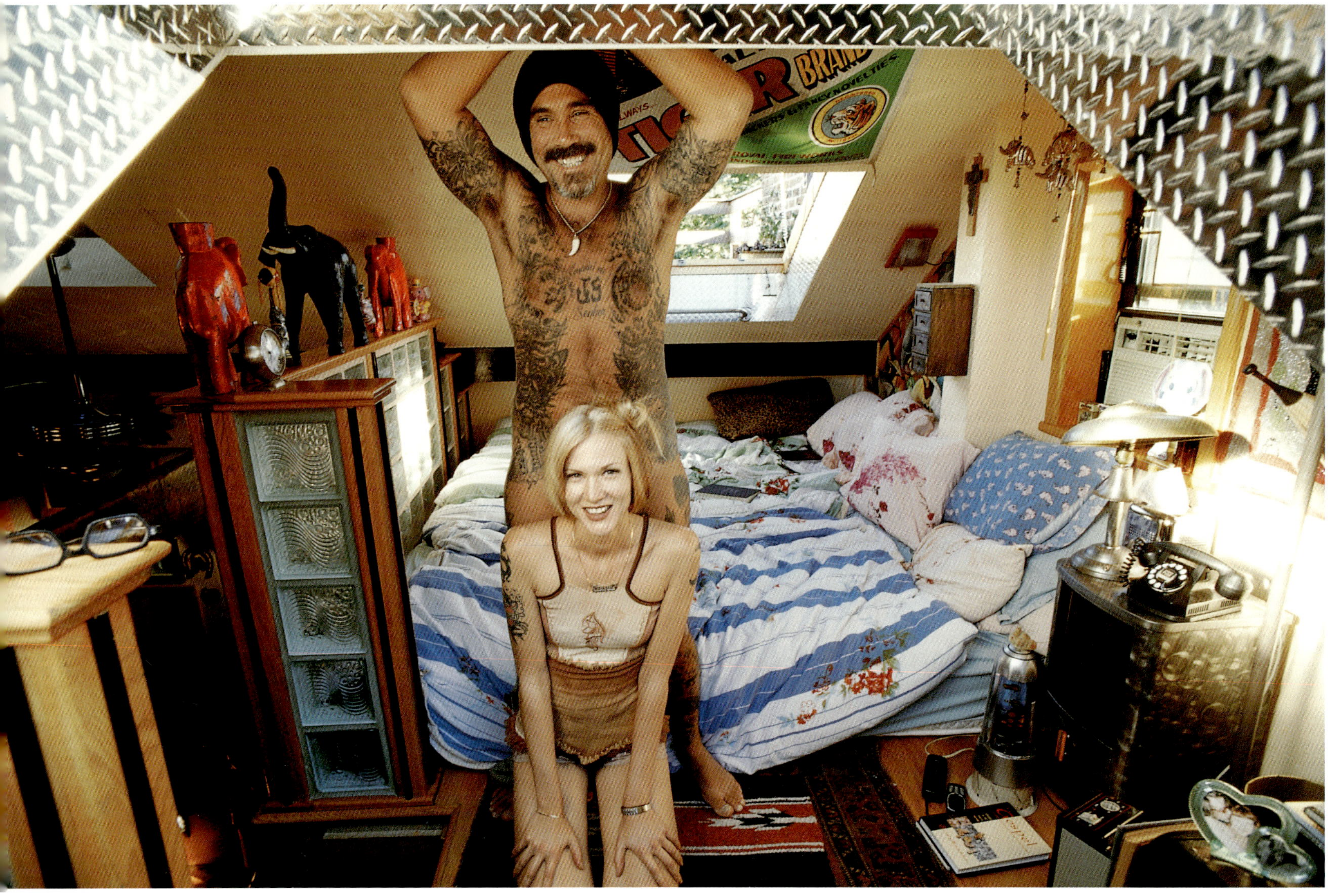

Das Bett ist für mich der friedlichste Ort im Haus. Hier streiten wir nie. Es ist eine Bastion des Friedens inmitten der Stürme der Welt. **AMY FIELDS, 26, MODEDESIGNERIN**

Die Tätowierungen sind Erinnerungen an Menschen, Orte und Lebensabschnitte. Mein Schlafzimmer ist im obersten Stockwerk, direkt unterm Dach. Ich lebe mitten in New York und kann vom Bett aus die Vögel sehen und hören. **JONATHAN SHAW, 48, TATTOO-KÜNSTLER**

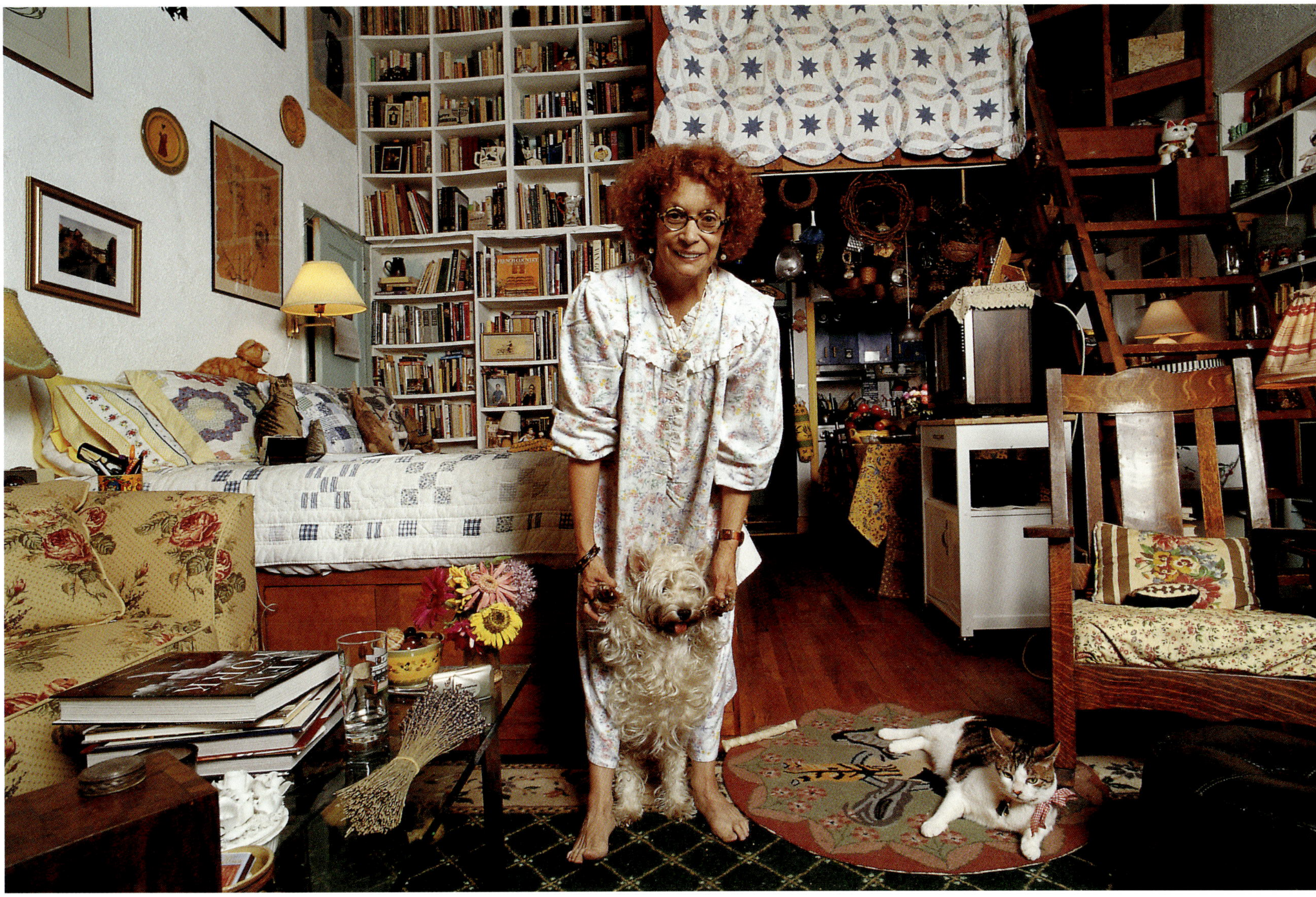

Mein Hund und meine Katze sind meine Babys, meine Familie. Alles, was mir wichtig ist, umgibt mich beim Schlafen: meine Tiere, meine Bücher, Fotos meiner Freunde und Dinge, die ich im Laufe der dreißig Jahre, die ich hier wohne, gesammelt habe.

PATRICIA FIELDSTEEL, 54, SCHRIFTSTELLERIN

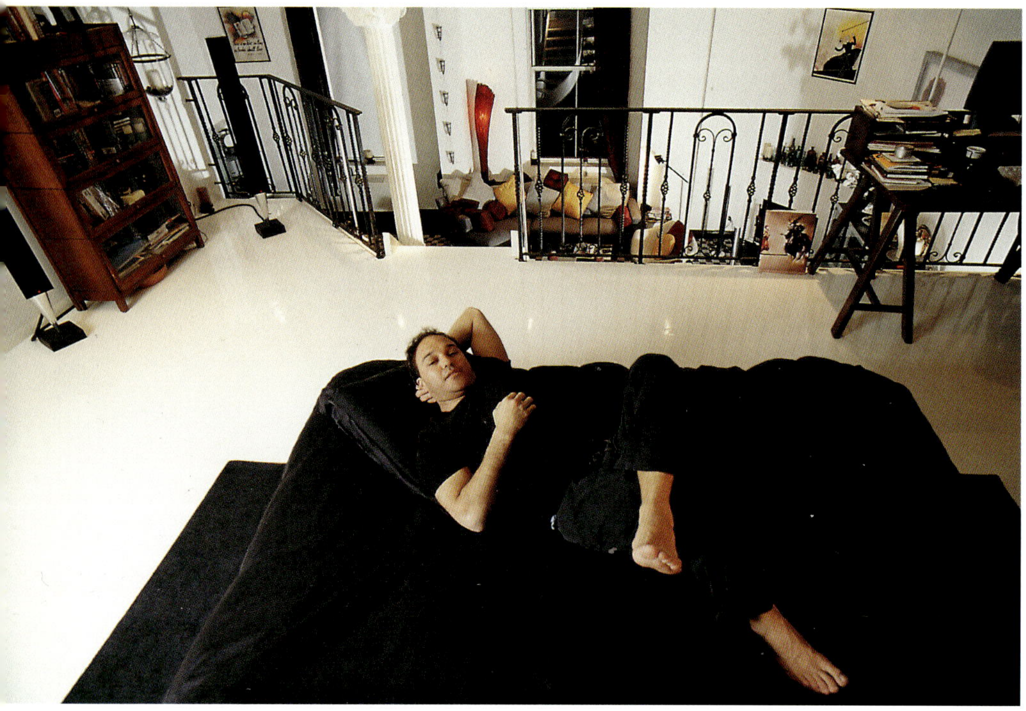

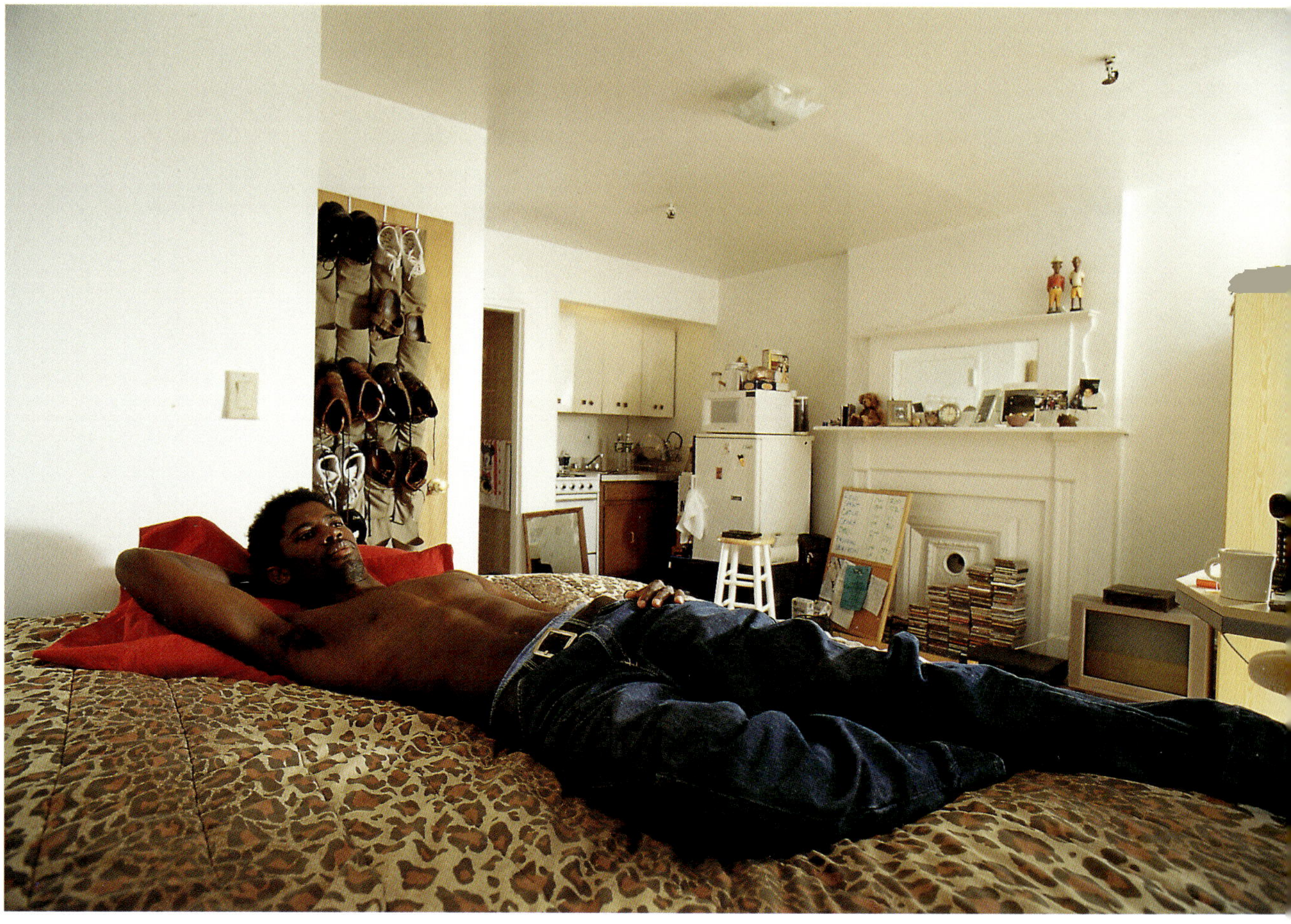

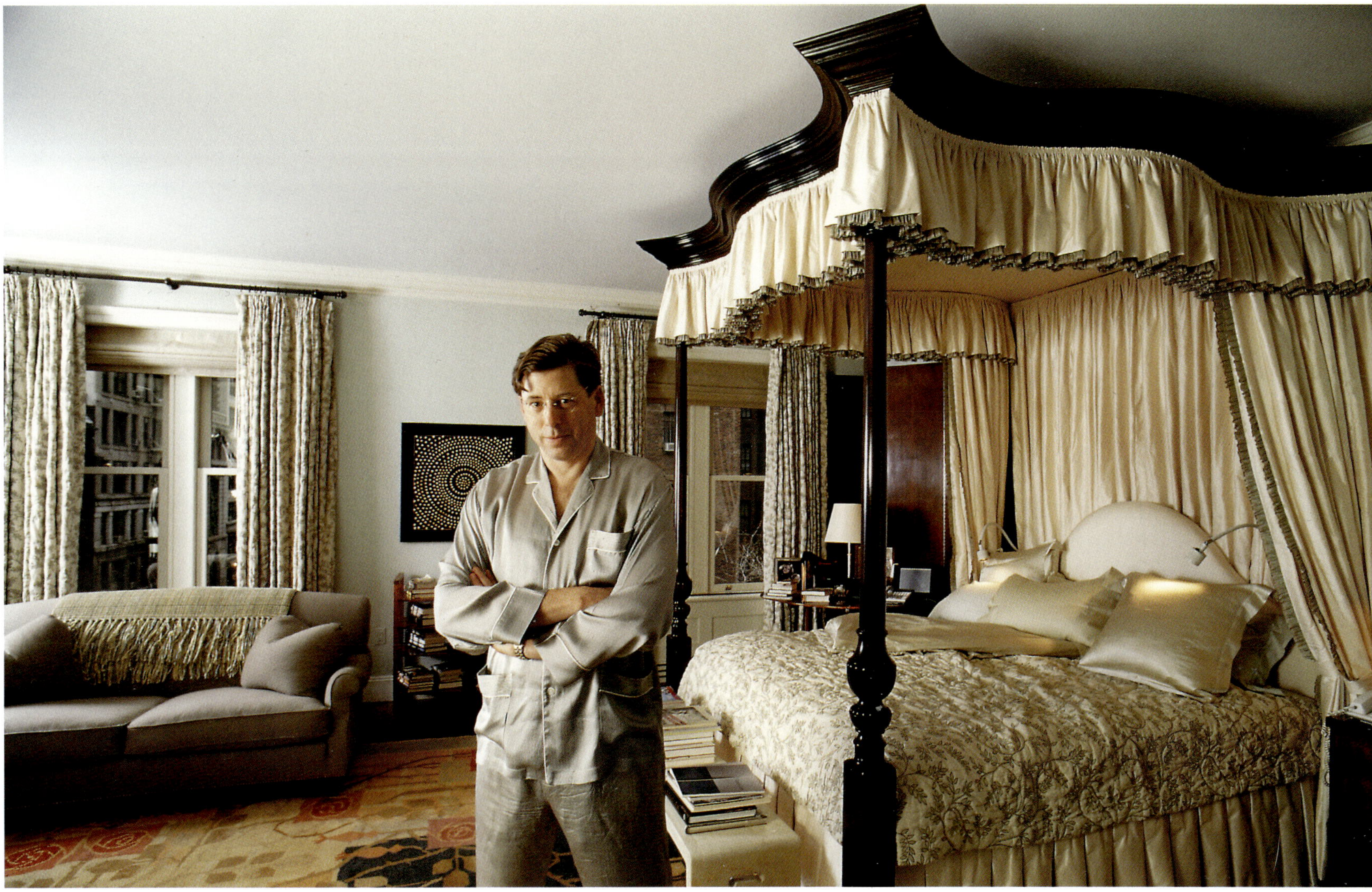

Ich gehe gerne schlafen, ich genieße die Weite des Raums hier oben. Mein Arbeitsplatz steht nah beim Bett. Vor dem Schlafen rufe ich ein letztes Mal meine Mails ab und dann wieder sofort nach dem Aufwachen. Um mit den Menschen, mit denen ich weltweit zusammenarbeite, in Kontakt zu sein. Hier im Bett fühle ich mich sicher, geborgen und weitab von der Hektik der Stadt. **BENNETT EGETH, 40, BANKER**

Zum ersten Mal in meinem Leben wohne ich allein. Es ist toll, nackt herumzulaufen. Das ist ein seltenes Gefühl von Freiheit in dieser Stadt. Ich wuchs in einem sehr armen Viertel auf. Meine Familie sind Baptisten aus einer ländlichen Gegend im Süden. Sie predigten mir immer, bescheiden zu sein. Das habe ich nie abgelegt, aber in New York musste ich lernen, aggressiv zu werden. **CHRIS SESSION, 29, KELLNER**

Mein Bett soll Männlichkeit vermitteln, ohne zu übertreiben. Ich habe mit einem Designer zusammen über jedes einzelne Detail gebrütet, die Stoffe, das Flair des Raums, das Licht. Meine Leidenschaft gehört dem Geschäft. Momentan lebe ich allein, aber neben meiner Arbeit ist Liebe für mich das Wichtigste. **JOHN HOWARD, 49, INVESTMENTBANKER**

In meinem Viertel war Gewalt alltäglich. Ich musste lernen, mich zu verteidigen. Die Liebe, die meine Eltern einander gaben, war jedoch stärker als die Gewalt und schuf einen Ort der Ruhe in meinem Leben. Ich brauchte sehr viele Stunden, um diese Bäume zurechtzuschnitzen. Die Menschen, die sie sehen, sind freundlicher zu mir. Sie haben nicht das Gefühl, mich in meiner Wohnung zu besuchen, sondern auf einer Waldlichtung. **RUDY VAN DAELE, AKROBATIKLEHRER**

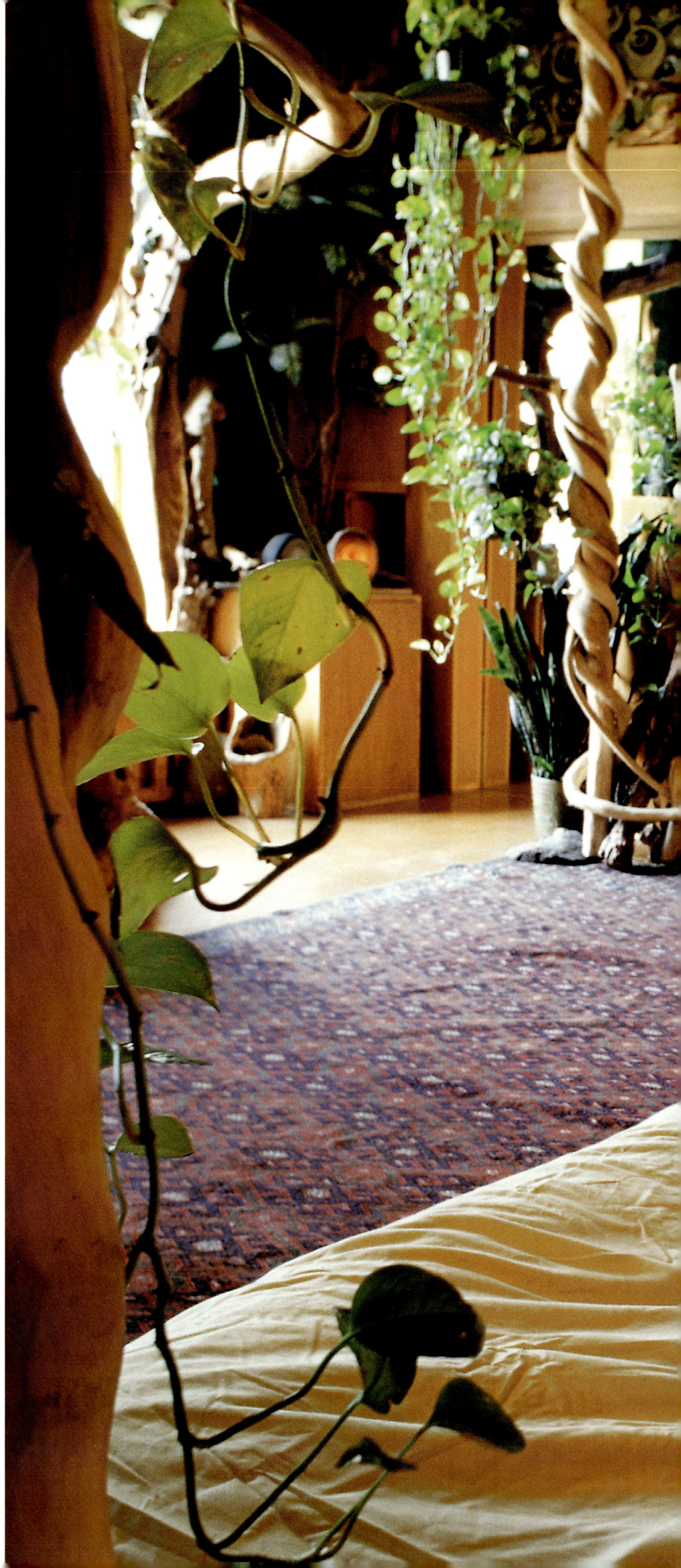

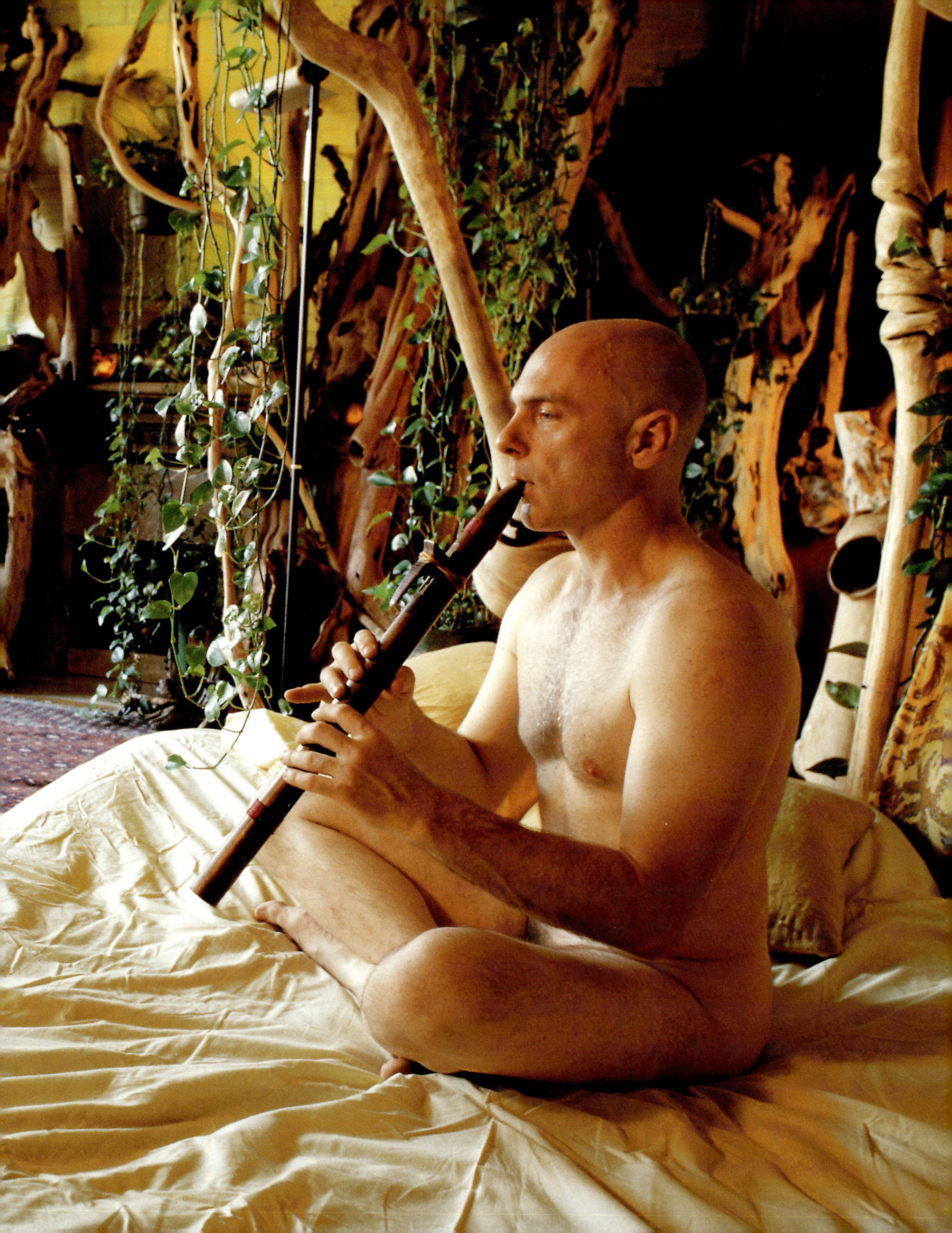

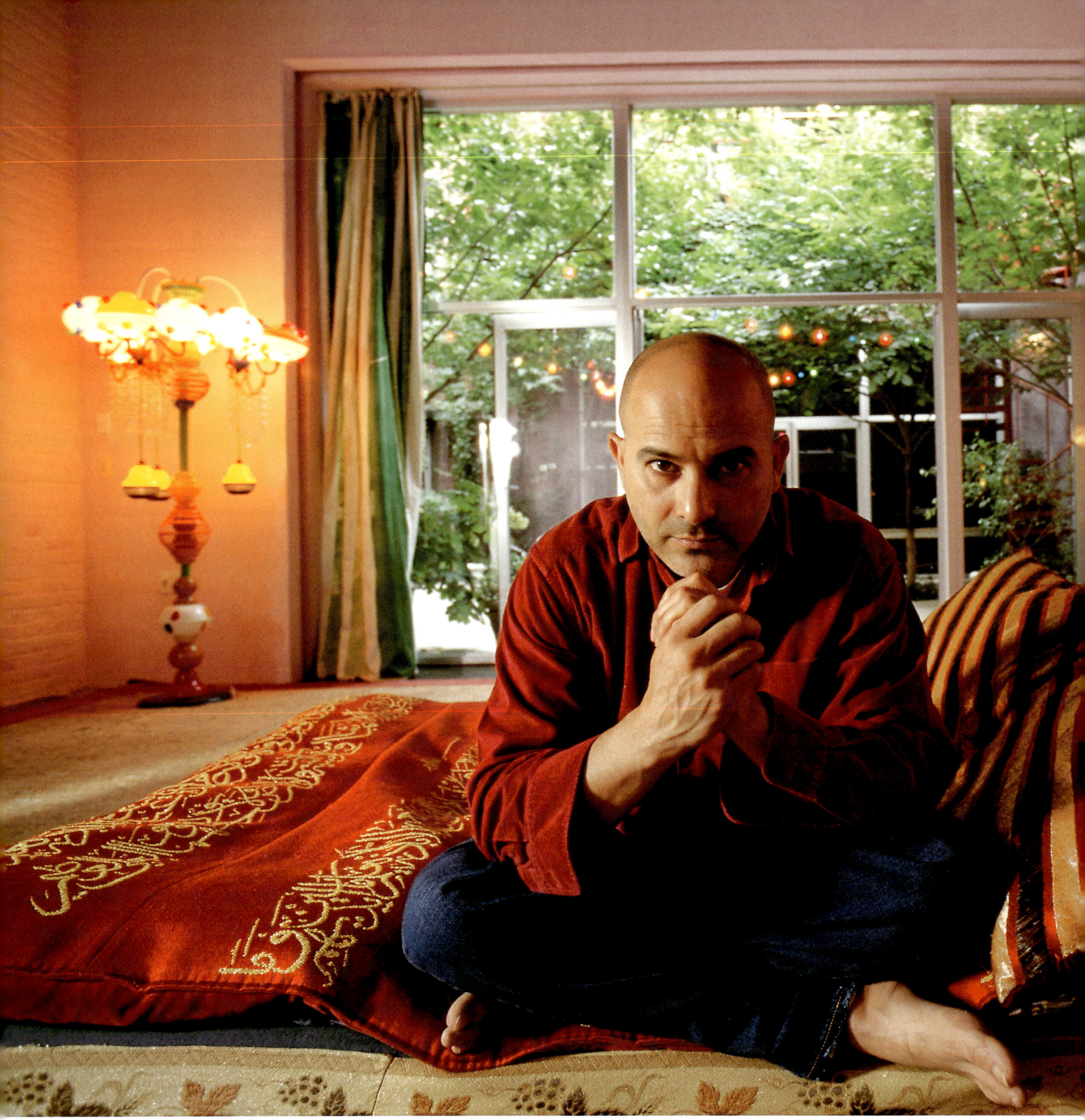

Du kannst deine Vision verwirklichen. Oder du stellst eines Tages fest, dass du einmal eine Vision hattest. Visionen wachsen im Schlaf weiter. **IZHAR PATKIN, 46, KÜNSTLER**

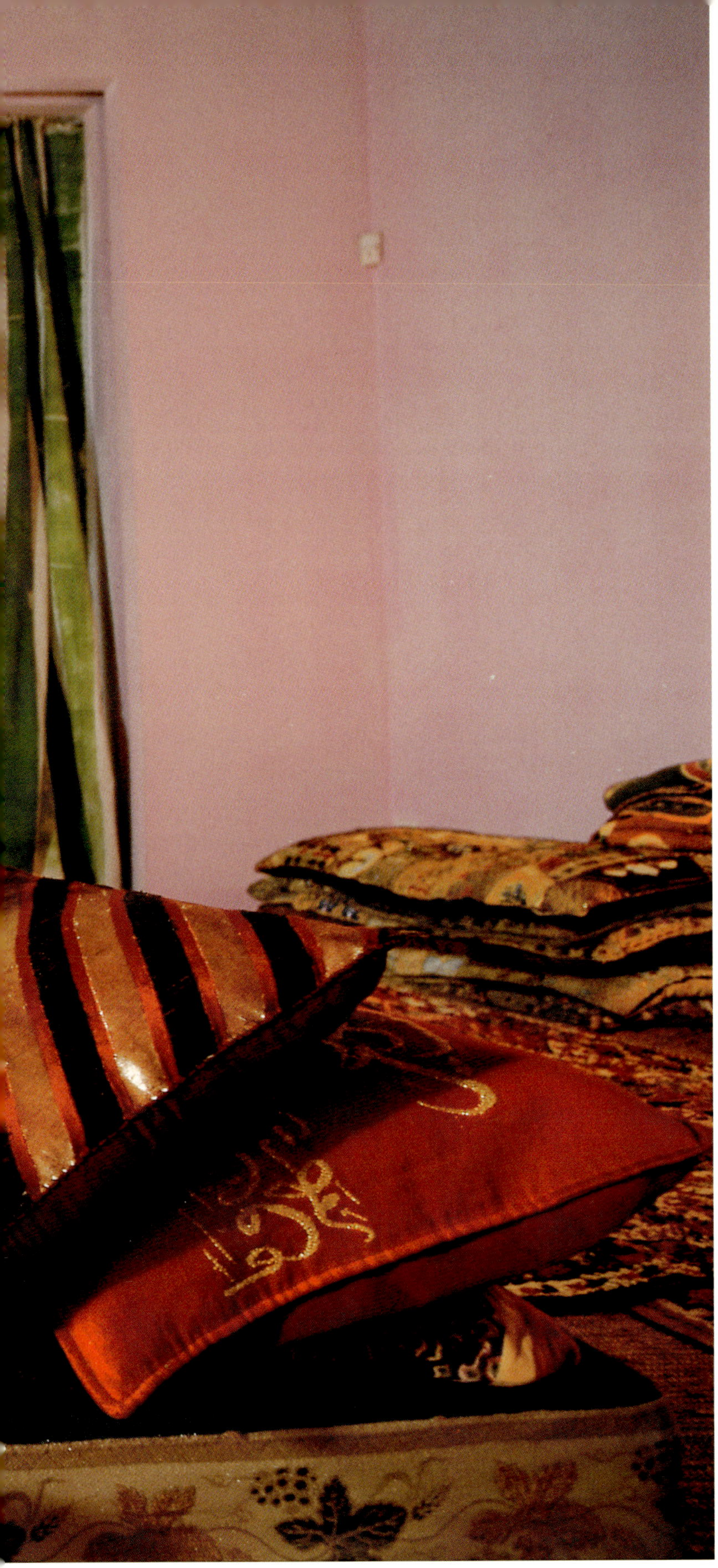

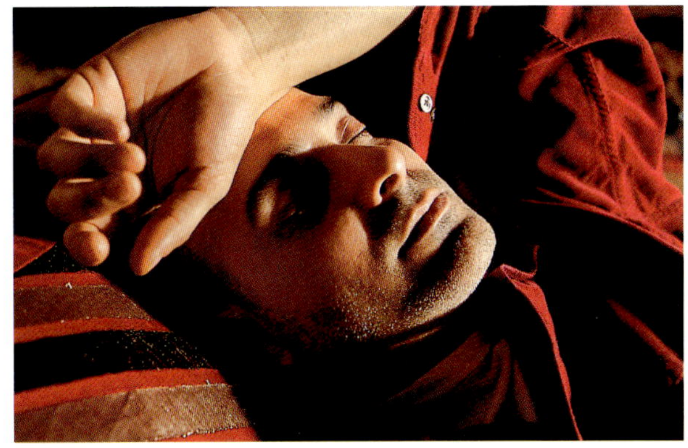

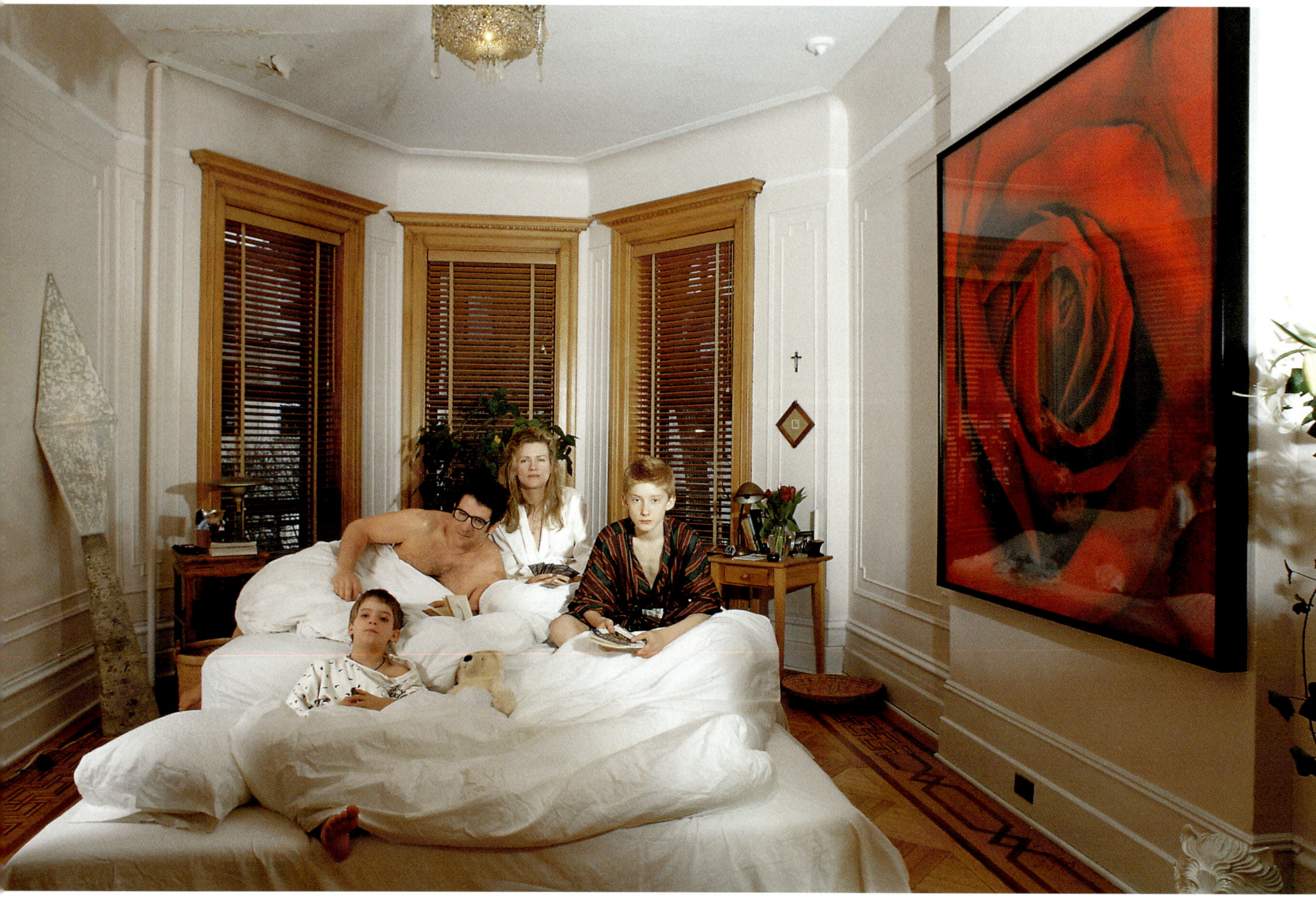

Das Besondere an diesem Raum ist, dass hier nicht gearbeitet wird. Es ist auch einer der schönsten Räume. Mit ihm verbinde ich einige meiner angenehmsten Erinnerungen, hier sehe ich meine Frau nackt, und hier ist vieles, was ich mag. Ich bin sehr gerne mit Barbara zusammen, Liebe und sich lieben ist mir wichtig. Manchmal versuchen wir noch einen gemeinsamen Morgen zu verbringen, nachdem wir die Kinder in die Schule gebracht haben. In dem Morgenstunden ist hier ein herrliches Licht. **ROBERT LONGO, 49, KÜNSTLER**

Das ist der Raum ohne Pflichten, die Welt bleibt draußen, deshalb gibt es keinen Fernseher, keine Bücherwand und Zeitungen. Es ist ein Raum, wo ich auf mich selbst zurückgeworfen bin. Bis vor kurzem kamen auch die anderen Kinder morgens zu uns ins Bett. Sie benutzen es gerne als Trampolin. Manchmal hat Joseph Lust, bei uns zu schlafen, deshalb haben wir noch ein kleines Bett dazugestellt. In diesem Raum gibt es eine unmittelbare Nähe zwischen Robert und mir und meiner Familie. Das Bett macht uns weicher, die Hektik fällt ab. Die Wärme und Weichheit des Bettes machen uns gelöst. **BARBARA SUKOWA, 52, SCHAUSPIELERIN, JOSEPH, 8, VIKTOR, 14**

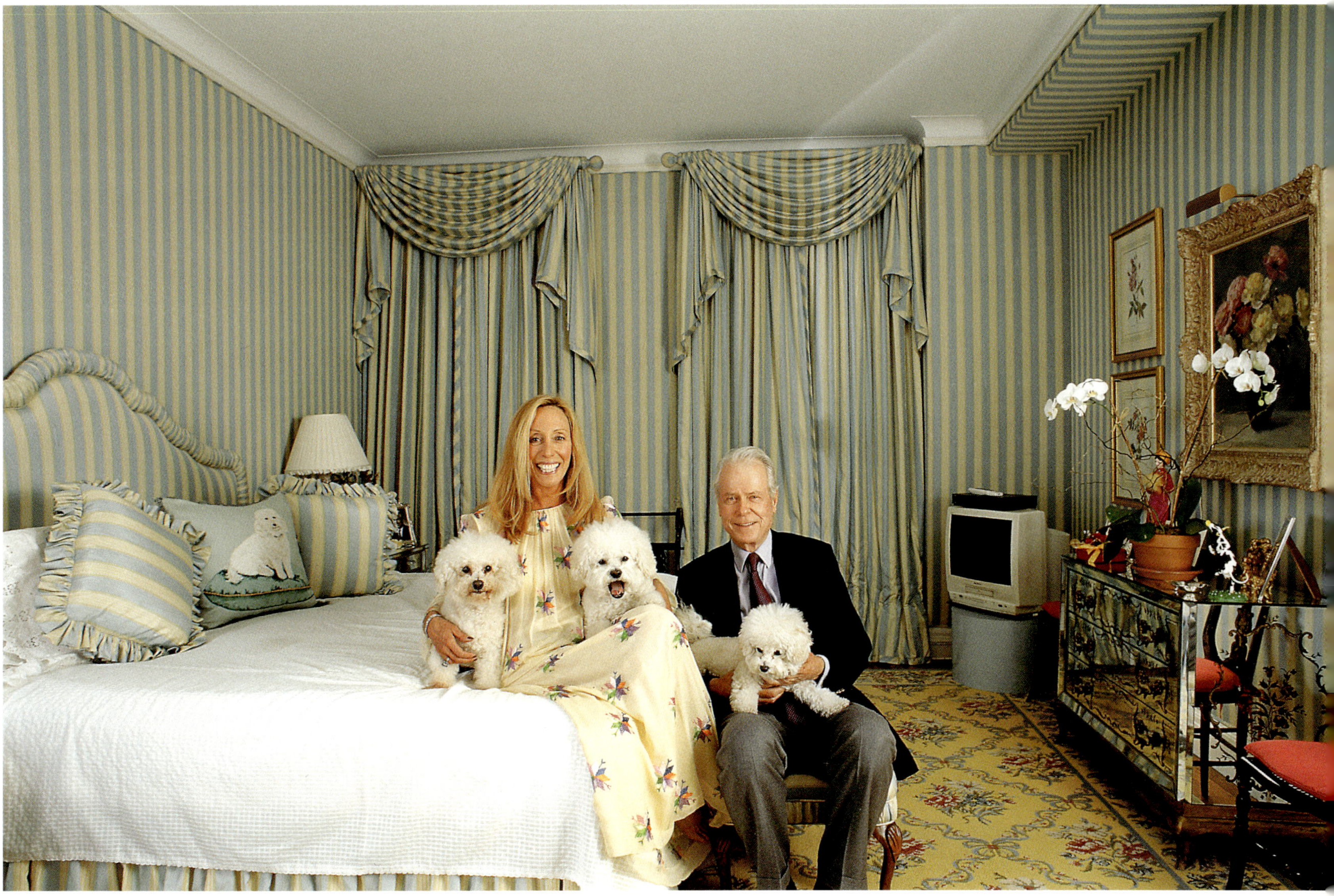

Als ich noch allein lebte, habe ich im Schlafzimmer gearbeitet, gegessen, ferngesehen, meditiert. Seit wir verheiratet sind, hat sich das geändert. Das Schlafzimmer ist nur noch das Schlafzimmer, es ist behaglich, persönlich und intim. Jeder Gegenstand ist ein Andenken an unser gemeinsames Leben. **JO HALLINGBY, RECHTSANWÄLTIN, HAUSFRAU**

Das Schlafzimmer bringt Freude in mein Leben dank Jo. Wenn dann noch die drei Hunde bei uns im Bett sind, bin ich noch glücklicher. Wir sagen einander Gute Nacht, und die Hunde schlafen ruhig bis zum nächsten Morgen. Dann wecken sie uns mit kleinen Küsschen. **PAUL HALLINGBY, 82, INVESTMENTBANKER, MIT CHARLY, JAMES UND CHLOE**

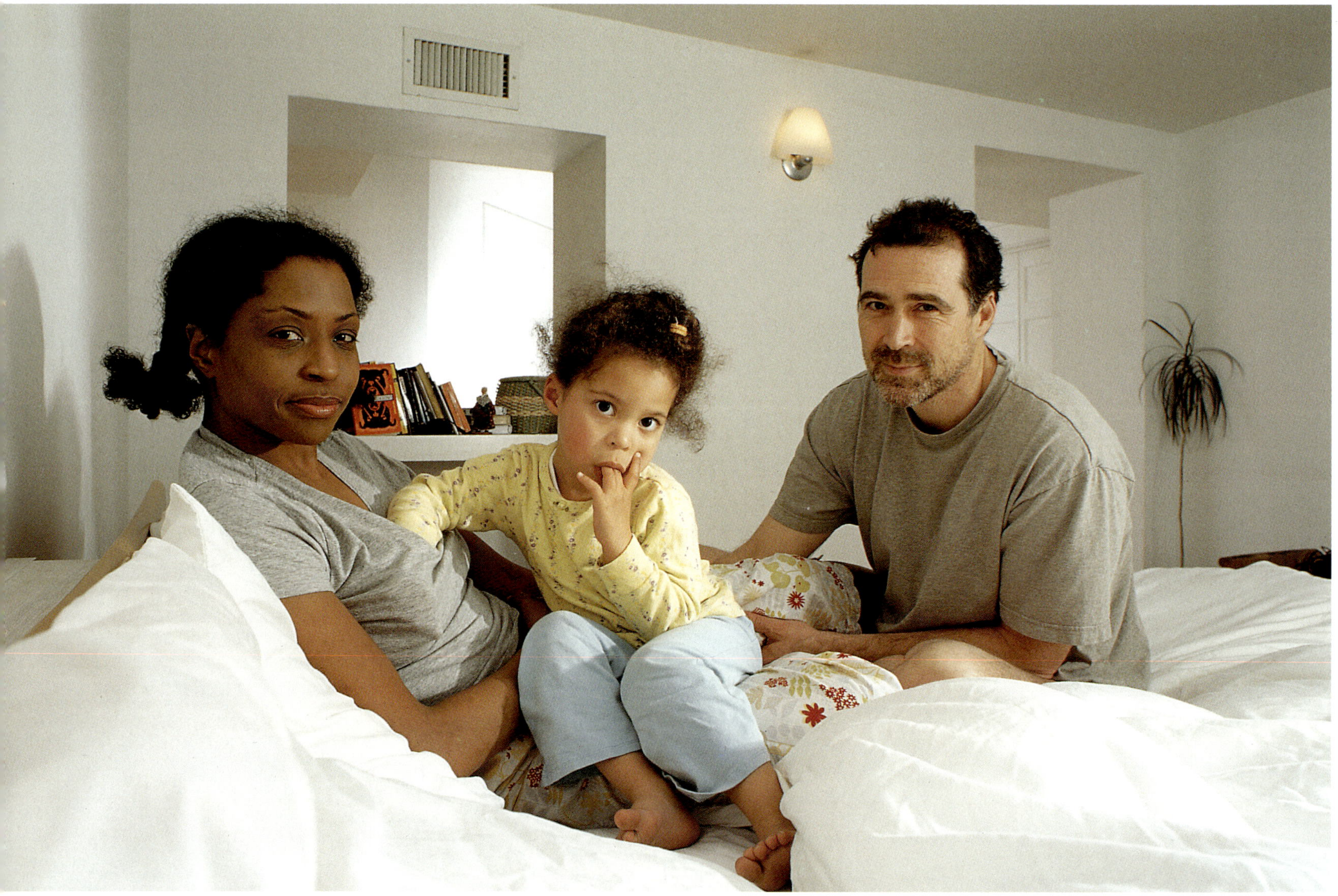

In diesem Zimmer kann ich mich fallen lassen. Wenn wir Zora um acht Uhr ins Bett bringen, schlafen wir manchmal mit ihr ein. Ich habe einen leichten Schlaf, denn nachts muss Zora zweimal auf Toilette, oder sie träumt schlecht. Bevor wir ein Kind hatten, konnten wir hier tief und ruhig schlafen und hatten guten Sex. **LORNA SIMPSON, 41, FOTOGRAFIN, ZORA, 3**

Zora erwacht bei Sonnenaufgang und kommt dann zu uns ins Bett. Sie lutscht geräuschvoll am Daumen. Ich gehe dann nach oben, um noch eine Stunde schlafen zu können. **JAMES CASEBERE, 49, FOTOGRAF**

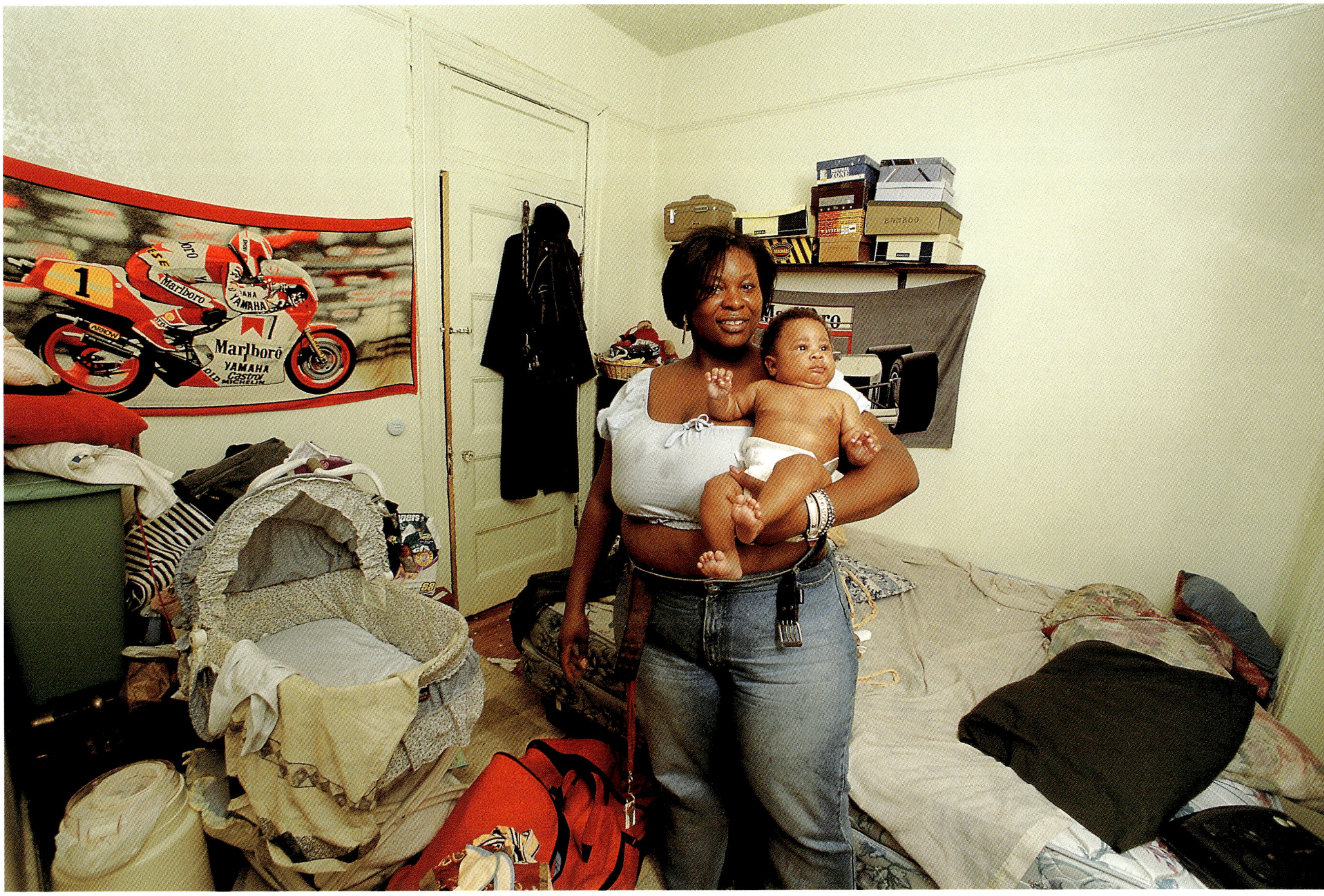

Mein Sohn Acic schläft lieber bei mir im Bett. In diesem Raum habe ich meine Kleidung, und hier schlafe ich. Manchmal bleibt auch mein Freund über Nacht. **EDENIKE VELEZ, 26, TÜRSTEHERIN IN NACHTKLUBS, ACIC, 4 MONATE**

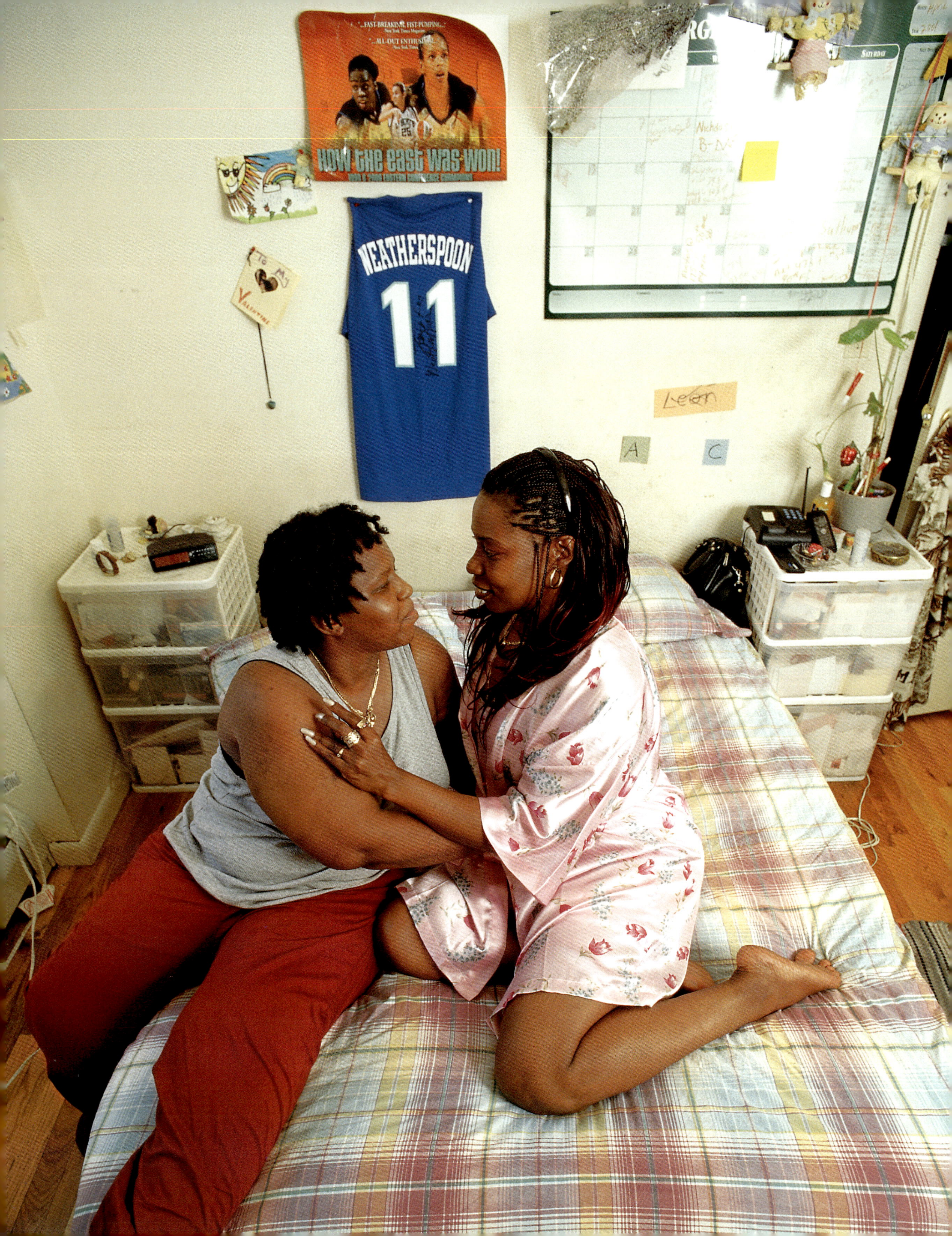
HOW THE EAST WAS WON!
WEATHERSPOON
11
Leon
A
C

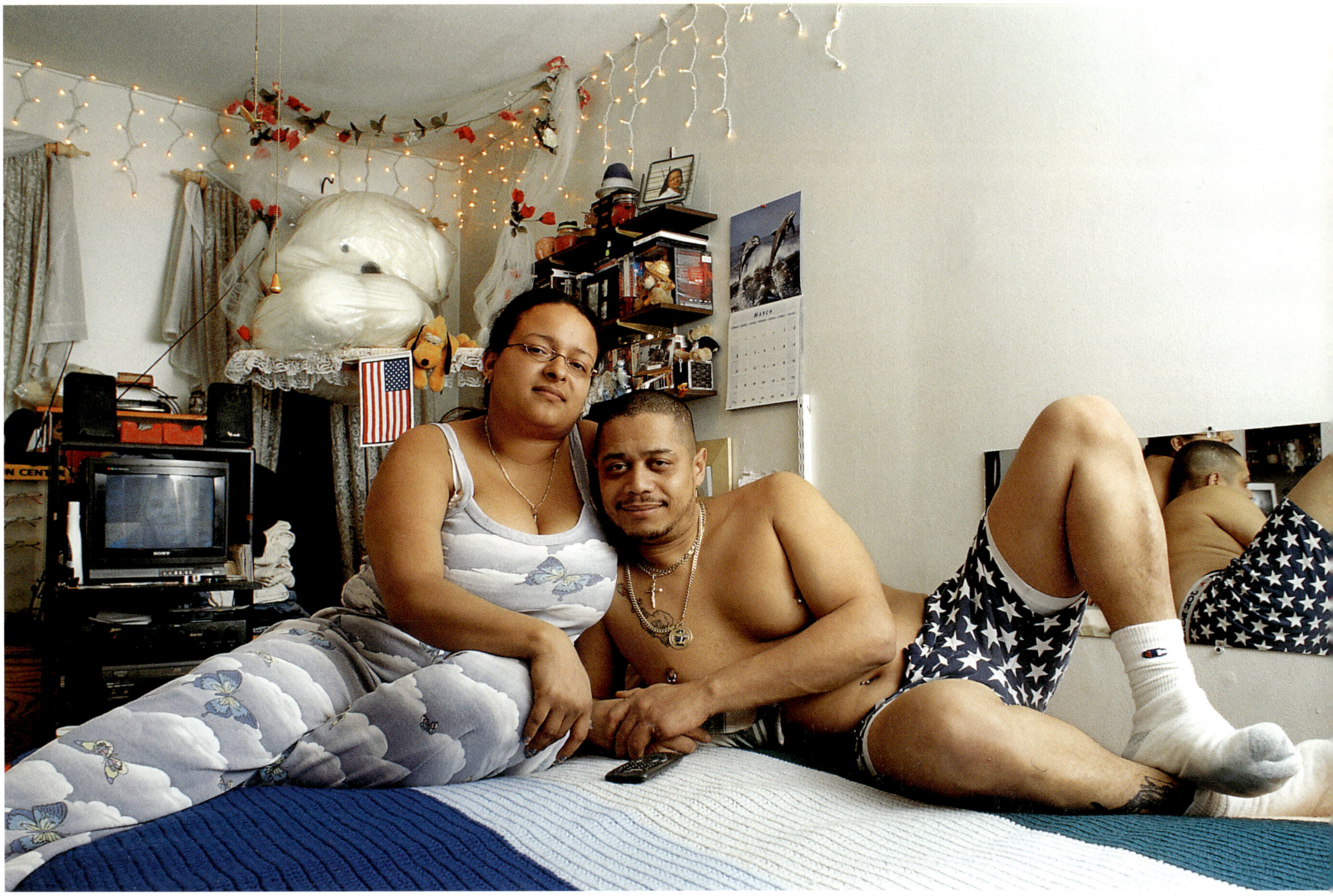

Ich habe fünf Kinder. Als ich meiner Mutter gestand, dass ich mich in Natalie verliebt habe, sagte sie, ich sei krank, und schickte mich zum Psychiater. Die ganze Familie lebt hier, deshalb ist dieses Zimmer für uns ein heiliger Ort. **PATRICIA ODOM, 42, BANKANGESTELLTE**

Meine zwei Kinder leben auch hier bei uns. Patricia ist meine absolute Traumfrau. Ihre Weiblichkeit erfüllt den ganzen Raum. Sie hat das Sagen und kümmert sich um alles. **NATALIE BURNETT, 37, SEKRETÄRIN**

Ich sorge dafür, dass es Juan gut geht und er sich erholen kann. Wenn er krank ist, bin ich seine Ärztin und seine Krankenschwester. Er ist mein Held. Ich bemühe mich, seine Wünsche und Bedürfnisse in allen Bereichen zu erfüllen, Sex, Essen, einfach alles. **JEANETTE RODRIGUEZ, 26, HAUSFRAU, BÜROKRAFT**

Beim Einschlafen lege ich meinen Kopf auf Jeanettes Brust, sie streichelt mir den Kopf, gibt mir einen Gutenachtkuss, und um vier Uhr wache ich wieder auf. Dann geht's zur Arbeit. Das Schlafzimmer ist unser Heiligtum. Hier kapseln wir uns von der Welt ab, hier ist unser Spielplatz. **JUAN SIERRA, 36, ZIMMERMANN**

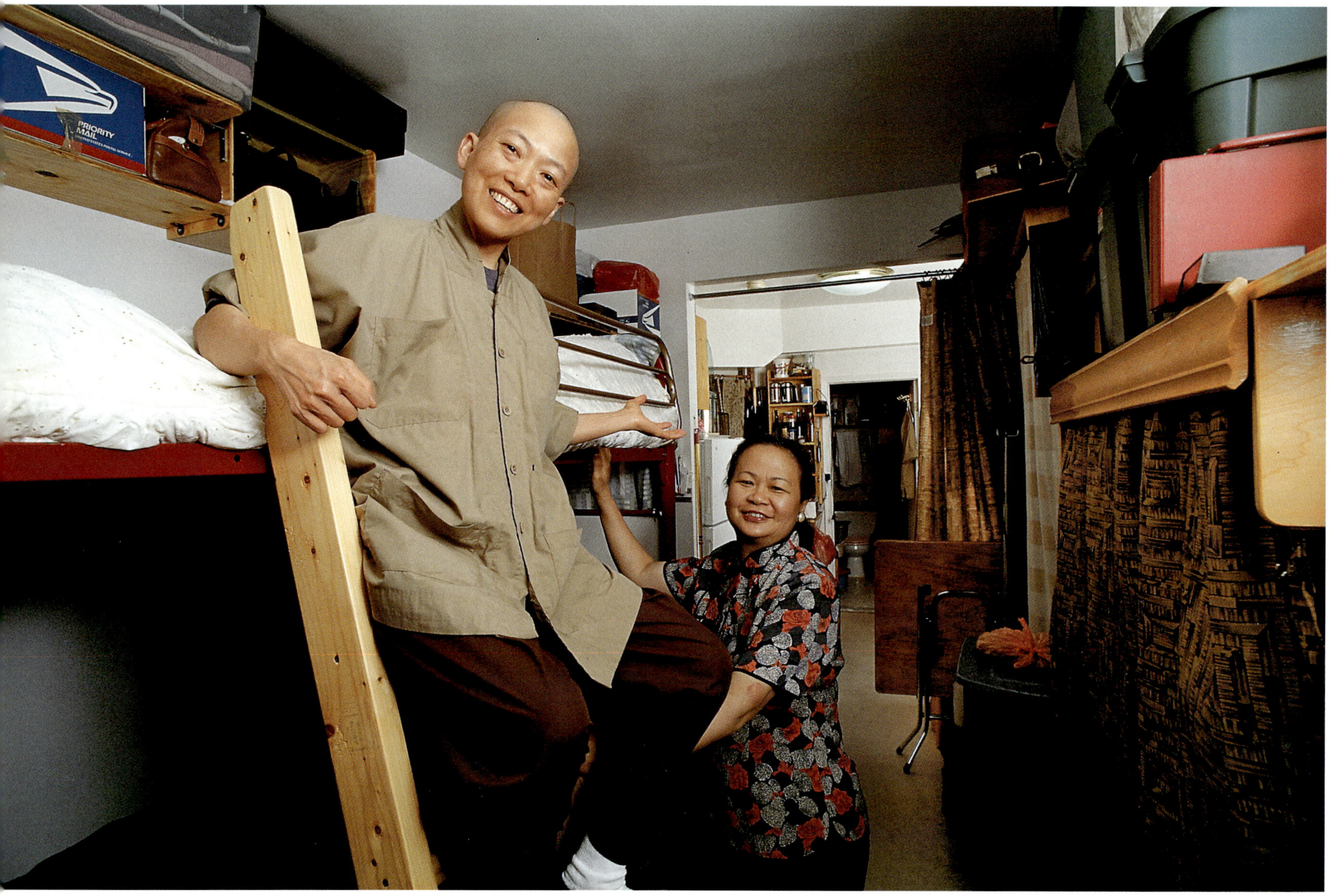

Wir haben uns dazu entschieden, in eine kleinere Wohnung zu ziehen, da sie näher bei unserem Restaurant liegt. Wir genießen es, zusammen zu wohnen und zu arbeiten, wir können so besser füreinander da sein. **JIN SHI SHI, 51, BUDDHISTISCHE NONNE**

Jin kann innerhalb einer Minute einschlafen. Ich schlafe lange und tief. Nicht, weil ich so hart arbeite, das war schon immer so. Ich kann auch im Sitzen und an lauten Orten schlafen. **NANCY LI, 52, GESCHÄFTSFRAU**

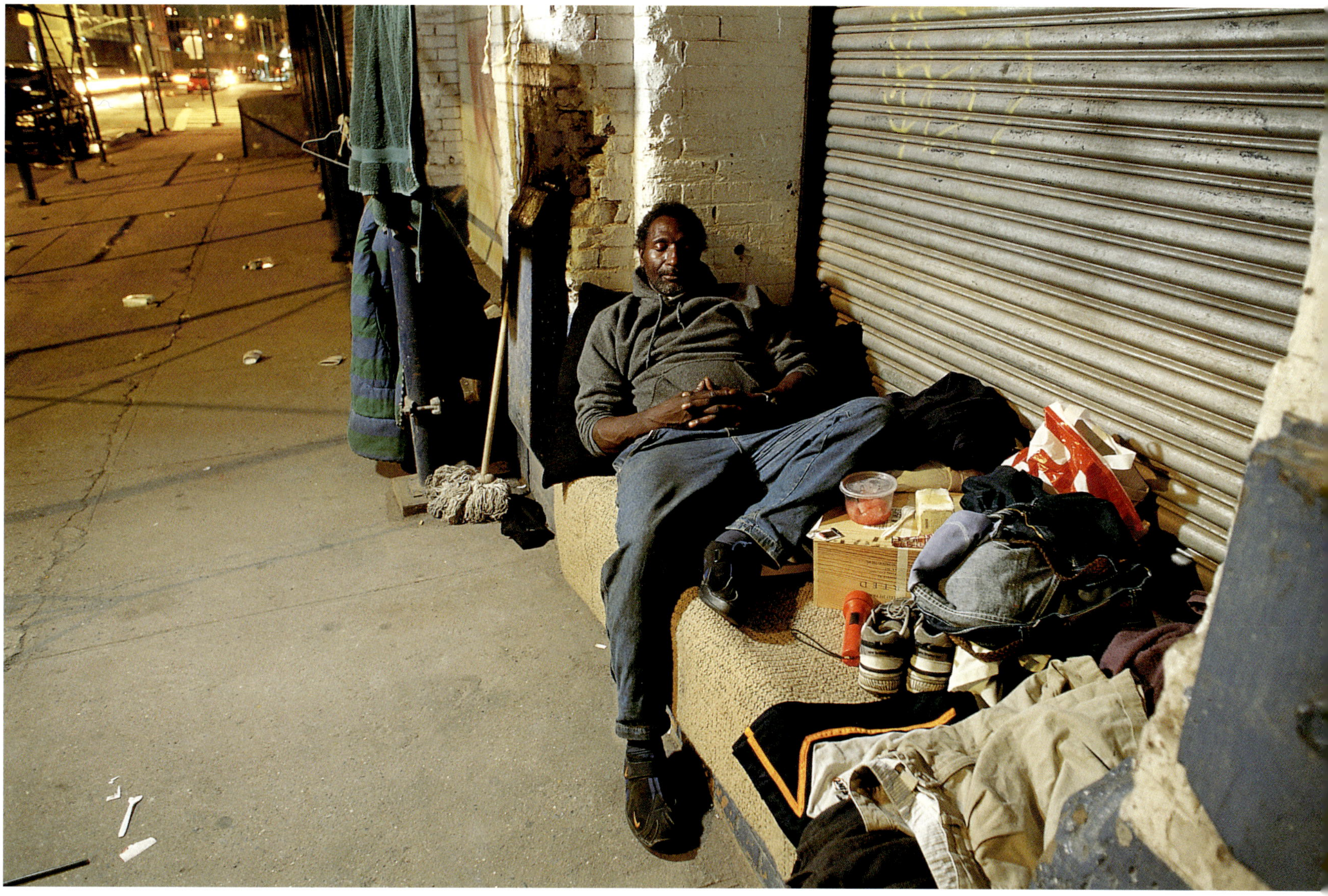

Schon seit neunzehn Jahren lebe ich auf der Straße. Hier draußen findet das wahre Leben statt, man kann hier nichts verbergen. Ich hatte keine Erfahrung mit diesem Leben und verspürte anfangs Angst und litt unter der Kälte. Doch jetzt bin ich zuversichtlich, denn Gott schützt und segnet mich. Ich werde überleben. **LARRY HAMZAH CHAMBERLAIN, 59, ÜBERLEBENSKÜNSTLER**

Um mir das Leben zu erleichtern, wohne ich im Hotel. Schon seit acht Jahren bin ich hier. Schön zu sein erfordert ein hohes Maß an Disziplin. Es hat lange gedauert, bis die Gesellschaft mich so akzeptierte, wie ich bin. Ich liebe mich. **AMANDA LEPORE, NACHTKLUBSTAR, MODEL, SCHAUSPIELERIN**

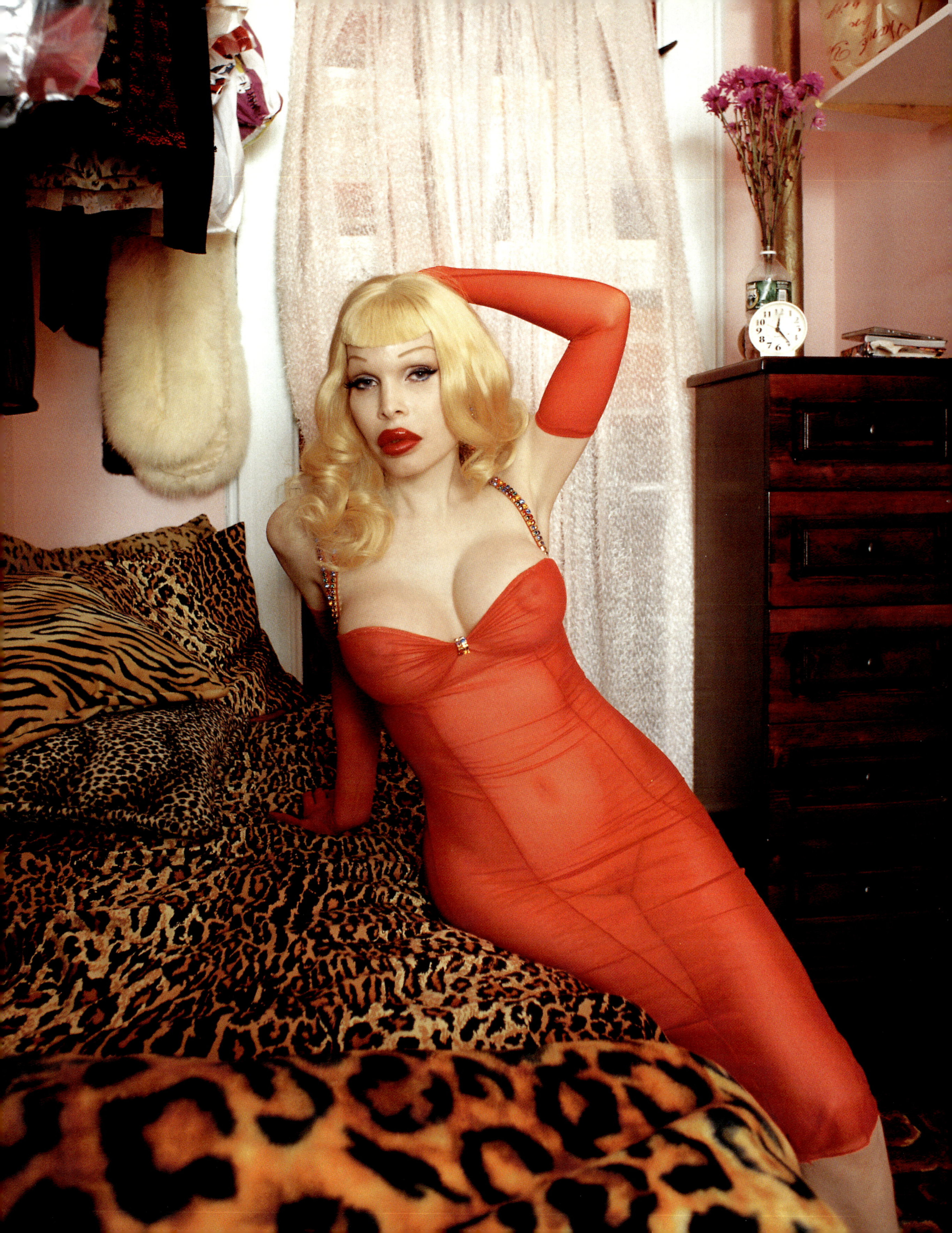

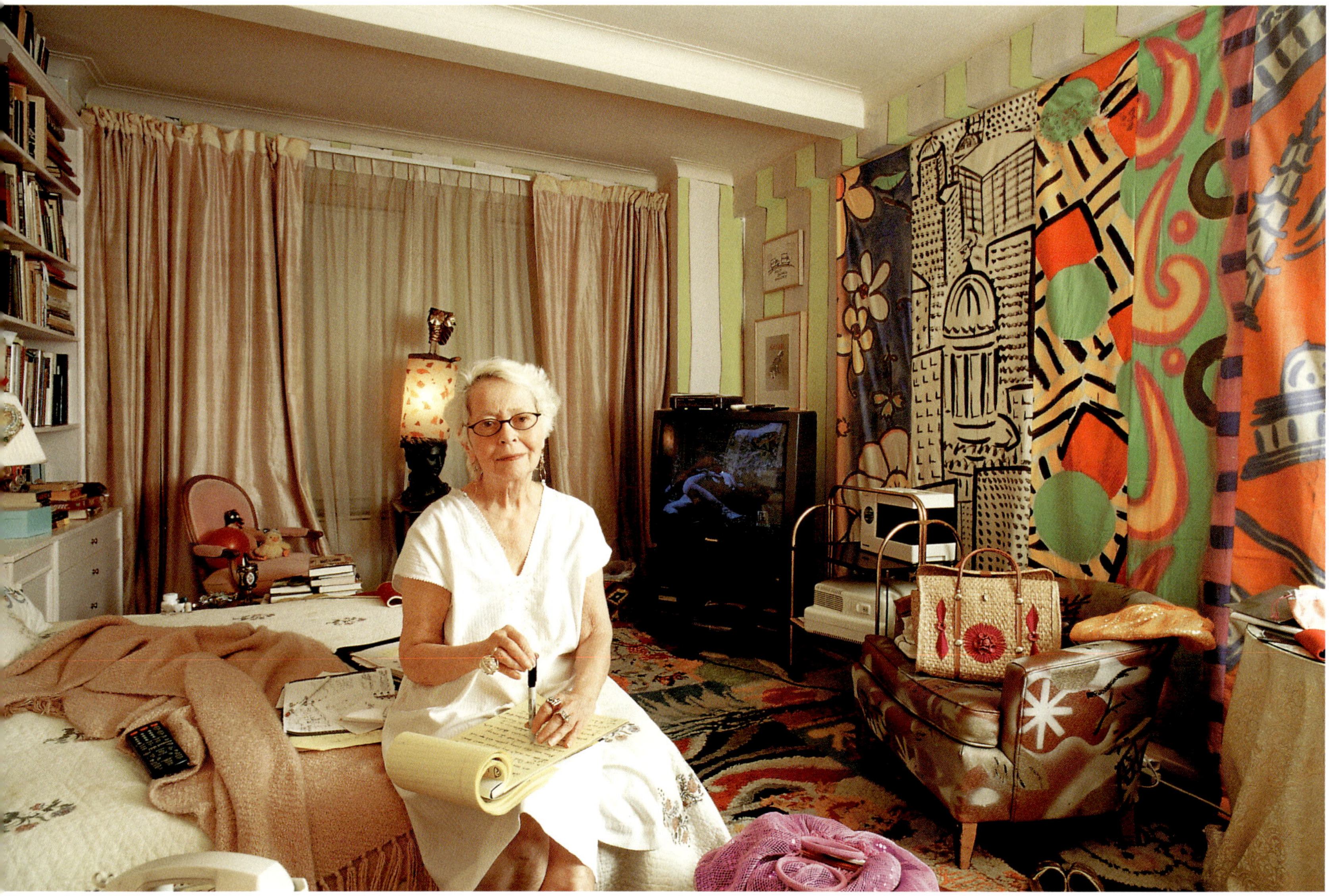

Die Kunstwerke in meinen Schlafzimmer wähle ich nach sehr persönlichen Kriterien aus. Habe ich einen jungen Künstler oder etwas Neues entdeckt, dann hänge ich es mir hier ins Schlafzimmer. Da bin ich gezwungen, mich intensiv damit auseinanderzusetzen. Denn hier drinnen schreibe, esse und lese ich, sehe fern und telefoniere, also einfach alles. **HOLLY SALOMON, 66, KUNSTHÄNDLERIN**

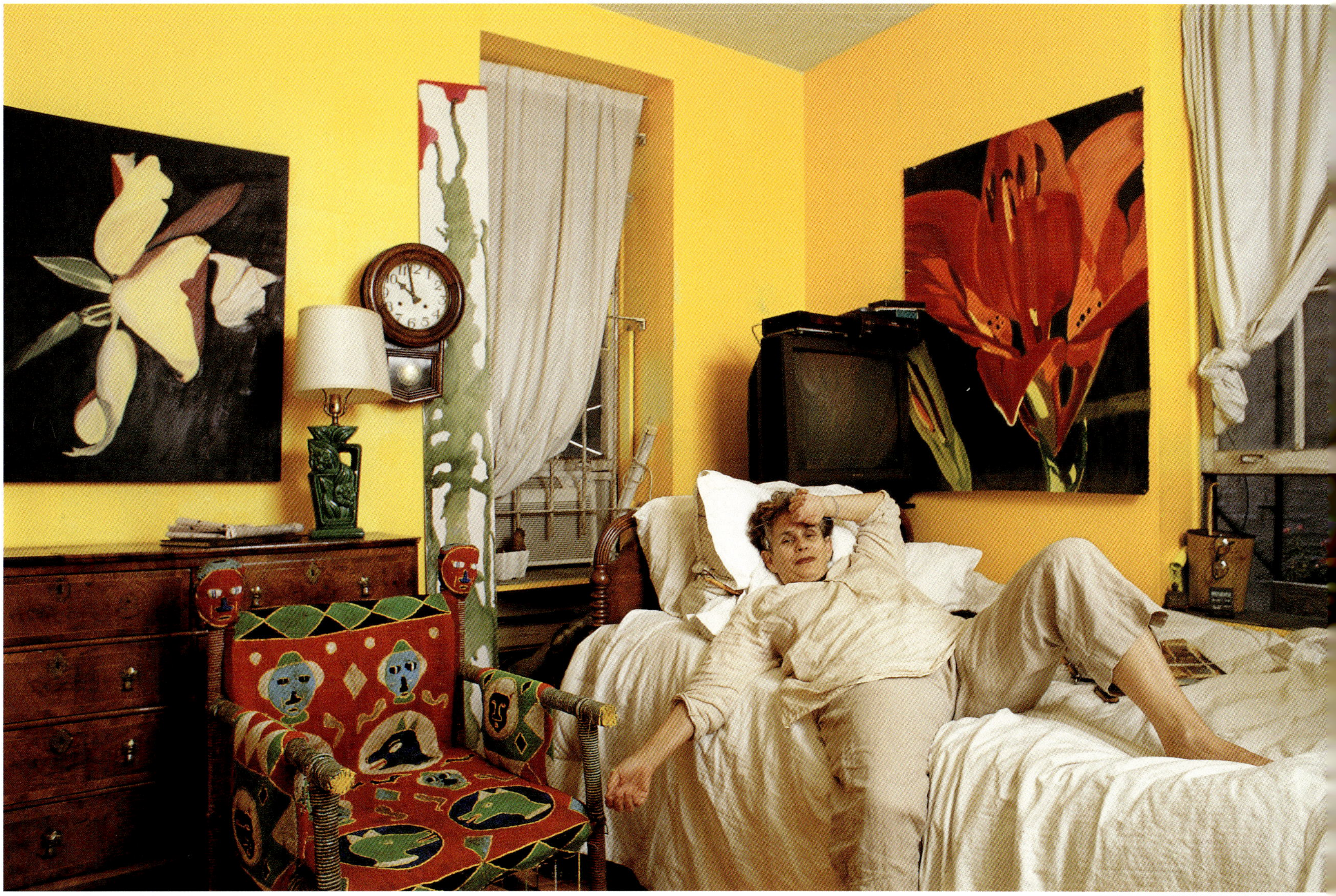

Ich muss Körper und Geist zusammenhalten, um als Künstlerin überleben zu können. Meine Finanzen regle ich vom Bett aus. Oft bin ich dabei nackt. Ich finde es witzig, den Telefonhörer abzunehmen, meinen Anlageberater anzurufen und eine erfolgreiche Order abzugeben.

SANDY STRAUSS, KÜNSTLERIN

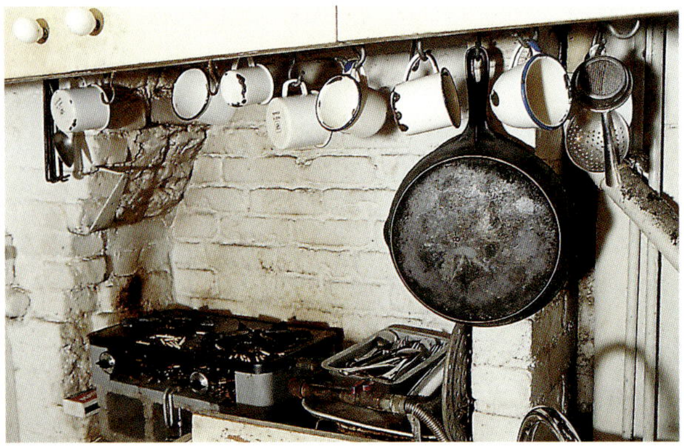

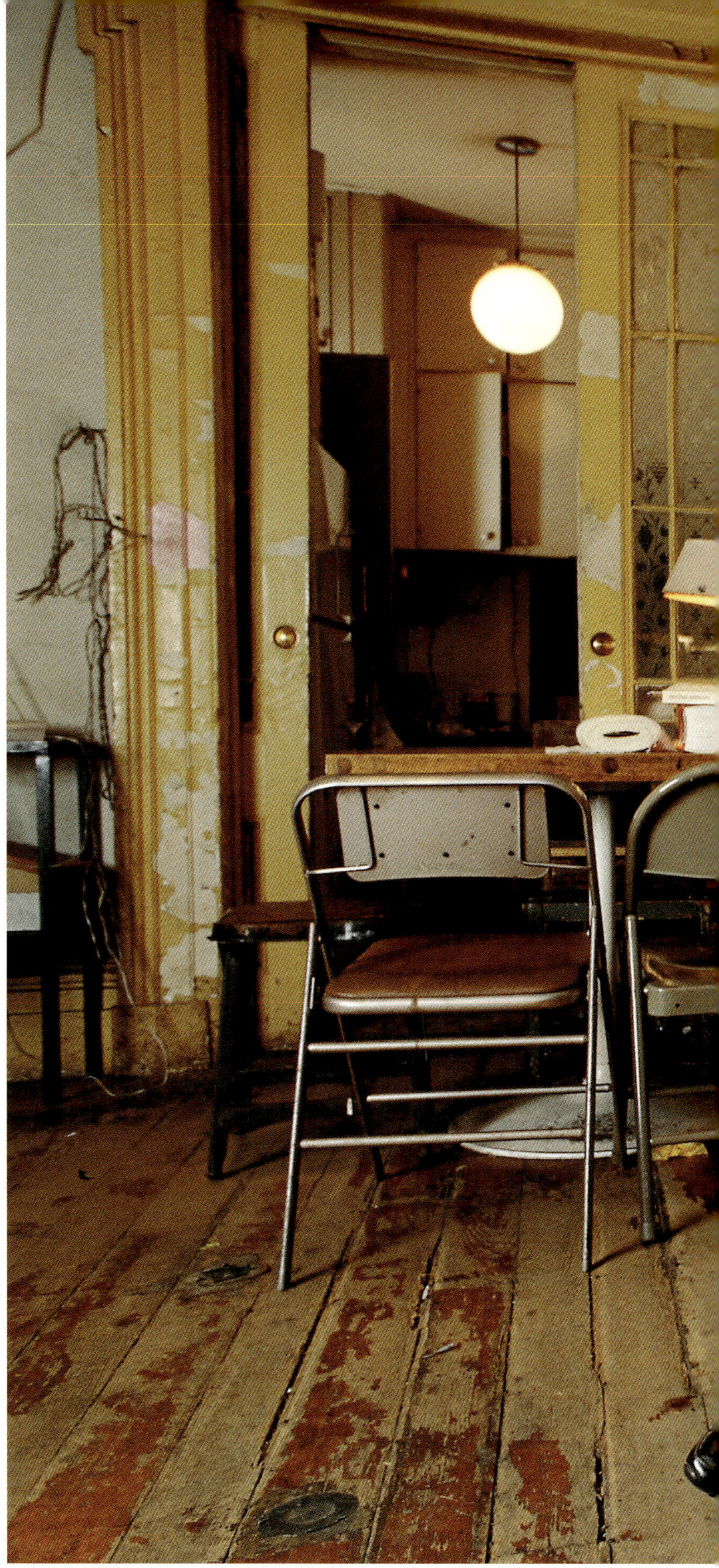

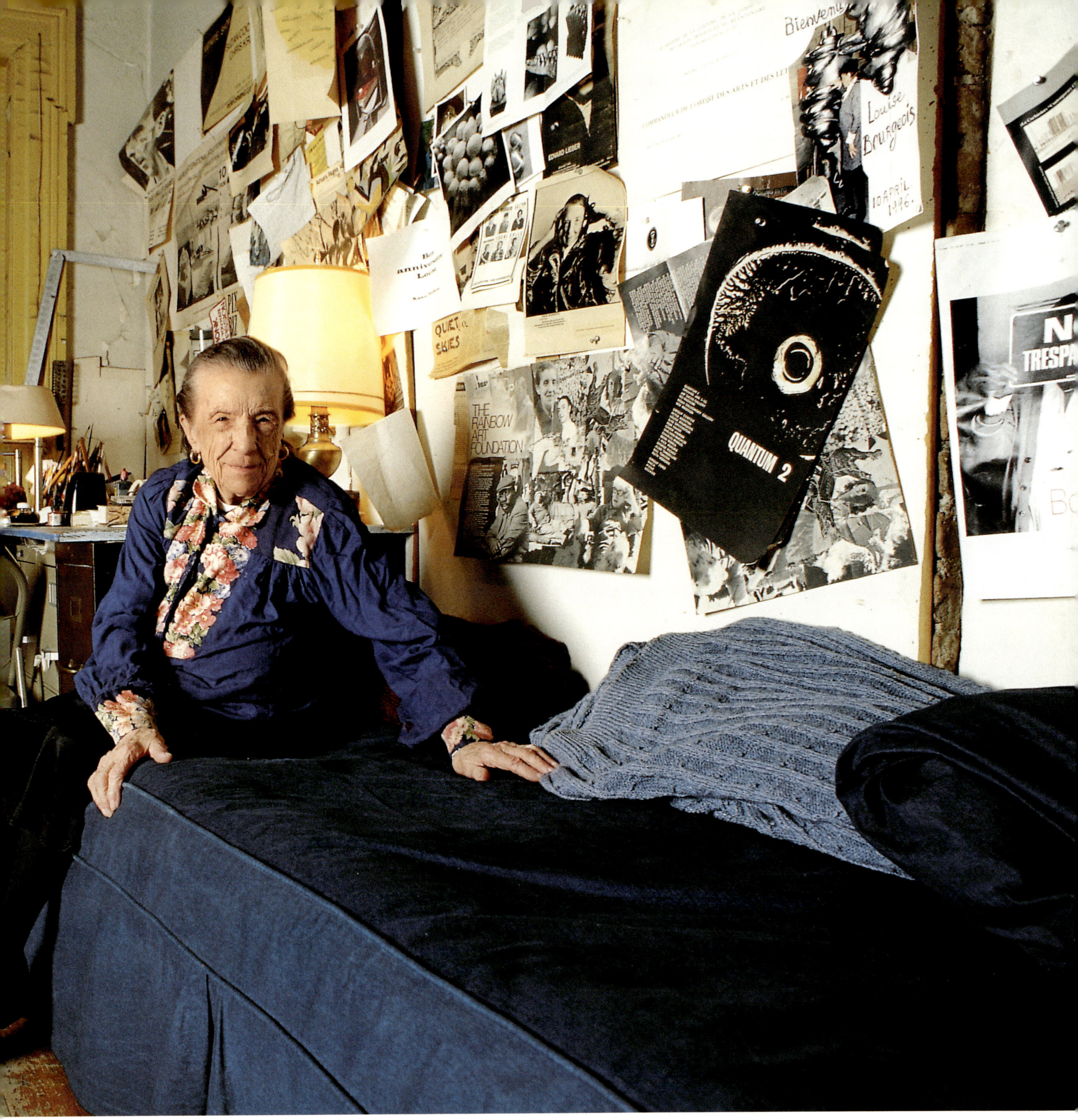

Die Nacht inspiriert mich, da ich weniger von der Außenwelt abgelenkt werde. Zeitweise litt ich unter Schlaflosigkeit. Je älter ich werde, desto mehr Schlaf brauche ich. Wenn ich aufwache, bin ich gut gelaunt und kann es kaum erwarten loszulegen.

LOUISE BOURGEOIS, 90, KÜNSTLERIN

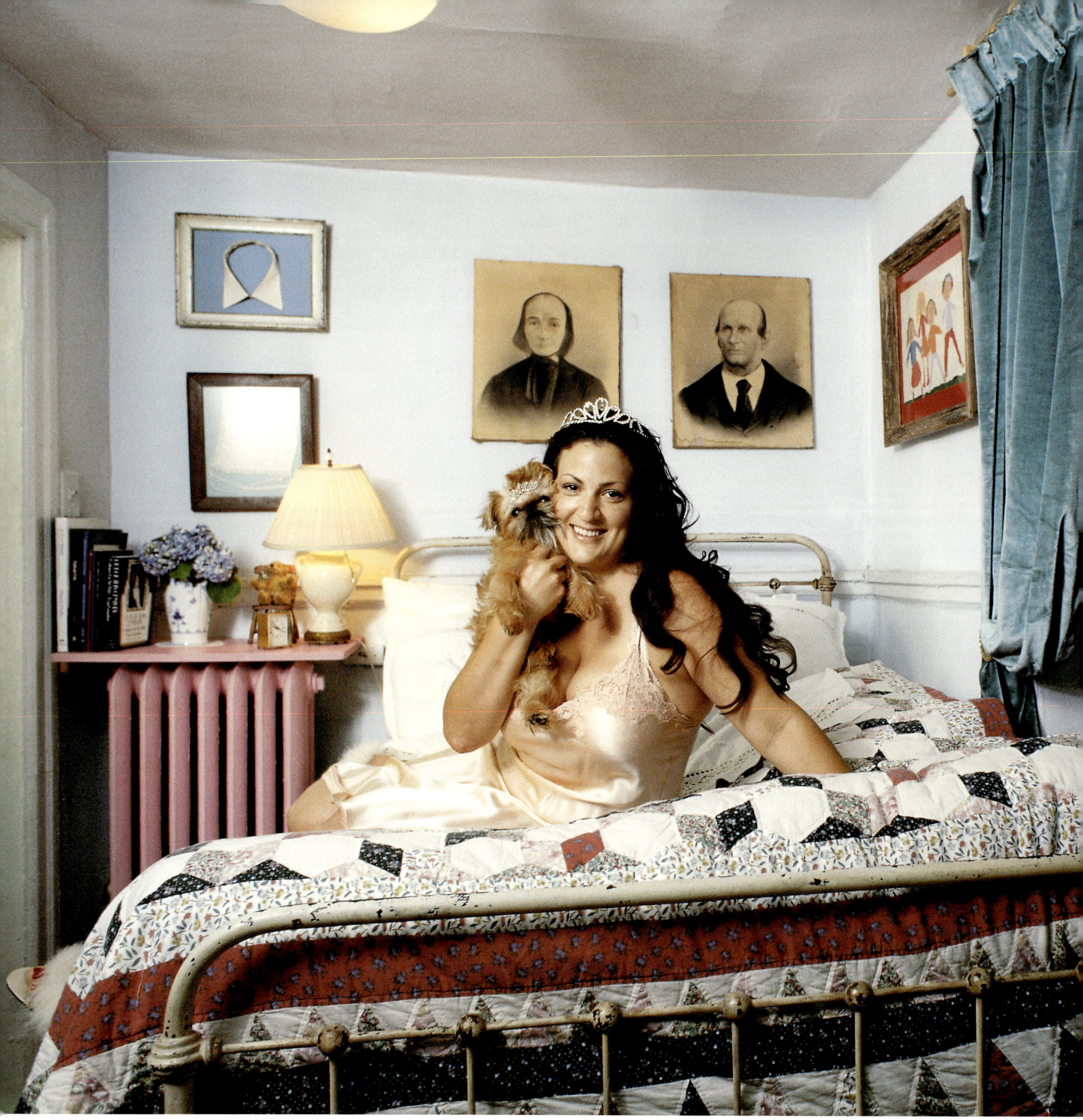

Das ist meine erste eigene Wohnung. Das Bett habe ich für sechzig Dollar auf dem Flohmarkt gekauft, und ich hatte schon viel Spaß darin. Jedes Jahr gebe ich eine Pyjamaparty in diesem Bett. Und an meinem letzten Geburtstag wurde mir sogar die Torte am Bett serviert. **BRIGITTE PHILIPPIDES, 33, MAKE-UP-KÜNSTLERIN, MIT PATTYCAKE**

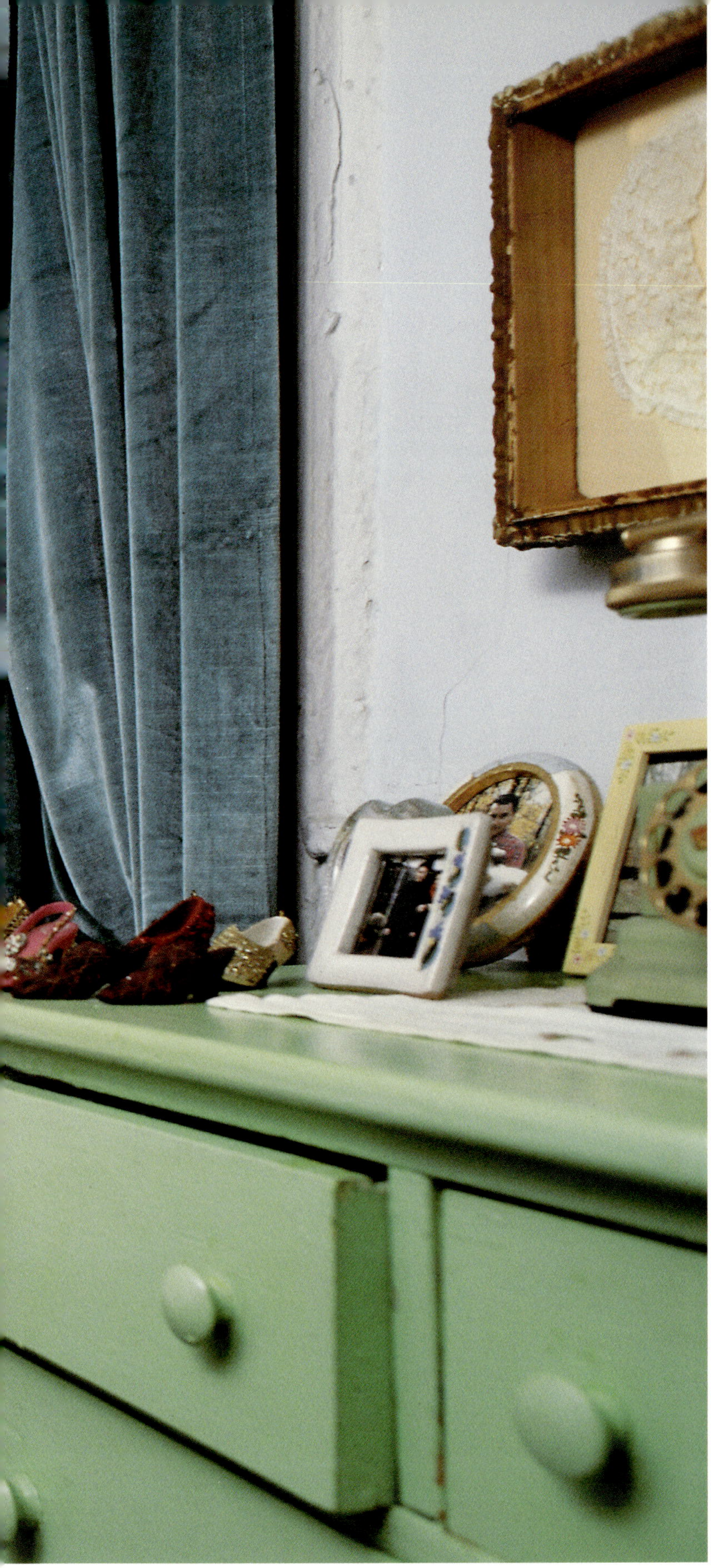

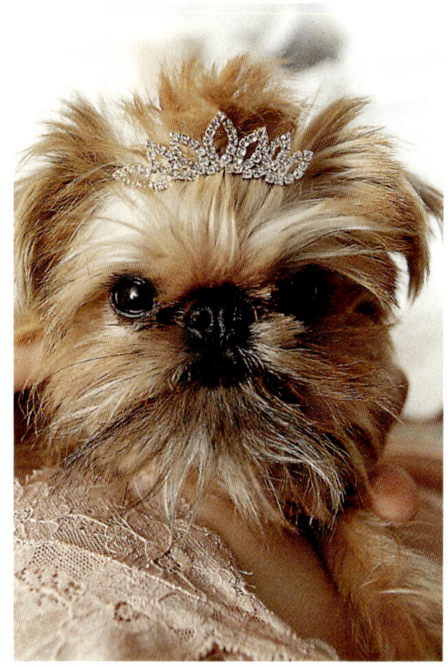

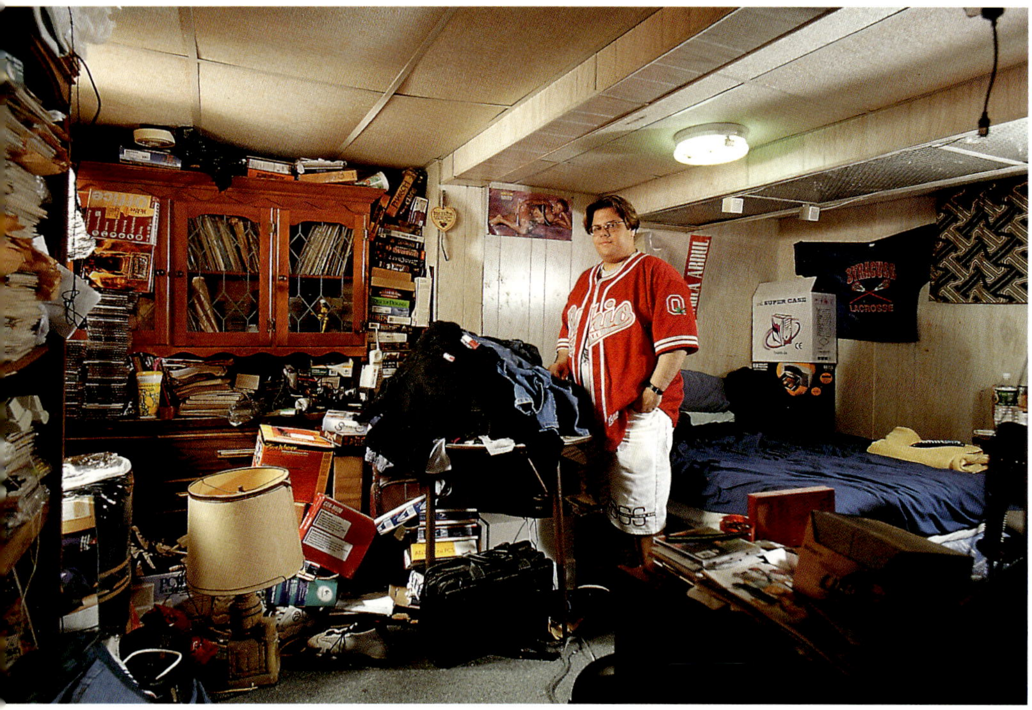
SUPER CASE
LACROSSE

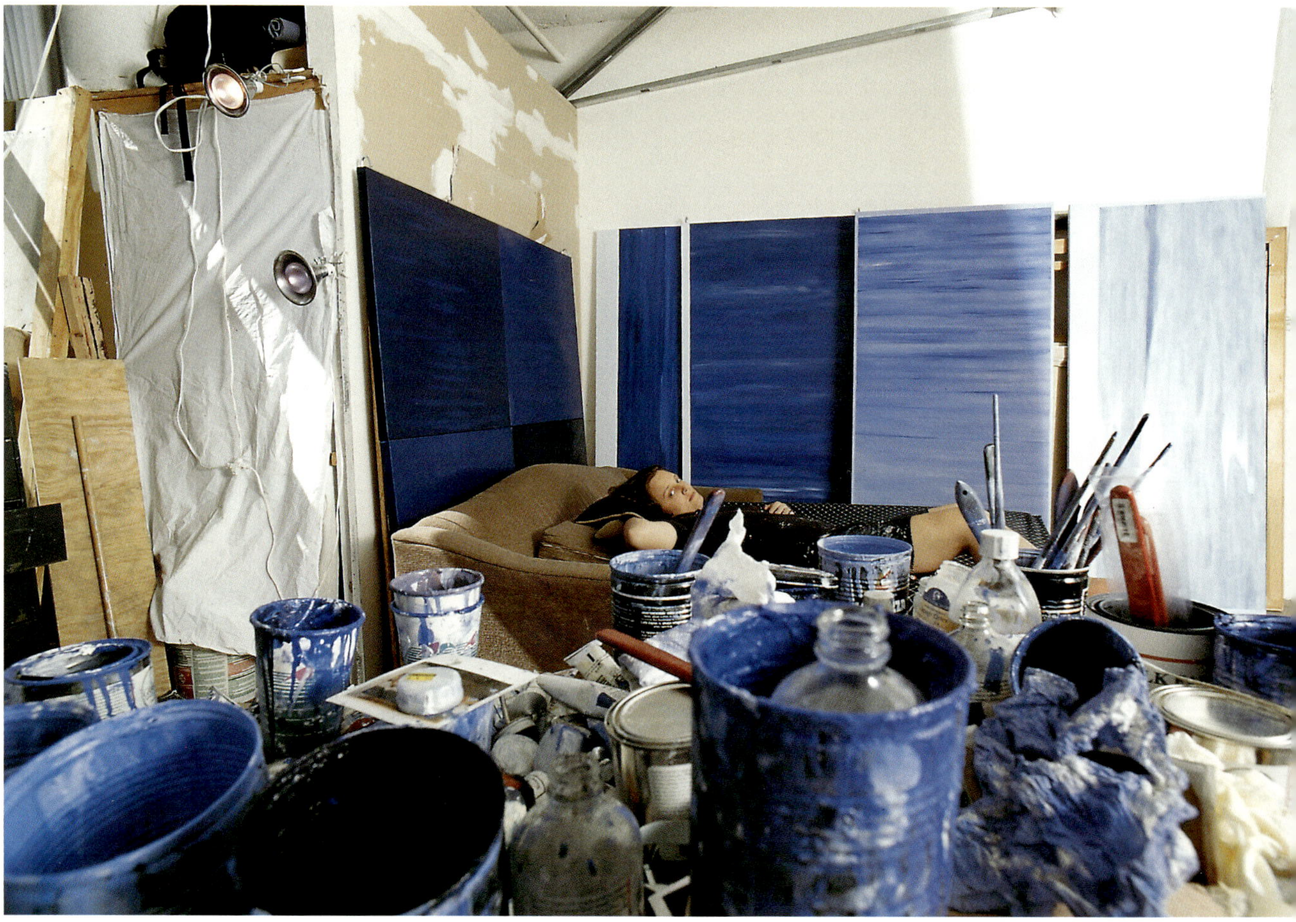

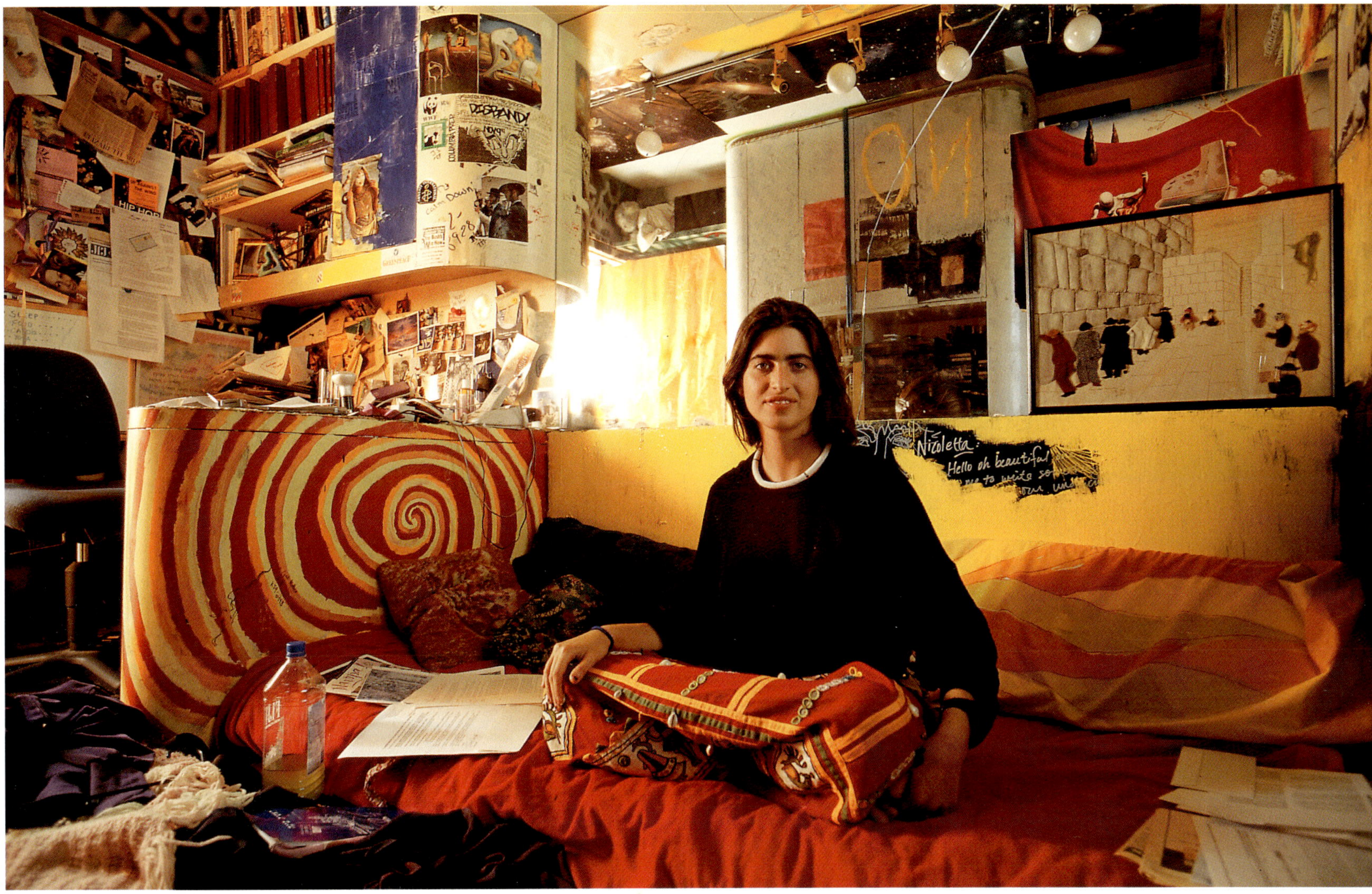

Als Kind hatte ich Angst vor der Dunkelheit. Sie bedeutete Tod, irgendjemand wartete dort, um mich zu packen. Erst als ich älter wurde, befreundete ich mich mit der Dunkelheit. Jetzt ist sie ein Teil von mir. In meinem Zimmer gibt es kein Tageslicht. Ich habe hier noch alle Sachen aus meiner Kindheit, denn das war die beste Zeit meines Lebens. **HENRY DIAZ, 29, CONCIERGE**

Nachts habe ich mehr Energie. Meistens fange ich um zwei Uhr nachmittags zu malen an und arbeite dann bis ein Uhr nachts. Ich genieße das Gefühl, ganz allein in dem Gebäude zu sein. Sowohl in meinen Arbeiten als auch in meinen Träumen sinke ich tief in mein Unterbewusstsein. Schon dreimal haben mir meine Träume das Leben gerettet. **MATTHEW RIVA, 25, MALER**

Ich wuchs in einem Haushalt auf, in dem ich darauf achten musste, nichts zu zerbrechen. Mein Zimmer war und ist für mich ein Ort der Freiheit und Entdeckungen, in dem ich Unterstützung und Halt finde. Er ist eine Art Heiligtum, meine eigene Welt. **JADE NETANYA ULLMANN, 29, FRIEDENSBERATERIN**

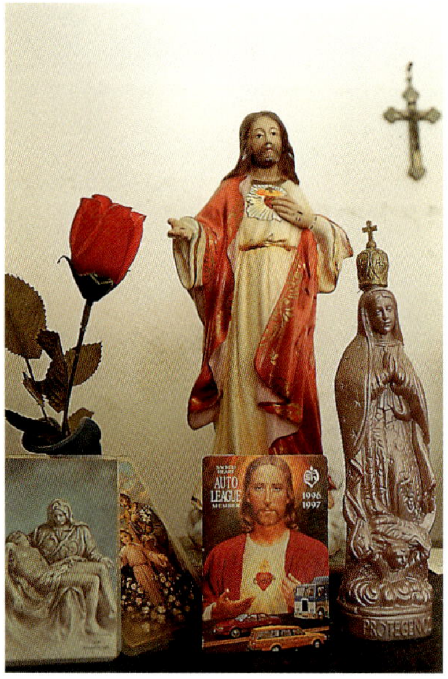
AUTO LEAGUE

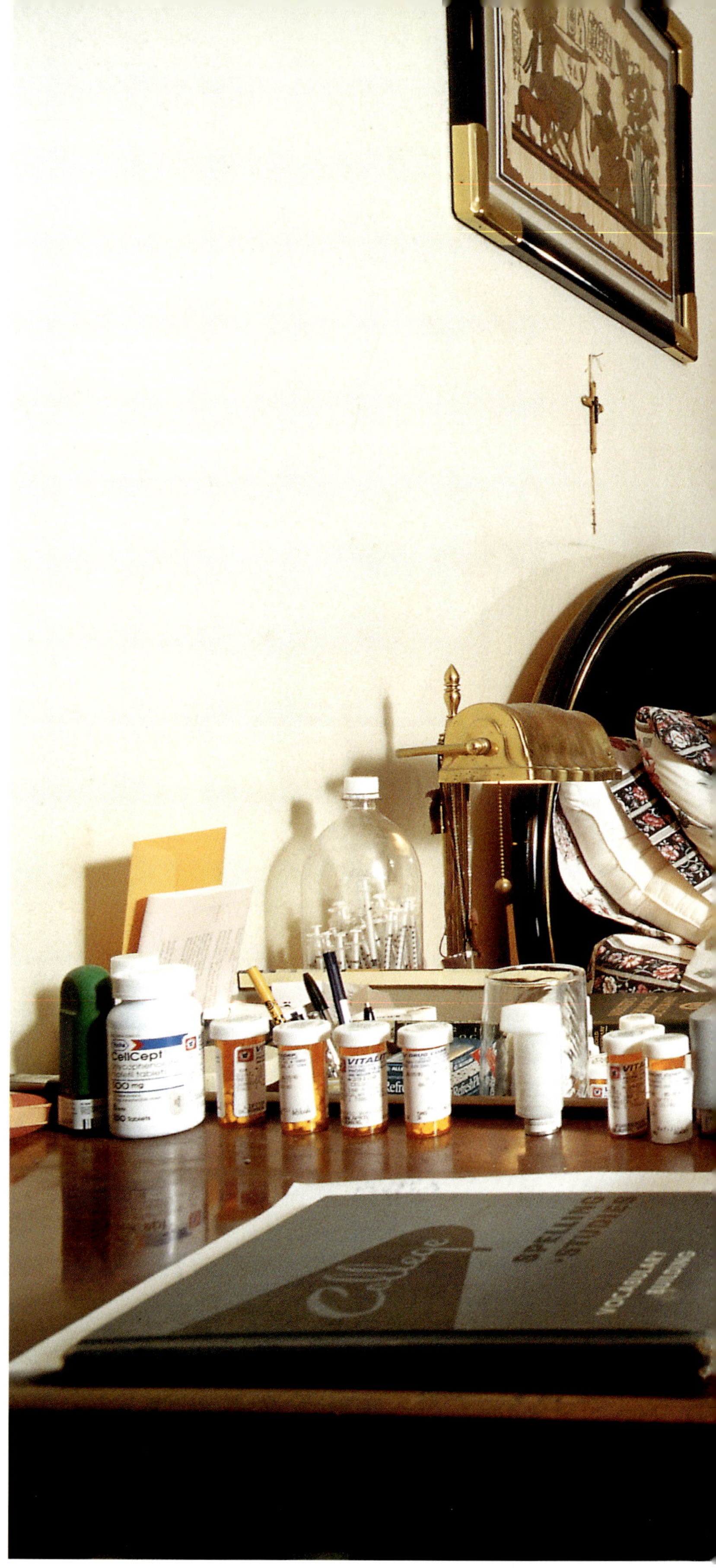
CellCept

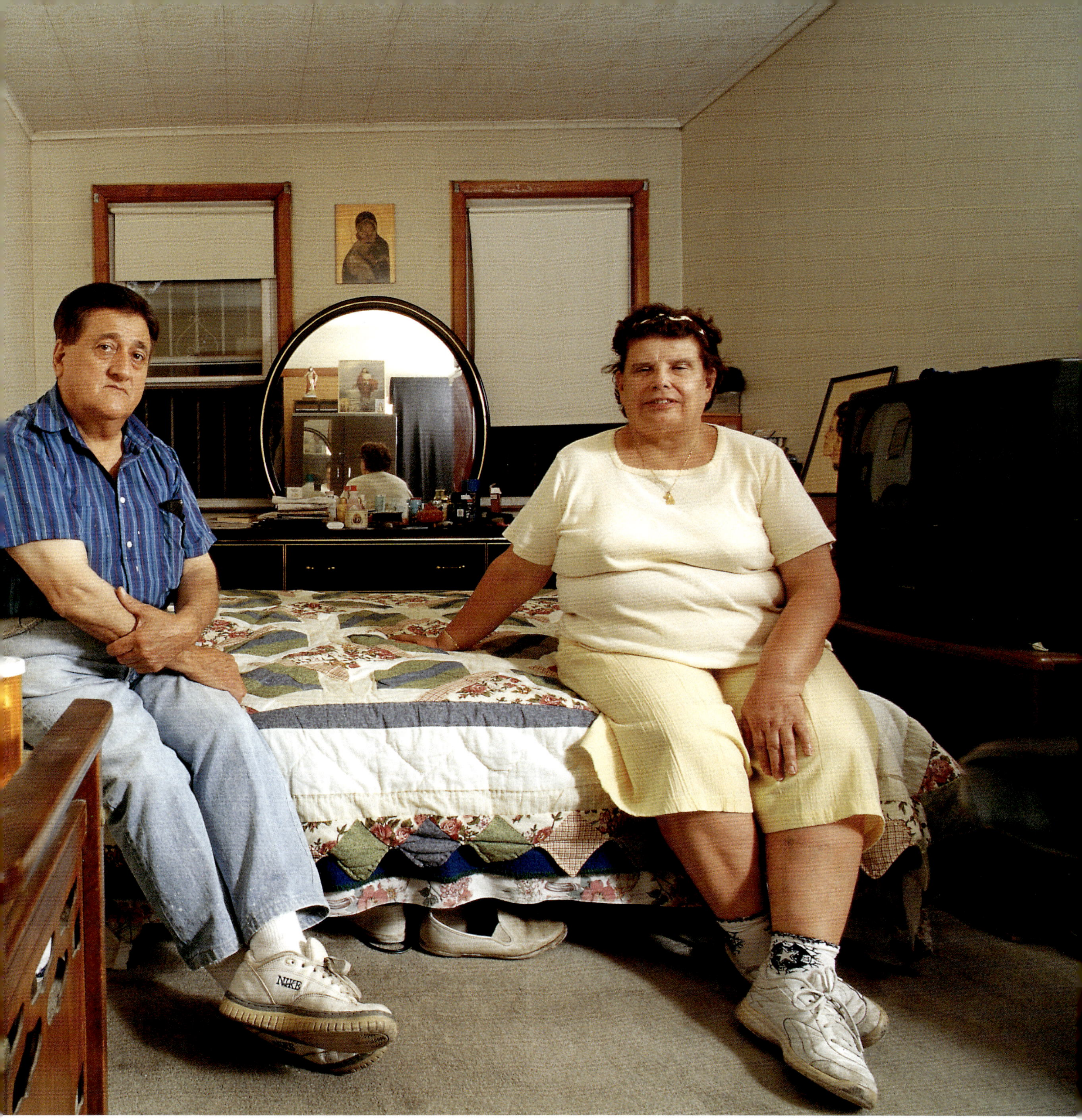

Ich habe sehr hart gearbeitet und kam immer spät heim. Dann fiel ich sofort ins Bett. Hatte ich frei, schlief ich den ganzen Tag. Jetzt bin ich krank und nehme Medikamente. Dadurch wache ich nachts oft auf. **CELSO DIAZ, 65, RENTNER**

Diese Möbel habe ich vor zwölf Jahren ausgesucht. Mir gefiel die Kombination aus Schwarz und Gold. Sie hat eine gewisse Eleganz. Ich schlafe nie weniger als acht Stunden, manchmal sogar zwölf. Sobald ich das Licht ausschalte, schlafe ich auch schon ein. **CARMEN DIAZ, 64, RENTNERIN**

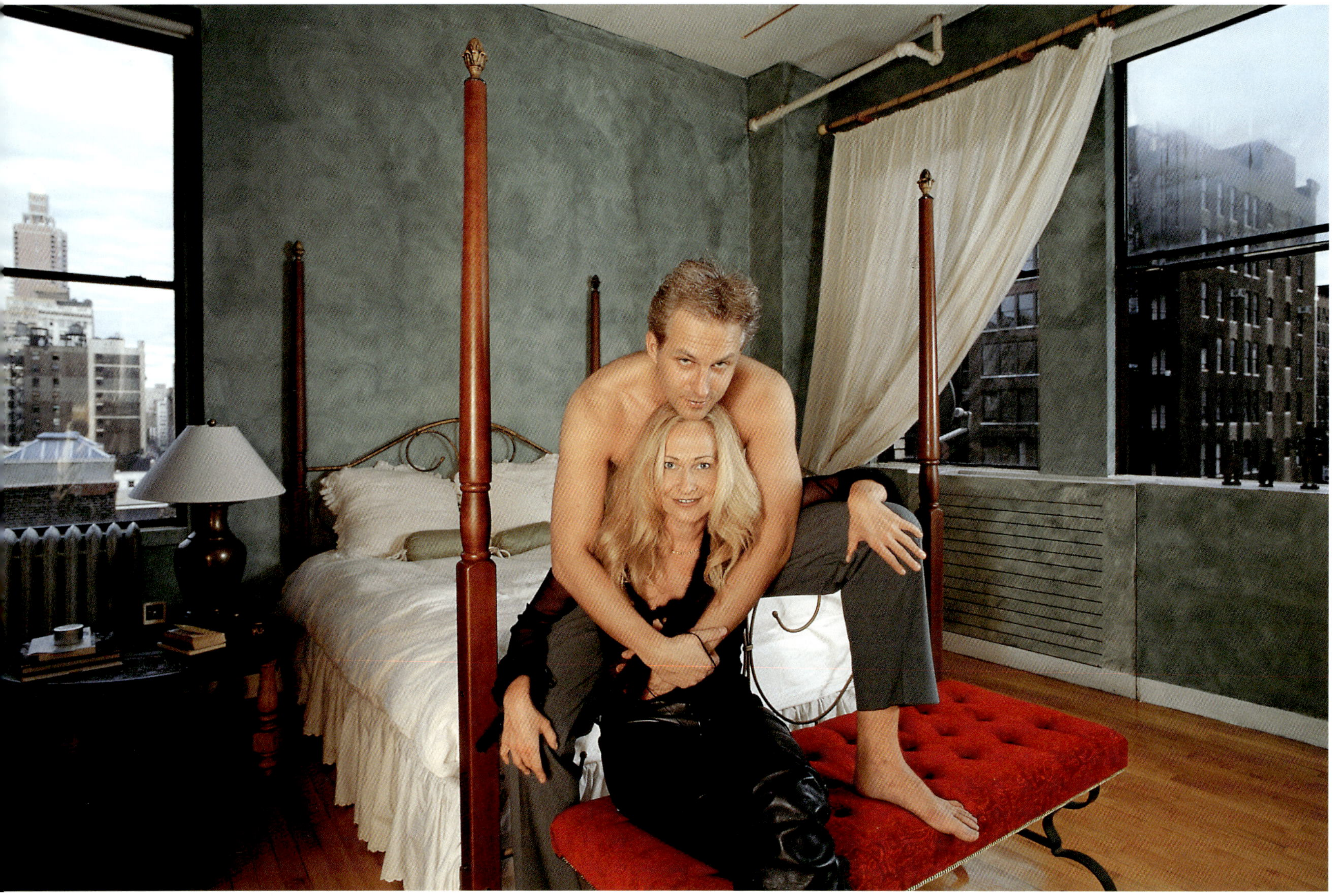

Christof sagt immer zu mir: »Du bist alles. Toughe Businessfrau, Mama, Herrscherin, Gespielin und großes Kind.« Ich liebe das Leben in vollen Zügen, aber nachts schotte ich mich völlig ab mit Ohrstöpseln und Schlafbrille. Nur so kann ich New York meistern. **SABINE ANTON, 36, JOURNALISTIN**

Normalerweise sind die Frauen zu mir gezogen. Zum ersten Mal bin ich in ein fertiges Zimmer zu einer Frau gezogen. Für mich ist das Schlafzimmer das Zentrum des Universums, wo ich Kraft schöpfe, ein Ort des Hochgenusses. Es ist nicht nur Sex, es ist Wohlbehagen. **CHRISTOF LANG, 40, KORRESPONDENT**

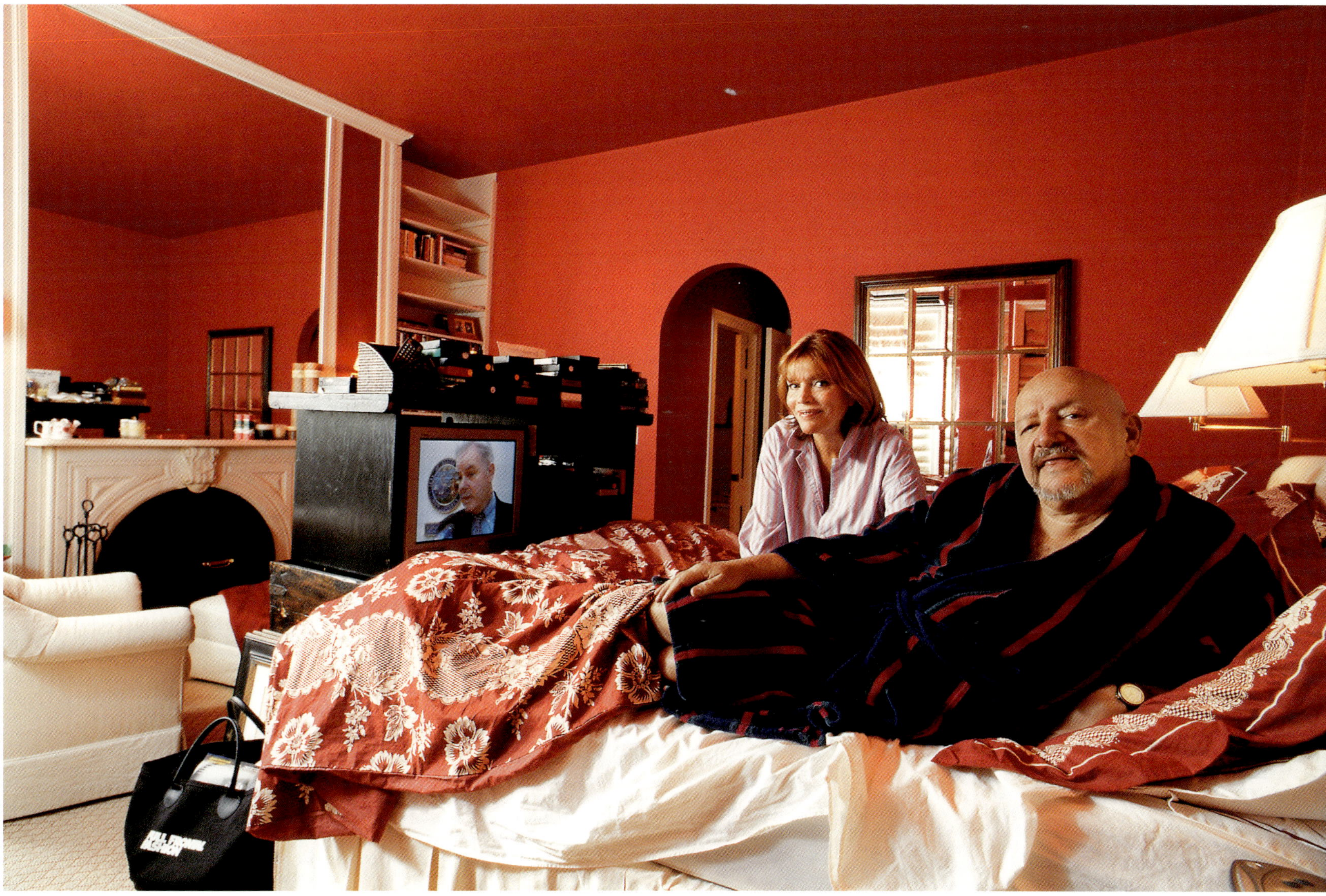

Dieses Zimmer ist wie eine Kommandozentrale, hier planen wir unseren Tag. Schlaf ist nur ein kleiner Bestandteil, und Sex existiert nur als Hoffnung. Wenn wir nicht gemeinsam zu Abend essen, erzählen wir uns hier, was wir und der Rest der Familie den Tag über gemacht haben. Leider wird es meistens recht spät. Wir haben ein großes Haus, und das Bett ist, ehrlich gesagt, sehr schmal. Aber die wirklich wichtigen Dinge finden hier statt. **JUDY LICHT, FERNSEHJOURNALISTIN**

Das Schlafzimmer und die Küche sind für mich die wichtigsten Räume. Im Wohnzimmer halten wir uns selten auf. Wir stehen beide im Licht des öffentlichen Interesses und haben weniger als eine halbe Stunde täglich, um miteinander zu reden. Wenn wir nach Hause kommen, sind wir beide so erschöpft, dass wir uns vor den Fernseher setzen. Das ist so geistlos, dass man an nichts denken muss. Ich schlafe nie mehr als vier oder fünf Stunden. **JERRY DELLA FEMINA, 61, WERBEFACHMANN, RESTAURANTBESITZER, ZEITUNGSVERLEGER**

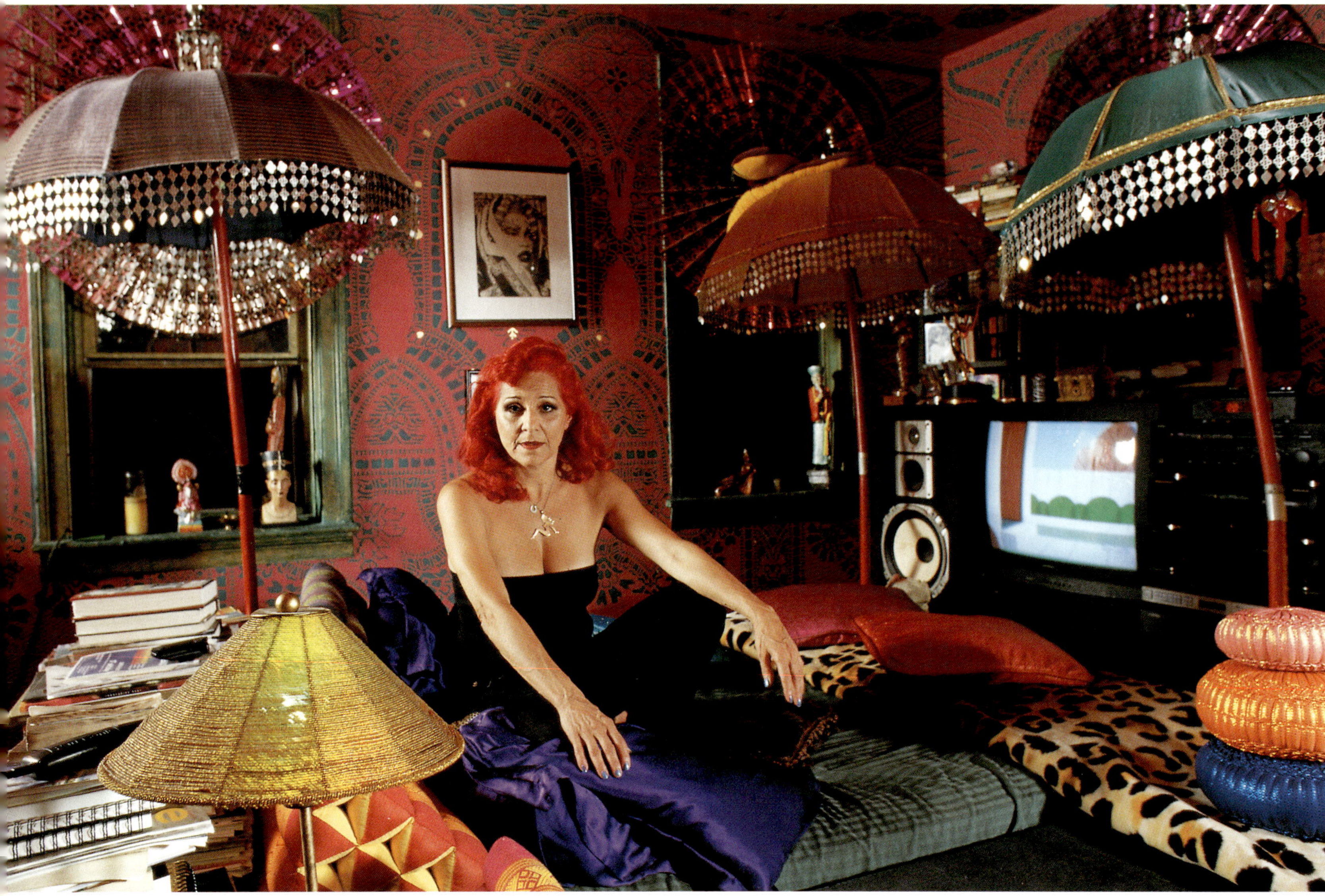

Dies ist mein privater Spielplatz. Es ist mehr als ein Bett, es ist eher mein Baumhaus. Mein Vater wurde in der Türkei geboren, meine Mutter kommt aus Griechenland. Deshalb habe ich eine starke Bindung zum Orient. Ich bat meinen Freund, das Schlafzimmer wie einen Harem zu streichen. **PATRICIA FIELD, MODESCHÖPFERIN**

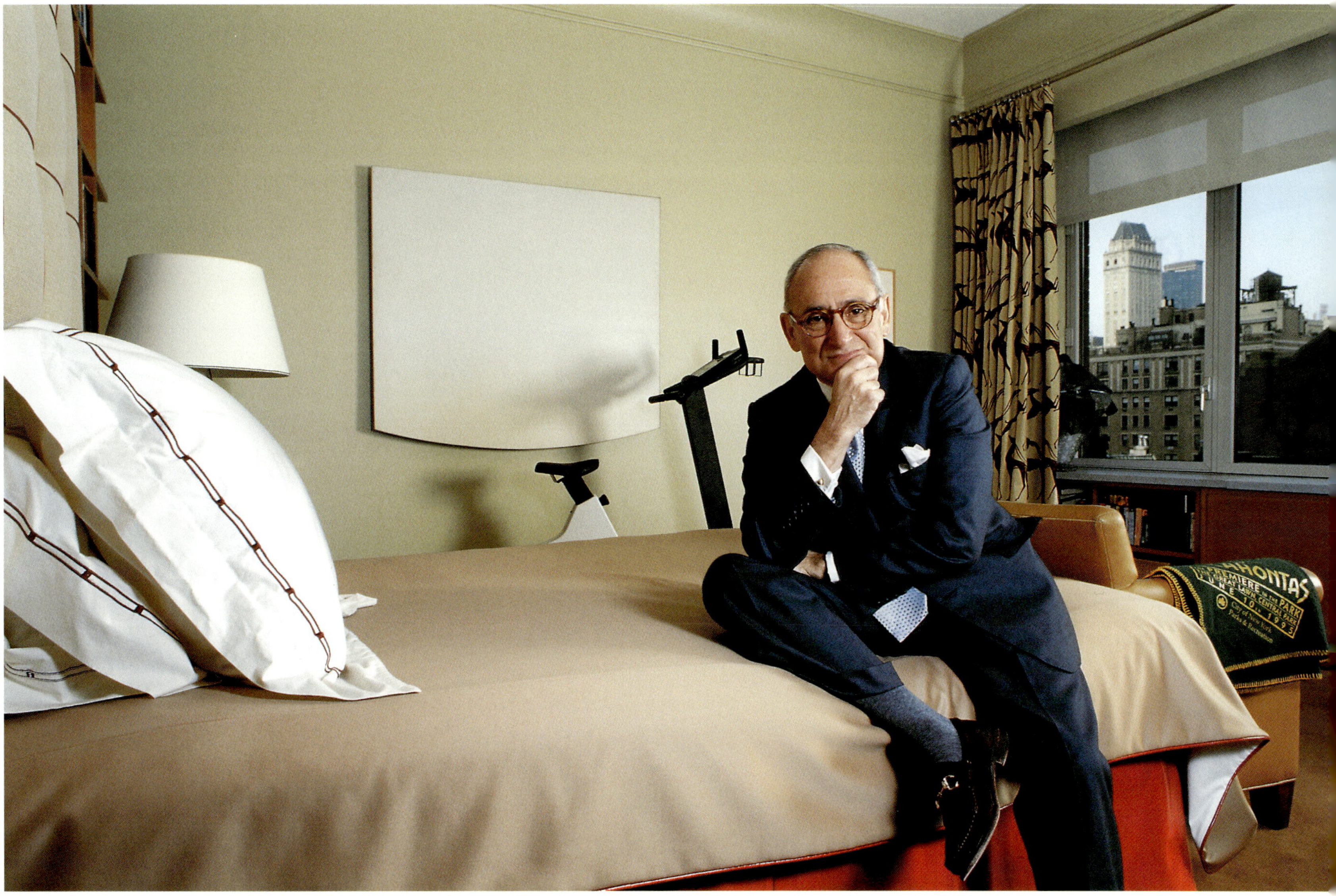

Ich halte mich gerne inmitten meiner Bücher auf. Sie sind meine Freunde. Aber ich lese nie im Bett, und ich frühstücke hier auch nicht, denn mich stören die Krümel. Und für ein Nickerchen lege ich mich aufs Sofa. Morgens wenn ich aufwache, genieße ich als Erstes den Blick über die Dächer der Stadthäuser. Hier oben habe ich sowohl die vertrauliche Stimmung des Hofs als auch meine Privatsphäre, ich kann beobachten, werde aber nicht gesehen. Wie in dem Hitchcock-Film »Fenster zum Hof«. Wenn ich Jimmy Stuart bin, wo ist dann meine Grace Kelly? **ROBERT A. M. STERN, 63, ARCHITEKT**

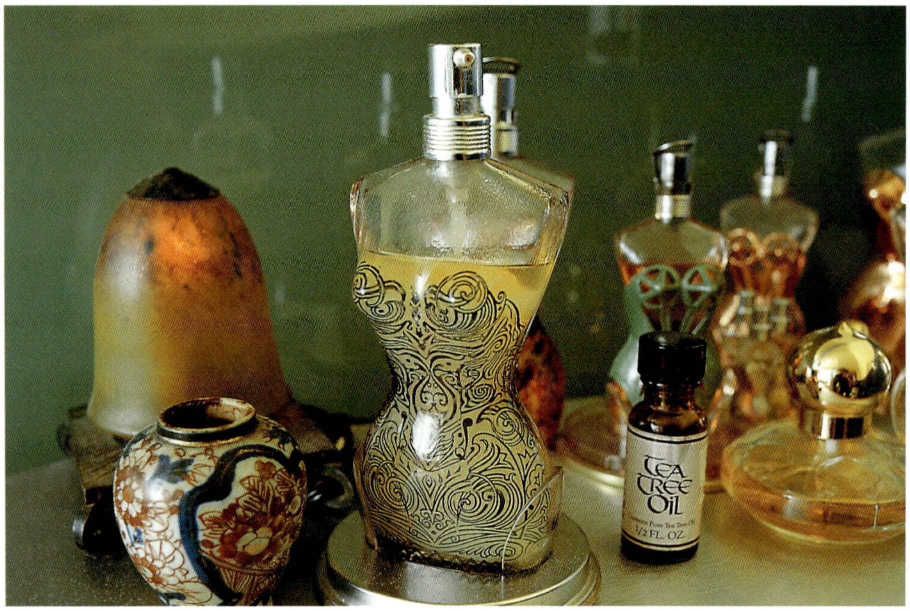

In meinem Haus gibt es keine Türen, alles ist offen. Wenn ich eine Frau liebe, will ich immer mit ihr zusammen sein. Die Haut spüren, fühlen, küssen, eng sein, das ist für mich das Schönste. **LUDWIG KUTTNER, 55, UNTERNEHMER**

Schlaf ist die Erholung von sich selbst. Mein Haus ist ein erotischer Bauch. Im Schlaf tauche ich ein in die tieferen Schichten von mir. Schlaf ist für mich nicht nur Erholung, sondern auch Abenteuer. Die Nacht schenkt mir die besten Ideen. Ich freue mich immer darauf, ins Bett zu gehen. **BEATRIX OST, 61, KÜNSTLERIN**

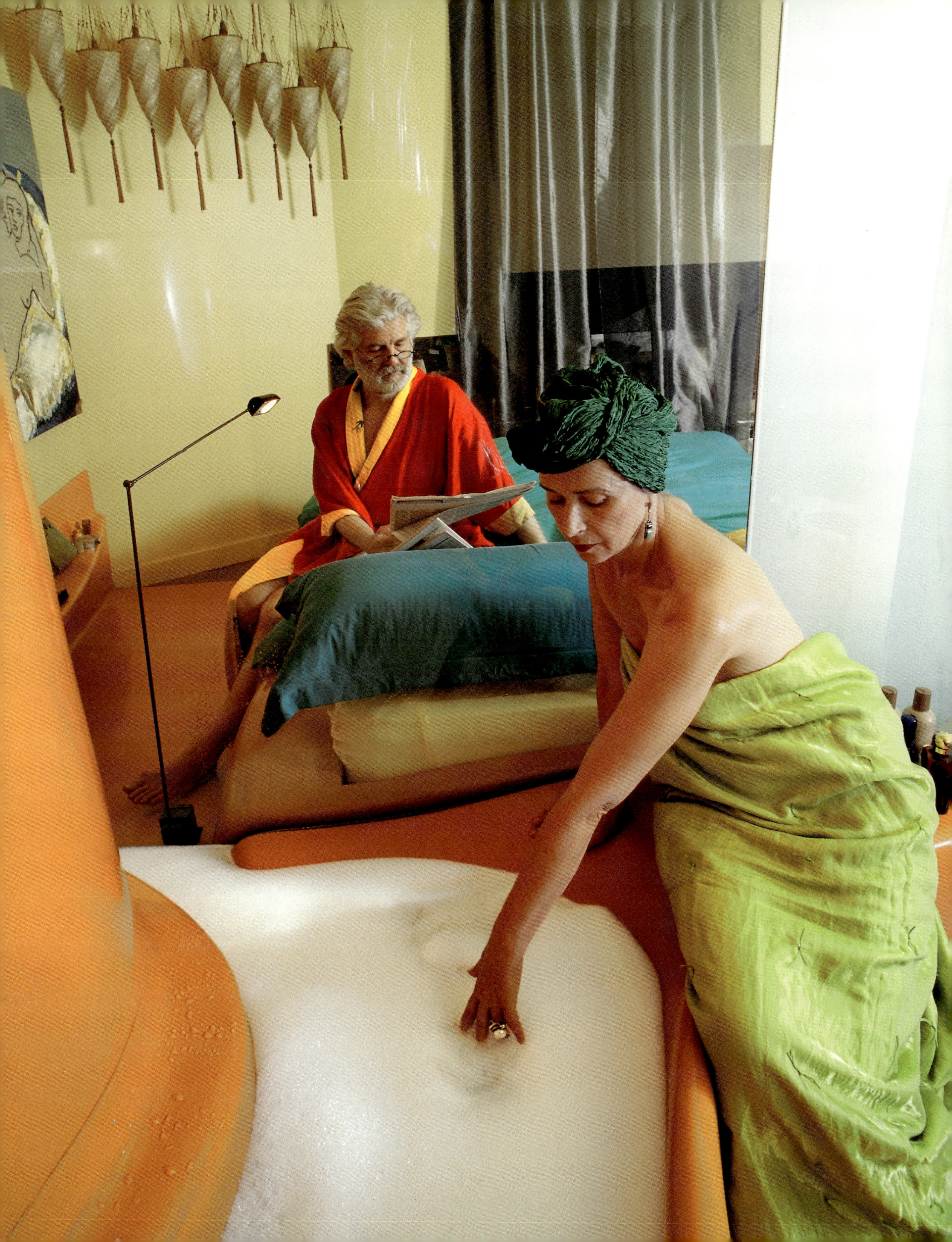

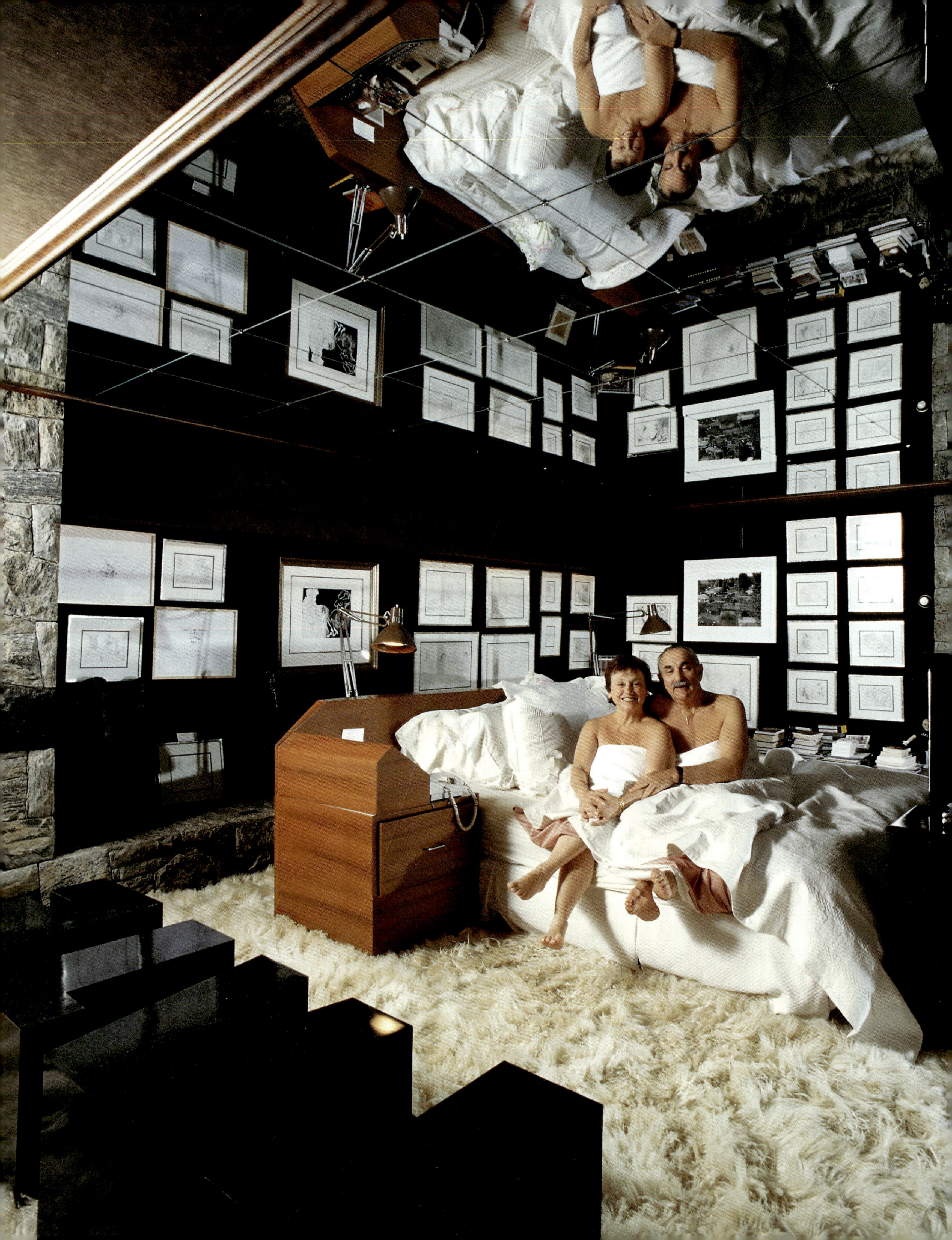

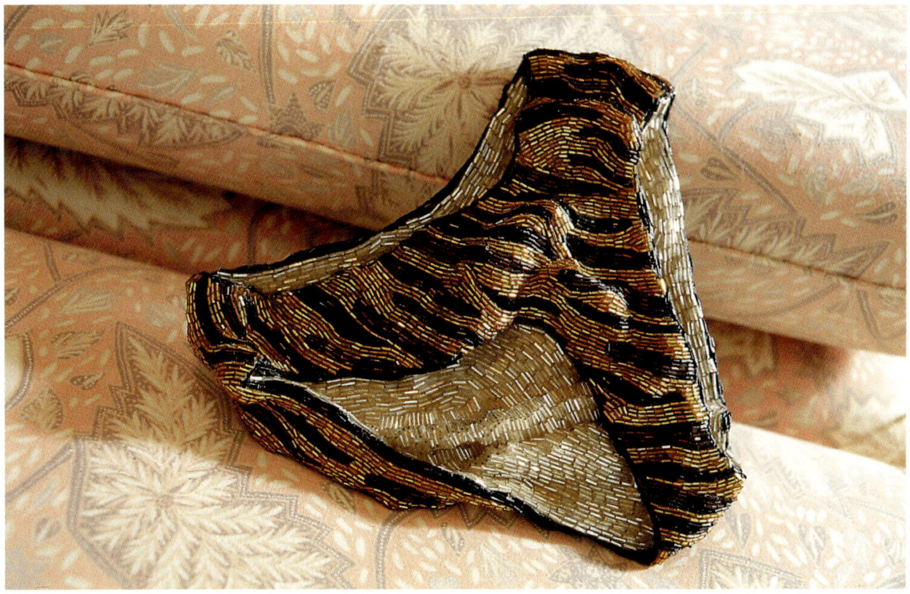

Das Zimmer wirkt bei Tageslicht oder wenn man krank ist deprimierend. Aber es ist eine großartige Kulisse für Sex. Wir sind beide in Familien aufgewachsen, die glaubten, dass sexuelles Begehren und Leidenschaft bis zum Tod anhalten. Es ändert sich, es wird nicht besser oder schlechter, nur eben anders. Und jede Phase hat seine eigenen Reize, genau wie die verschiedenen Abschnitte im Leben. **SHERRY MALLIN, 68, OPTIONSHÄNDLERIN**

Der Raum ist wie eine Höhle zum Überwintern und Schlafen. Es ist wie im Mutterleib, sehr geschützt, sehr ruhig und dunkel. Meistens kann ich ganz gut abschalten, nur wenn ich an komplizierten Abschlüssen arbeite, kommen meine Gedanken nicht zur Ruhe. Ich stamme aus einfachen Verhältnissen, jetzt umgebe ich mich mit vielen Kunstwerken. Wenn man nur lange genug lebt, kommt alles in Ordnung, der Trick ist, lange genug am Leben zu bleiben. **JOEL MALLIN, 68, INVESTMENTBANKER**

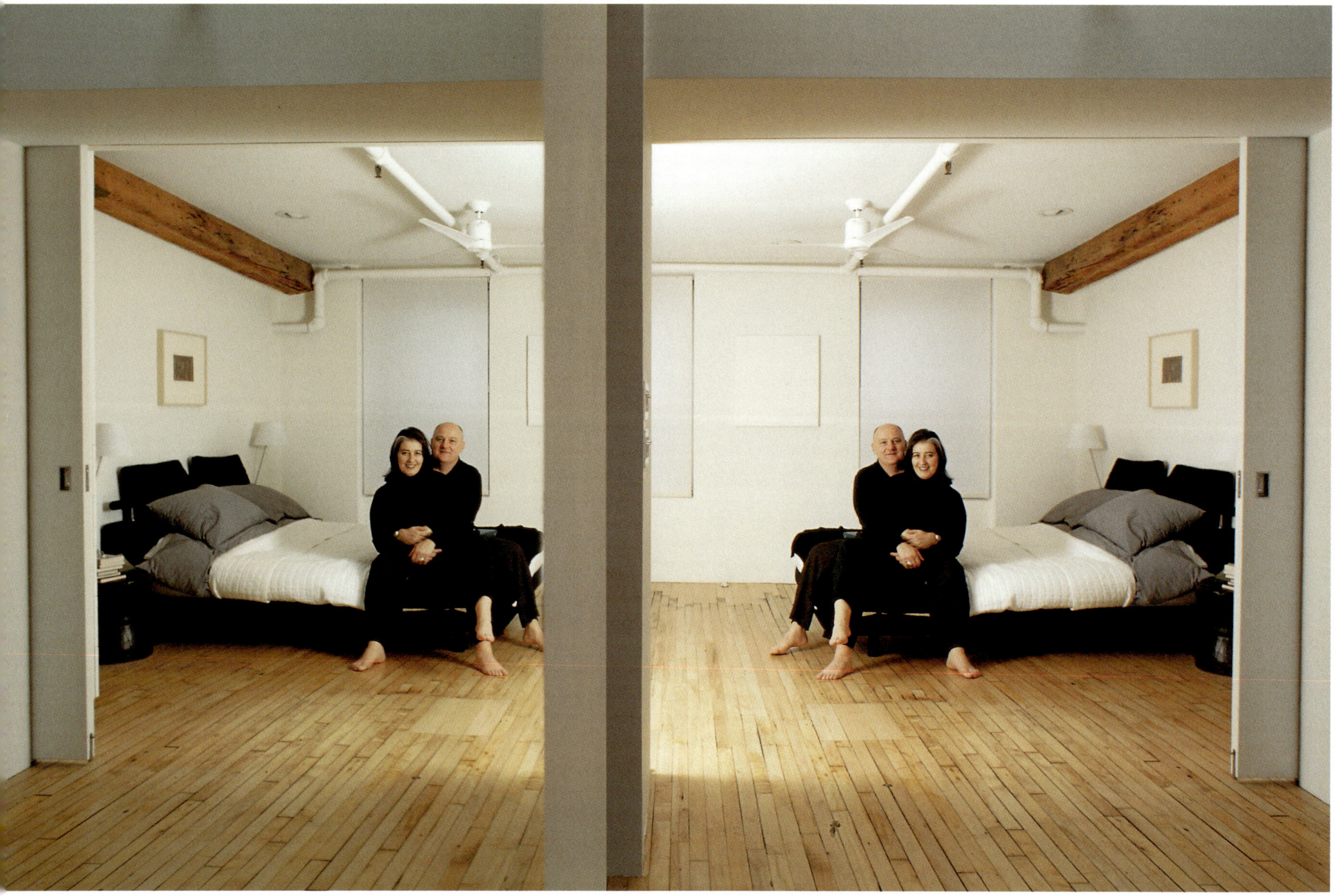

Ich habe sehr intensive Träume, in denen ich meinen Tag noch mal durchlebe. Wenn ich dann aufwache, stürze ich mich sofort in den neuen Tag. Ich hätte den Raum gern voller, aber Sean mag es lieber schlicht. Das ist unser Kompromiss. Wir haben auch beschlossen, dass der Fernseher stört, also musste er raus. **MARY THOMAS KELLY, 48, VERLEGERIN**

Am schönsten finde ich die Momente zwischen Aufwachen und Wachsein, wenn ich noch döse und träume. Mein Unterbewusstsein hat dann freie Hand. Nur in diesen Augenblicken kann ich sein, wer ich eigentlich bin, und nicht, was ich geworden bin. Und ich lese im Bett, denn dazu komme ich nur hier und im Flugzeug. **SEAN KELLY, 46, GALERIST**

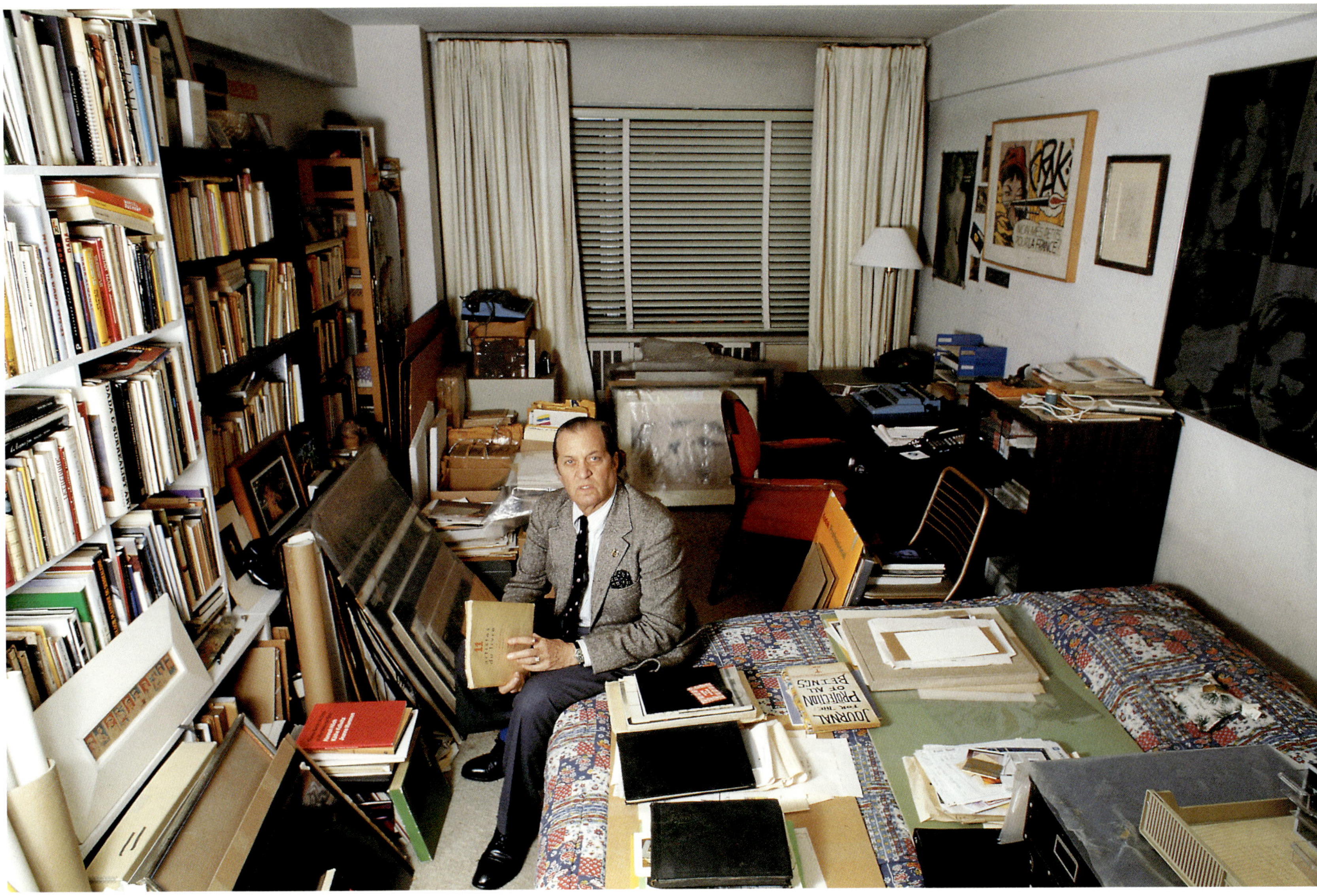

Ich arbeite gern nachts, wenn das Telefon nicht mehr läutet. Und wenn es sehr spät wird, verbringe ich auch die Nacht hier. Nichtsdestotrotz habe ich ein erfülltes Familienleben. Umgeben von meinen Büchern und Kunstwerken fühle ich mich aufgehoben und entspannt. Ich sammle schon seit so vielen Jahren Bücher und Kunstwerke, so dass ich oft etwas entdecke, das ich schon ganz vergessen hatte.

TIMOTHY BAUM, KUNSTHÄNDLER, SAMMLER, WISSENSCHAFTLER

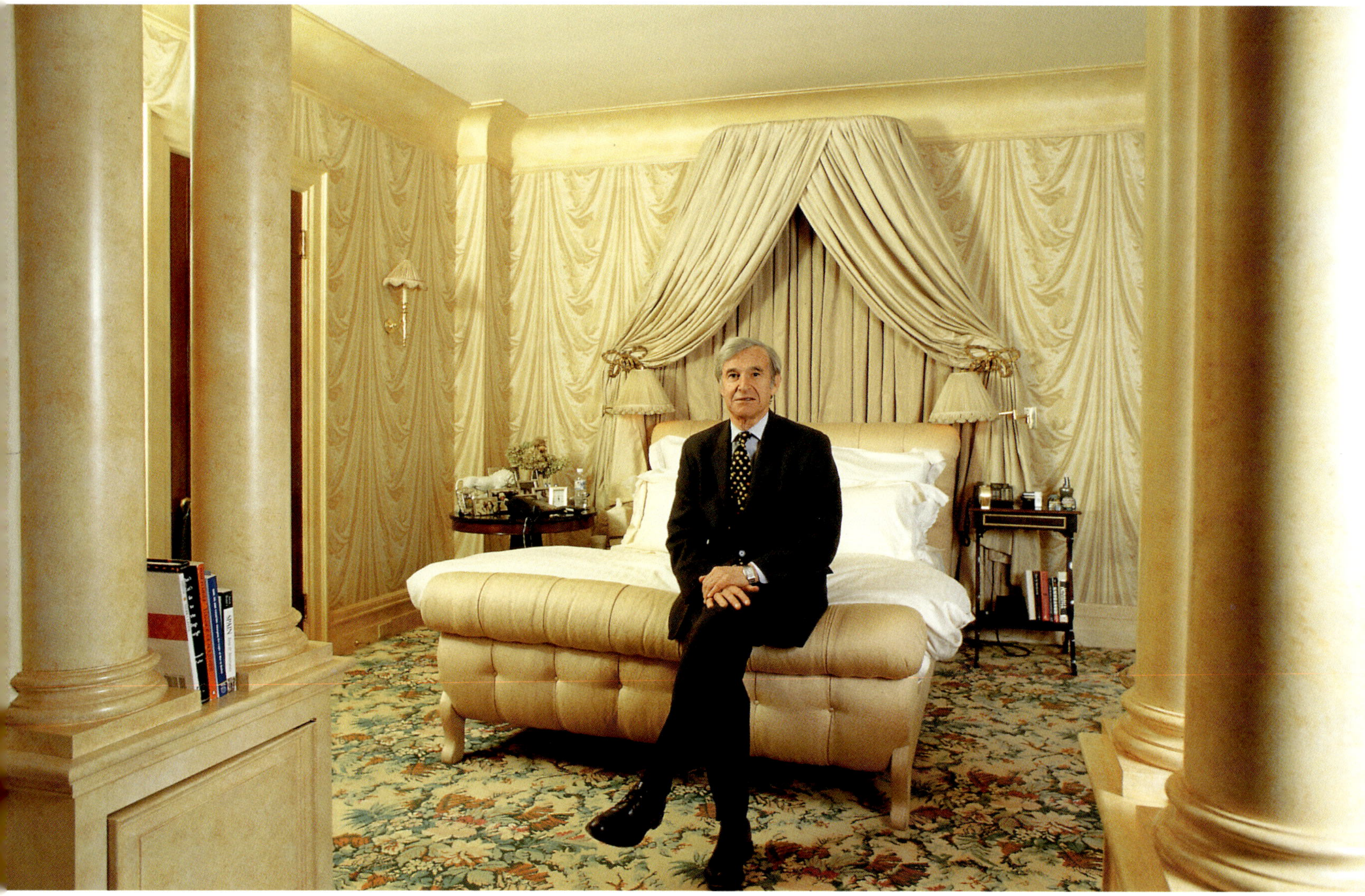

Wir wollten ein Schlafzimmer, in dem man leben, lesen, sich entspannen und arbeiten kann. Und nicht nur schlafen. Meine Arbeit endet nicht, wenn ich die Bürotür hinter mir schließe. Selbst im Schlaf beschäftige ich mich noch mit dem Geschäft, mit Politik oder meinem Privatleben. Ich bin kein Mensch, der lange im Bett rumliegt, sondern ich kann es kaum erwarten, den neuen Tag zu beginnen. **ALAN PATRICOF, 67, VENTURE CAPITALIST**

Ich wollte, dass der Raum wie eine Kirche oder ein Schloss aussieht und eine friedliche und intensive Stimmung vermittelt. Ich wurde katholisch erzogen, mittlerweile besuche ich Kirchen nur mehr aus ästhetischen, nicht mehr aus religiösen Gründen. Ich mag die Nacht lieber als den Tag, da bin ich kreativer und inspirierter. Kunst und Sex sind die wichtigsten Dinge in meinem Leben. **ANDRES SERRANO, 51, KÜNSTLER**

Seitdem ich in New York lebe, fühle ich mich einsam und niedergeschlagen. Ich habe meine Familie seit vier Jahren nicht mehr gesehen. Nach Hause gehe ich erst, wenn ich völlig erledigt und müde bin, wenn ich nur noch an Schlaf denken kann. Wenn ich nicht richtig erschöpft bin, kreisen meine Gedanken immer um Einsamkeit und das Gefühl, vom Leben betrogen zu sein. **GURPREET SINGH, 26, TAXI-FAHRER**

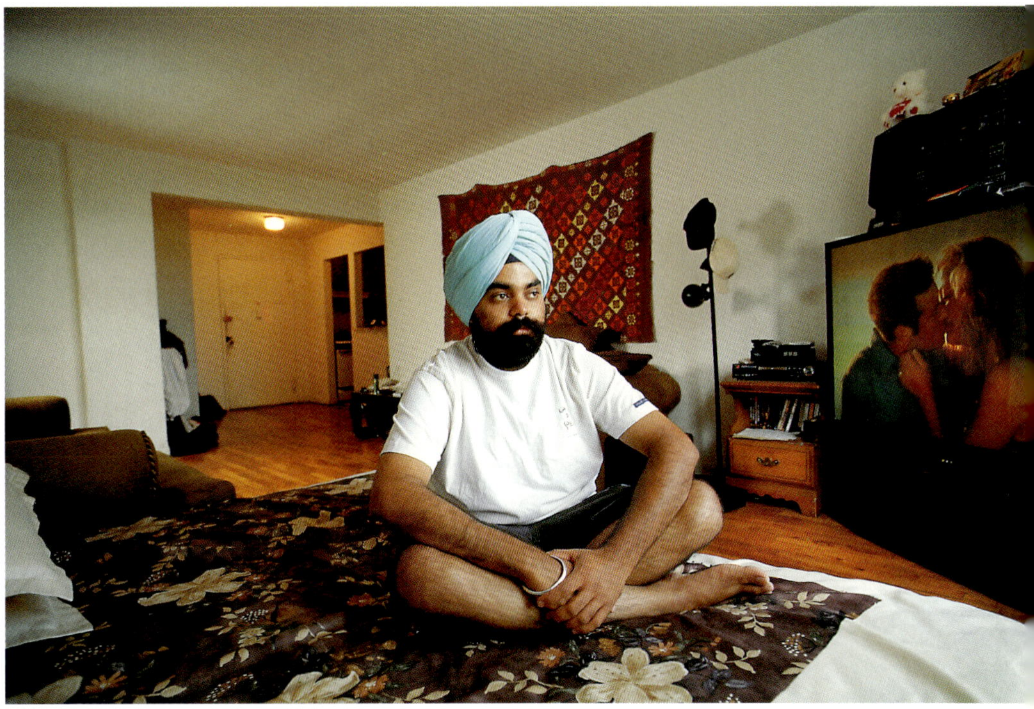

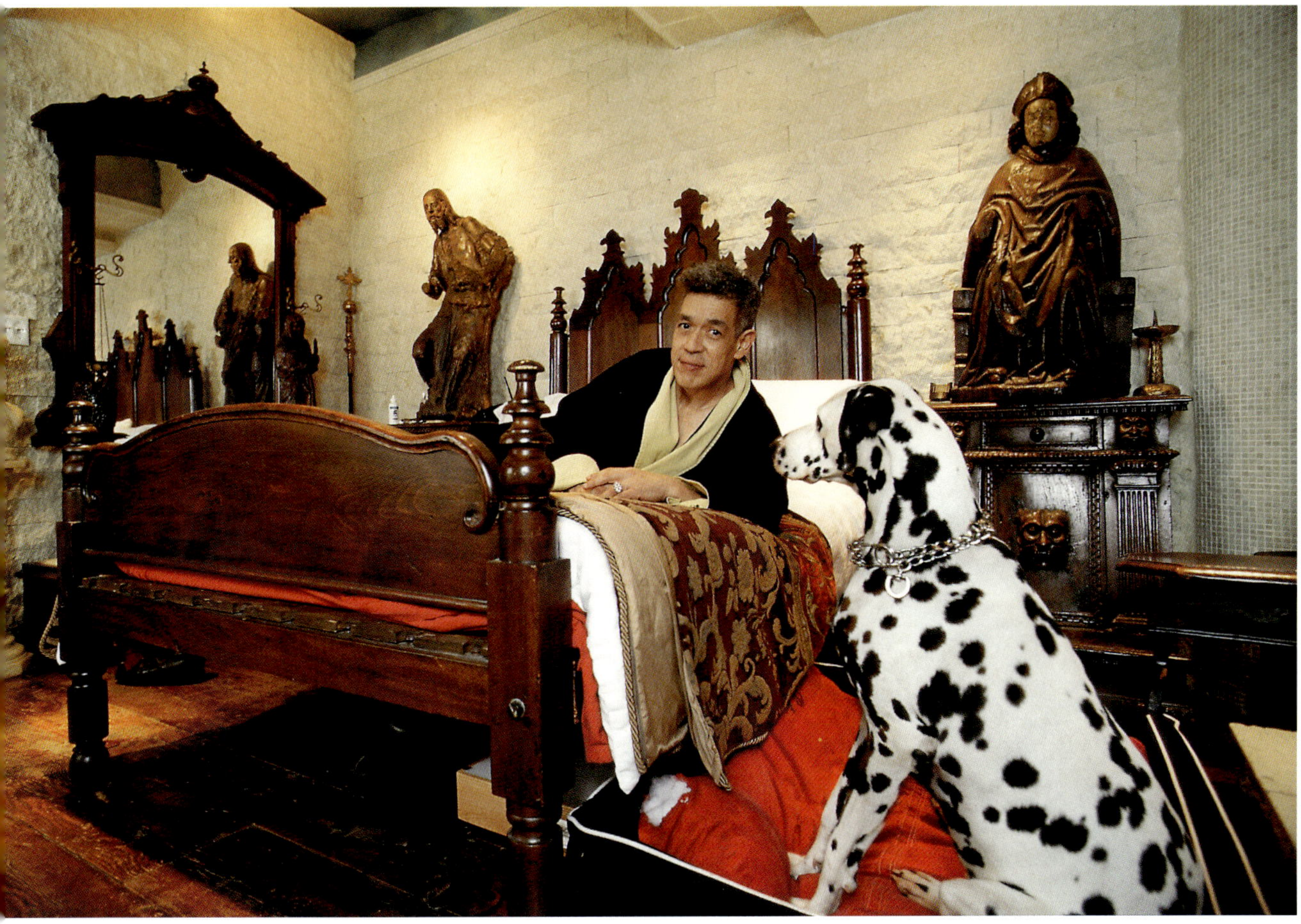

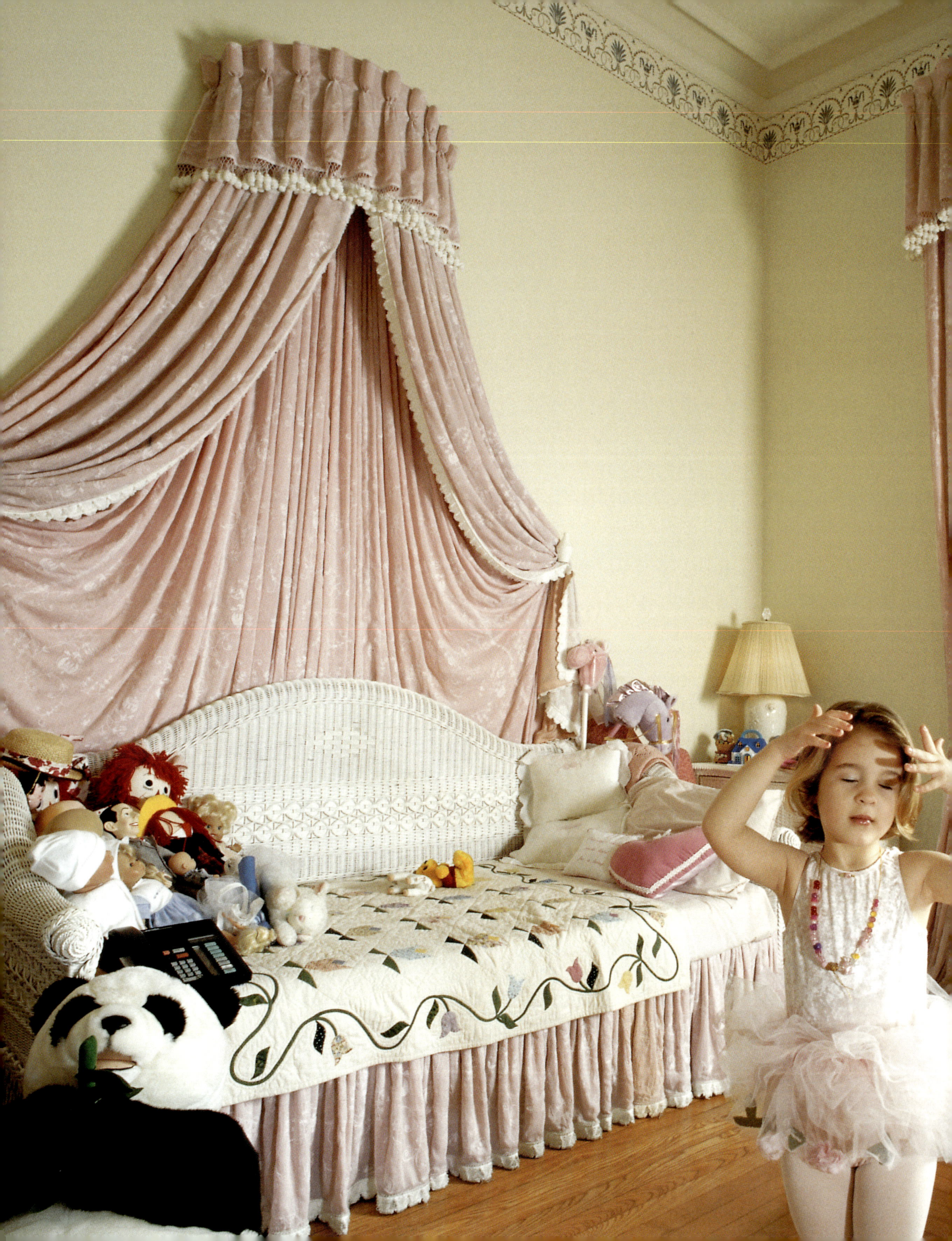

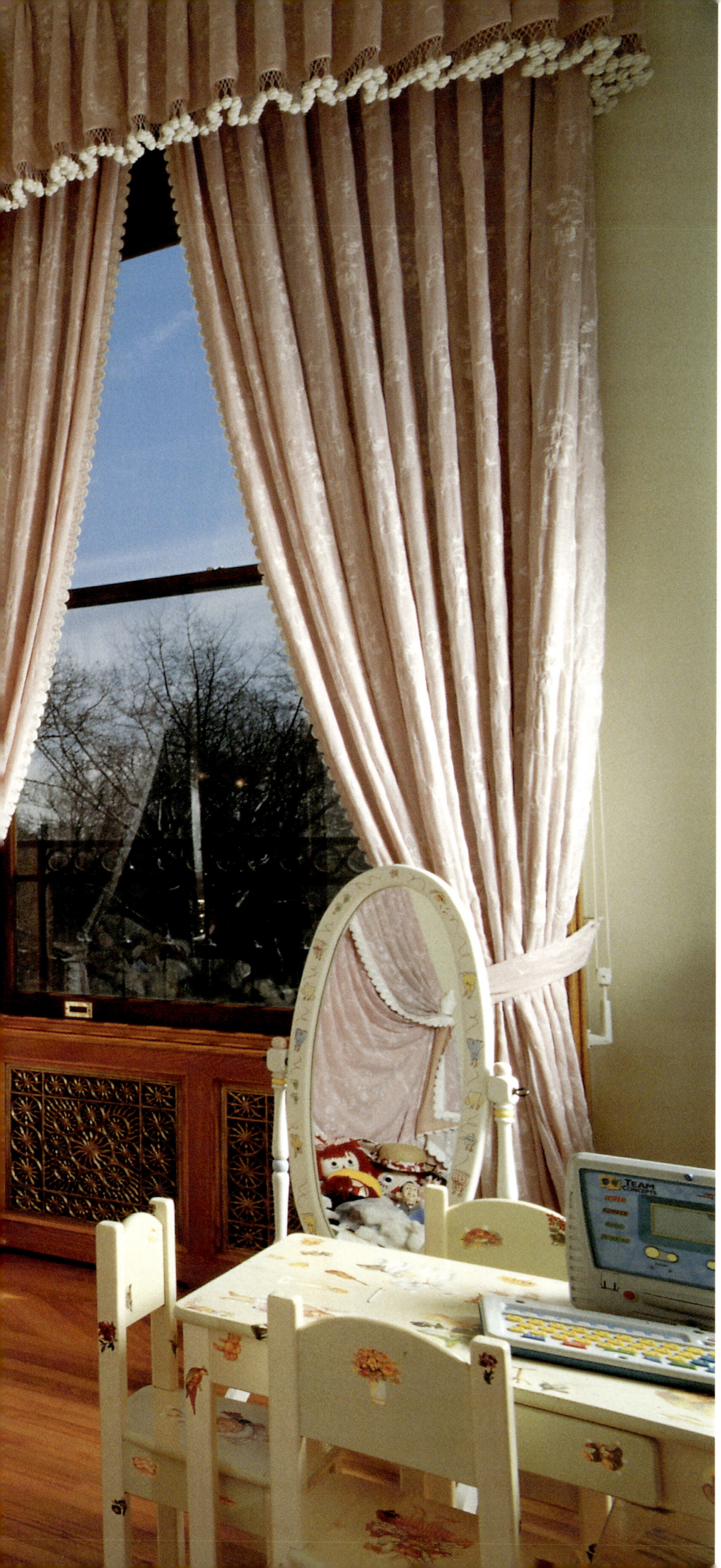

Dieser Raum wurde für eine Prinzessin entworfen, denn unsere Tochter Olivia ist unsere kleine Prinzessin. Ihr Daddy hat für das Zimmer Rosa gewählt, ich habe ihm die weibliche Note gegeben, die anderen Räume sind eher formell. Dieses Zimmer wirkt zwar auch formell, aber es passt sich der Entwicklung Olivias an.

OLIVIA TERIAN, 4

Es sieht hier ein wenig wie in einem jüdischen Zuhause aus, immer bereit zum Aufbruch, und das, obwohl ich hier jetzt schon seit zwei Jahren wohne. Ich wache um halb sechs auf, gehe zum Beten in die Synagoge und studiere dann dort den Talmud. Vor sieben Jahren fand ich zur Religion. Davor war ich Punk und Hippie. Ich hielt das Leben für ein einziges Chaos, und dann erkannte ich die Harmonie und die Schönheit darin. Ich liebe Musik, sie ist für mich eine große Inspiration. Wenn ich zu Bett gehe, höre ich Musik, bis ich einschlafe. **DAVID WEBER, 27, TALMUDGELEHRTER**

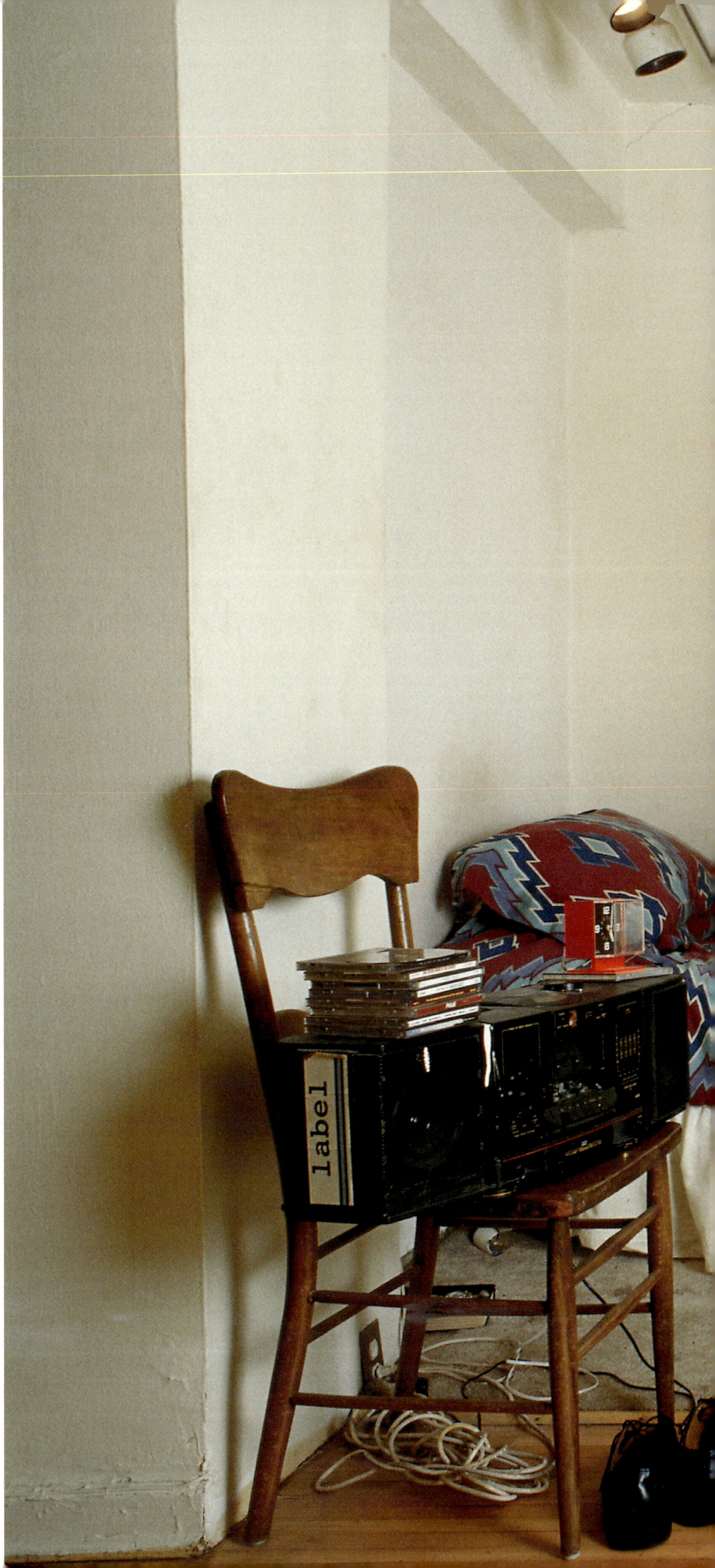

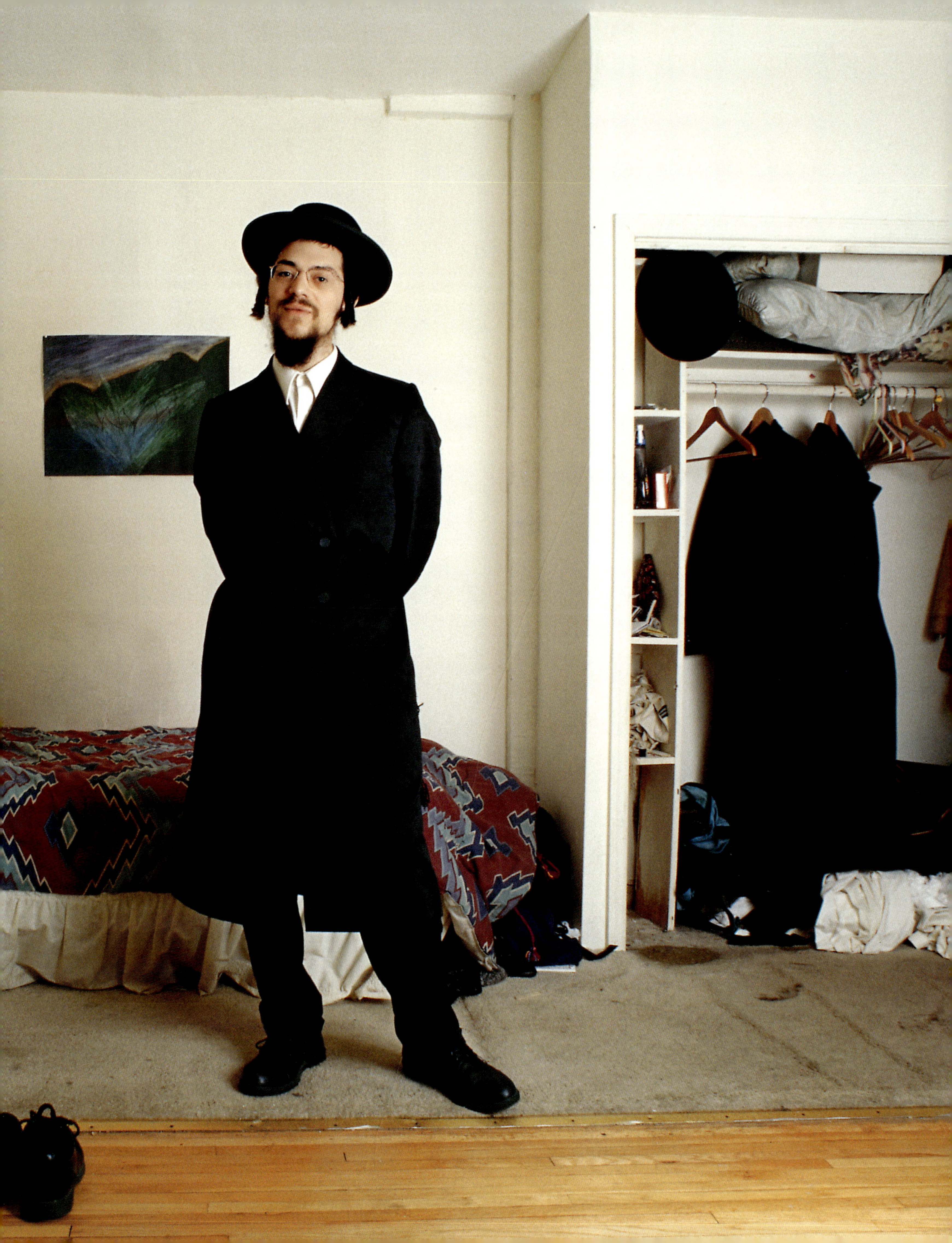

PARIS

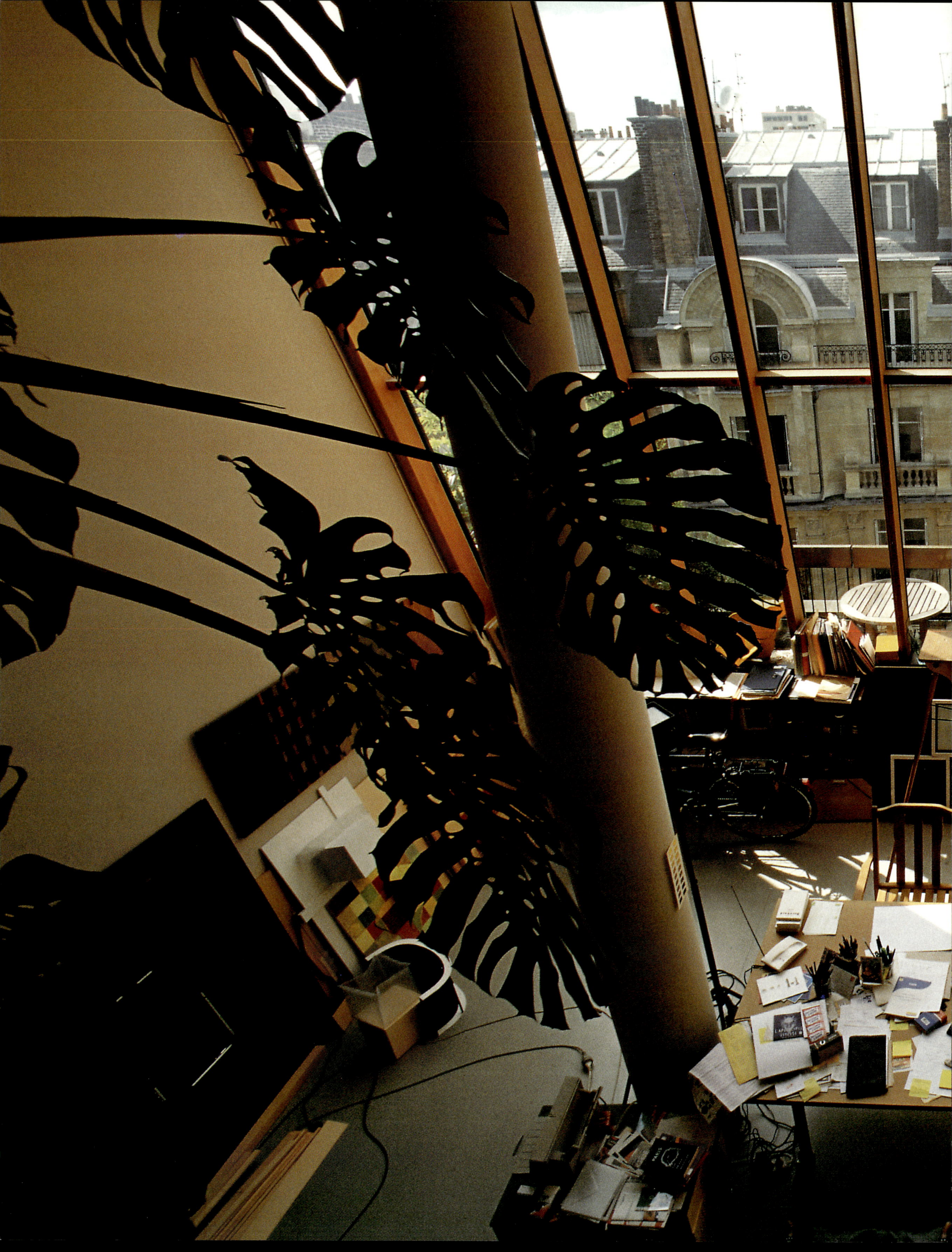

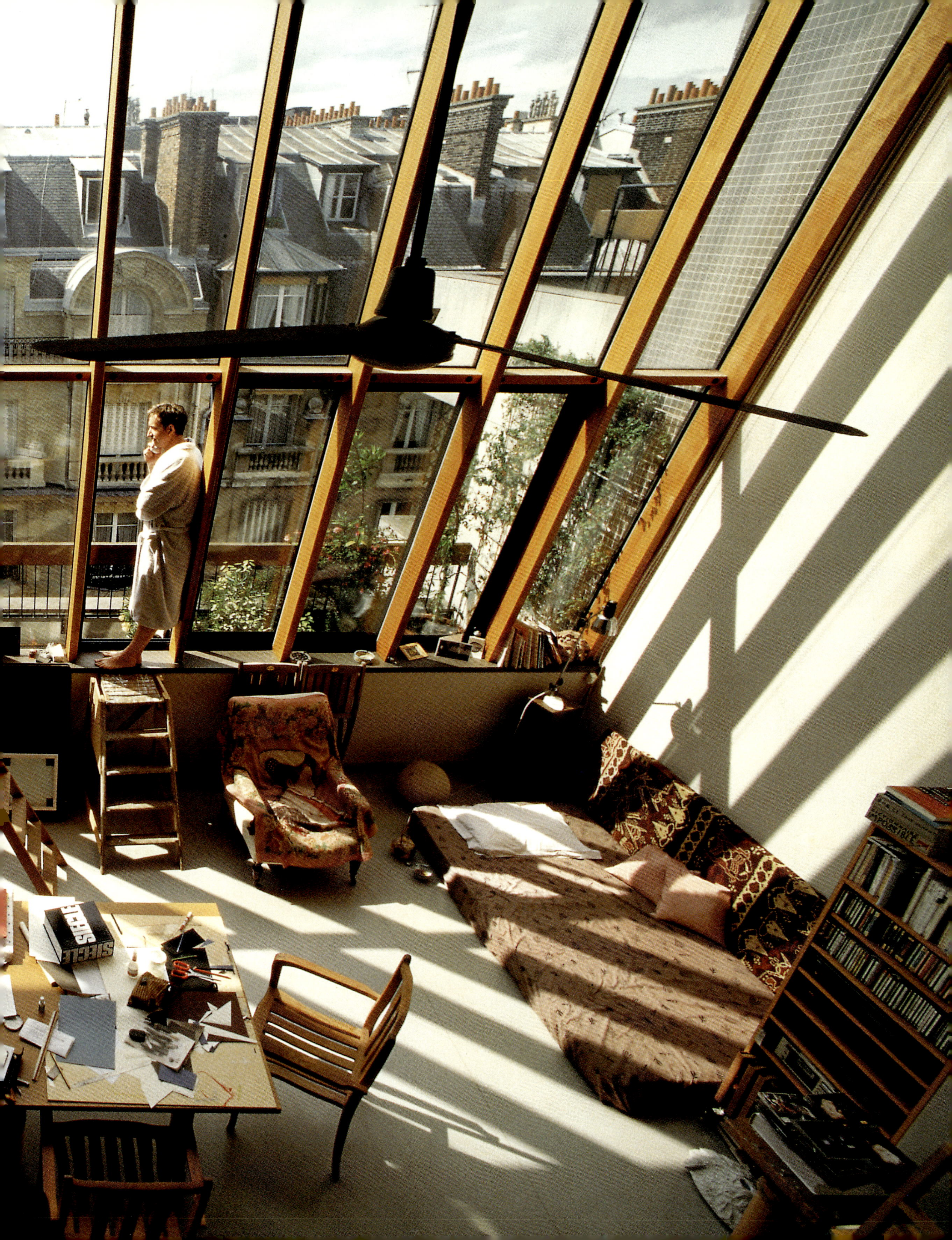
SIECLE
SIECLE

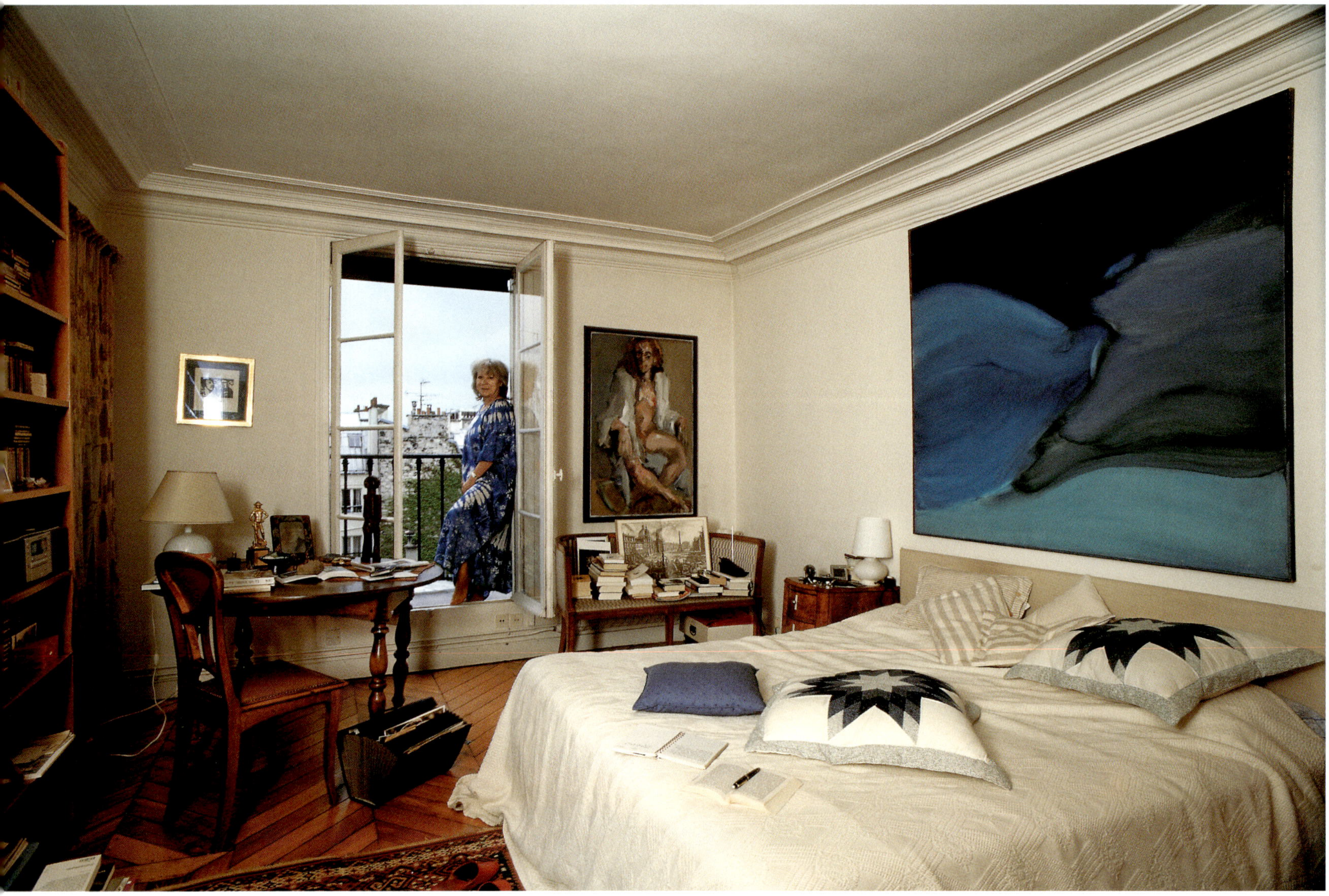

← Am Anfang habe ich mich hier nicht wohl gefühlt, denn man fühlt sich wie in einer Kathedrale. Hier wohnen viele Familien mit Kindern, und ich lebe isoliert dazwischen. Aber ich bin immer noch hier, weil ich das Licht so liebe. Das Atelier ist im Himmel aufgehängt, und die Menschen, die vorbeikommen, sind Engel. Aber ich bin auch mit Dämonen einverstanden. **BERNARD MICHEL, 44, KÜNSTLER**

Ich bin ständig unterwegs. Wenn ich zu Hause bin, ist mein Schlafzimmer vor allem mein Zuhause. Zudem habe ich das aufregendste Nachtleben, ich träume von meinem zweiten und dritten Leben. Meine Träume sind intensiv. Auch wenn es manchmal Alpträume sind, freue ich mich aufs Einschlafen. **MARGARETHE VON TROTTA, 59, REGISSEURIN**

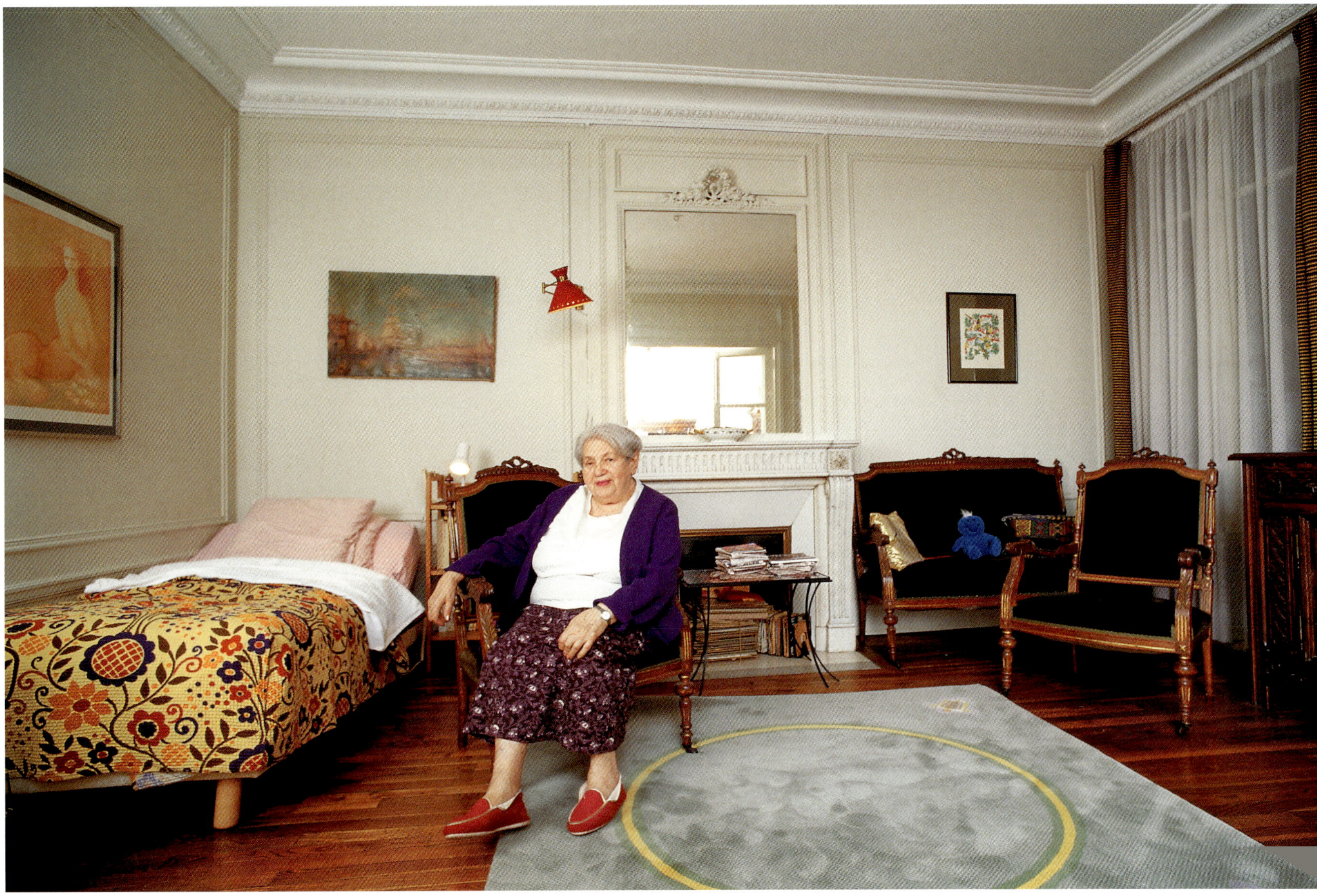

Seit 42 Jahren lebe ich allein, und seit dreißig Jahren habe ich dieses Bett. Ich kann Kopf- und Fußteil elektrisch verstellen, so ist es sehr bequem für mich, im Bett zu lesen. Ich versuche, aktiv zu sein, hoffentlich bis zu meinem letzten Tag. **FANNY WEISBUCH, 86, RENTNERIN**

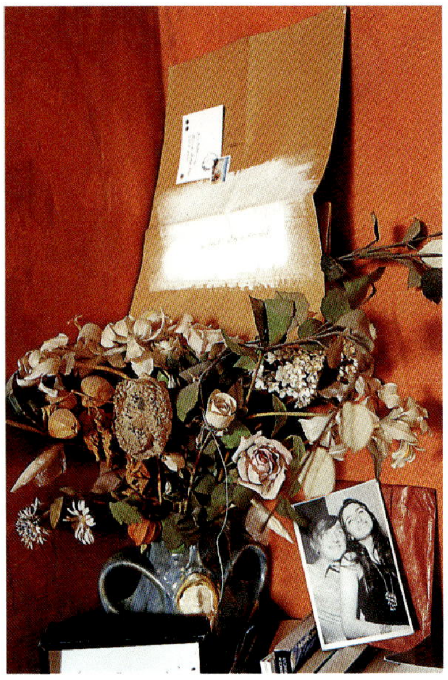

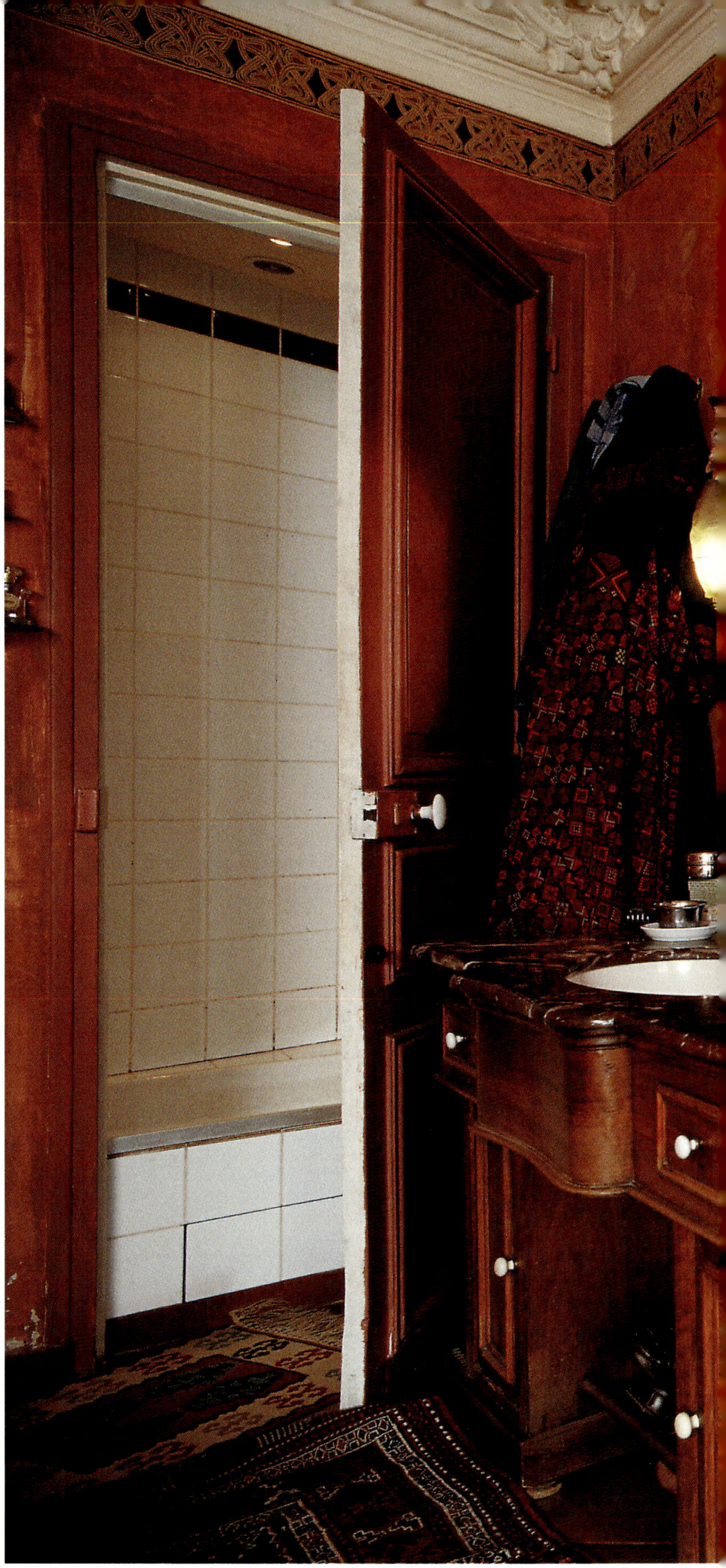

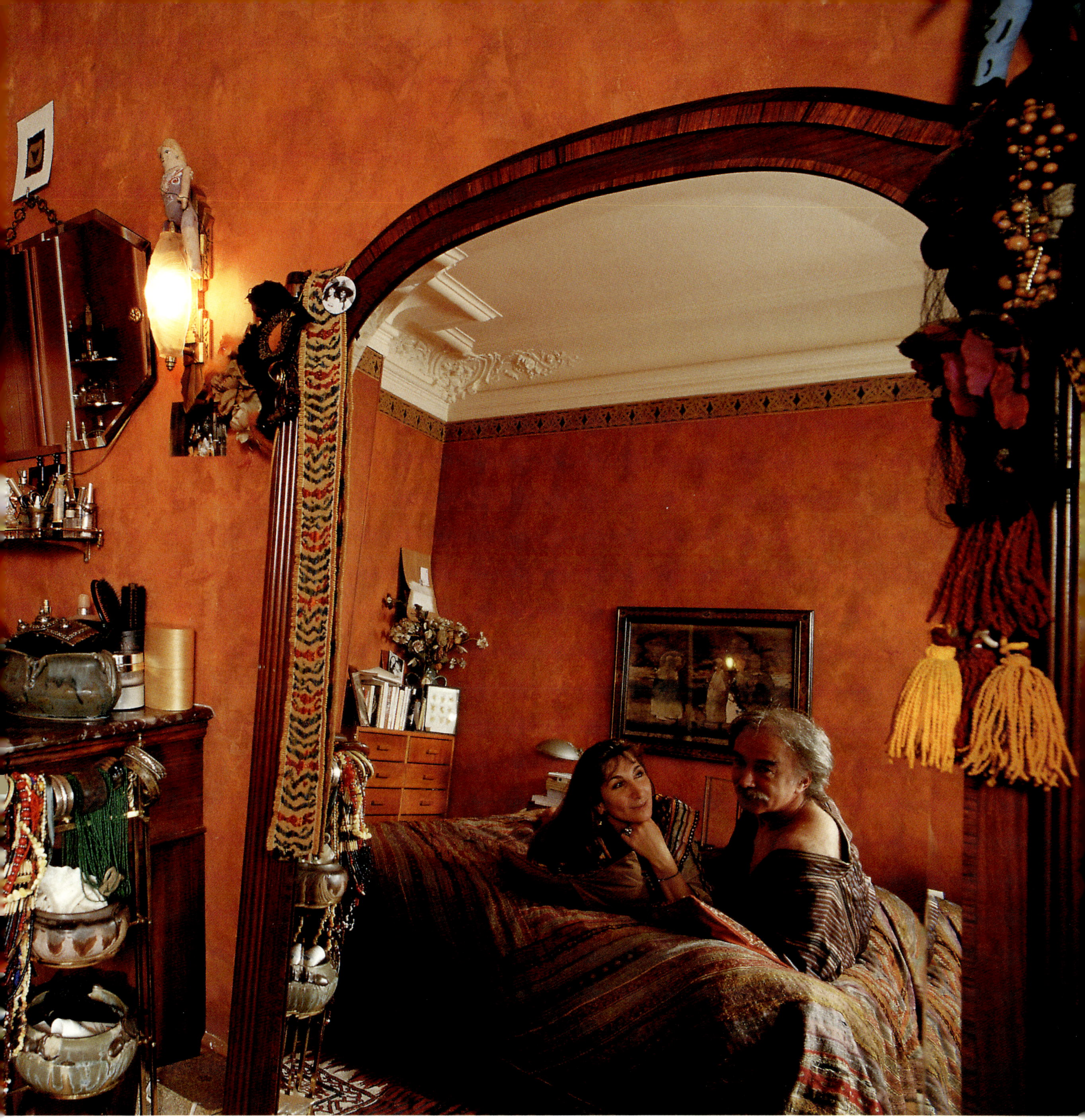

Wenn ich als Kind etwas machte, was meine Mutter ärgerte, sagte sie zu mir: »Du bist eine Zigeunerin.« Aber mir gefiel das. Ich liebäugelte immer mit dieser Vorstellung. Der Raum hier ist Teil dieses Spiels. Als ich klein war, hatten wir nur in der Küche Wasser. Meine Mutter wusch mich dicht beim Ofen im großen Zimmer. Das habe ich sehr genossen. Ich saß im Zuber, und das tägliche Leben meiner Mutter spielte sich um mich herum ab. Deshalb war es mir wichtig, im Schlafzimmer auch Wasser zu haben. **ANNIE RADZYNSKI RADVANYI, 51, DRAMATURGIN**

Das Schlafzimmer ist unser privatester Raum. Hier führen wir Gespräche, lieben uns und hier schlafen die Kinder, wenn wir außer Haus sind. In diesem Zimmer bewahren wir auch viele Erinnerungsstücke von unseren Reisen in ferne Länder auf. **JEAN RADVANYI, 55, PROFESSOR FÜR RUSSISCHE GEOGRAFIE**

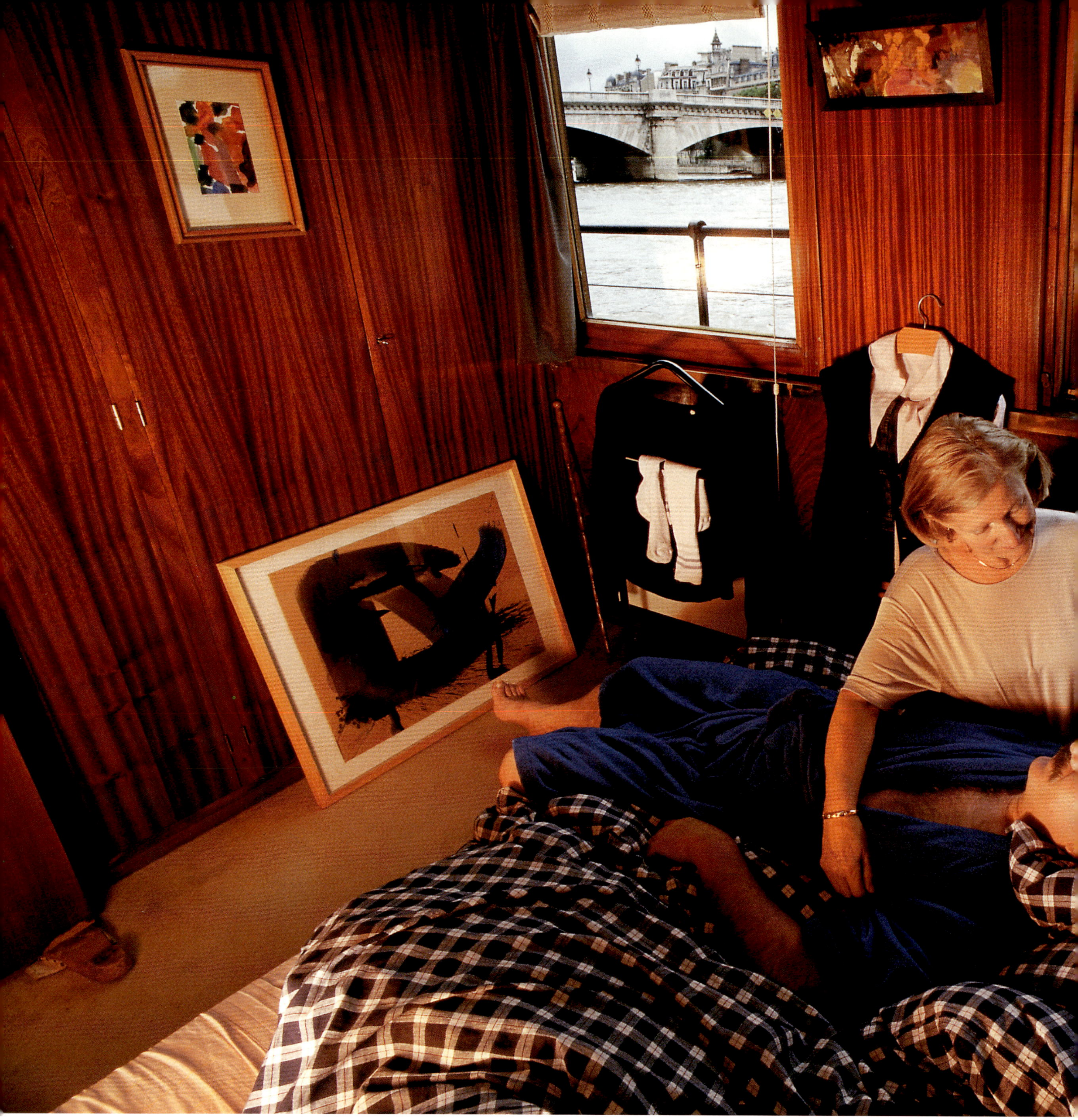

Das Schiff wiegt mich in den Schlaf. Für meinen Mann ist es eine Jacht, für mich eine Galeere. Manchmal ist mir das Schlafzimmer zu eng für uns beide. **ROSWITHA DOERIG, 60, KÜNSTLERIN**

Wenn ich auf dem Schiff bin und vor dem Einschlafen das Plätschern des Wassers höre, ist es ein Gefühl des Wohlbehagens und von Ferien. Wenn ich auf dem Schiff eine Frau liebe, bin ich entspannter. **SERGE LEMESLIF, 57, ARCHITEKT**

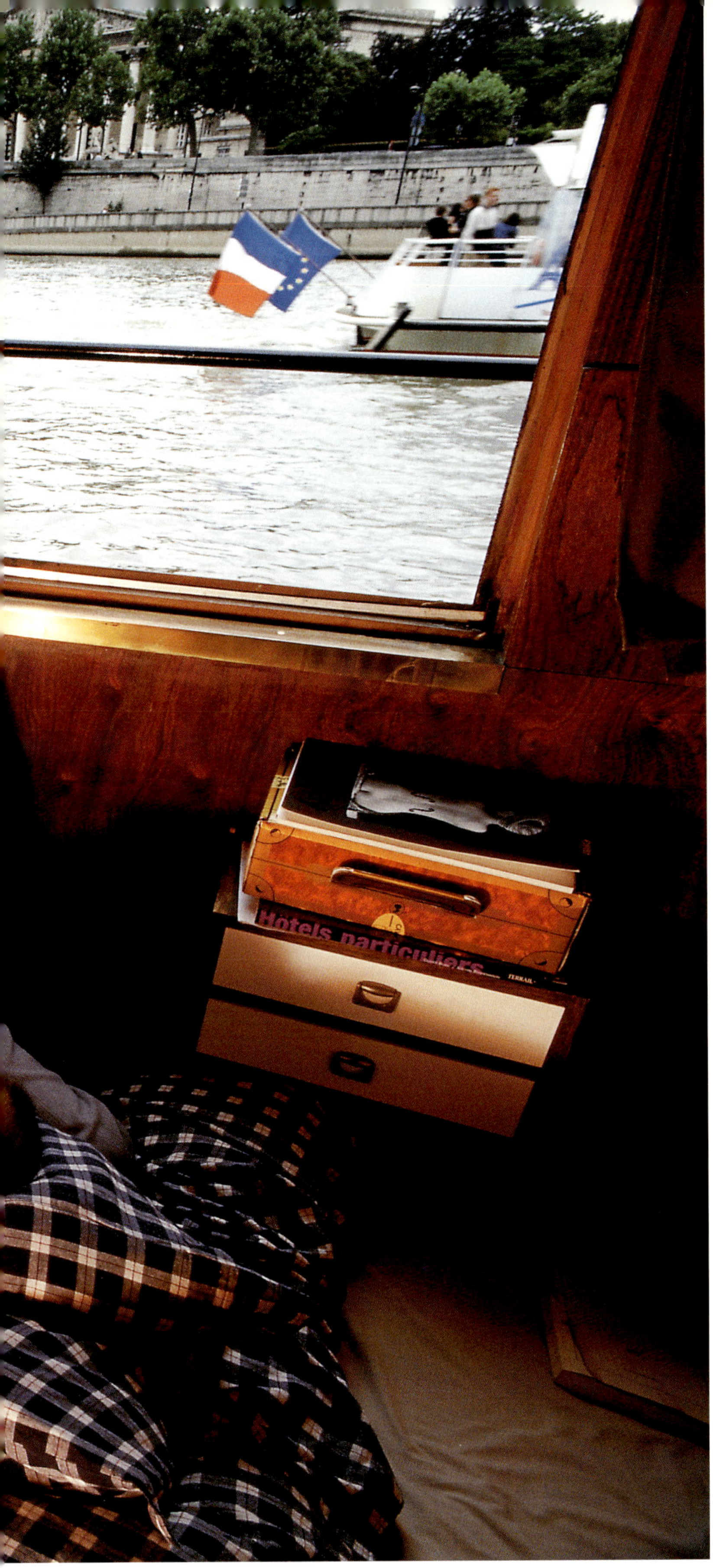
Hotels particuliers

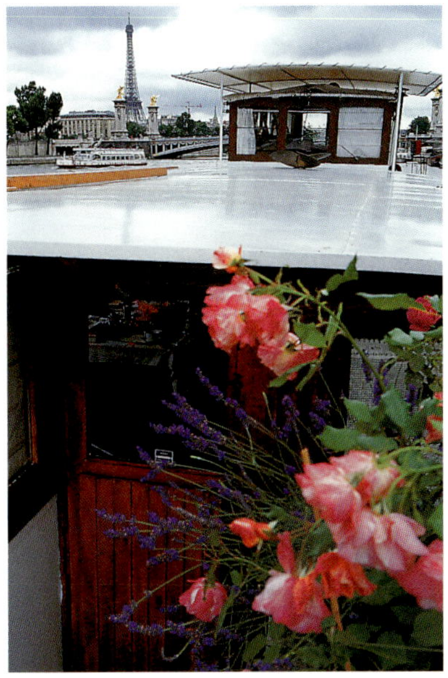

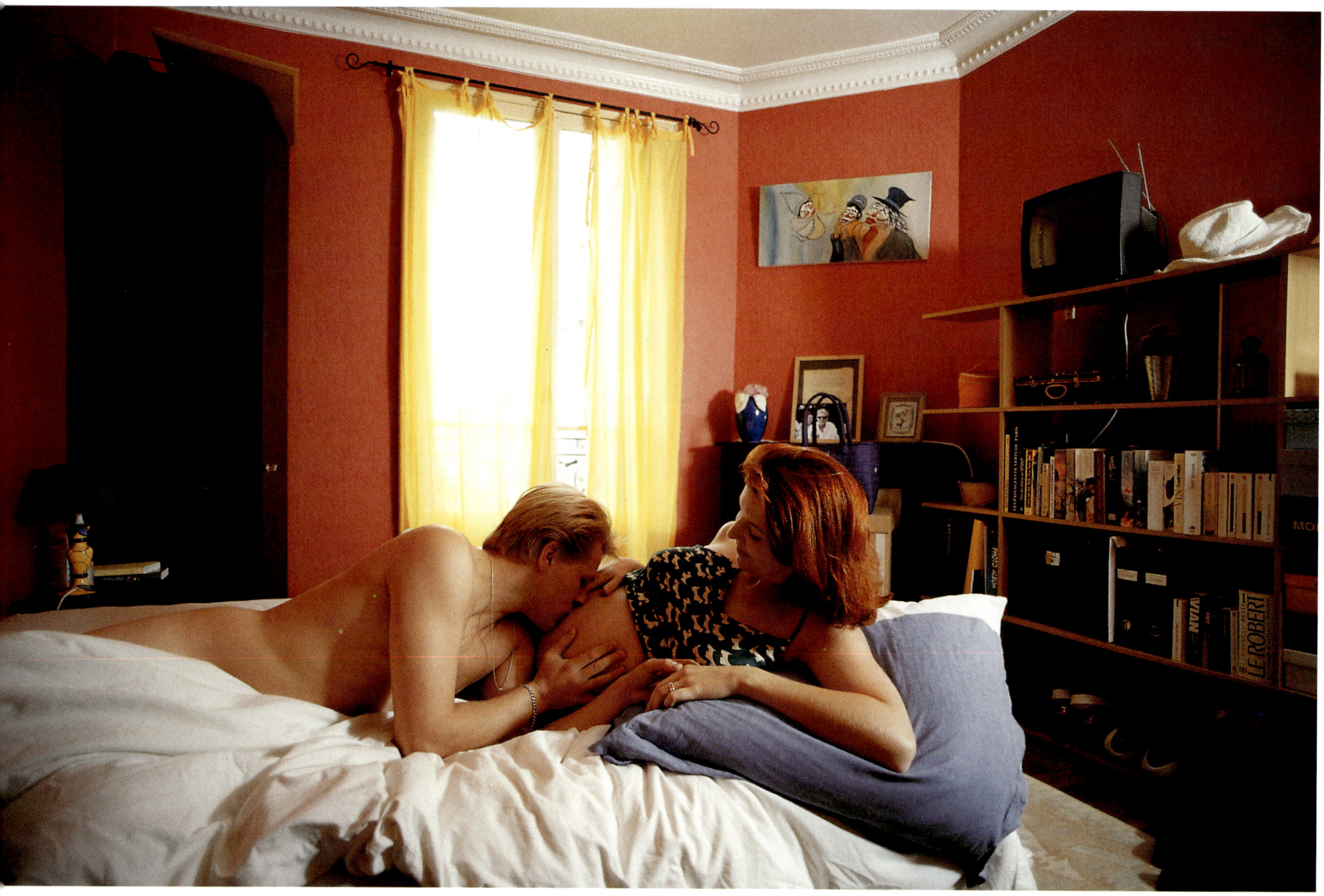

Wir haben viele Freunde, und denen steht unser Haus immer offen. Das Schlafzimmer ist der einzige private Raum, den wir für uns haben. **YAN HANGARD, 29, WEB-KAUFMANN**

Sobald ich mich hinlege, bewegt sich das Baby. Dann ist Yan immer bei mir, legt seinen Kopf und seine Hände auf meinen Bauch. Dies sind für mich die schönsten Augenblicke des Tages. Viele wichtige Entscheidungen haben wir im Bett besprochen. **KAREN HANGARD, 26, CONSULTANT**

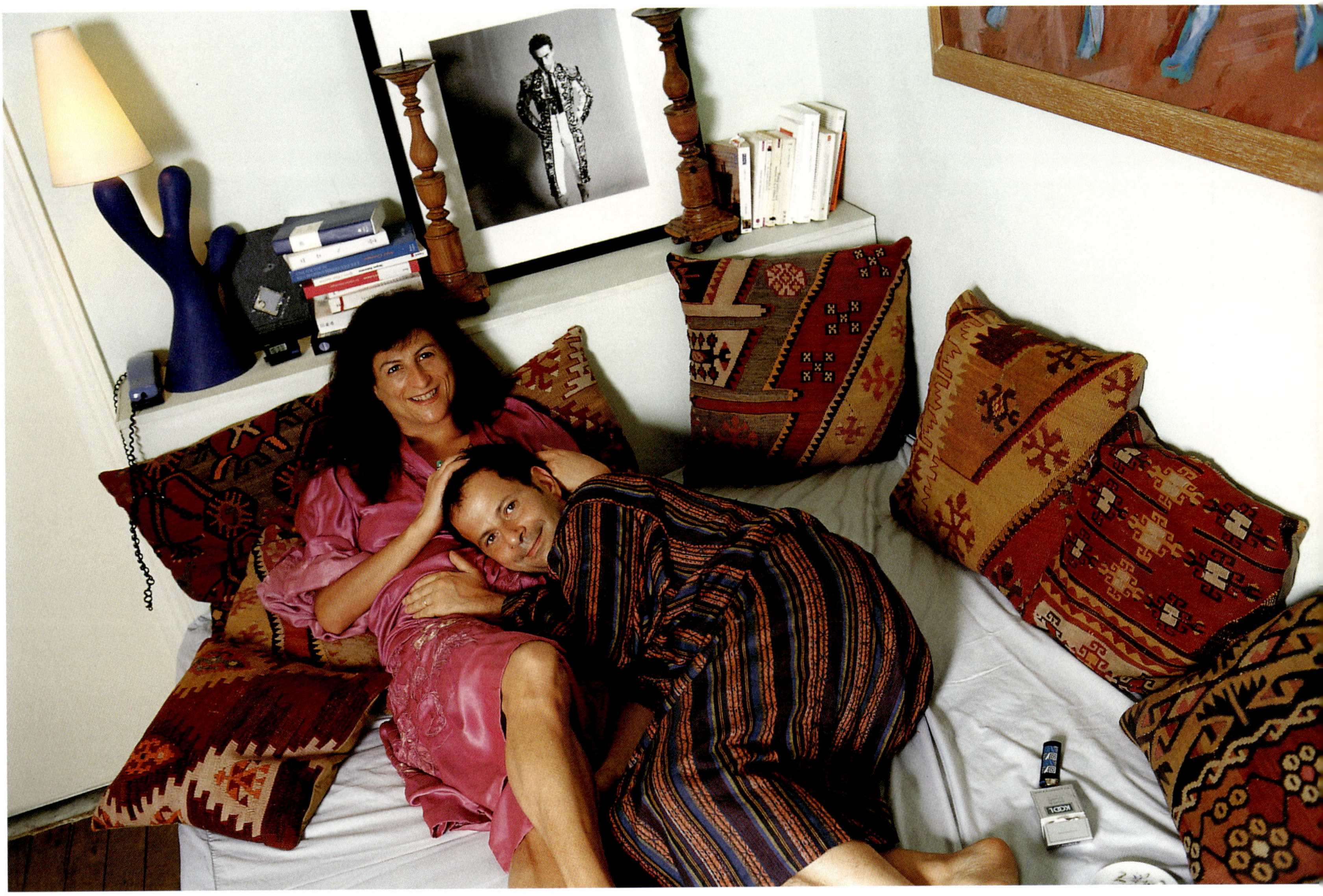

Der Kampf in meinem Inneren kommt zur Ruhe, wenn ich seinen Körper spüre. Das versöhnt mich mit der Welt. **YAEL HALBERTHAL ZAGOURI, 37, ANWÄLTIN**

Unser Ritual vor dem Einschlafen ist, dass Yael ihren Kopf auf meine Schulter legt und mich zärtlich und fest in den Arm nimmt. Dann lassen wir uns los, drehen uns um und schlafen ein. **PHILIPPE ZAGOURI, 41, MARKTFORSCHER**

→ Dieses Zimmer ist unser Schlaf-, Wohn- und Esszimmer. Wir haben oft viele Gäste. Schon vor zwanzig Jahren haben wir eine neue Wohnung beantragt. Die Mädchen schlafen im Bett, die größeren Jungen auf dem Boden. Mein Mann, die Kleinste und ich schlafen im Nebenzimmer. **CAMARA HAWA, 33, HAUSFRAU, SIEBEN KINDER**

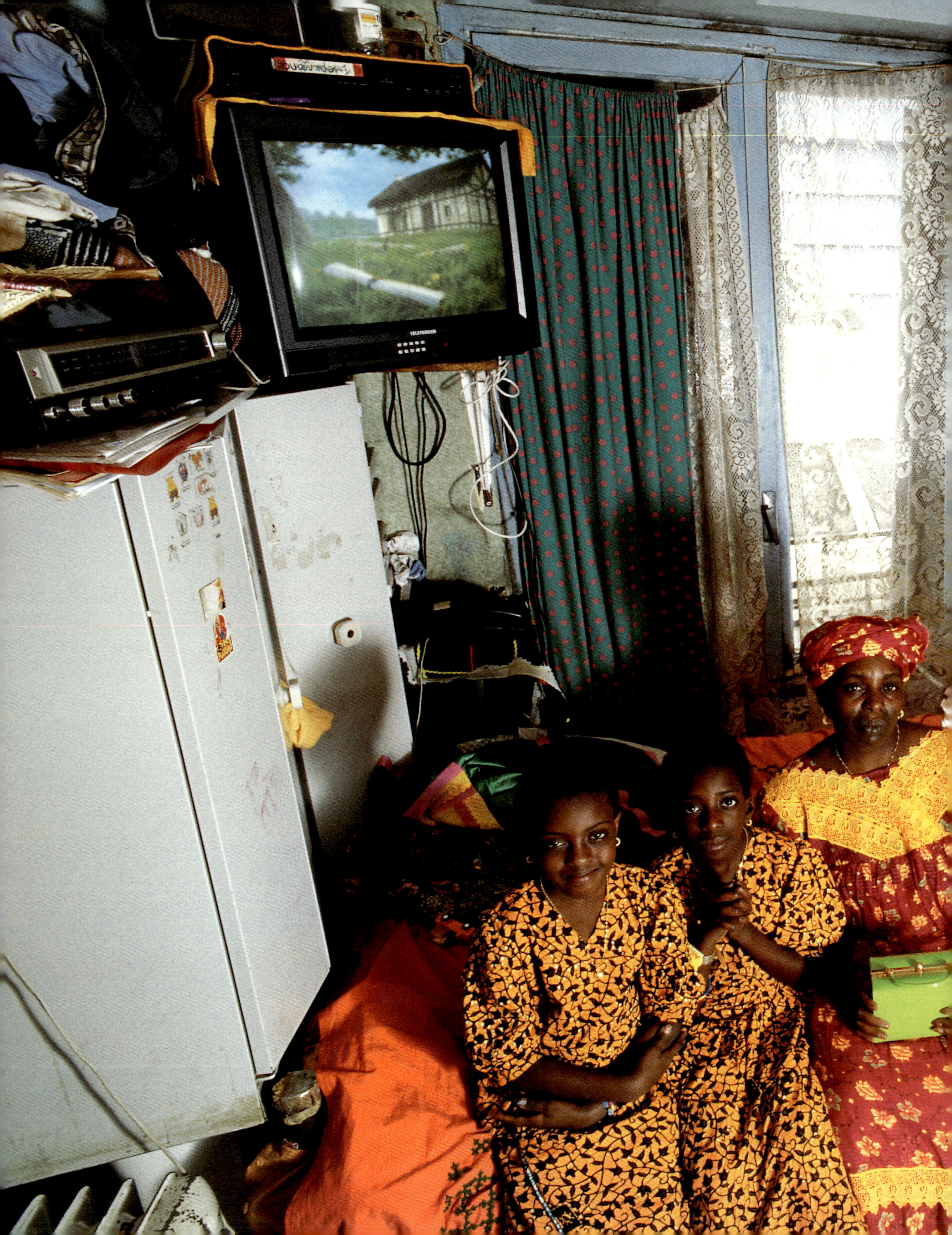
TELEFUNKEN

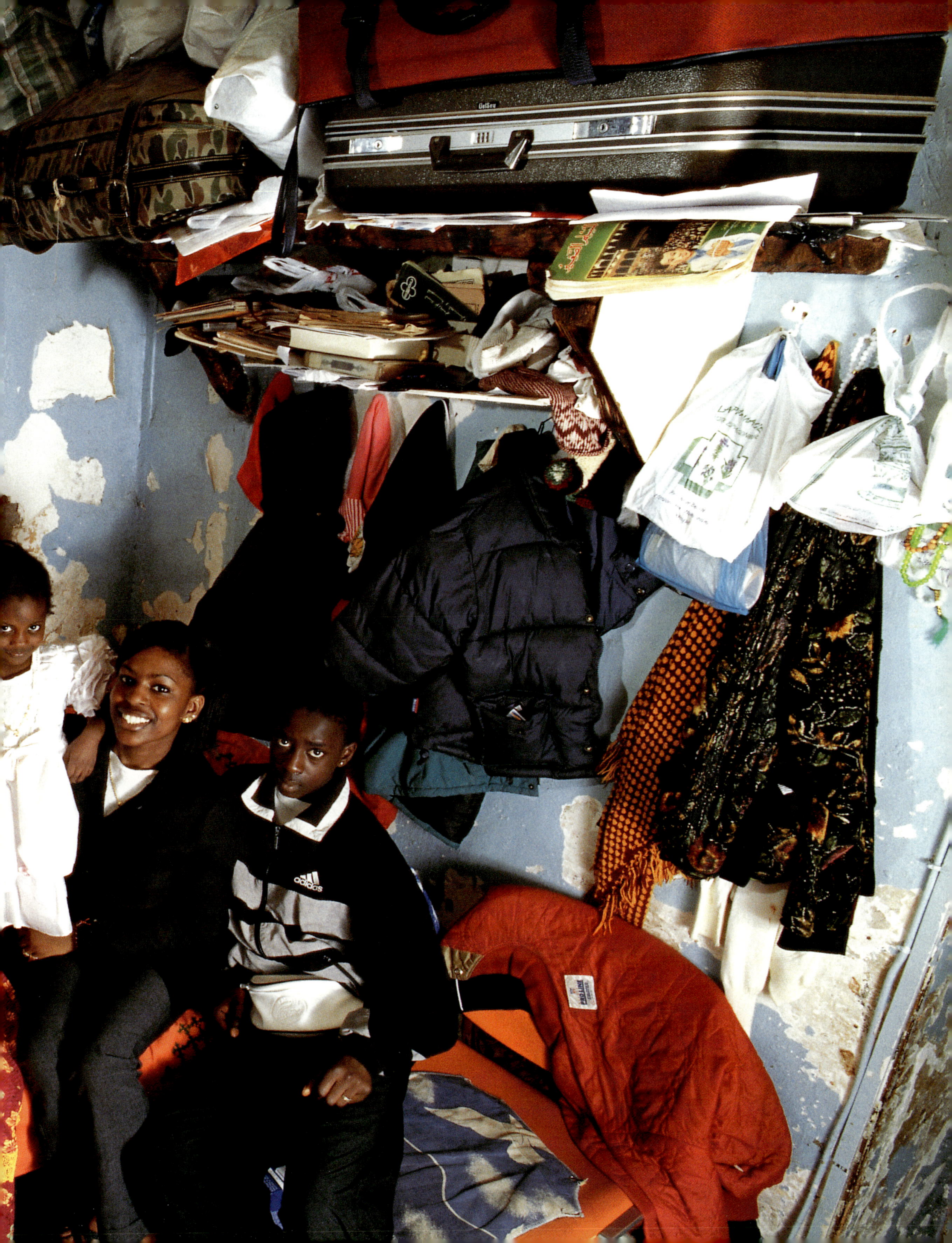
adidas

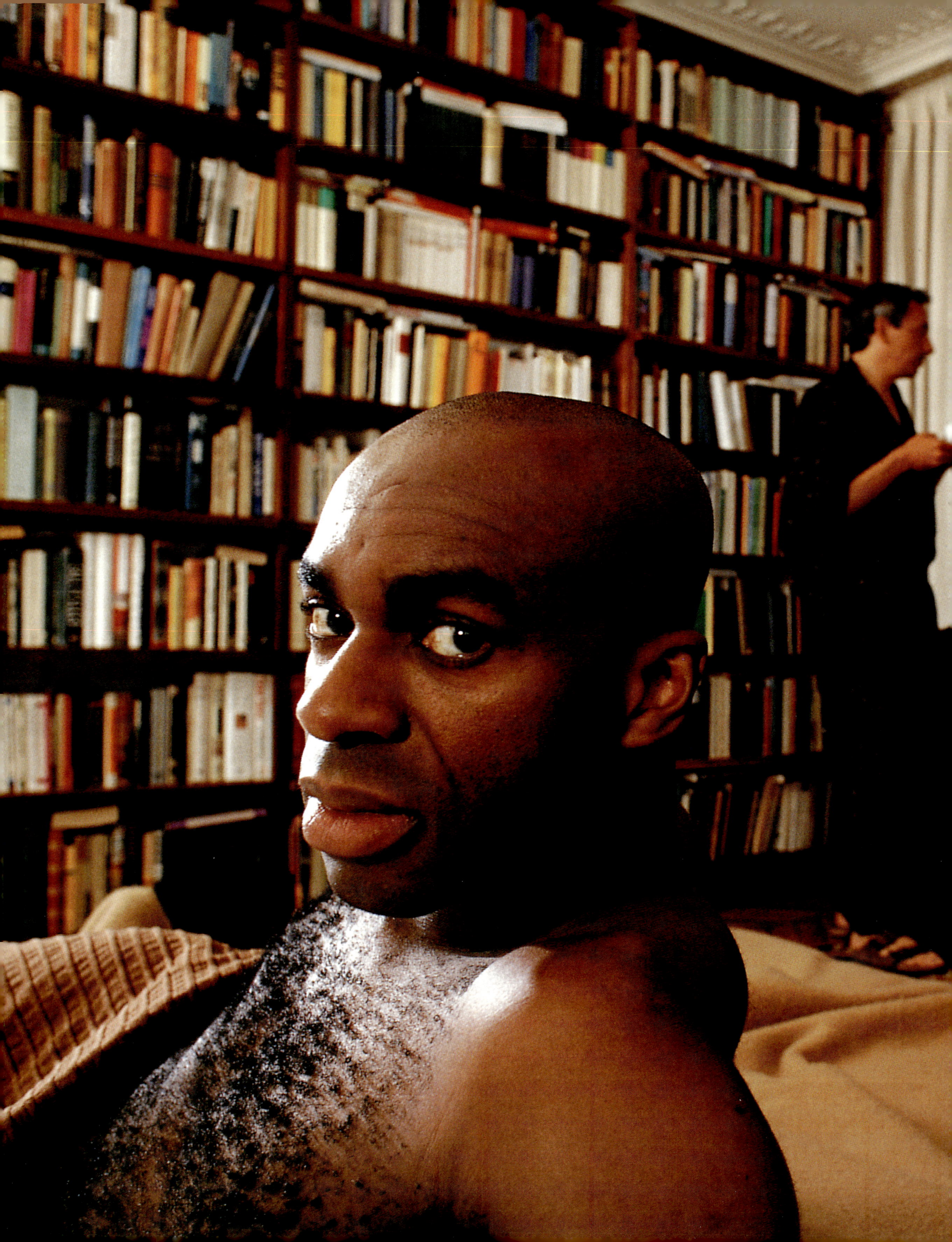

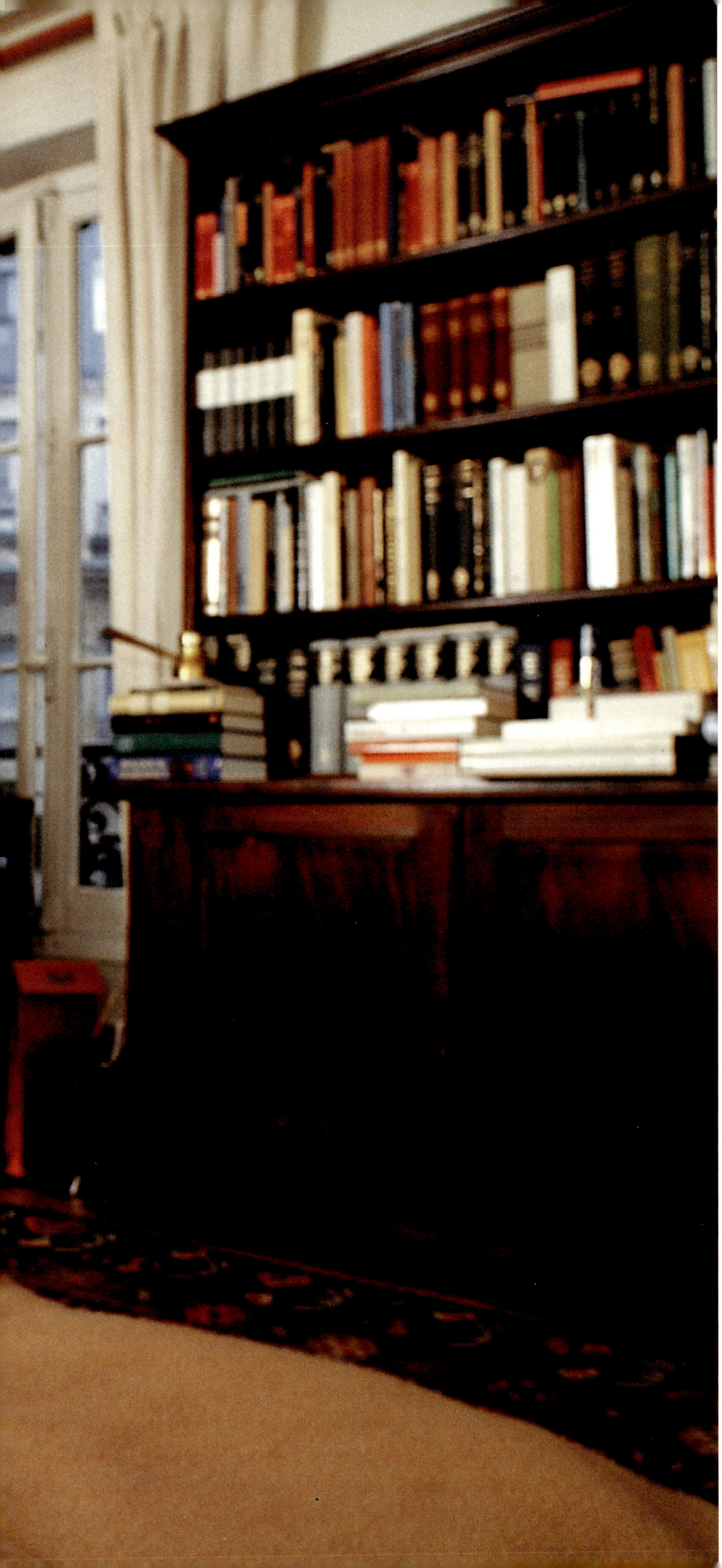

Seit meiner Kindheit wollte ich immer viele Schlafzimmer haben, jedes in einem anderen Stil. Indisch, chinesisch, englisch. Ich bin von weißen Männern am stärksten angezogen. Sie gehen offener mit ihrer Homosexualität um. **JEAN MARC GBEHY, 34, MODEDESIGNER**

Ich habe keine besondere Beziehung, weder zum Schlafzimmer, noch zum Bett, wohl aber zu den Büchern. Ich gehe mit ihnen schlafen und wache mit ihnen auf. In der Nacht ist es aber doch schön, die Haut eines Menschen zu spüren. **GUY DE CONCHES, 47, HOCHSCHULLEHRER**

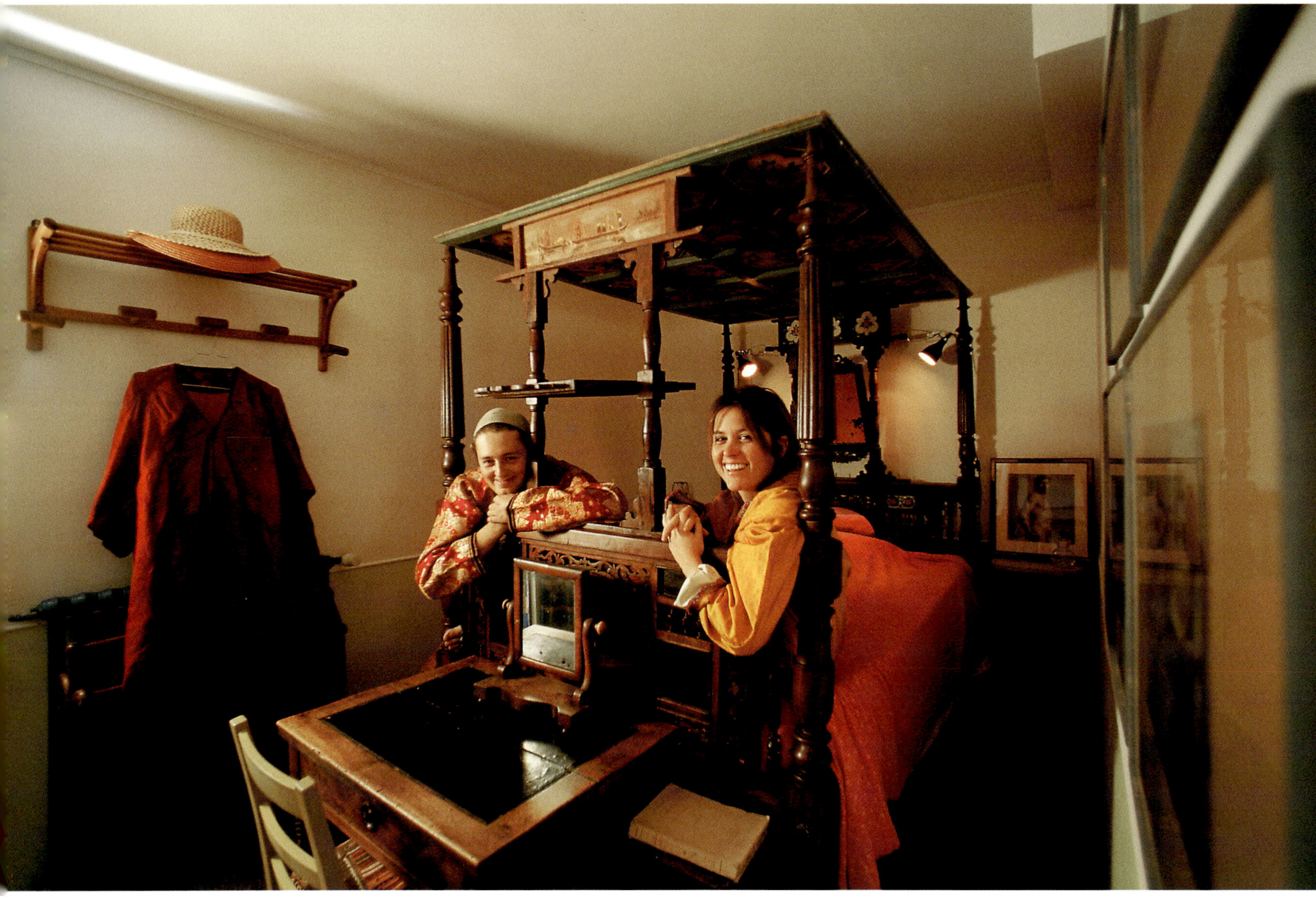

Ich gehe sehr bewusst zu Bett, weil Schlaf wie Tod ist. Der Schlaf hat aber den Vorteil, dass man ihn mit jemandem teilen kann. Morgens fällt es mir schwer aufzustehen. Das Beste, was die Welt zu bieten hat, gibt es im Bett: Wärme, Zärtlichkeit und Behaglichkeit. Mit jemandem kuscheln oder der schläfrige Ausdruck auf dem Gesicht, von den Sorgen des Tages noch unberührt. Warum sollte man da noch aufstehen? **ORLANDO MOSTYN-OWEN, 27, MALER**

Schlaf ist für mich, sich in Träume fallen zu lassen. Problematisch ist der Morgen, denn da bin ich zwischen zwei Welten gefangen, der Welt der Träume und Wärme und der realen. Das Bett ist also abwechselnd Zuflucht und Tor zu anderen Welten. **MARIA PILAR SATINI, 29, MALERIN**

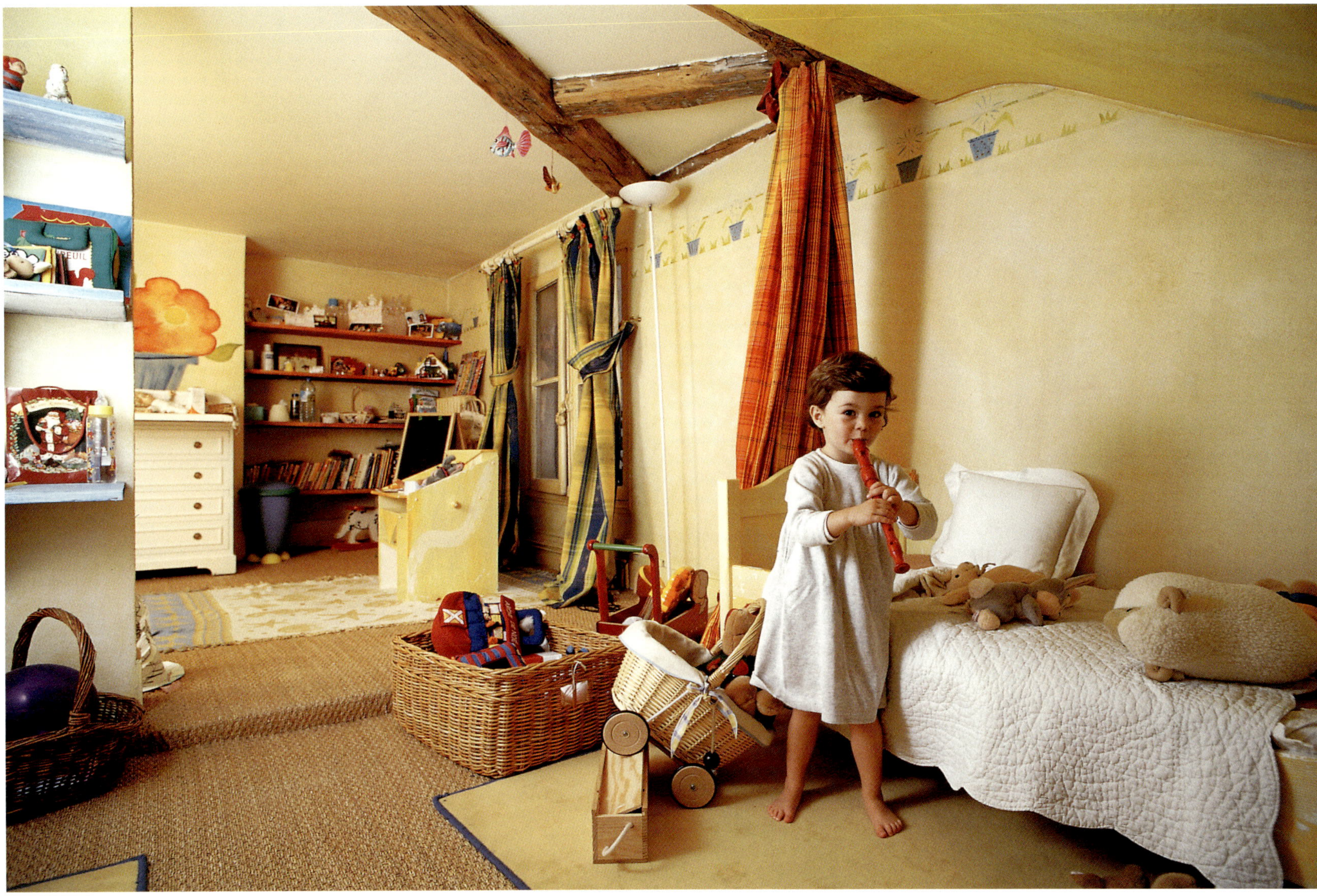

Dieser Raum ist ihre Welt, hier bewahrt sie alles auf, was ihr wichtig ist. Sie besteht darauf, dass dies ihr Zimmer ist. **ZOÉ CHEVALIER, 2**

Ich wollte schon immer ein rotes Zimmer, jetzt habe ich es. Ich habe das Design für den gesamten Raum selbst entworfen. Außer zum Schlafen verbringe ich allein nicht viel Zeit im Schlafzimmer. Ich kann im Bett nicht lesen, das Licht ist mir zu dunkel. Ich habe noch nie lange an einem Ort gelebt, und ständig verändere ich etwas in meinem Leben oder im Geschäft. Ich war dreimal verheiratet und habe vier Kinder. **RENAUD CALLET, 57, UNTERNEHMER**

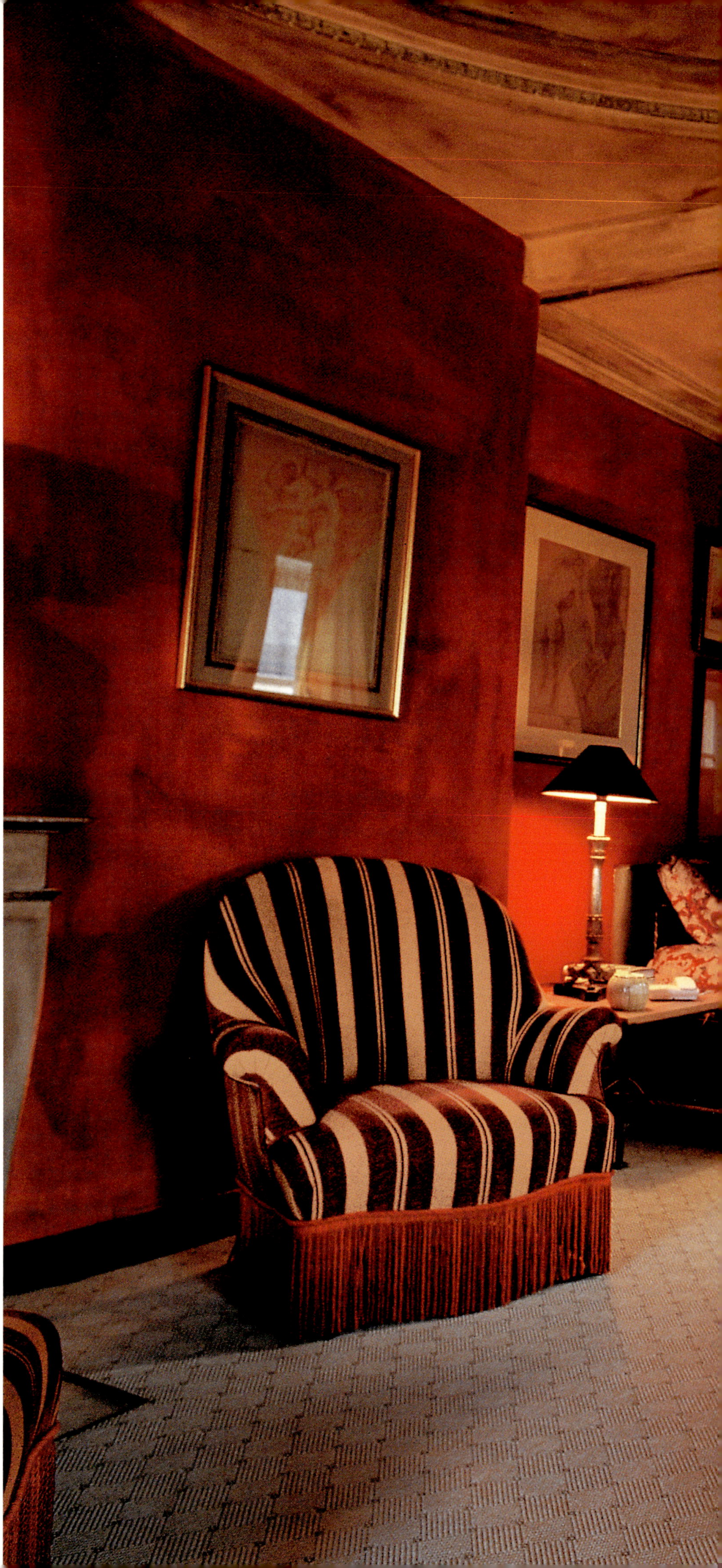

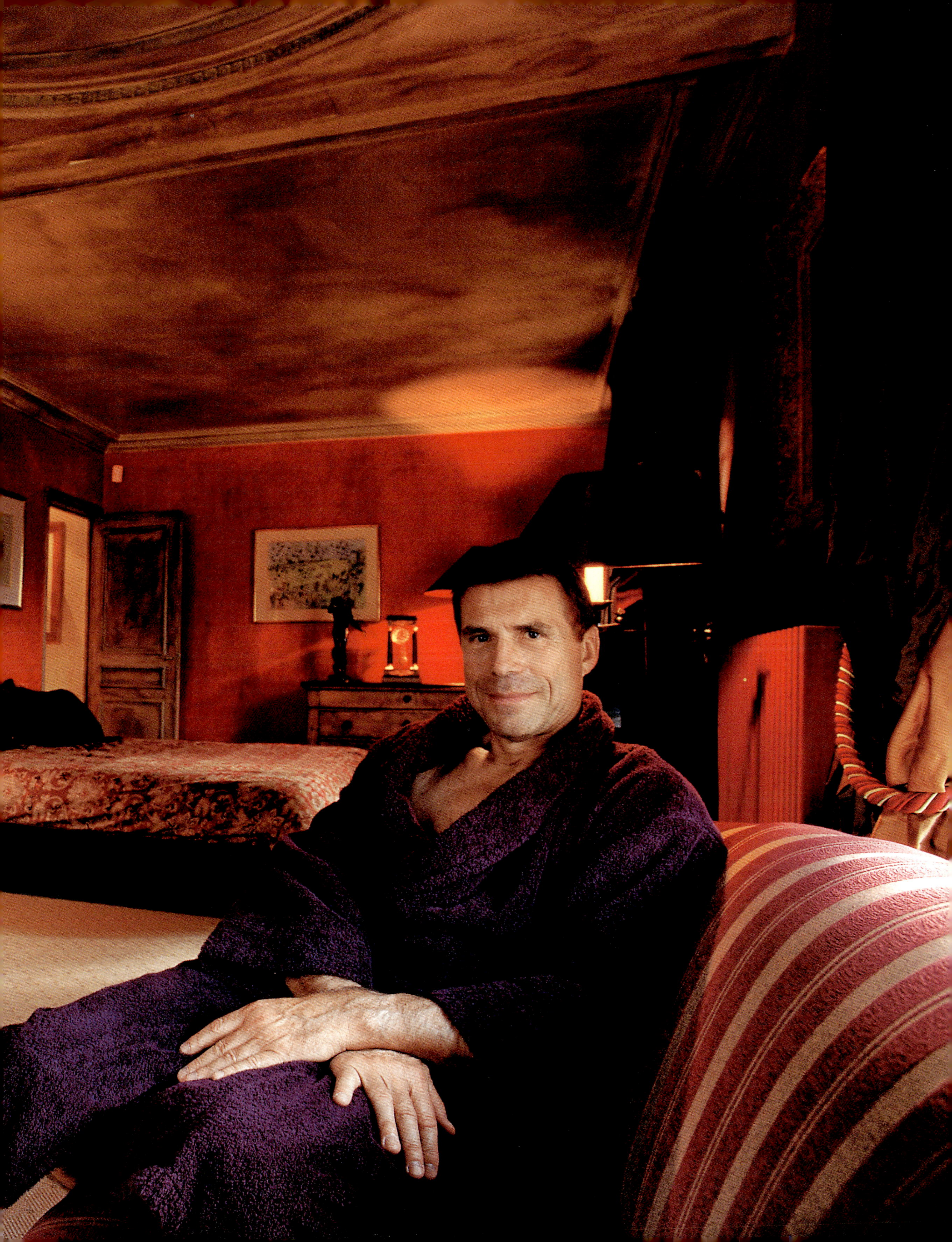

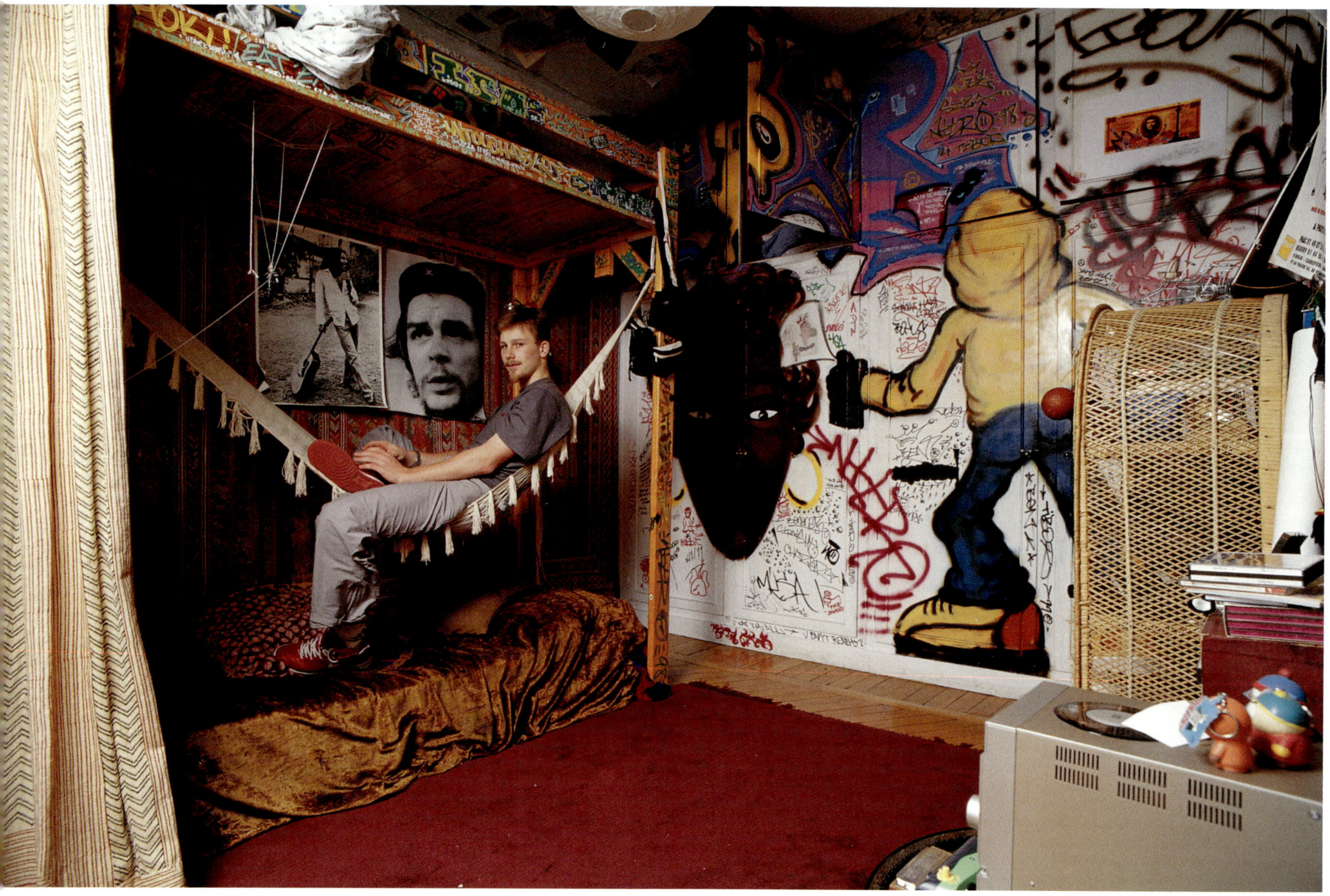

Ich nehme keine Mädchen mit in mein Zimmer. Ich bin auch allein glücklich. Für mich ist Musik das Allerwichtigste. Abends muss ich die Musik immer ganz leise drehen, wegen meiner Eltern. Sie hören alles. Mir gefällt, was Che Guevara getan hat. Den bewundere ich ziemlich. Jeder, der mich besucht, zeichnet was an die Wand. So sind alle meine Freunde immer bei mir. **TIBOR RADVANYI, 17, SCHÜLER**

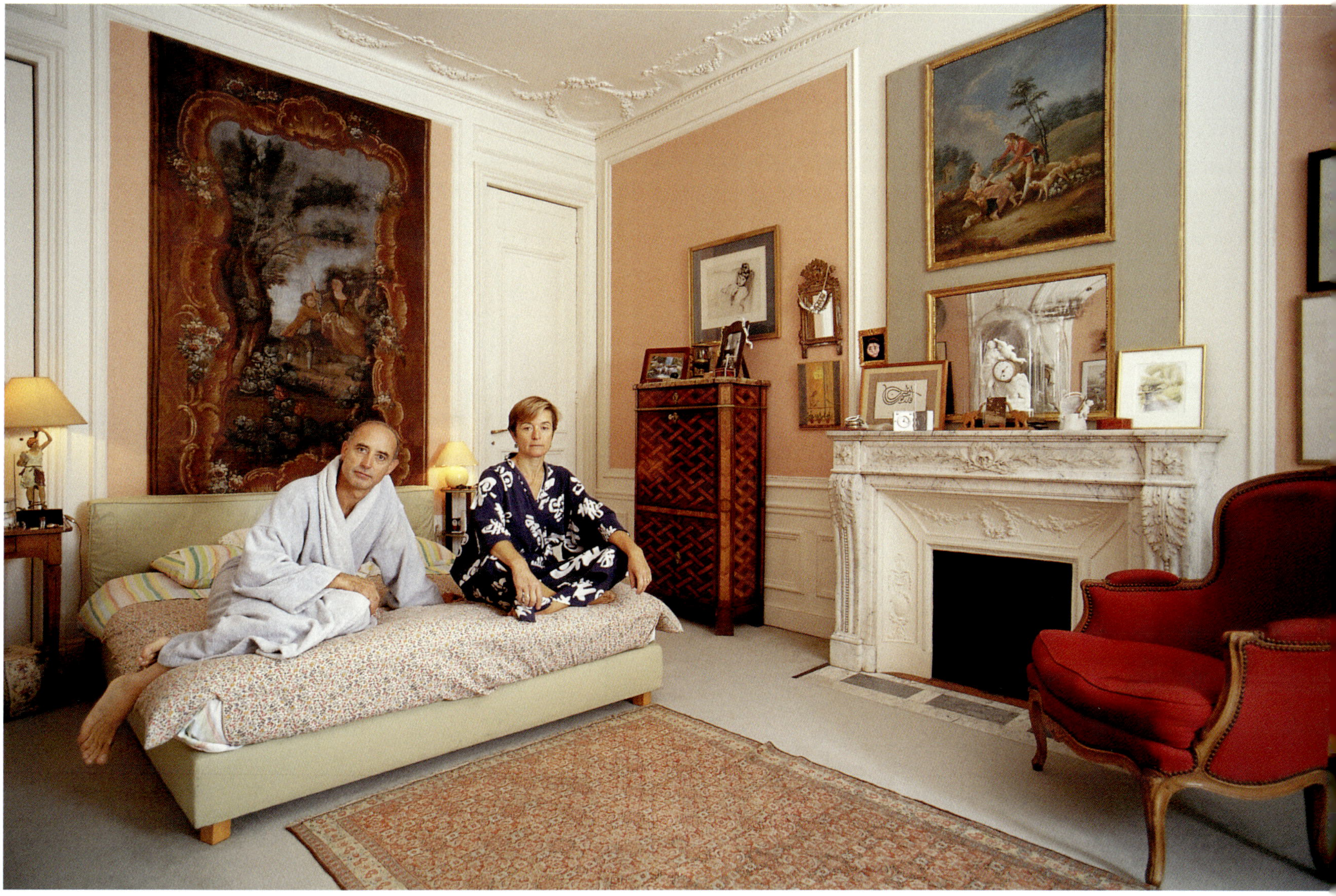

Meine Arbeit ist sehr anstrengend, ich habe ständig mit Menschen zu tun. Das Schlafzimmer ist für mich deshalb ein abgeschiedener Ort, zu dem die Welt keinen Zugang hat. Es ist voller Freuden. Mit meinen Büchern und meiner Frau. Keine Kinder, kein Lärm, kein Zigarettenrauch, kein Fernseher. Hier komme ich zur Ruhe.

BRUNO BARDÈCHE, 52, ANWALT

Das Schlafzimmer ist für mich nur ein Schlafzimmer. Hier schlafe ich nur. Ich führe ein sehr aktives Leben. Wenn ich morgens aufwache, stehe ich sofort auf. Ich erinnere mich nicht an meine Träume.

LAURENCE BARDÈCHE, 49, FOTOGRAFIN

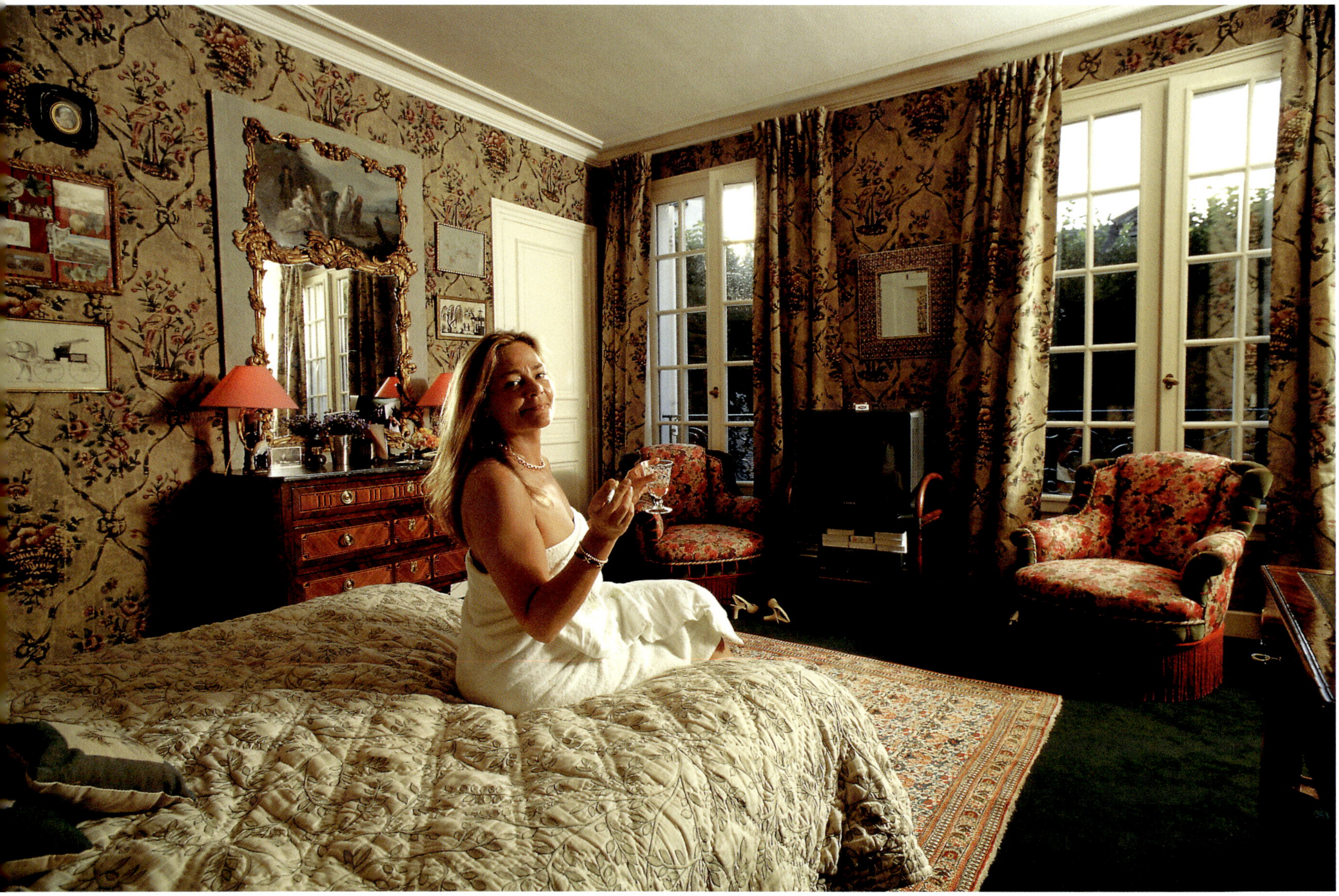

Mein Mann und ich haben getrennte Schlafzimmer. Ich schaffe gerne eine feminine Umgebung, in der ich meine Weiblichkeit zum Ausdruck bringen kann. Und in der kein Mann Spuren hinterlässt. Die gegenseitigen Besuche sind immer ein Vergnügen. Auch meine erwachsenen Kinder respektieren, dass dieser Raum meine Privatsphäre darstellt. **VERONIQUE LEGARET, 46, ANTIQUITÄTENHÄNDLERIN**

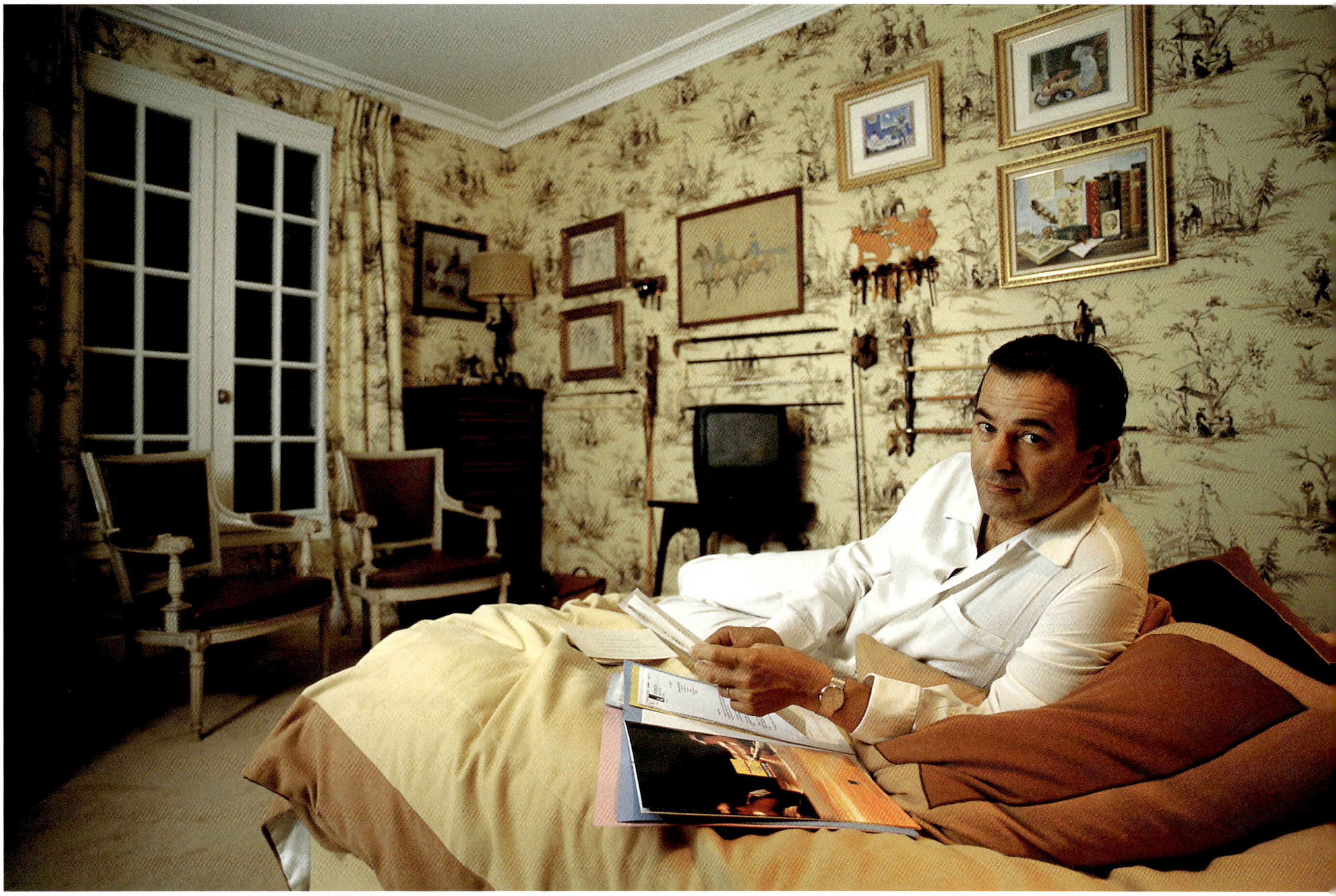

Ich habe alles selbst für diesen Raum ausgesucht. Da ich ein begeisterter Reiter bin, sammle ich alte Wanderstöcke, Reitgerten und Pfeifen. Jeden Tag komme ich spät nach Hause, dann gehe ich im Bett noch meine Geschäftspapiere durch. Hier schlafe und arbeite ich. Dieses Zimmer ist mein kleiner Lebensraum. In den anderen Zimmern im Haus ist zu viel Unruhe. **JEAN-FRANÇOIS LEGARET, 48, POLITIKER**

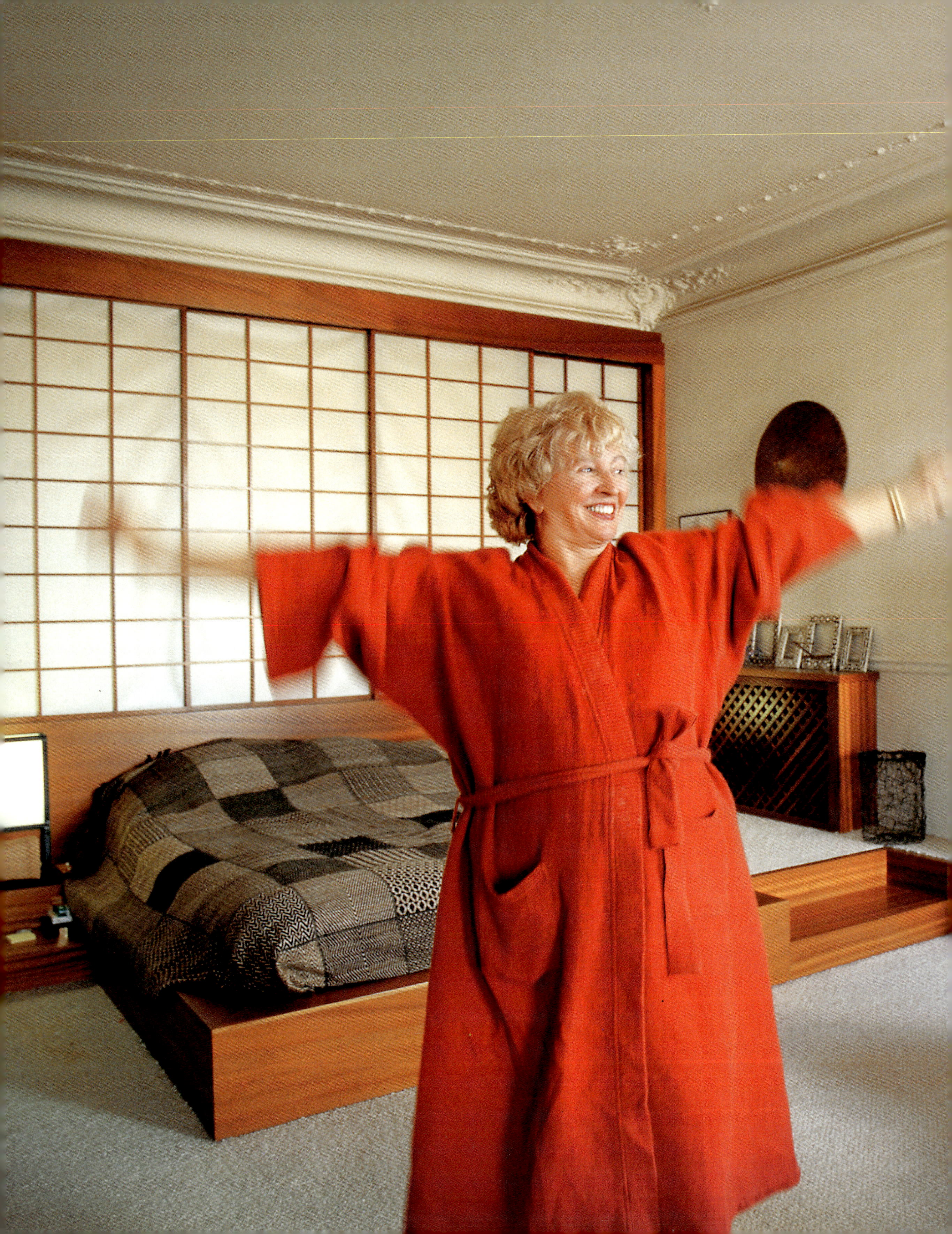

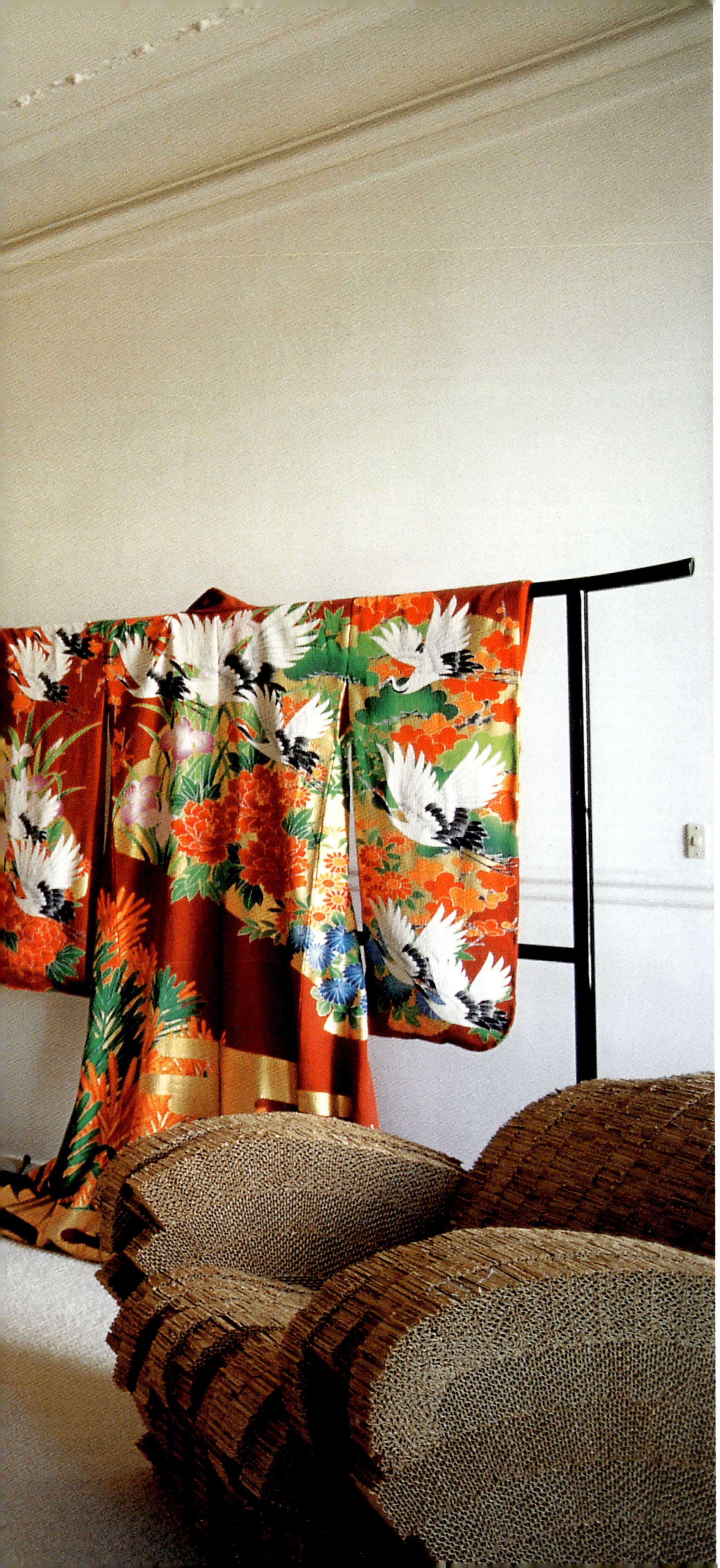

Als ich jung war, habe ich dem Schlafzimmer kaum Bedeutung beigemessen. Ich war eine Weile krank. Dadurch hat sich der Raum für mich verändert. Meistens wache ich ziemlich früh auf, dann genieße ich es bewusst, mich zu strecken und auszuprobieren, wie groß mein Bett ist, und die Sinnlichkeit der Federkissen zu spüren. **MONIQUE BARBIER-MÜLLER, 70, KUNSTSAMMLERIN**

Das ist mein Schlafzimmer im Ministerium. Mir gefällt es nicht. Mein persönlicher Stil ist anders, moderner. Nur wenn ich sehr müde bin, halte ich hier ein Nickerchen. Schlaf ist für mich Zeitverschwendung, und es fällt mir nicht leicht, meine Arbeit liegen zu lassen. Jede Nacht ist für mich eine Prüfung. Ich habe ein aufregendes Nachtleben, da ich sehr intensive Träume habe. Manche sind so furchtbar und voller Gewalt, dass ich froh bin aufzuwachen, um dem Schrecken zu entkommen. Jede Nacht liege ich zwei Stunden lang wach. Dann lese ich. Wenn ich danach immer noch nicht einschlafen kann, arbeite ich. **JACK LANG, 61, EHEMALIGER KULTUR- UND BILDUNGSMINISTER**

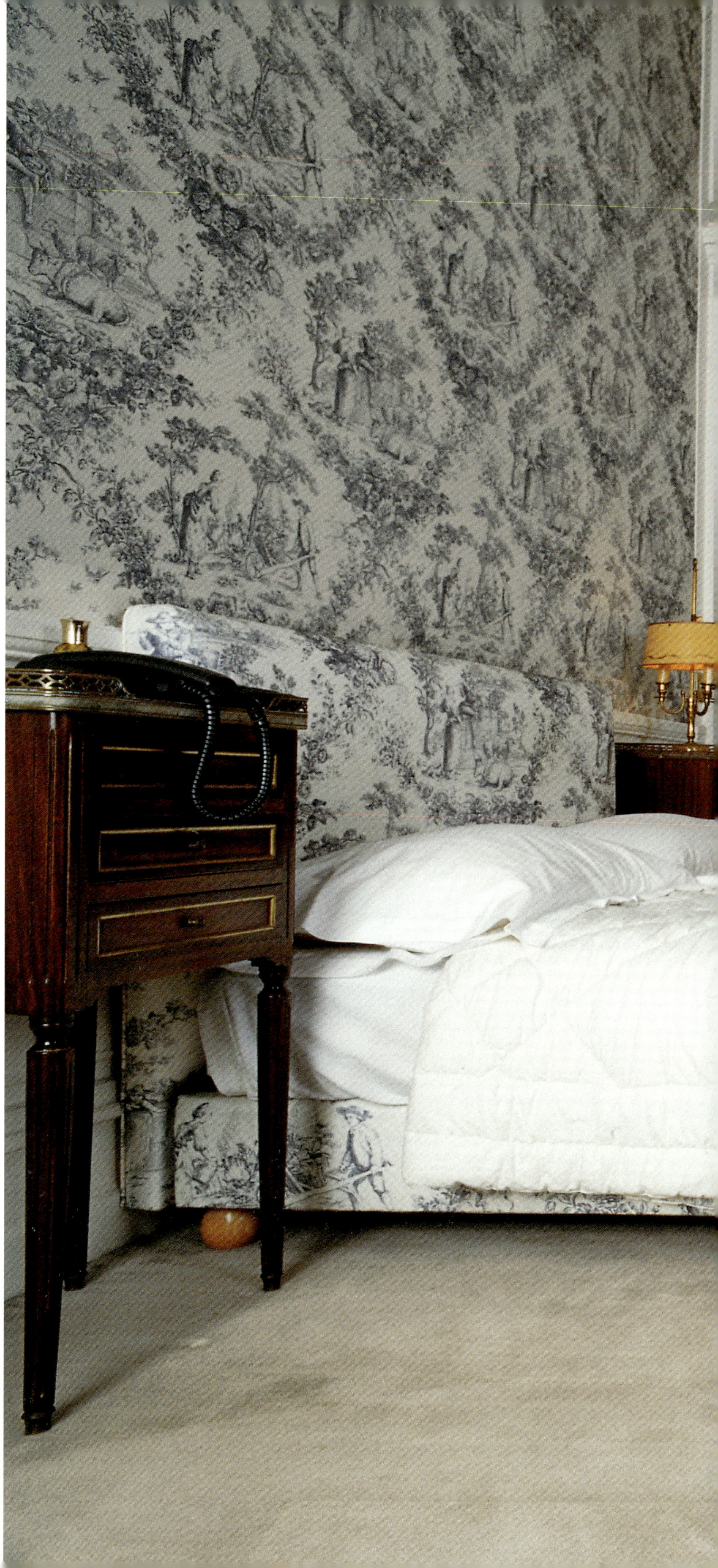

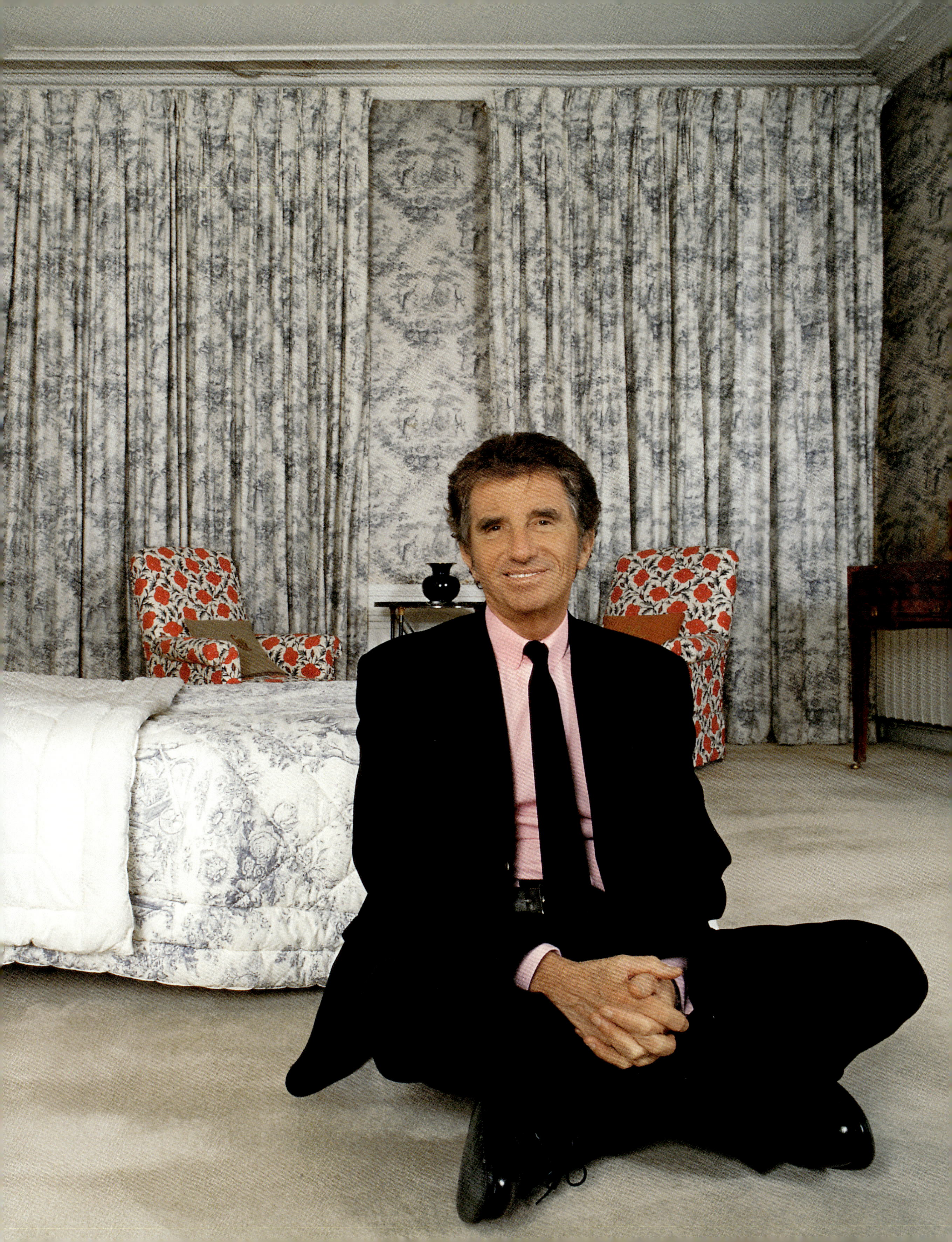

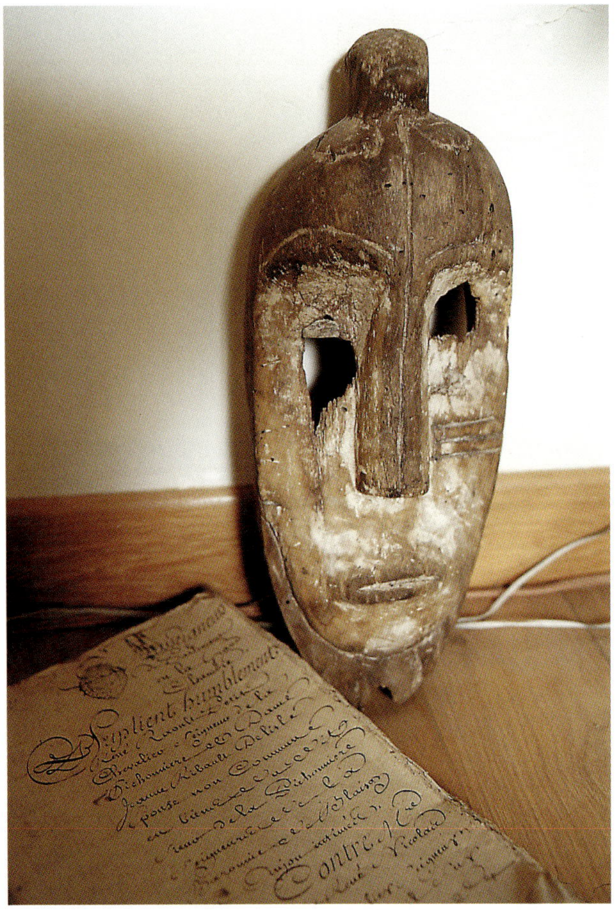

Von meinem Bett aus kann ich den Himmel sehen. Wenn die Wolken vorüberziehen, ist es wie auf einem Schiff. Ich sehe den Mond zu- und abnehmen. Bei Gewittern sind die Blitze direkt über mir, als würden sie geradewegs durch mich hindurchgehen. Einmal, während eines warmen Sommerregens, lag ich nackt auf dem Bett und spürte den Regen auf meiner Haut. **GUILLAUME BOIVIN, 31, VIDEOKÜNSTLER**

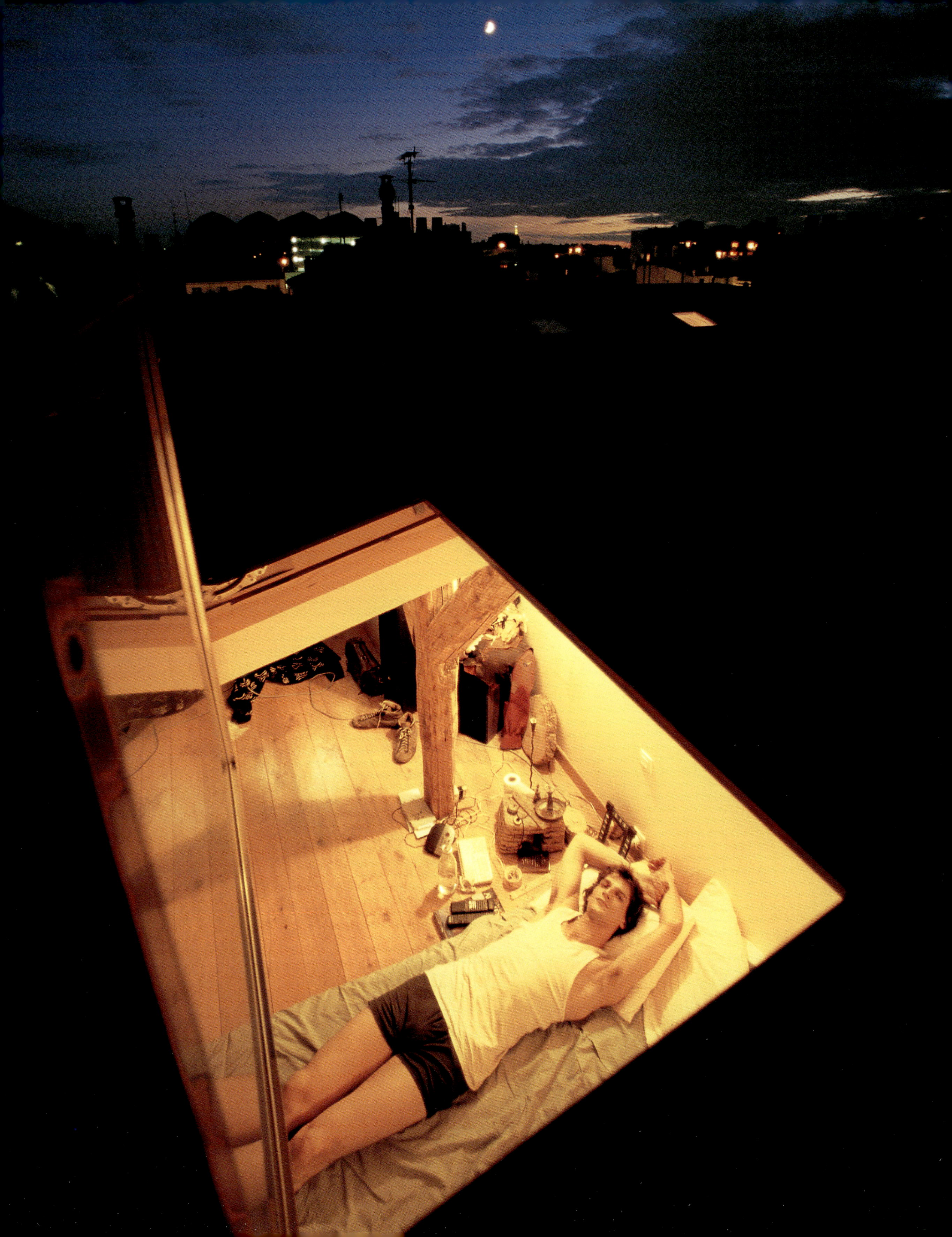

DANK

Diese große Variation von Schlafzimmern wurde erst möglich durch die Unterstützung von vielen Menschen die mir halfen, Türen zu öffnen, Misstrauen zu beseitigen und Vorurteile aufzulösen.

Für die Ermutigung, die Reise durch die Metropolen zu beginnen, danke ich besonders Bernd Kreutz. Ein Teil dieses Buches ist mit Unterstützung von Interlübke entstanden. Claudia Anzinger begleitete mich in sehr persönlicher Anteilnahme durch das ganze Projekt. In Berlin danke ich Gabriele Tammen-Parr für die Vermittlung von Kontakten.

Weitere Unterstützung und Zuspruch erhielt ich durch Ingrid Reuhl, Monique und Max Burger, Titus Kreyenberg, Michaela Plötz, Georg Feil, Veronika Kreuzhage, Barbara Hartl, Claus Vogel, Jürgen Schreiber, Antje Tesche-Mentzen, Margot Klingsporn, Frieder Roth, Rebecca Horn, Christoph Vitali, Beate Lindemann, Markus Rasp, Susanne Koelbl, Reinhard Mohr, Alexander Schulz, Marianne Grob, Galina Böhm und F. C. Gundlach.

In London lernte ich Eliza Poklewski-Koziell und Rachel Barraclough kennen. Sie stellten mir spontan ihre Kontakte zur Verfügung und halfen mir, London zu erobern. Ihr Netzwerk schien unermesslich zu sein. Doch auch Nicole von Bredow gilt mein Dank; sie half mir als Scout, die Basis zu finden. Ebenso danke ich Vanessa Letts und Denise Weston.

In Italien wurde mir besondere Unterstützung durch Renate Kreysing und Anna Homberg zuteil. Sie waren unermüdlich und erfinderisch im Aufspüren der richtigen Schlafzimmerbewohner, begleiteten mich und waren einfühlsame Dolmetscher. Auch Laura Sipione setzte ihre privaten Verbindungen für mich ein. Bernd Kaute, Deita Riz à Porta und Joachim Hübler trugen zum Gelingen des Projektes bei.

Nina Wetzel sorgte als Scout in Paris für die nötigen Kontakte und half über Sprachschwierigkeiten hinweg. Auch Eva Müller May ließ mir ihre Hilfe zukommen; Stefanie Rosenkranz, Helga Dupuis, Marie Ciechanowska, Wilfried Wiegand, Benedetta Gentile und Judith Kimche öffneten ihr Adressbuch für mich. Monique Barbier-Müller und Hal Wyner unterstützte mich in besonderer Weise.

Mein spezieller Dank gilt in Moskau Achim Künsebeck. Er war der Schlüssel zu dieser mir noch unbekannten Stadt und mein Quartiermacher. Alexandre Frish half generös, schöpfte aus seinem großen Bekanntenkreis und öffnete viele Türen. Irina Alechnowitsch war eine wunderbare Begleiterin und sensible Dolmetscherin. Allen herzlichen Dank, sie machten mein Projekt zu ihrem. Frauke Hartmann vermittelte mir Kontakte zu Krankenhäusern und Internaten. Weitere Hilfe erhielt ich in Moskau von Hansjörg Haber, Hans Jürgen Burkhard, Marina Mitnitzkaja, Albrecht Conze, Tatjana Polyakova, Victor Myznikov, Christina Romanenko, Vladimir Pyljow, Michael von Schlippe, Dolf Michel, Sylvie Armand-Delille, Uwe Klußmann, Dorothee Künsebeck, Regina Fleming.

In New York danke ich besonders Claudia Bodin und Sabine Anton für die großzügige und persönliche Unterstützung. Auch Alan Patricof ließ mir seine Hilfe angedeihen und setzte sich in seinem Freundeskreis außergewöhnlich für mich ein. Ebenso Sean Kelly und Michael Saur, die mir Türen zu Künstlern öffneten. Weitere Unterstützung erfuhr ich von Knut Osland, Hiroko und Calvin Kiefer, John Weitz, Lonnie Schlein, Mort Stone, Sparky Greene, Marianne Wiesinger, Tobias Klutke, Sandy Strauß, Claudia Steinberg, Peter Lepore, Peter Riva, Michael und Christina Bracken, Walter Paulus, Doris Chevron, Mark Rosen, Jade Netanya Ullmann und Elisabeth Biondi. Auch Holly Salomon unterstützte mich, leider konnte sie das Erscheinen des Buches nicht mehr erleben.

Allen Genannten und Ungenannten, danke ich für ihre Hilfe, für Gespräche und Anregungen. Auch meinen Freunden, die mich durch dieses Projekt begleitet haben, danke ich für ihre Treue.

BIOGRAFIE

AUSSTELLUNGEN, PUBLIKATIONEN, FILME, AUSZEICHNUNGEN

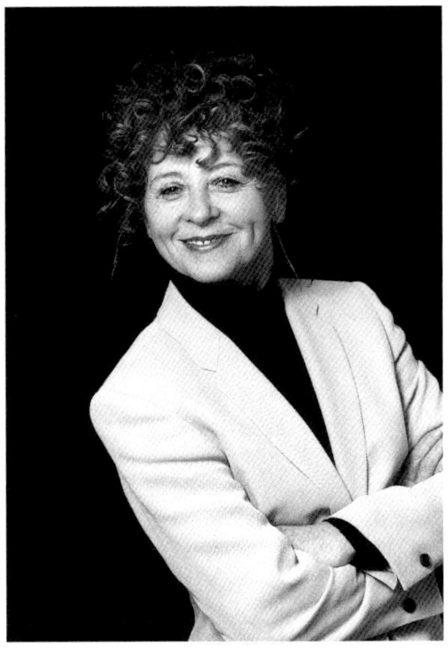

© JOHANNES RODACH

HERLINDE KOELBL ist seit 1976 als Fotografin tätig. Sie arbeitet regelmäßig für bekannte Zeitungen und Zeitschriften im In- und Ausland, wie »Stern«, »Zeit« oder »New York Times«. Ihre Bilder, die seit 1980 regelmäßig in Galerien und Museen ausgestellt werden, betrachten menschliche Lebensweisen auf sensible Art. Dabei ergänzt sie häufig ihre Bildserien durch intensive Interviews, beispielsweise bei ihren »Jüdischen Portraits«. Im Rahmen ihrer Langzeitstudie »Spuren der Macht. Die Verwandlung des Menschen durch das Amt« begleitete Herlinde Koelbl von 1991 bis 1998 Politikerinnen und Politiker sowie Persönlichkeiten der Wirtschaft mit ihrer Kamera. In Fotografien, Filmen und Interviews dokumentierte sie die eindrucksvollen und sichtbaren Persönlichkeitsveränderungen, die durch den Umgang mit der Macht hervorgerufen werden. In ihrem Buch »Die Meute« spürte Herlinde Koelbl dem Einfluss und der Ohnmacht der Journalisten nach und lieferte ein spannendes Bild der oft beklagten Veränderungen der Medienlandschaft.

EINZELAUSSTELLUNGEN (IN AUSWAHL)

Museum of Modern Literature, Seoul 2001
Haus der Kunst, München 2000
Haus der Geschichte, Bonn 2000
Prinz Gallery, Kyoto 1999
Schirn Kunsthalle, Frankfurt 1998
Suermondt-Ludwig-Museum, Aachen 1998
Lenbachhaus, München 1996
Galerie Tammen & Busch, Berlin 1986/1994/1996
Heidi Reckermann Galerie, Köln 1992/1995
Rudolf Kicken Galerie, Köln 1992
Spertus Museum, Chicago 1991
Museum für Kunst und Gewerbe, Hamburg 1990
Historisches Museum, Wien 1990
Münchner Stadtmuseum, München 1986/1990
Marjorie Neikrug Galerie, New York 1987
Rheinisches Landesmuseum, Bonn 1984/1986
Australian Centre for Photography, Sidney 1983
Kunstverein, München 1980/1981
Künstlerhaus, Wien 1980/1985

FOTOGRAFIEN IN ÖFFENTLICHEN SAMMLUNGEN

Museum of Fine Arts, Houston
Staatliche Galerie Moritzburg, Halle
Museum of Art, New Orleans
Bibliothèque Nationale, Paris
New York Public Library, New York
Rheinisches Landesmuseum, Bonn
Berlin Museum, Berlin
Museum Ludwig, Köln
Jüdisches Museum, Frankfurt

PUBLIKATIONEN

Die Meute, Knesebeck Verlag, München 2001
Spuren der Macht, Knesebeck Verlag, München 1999
Im Schreiben zu Haus, Knesebeck Verlag, München 1998
Starke Frauen, Knesebeck Verlag, München 1996
Opfer, Edition Braus, Heidelberg 1996
Feine Leute, Edition Stemmle, Schaffhausen 1991
Jüdische Portraits, S. Fischer Verlag, Frankfurt 1989
Männer, Bucher, München 1984
Das deutsche Wohnzimmer, Bucher, München 1980

DOKUMENTARFILME

Wir Journalisten, 2002
Die Meute, 2001
Spuren der Macht – Porträt von Heide Simonis, 2000
Spuren der Macht – Porträts führender Politiker, u.a. von Bundeskanzler Gerhard Schröder, Außenminister Joschka Fischer, 1999

PREISE UND AUSZEICHNUNGEN

Dr.-Erich-Salomon-Preis
Herwig-Weber-Preis
Leica Medal of Excellence
Kodak-Preis
Epica Award
Goldene Venus
Goldene Kamera
Kritikerpreis
Adolf-Grimme-Preis-Nominierung

FOTOBÄNDE VON HERLINDE KOELBL IM KNESEBECK VERLAG

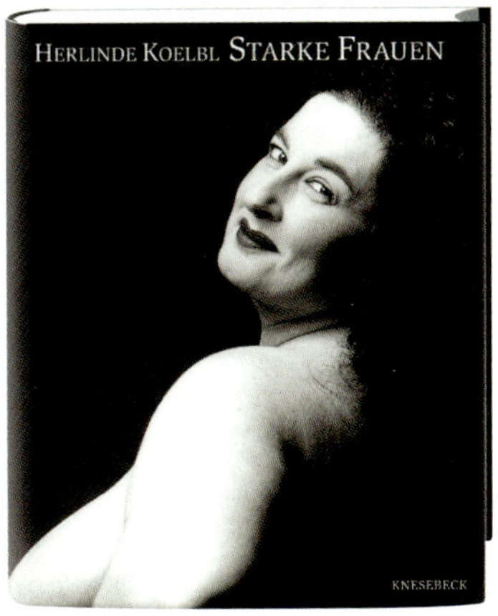

Starke Frauen
Gebunden, 24 × 29 cm
180 Seiten
Mit 130 Abbildungen in Duoton
ISBN 3-89660-005-2

Stark, nackt, opulent und ausdrucksvoll sind die dreizehn für diesen Band porträtierten Frauen. Auf überzeugende und humorvolle Art zeigen sie das positive und lustvolle Verhältnis zum eigenen Körper, der nicht den Maßen der Modeindustrie entspricht. »Was wäre die Welt ohne Männer?«, wird hier gefragt. »Lauter dicke, glückliche Frauen.«

Ein schönes, ermutigendes Buch, voller Selbstbewusstsein und ansteckender Vitalität. **BRIGITTE**

Herlinde Koelbl porträtiert in ihrem Buch ein knappes Dutzend überwältigender Weiber. Nackt, prall, offensiv stellen sie sich der Kamera. Wie Göttinnen aus einer Zeit vor den Kalorientabellen zeigen sie selbstbewusst: Schöne Menschen gibt es in allen Größen. **DER STERN**

Bilder von berührender Sinnlichkeit! **BERLINER ZEITUNG**

Die dicken Frauen vergisst man nicht so schnell. **TAGESSPIEGEL**

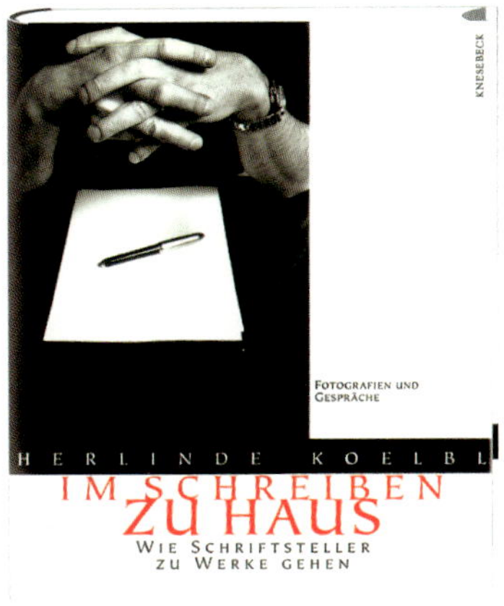

Im Schreiben zu Haus
Gebunden, 24 × 29 cm
240 Seiten
Mit 200 Abbildungen in Duoton
ISBN 3-89660-041-9

Wie schaut die Welt aus, in der ein literarisches Werk entsteht? Seien es Martin Walser, Christa Wolf oder H. M. Enzensberger – in Fotografien und Gesprächen geht Herlinde Koelbl dieser Frage beim Besuch 42 deutschsprachiger Autoren nach und präsentiert uns ein eindringliches Porträt jener Welt hinter dem Werk.

Zweifellos eine der wichtigsten Neuerscheinungen für literarisch Interessierte. **DINERS CLUB MAGAZIN**

Nicht nur eine Galerie von Autorenporträts, sondern eine kleine Philosophie der schreibenden Existenz. **SÜDDEUTSCHE ZEITUNG**

Ein ebenso lehrreicher wie unterhaltsamer, zudem ästhetisch befriedigender Band. **FRANKFURTER ALLGEMEINE ZEITUNG**

Hier liest man sich fest, für Stunden. **WESTFÄLISCHE NACHRICHTEN**

Intensive Fotografie von erstaunlicher Nähe. **TAZ**

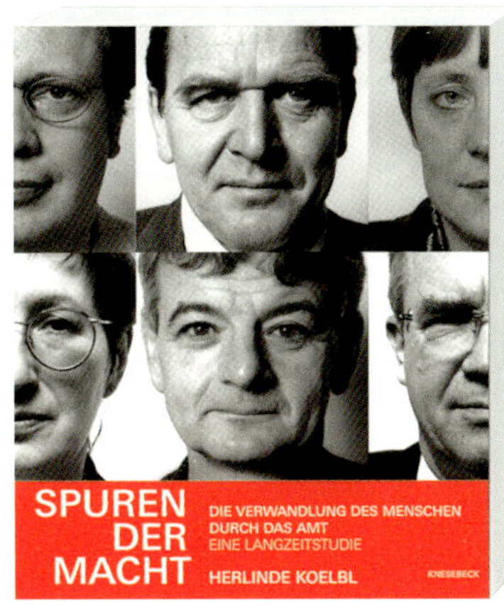

Spuren der Macht
Broschiert, 24 × 29 cm
408 Seiten
Mit 120 Abbildungen in Duoton
ISBN 3-89660-135-0

Macht macht süchtig, sagt man. Die für diesen Band porträtierten Persönlichkeiten aus Politik, Wirtschaft und Medien haben alle ein besonderes Verhältnis zur Macht. Acht Jahre lang hat Herlinde Koelbl sie interviewt, fotografiert und gefilmt: Entstanden ist ein beeindruckendes Psychogramm der Mächtigen in unserem Land.

Eine einzigartiges Buch – eine Mischung aus erstklassigem Porträtband, spannender Lebensbeichte und analytischem Essay zur politischen Kultur. **SÜDDEUTSCHE ZEITUNG**

Ein spannender und aufregender Report über den Zustand der politischen Klasse. **DER SPIEGEL**

Die Kritiken überschlagen sich vor Begeisterung. Herlinde Koelbl ist der alten Frage ein gutes Stück näher gekommen, was denn die Ausübung von Macht mit den Menschen anstellt, die sie ausüben. **DER TAGESSPIEGEL**

Originalausgabe

Ein Unternehmen der La Martinière Groupe

Die Deutsche Bibliothek – CIP-Einheitsaufnahme
Ein Titeldatensatz für diese Publikation ist bei Der Deutschen Bibliothek erhältlich

Gestaltung: Fabian Arnet
Redaktion: Monika Schaffrath
Lithografie: Karl Dörfel, München
Druck: Passavia, Passau
Printed in Germany

ISBN 3-89660-140-7

www.knesebeck-verlag.de